中島楽章
伊藤幸司 編

寧波と博多

東アジア海域叢書11

汲古書院

東アジア海域叢書11

寧波と博多　目次

第三部　史料研究

序論　寧波と博多――東シナ海域の二つのクロスロード――

中島楽章

一　東シナ海域における寧波と博多

十一～十六世紀の五百年間にわたって、博多と寧波をむすぶ東シナ海航路は、日中交流のメイン・ルートであった。そして寧波―博多航路は、東シナ海域における基幹交易ルートであるとともに、寧波を経由して南シナ海域にもリンクし、ユーラシアの東西をむすぶ長距離交易ルートの東端に位置していたのである。この寧波―博多航路によって、海商たちが往来し、中国大陸の生糸や絹、陶磁器、銅銭などを日本列島にもたらし、列島の金銀・硫黄・工芸品などを大陸に運んだ。この航路は同時に、外交使節が往来する公的通交の径路ともなり、時にはモンゴルの大船団が博多湾に襲来し、あるいは倭寇集団が大陸沿岸を荒らしまわる、戦争や略奪のルートともなった。一方で寧波と博多のあいだを、多くの禅僧たちが往来し、大陸の宗教や生活文化を列島にもたらした。

この寧波を焦点として、東アジア海域史の学際的研究をめざしたのが、科研費特定領域研究「東アジアの海域交流と日本伝統文化の形成――寧波を焦点とする学際的創生――」（以下、「寧波プロジェクト」と略称）であった。本書は「寧波プロジェクト」のふたつの計画研究、「十一～十六世紀の東アジア海域と寧波―博多関係」（研究代表者・中島楽章）、および「寧波地域における日明交流の総合的研究――遣明使の入明記の総合的分析を通じて――」（研究代表者・伊藤幸司）による共同研究の成果である。以下、前者を「寧博関係班」、後者を「日明関係班」と略称する。「寧博関係班」では、寧波―博多ルートを中心とした、東アジア海域における人や物の移動を多面的に検討し、「日明関係班」では、やはり寧波―博多ルートで行われた日明通交の諸相を、日本の朝貢使節の旅行記（入明記）により考察してきた。本書に収める諸論文のテーマも、寧波と博多をむすぶ海域交流に、直接・間接にかかわっている。

まずはじめに、寧波と博多の歴史的沿革を、簡単に整理しておこう。まず寧波地域は、杭州湾の南岸にひろがる寧紹平原の東部に位置し、東方近海には舟山列島の島々がつらなる。[1] この地域は、唐代前期まで江南東道の越州に属していたが、七三八（開元二十六）年にその東部を分割して明州が設置された。宋代の明州は両浙東路に属したが、南宋の一一九六（慶元二）年に慶元府と改称され、元代には江浙行省に属して慶元路と称された。明代には浙江省に属し、当初は明州府と呼ばれたが、一三七六（洪武九）年に寧波府と改称されて清末にいたった。現在では浙江省の寧波市および舟山市となっている。

宋代から清代中期にいたるまで、海外貿易の三大拠点港は、寧波・泉州（のちに厦門）・広州の三か所であった。寧波は東シナ海域の、広州は南シナ海域を代表する集散港であり、泉州（厦門）は広州とならぶ南シナ海域の集散港であるとともに、それを東シナ海域とリンクする役割もはたした。同時に寧波は、江南と華北をむすぶ浅海を航行する「北洋」海運と、江南と福建・広東をむすぶ深海を航行する「南洋」海運の結節点でもあった。また前近代には、中国経済の中心である江南デルタの周辺で、「南洋」からの外洋船が出入できる港は寧波だけであった。

寧波港は姚江と奉化江が合流して鄞《ぎん》江（甬《よう》江）となる地点に位置し、外洋船は鄞江を遡上して、直接に埠頭に着岸することができた。そして寧波から内河船に乗りかえれば、浙東運河で杭州に、さらに大運河で江南デルタにいたり、そこから大運河を北上すれば北京まで、長江を遡上すれば華中全域に航行することができた。つまり寧波は、華北から朝鮮半島にまで通じる北洋海運、華南から南シナ海域に通じる南洋海運、江南デルタから華北・華中にいたる内河航路、そして東シナ海を直行して博多にいたる東シナ海航路という、四つの航路がまじわるクロスロードだったのである。

一方、東シナ海域における寧波のパートナーであった博多も、古くから中国大陸との通交の窓口であった[2]。九世紀前半には太宰府に属する鴻臚館《こうろかん》が設けられ、外国使節の応接や、貿易の管理にあたった。鴻臚館は十一世紀なかばには廃絶するが、その後も十二世紀前半までは、太宰府による貿易管理がつづけられたようである。また十一世紀末ころから、博多には「唐房」とよばれる宋人居留地が形成され、「博多綱首」とよばれる宋人の貿易船主が、寺社や荘園領主と結びついて、活発に博多と明州（慶元）を往来した。ただし十三世紀末のモンゴル襲来により博多は焼失し、「唐房」も衰退していく。一方で鎌倉幕府は、博多に鎮西探題を設置するとともに、博多と慶元を往来する海商と提携して、たびたび彼らに「寺社造営料唐船」という名義をあたえている。

しかし十四世紀末には、明朝の海禁政策により、華人海商の博多来航は途絶する。十五世紀には、明朝の朝貢体制のもとで、博多と寧波を往来する遣明船が、日明通交の唯一の径路となった。室町幕府は九州探題を博多に設置したが、十五世紀中期には筑前守護の大内氏が博多の主要部（博多浜）を、豊後の大友氏が北端の砂丘部分（息浜《おきのはま》）を支配するようになる。十六世紀中期には大友氏が博多全域を支配するが、十六世紀末には九州を征圧した豊臣政権の直轄領となった。一方で十六世紀中期には、朝貢貿易の途絶と密貿易の拡大により、海外貿易の拠点は博多から九州各地に拡散していく。江戸時代には、博多は西隣の福岡を居城とする黒田氏の支配下に入るが、外国船との貿易が長崎一港に集約されるとともに、博多は海外貿易港としての役割を失ったのである。

博多は東シナ海域西岸の寧波と相対して、東シナ海域東岸のクロスロードであった。寧波から東シナ海を直行して博多にいたる航路は、そこから関門海峡を通過して、瀬戸内海を経て兵庫や堺にいたる、列島西部の基幹航路にリンクした。また福建から琉球諸島・南西諸島を経て薩摩にいたる航路も、天草や松浦を経由して博多に達した。さらに博多から壱岐・対馬を経て朝鮮半島南岸にいたる航路は、日朝通交の基幹ルートであった。

寧波と博多両者を直結する東シナ海航路は、舟山列島から五島列島まで、まったく停泊地がない外洋航路であった。寧波から博多への航海は、おもに旧暦五～六月前後の西南モンスーンを利用し、博多から寧波への航海には、三月前後の東風・東南風か、七月前後の東北風を利用した。五島列島から舟山列島までは、順風であれば七日間程度で到達することができたが、途中で暴風により漂流することも稀ではなかった。ただし室町時代の遣明船の場合、船自体が沈没したことは一度もなく、東シナ海域における造船・航海技術が、かなり安定した水準に達していたことを示している。

日本列島と中国大陸との交流ルートとしては、大きく分けて三つの航路があった(3)。第一は、寧波―博多航路をはじめとする、九州北部から五島列島を経て、浙江・江蘇沿岸にいたる東シナ海ルート（大洋路）である。第二は、九州北部から対馬を経て朝鮮半島にいたり、朝鮮西岸を北上して山東半島に渡る黄海ルート（北路）である。そして第三は、九州南部から南西諸島・琉球諸島を経て、福建沿岸にいたる南島ルート（南島路）であった。

また七世紀以来の日中通交ルートの変遷は、大きく三期にわけることができる。まず第Ⅰ期は七～十世紀の約四百年間であり、日本側ではもっぱら博多を窓口として、複数のルートで中国大陸との通交が行われた。七世紀の遣隋使・遣唐使は黄海ルートにより山東半島に渡ったが、八世紀からは新羅との関係悪化により、博多から東シナ海ルートにより、浙江・江蘇方面に渡航している。さらに九～十世紀には、新羅や唐の海商が、黄海ルートや東シナ海ルートにより、唐と日本を往来した。この時期には、明州はいくつかの日本からの入港地のひとつにとどまる。

つづく第Ⅱ期は、十世紀末～十六世紀中期の約六百年間である。この時期には例外的な短期間をのぞいて、もっぱら寧波─博多ルートで日中通交が行われた。まず十世紀末に、北宋が明州に市舶司を設置して、日本・高麗との通商の窓口とした。十一世紀には、日本に渡航する貿易船の発着地はほぼ明州に一本化され、福建方面の海商も明州を経由して日本へと渡った。南宋や元朝も明州／慶元に市舶司を設置し、明朝もまた寧波に市舶司をおいて、対日通交の唯一の窓口とした。一方で日本側でも、第Ⅰ期と同じように、博多が一貫して大陸との通交の窓口でありつづけた。

そして第Ⅲ期は、十六世紀末から十九世紀中期にいたる約三百年間である。十六世紀末から、長崎が対外貿易港として台頭し、一六三〇年代の「鎖国」令により、中国貿易も長崎に一元化されることになった。一方で華人海商による日本貿易の拠点は、寧波のほかにも浙江の乍浦《さほ》、江南の上海、福建の廈門などに多元化していった。一八七一（明治四・同治十）年の日清修好条規によって、長崎以外の諸港が開港されるまで、長崎と中国諸港を放射状にむすぶ唐人貿易が行われたのである。

本書ではもっぱら第Ⅱ期における日中交流の諸相を論じるが、その約六百年間は、十四世紀中期を境として、前後に大きく二分することができる。前期（十世紀末～十四世紀前期）は、中国では宋代から元代、日本では平安時代後半から鎌倉時代にあたる。その後、元末明初／南北朝時代を過渡期として、後期（十四世紀後期〜十六世紀中期）は中国では明代、日本では室町時代から戦国時代に相当する。本書では山内・小畑・中島論文が第Ⅱ期の前期を、呂論文が第Ⅱ期全体をあつかい、他の論文は第Ⅱ期の後期を対象としている。

二　博多の海外交流をめぐる研究史

第Ⅱ期には寧波—博多航路が、一貫して東シナ海域のメイン・ルートだったため、この時期の日中交流をめぐる研究は、当然ながらなんらかの形で寧波と博多について論及している。ここではそのなかでも、特に博多と寧波いう地域自体に注目した主要業績を、時系列的に紹介してみたい。ただし関連する論著はあまりに多いため、基本的に個別論文は割愛して、単著または編著に限定し、日朝通交に関する論著も除外することにする。

まず博多と日中交流に関する研究から概観してみよう。(4) 宋元・明代の日中交流史については、戦前から多くの蓄積があるが、ここでは博多研究ともかかわりの深い、二つの古典的業績だけをあげておこう。まず木宮泰彦『日支交通史』（金刺芳流堂、一九二六〜二七年、『日華文化交流史』冨山房、一九五五年として再刊）は、宋元・明代の文化交流についても充実した記述があり、特に僧侶の往来事例を網羅的に整理していることは重要である。また池内宏『元寇の新研究』（東洋文庫、一九三一年）は、モンゴル襲来に関する日・中・朝の文献を総合的に検討しており、今なおもっとも詳細な基本文献となっている。このほかに史料研究としては、『国訳一切経』史伝部二十五（大東出版社、一九三九年）に収められた、久保田量遠による策彦周良『初渡集』全文の訓読がある。

戦後における博多の対外交流に関する研究史は、大きく三つの時期に分けることができるだろう。第一期は、終戦から一九七〇年代にいたる時期である。この時期の日本史研究では、対外関係史は周辺的な位置にあり、戦前にくらべて全体としては低調であった。そのなかでも博多研究を推進したのは、地元の九州大学の研究者であった。まず森克己は、『日宋貿易の研究』（国立書院、一九四八年）をはじめとして、宋代の日中関係や文化交流について精力的な研究を進め、その成果は、『森克己著作撰集』（国書刊行会、一九七五年、『新編森克己著作集』勉誠出版、二〇〇八年〜として再刊）に集成されている。また森の後継者である川添昭二も、中世博多の政治文化史や対外関係史を牽引し、『蒙古襲来研究史論』（雄山閣、一九七七）、『中世九州の政治と文化』（文献出版、一九八一年）、『対外関係の史的展開』（文献出版、一九九六年）など多くの論著を刊行している。

またこの時期に中世対外関係史を主導した田中健夫も、『中世海外交渉史の研究』（東京大学出版会、一九五九年）において、博多商人の活動について論じた。また仏教史の分野でも、禅僧による日中通交や文化交流の研究が進められた。特に重要な業績として、牧田諦亮『策彦入明記の研究』上・下巻（法蔵館、一九五五〜五九年）、および玉村竹二『日本禅宗史論集』全三巻（思文閣出版、一九七六〜八一年）をあげることができる。

つづく第二期は、一九八〇年代から一九九〇年代である。この時期には一九七七年にはじまる博多遺跡の発掘成果により、博多研究が一気に活発化した。また一九七五年に韓国で「新安沈船」が発見され、一九八七年からは鴻臚館遺跡の発掘調査がはじまったことも、博多研究の進展をいっそう促進した。こうした考古学の成果にくわえ、網野善彦や村井章介などの著作により、中世海域史への関心が高まったことも、対外交流の窓口としての博多に注目を集めることになった。一九九〇年には川添昭二の後継者である佐伯弘次や、博多遺跡発掘の主導者である大庭康時らを中心に、博多研究会が発足し、『博多研究会誌』（一九九四年までは『法哈噠《はかた》』）により、発掘や研究の成果を公表している。

この時期の代表的な業績として、亀井明徳『日本貿易陶磁史の研究』（同朋舎、一九八六年）があり、博多出土の貿易陶磁を包括的に検討するとともに、文献史料も活用して、陶磁器貿易の変遷を論じており、陶磁史・貿易史の双方における基本文献となっている。また墨書陶磁器の網羅的な資料集として、博多研究会編『博多遺跡群出土墨書資料集成』一・二（博多研究会、一九九六年・二〇〇三年）もある。さらに川添昭二編『東アジアの国際都市博多』（平凡社、一九八八年）は、博多遺跡の発掘成果を中心に、中世博多の対外交流を概観し、小林茂他編『福岡平野の古環境と遺跡立地』（九州大学出版会、一八九八年）も、学際的研究により、中世博多の成立とその構造について論じている。

このほかに武野要子は、『博多』（岩波新書、二〇〇〇年）をはじめとして、博多商人や博多の都市史について多くの著作を発表し、仏教史では、上田純一『九州中世禅宗史の研究』（文献出版、二〇〇〇年）が、博多における禅宗の拡大と、その対外通交との関わりについて論じた。さらに史料研究としては、湯谷稔編『日明勘合貿易史料』（国書刊行会、一九八三年）、田中健夫編『善隣国宝記・新訂続善隣国宝記』（集英社、一九九五年）など、博多における対外通交ともかかわる業績が刊行されている。

そして第三期は、二〇〇〇年から現在にいたる時期である。この時期には考古学にくわえ、アジア史研究の成果も活用して、博多の対外交流を論じる研究が活発化している。そのメルクマールとなったのが、榎本渉の一連の論考である。榎本は二〇〇一年から、中国史料を博捜して、それまでの日宋・日元貿易の通説を刷新するとともに、入宋・入元僧による文化交流についても精力的な研究を進めた。その成果は『東アジア海域と日中交流』（吉川弘文館、二〇〇七年）、『僧侶と海商たちの東シナ海』（講談社、二〇一〇年）などにまとめられている。さらに榎本は、入宋・入元僧の伝記を網羅的に収集して、『南宋・元代日中渡航僧伝記集成』（勉誠出版、二〇一三年）を編纂しており、今後の日中文化交流史研究における基本文献となるであろう。

また日宋貿易については、山内晋次『奈良平安期の日本とアジア』（吉川弘文館、二〇〇三年）が、十世紀末に太宰府の管理貿易にかわり、「荘園内密貿易」が盛行したという森克己以来の通説を批判し、十二世紀前半まで、太宰府が博多における海外貿易を管理していたことを示した。日元関係については、佐伯弘次『モンゴル襲来の衝撃』（中央公論新社、二〇〇三年）が、博多遺跡発掘の成果も紹介して概観している。さらに四日市康博編『モノから見た海域アジア史』（九州大学出版会、二〇〇八年）も、宋元時代の東アジアにおける碇石・木材・陶磁器・貨幣などの移動を、集散港としての博多にも注目して論じる。さらに海外の研究者による専著としては、Bruce L. Batten, *Gateway to Japan*, University of Hawaii Press, 2006 があり、古代から鎌倉時代にいたる、対外交通の窓口としての博多における外交・貿易・軍事の動向を通観している。

ついで日明通交については、伊藤幸司『中世日本の外交と禅宗』（吉川弘文館、二〇〇二年）があり、博多の禅宗勢力が、室町幕府や大内氏の外交交渉や海外貿易にはたした役割を、特に「門派」のネットワークに注目して解明している。また仏教史研究では、西尾賢隆が『中世の日中交流と禅宗』（吉川弘文館、一九九九年）、『中世禅僧の墨跡と日中交流』（吉川弘文館、二〇一一年）において、詩文集・墨跡・画賛などを博捜して、禅僧による日中文化交流の諸相を論じた。なお史料研究としては、村井章介・須田牧子編『笑雲入明記』（平凡社、二〇一〇年）が、笑雲瑞訢の入明記に校訂と訳注をくわえている。

さらに大庭康時他編『中世都市・博多を掘る』（海鳥社、二〇〇八年）は、博多遺跡の発掘成果と、日本史・東洋史の文献研究を総合して、中世博多の海外交流や都市生活をひろく紹介しており、現時点での博多研究の到達点を示す論集といえよう。なお二〇一〇年からは、『福岡市史』（福岡市、全三十五巻予定）の刊行がはじまり、その研究誌として、二〇〇六年より『市史研究　ふくおか』も刊行されている。『福岡市史』では中世博多の通史篇・資料篇のほか、対外交流に関する特別篇も刊行予定であり、これまでの博多研究の集成となることが期待できるだろう。

三　寧波の海外交流をめぐる研究史

宋代以来、寧波は広州・泉州とならぶ、海外貿易の主要な窓口であった。ただし中国における海上交通の重心は、総じて東シナ海域よりも南シナ海域にあり、このため広州や泉州にくらべて、寧波に関する研究は手薄であり、それが本格化したのは近年のことである。(5) まず戦前の古典的業績として、藤田豊八『東西交渉史の研究　南海編』（岡書院、一九三二年）と、小葉田淳『中世日支通交貿易史の研究』（刀江書院、一九四一年）がある。前者は明州市舶司を通じた日宋貿易について、後者は寧波市舶司を通じた日明関係について詳細に論じており、いずれも現在にいたるまで基本文献となっている。これに対し、戦後の宋元・明清史研究では、発展段階論的な社会経済史が主流となり、対外関係史研究は概して低調であった。しかし一九八〇年代にまず日本史において海域史研究が活発化したのにつづき、一九九〇年代になると、中国史でも東アジア海域史への関心が高まっていく。

日本における寧波研究の出発点となったのは、斯波義信「港市論」（『アジアの中の日本史Ⅲ　海上の道』東京大学出版会、一九九二年）であり、宋代以降の寧波における海上交通の展開を、東アジア海域史の進展と連関して論じている。寧波研究の主要な論点の多くは、この論文で提示されているといえよう。また斯波は、『宋代江南経済史の研究』（汲古書院、一九八八年）において、寧波地域の地域開発と経済発展を詳論し、『中国都市史』（東京大学出版会、二〇〇二年）でも、宋代から近代にいたる寧波の海上貿易を通観した。

このほか佐久間重男『日明関係史の研究』（吉川弘文館、一九九二年）、鄭樑生『明・日関係史の研究』（雄山閣、一九九五年）は、いずれも寧波における朝貢貿易や倭寇の活動について論及する。鄭樑生には、他にも『中日関係史研究論集』（一）～（十四）（文史哲出版社、一九九〇～二〇〇九年）など多くの著書があり、寧波にかかわる論考も多い。また井手誠之輔『日本の宋元仏画』（至文堂、二〇〇一年）は、明州（慶元）から日本に輸出された仏画を紹介し、岡元司『宋代沿海地域社会史研究』（汲古書院、二〇一二年）は、寧波（明州）の社会史・環境史に関する貴重な論考を含む。

一方、中国でも一九八〇年代から、おもに地元の研究者によって、寧波の海外交流に関する著書が刊行されはじめた。通史としては、まず楽承耀『寧波古代史綱』（寧波出版社、一九九五年）が、前近代の寧波史を要領よく概括しており、最近のより詳しい通史としては傅璇琮『寧波通史』宋代巻・元明巻（寧波出版社、二〇〇九年）がある。また論文集としては、早くは『寧波港海外交通史論文選集』（中国海外交通史研究会・寧波市文物管理委員会編刊、一九八三年）があり、唐宋以来の海外貿易を論じた諸編を収める。さらに舟山市史志辦公室他編『双嶼港研究』（北京文津出版社、二〇〇一年）は、明代の双嶼貿易に関する史料と論考を集め、寧波市文物考古研究所編『寧波与海上絲綢之路』（科学出版社、二〇〇六年）は、唐宋から近代にいたる寧波の海外貿易や文化交流に関する諸編を収録する。また王慕民他『寧波与日本経済文化交流史』（海洋出版社、二〇〇六年）も、漢代から明清にいたる寧波と日本との交流史を概観し、その日本語版として、寧波旅日同郷会編『寧波と日本経済文化交流史』（寧波旅日同郷会、二〇〇六年）もある。

さらに博多遺跡の発掘が、博多研究の発展をもたらしたように、近年では寧波でも、都市開発とも連動して考古研究が活発化しつつある。その第一人者が林士民であり、主著『再現昔日的文明』（上海三聯書店、二〇〇五年）では、貿易陶磁・沈船・石刻資料などの遺物調査や、宋元時代の市舶司・天后宮・港湾などの遺跡発掘の成果が豊富に紹介されている。また概説書として、林士民『三江変遷』は寧波の都市と港湾の形成と変容を、林士民・沈建国『万里絲路』は寧波の海上貿易の発展を、いずれも通史的に叙述している。

このほかにも劉恒武『寧波古代対外文化交流』（海洋出版社、二〇〇九年）は、貿易陶磁・石刻・絵画・海防史跡などの考古遺物と文献史料を併用して、先史時代から明代にいたる寧波の海域交流の諸相を論じている。さらに文献研究としては、陳小法『明代中日文化交流史研究』（商務印書館、二〇一一年）が、入明記や詩文集などを博捜して、日明間の人物往来、文化や書籍の伝播、宗教習俗の影響などを論じた。また寧波と日本との仏教交流については、江静『赴日宋僧無学祖元研究』（商務印書館、二〇一一年）がある。

一方、日本では二〇〇五〜二〇〇九年年度に進められた「寧波プロジェクト」が、日中交流の窓口としての寧波への関心を高めることになった。本書を含む「東アジア海域叢書」も、その共同研究の成果である。二〇一二年現在、「寧波プロジェクト」による研究成果として、寧波自体をテーマとする書籍がいくつか刊行されている。まず東アジア美術文化交流研究会編『寧波の美術と海域交流』（中国書店、二〇〇九年）は、宋・明代における寧波と日本との美術交流の諸問題を論じた。また『聖地寧波』（奈良国立博物館、二〇〇九年）は、寧波プロジェクトの協力により奈良国立博物館で開かれた展覧会の図録である。さらに郭万平・張捷主編『舟山普陀与東亜海域文化交流研究』（浙江大学出版会、二〇〇九年）は、「寧博関係班」と浙江工商大学を中心とする国際シンポジウムの論文集であり、普陀山をめぐる文化交流や、双嶼密貿易に関する諸編を収めている。「東アジア海域叢書」では、このほかにも寧波の水利・信仰・生活・文化交流などに関する論集が続刊される予定である。またやはり寧波プロジェクトの成果として、東京大学出版会から刊行されるシリーズ「東アジア海域に漕ぎ出す」にも、寧波における文化交流をテーマとする巻が含まれている。

中国における従来の寧波研究は、清代の寧波商人や、近代の寧波幇や浙江財閥などのテーマが中心であった。博多研究にくらべれば、宋元・明代の寧波研究の蓄積はなお乏しい。ただし近年の考古研究の成果と、豊富な文献史料を併用することにより、今後は寧波においても、博多と比肩するような海域交流史研究を進めることが可能であろう。

四　本書所収の諸論文について

本書の第一部「貿易・軍事と物の移動」には五編、第二部「外交秩序と文化交流」には四編の研究論文を収め、第三部「史料研究」には、一編の研究論文と策彦周良『初渡集』の解題・翻刻を収録する。第一部はおもに「寧博関係班」の、第二部・第三部はおもに「日明関係班」のメンバーによる研究成果である。

第一部「貿易・軍事と物の移動」の諸編は、寧波—博多ルートを通じた海上貿易や軍事行動にともなう、人々の往来や物の移動を論じる。まず山内晋次「日宋貿易と「トウボウ」をめぐる覚書」は、九州西海岸各地に残る「トウボウ」地名に再検討をくわえ、それらを中世のチャイナタウン（唐房）に由来するとみなす服部英雄説を批判する。服部や柳原敏昭は、筑前の宗像（津屋崎）や、薩摩の万之瀬川下流に宋人居留地が存在したと想定するが、山内はそれらも博多にむかう航路の一時的寄港地にすぎず、博多以外の諸港は後背地にも乏しく、恒常的な宋人居留地が存在したとは考えがたいと説くのである。

一方、小畑弘己「寧波・博多交流の物証としての寧波系瓦の化学分析」は、博多遺跡で大量に出土する宋風の寧波系瓦と、宋代の浙江省杭州産の瓦、および日本産の瓦を、螢光X線調査により分析し、博多の寧波系瓦が寧波・杭州方面で製作された可能性が高いことを明らかにした。博多遺跡の寧波系瓦は、宋人の居所・店舗・倉庫のほか、祠堂や寺院などにも用いられたようである。さらに小畑は、万之瀬川下流で出土した寧波系の装飾瓦も、この地域に居留していた宋人の小規模な祠堂に用いられていたと推定している。

山内論文と小畑論文では、万之瀬川下流における宋人居留地の存在形態について、やや理解が分かれている。小畑説によれば、宋の海商は寧波―博多ルートのほかに、福建―南西諸島―薩摩という南島ルートにも進出し、万之瀬川下流がその一拠点になっていたとされる。一方で山内も、万之瀬川下流に宋の商船が一時的に寄航し、小規模な交易を行ったことは認めており、小畑も同地の宋人居留地の規模は、博多よりもはるかに小さかったと説いているので、実際には両者の理解はそれほど離れているわけではない。日宋貿易の最大集散港である博多と、他の九州諸港の関係は、山内論文が試みるように、海域アジア各地の状況も参照して考察することが有効であろう。

ついで中島楽章「元朝の日本遠征艦隊と旧南宋水軍」は、元朝の第二次日本侵攻における、軍船の建造と動員の実態を検討する。二〇一一年には鷹島海底遺跡において、元軍の軍船が発見され、これを契機に元軍艦隊の実像が解明されることが期待されている。この問題を文献史学の側から考察するためには、元代史料だけではなく、南宋史料の活用も不可欠である。本稿では宋元史料を中心に、考古・絵画資料も併用して、元軍が南宋征服の過程で大量の軍船を接収し、それらを日本遠征に転用する過程での、ロジスティックスの検証を試みた。

また呂晶淼「十～十六世紀の東アジアにおける扇の流通と伝播」は、宋元・明代の東アジアにおける扇の流通を、中国・日本・高麗史料を併用して検討する。日中間の文化「交流」は、実際にはもっぱら中国文化が一方的に日本に伝わることが多かったが、日本から中国に伝播した数少ない例外の一つが扇であった。宋元時代には日本扇や高麗扇が海上貿易によって輸出され、明代には日本の朝貢使節が、貿易品や贈答品として扇をもたらした。いずれの場合も、寧波はその主要な流入の窓口であった。

さらに佐伯弘次「室町時代の博多商人宗金と京都・漢陽・北京」は、十五世紀前半の代表的な博多商人である宗金が、廻船商人として博多と京都を往来するとともに、室町幕府とも密接な関係をもち、日本国王使として朝鮮に渡航していたことを解明する。さらに宗金は、明朝への朝貢使節にも役職者として加わり、北京にも赴いている。前述のように、博多は東シナ海航路・瀬戸内海航路・朝鮮航路・琉球航路という、四つの主要海上ルートのクロスロードであり、宗金はその三つで貿易や通交に従事したのである。

つづく第二部「外交秩序と文化交流」では、寧波―博多ルートによる日明通交の実態や、朝貢体制下の東アジアにおける外交秩序の特質を論じる。まず伊藤幸司「入明記からみた東アジアの海域交流――航路・航海技術・航海神信仰・船旅と死について――」は、おもに笑雲瑞訢と策彦周良の入明記により、従来の入明記研究では十分に検討されてこなかった、寧波―博多ルート（大洋路）による遣明船の航海の実態を考察する。伊藤は入明記にくわえ、東シナ海の自然環境、航海技術や信仰にも視野をひろげ、九州・浙江・韓国の島嶼や沿岸部における実地調査の知見を活用して、遣明船使節の行動や心性を描きだしており、寧波プロジェクトによる共同研究や現地調査の成果を代表する論考といえるだろう。

ついで橋本雄「《中華幻想》補説――拙著のための弁明と研究動向の整理若干――」は、橋本の近著『中華幻想』（勉誠出版、二〇一一年）をめぐる諸問題を、対話形式という斬新なスタイルで再論する。特に室町期の対外観や中華意識には、禅僧たちの「漢文脈」と、貴族や顕密僧たちの「和文脈」の双方が存在したという指摘は重要であろう。足利義満による明使の応接儀礼に関する橋本の新見解は、学界でも多くの反響をよんでおり、今後はその論拠の史料批判や、日本以外の朝貢国における明使応接との比較などにより、日本史・中国史の双方で議論が深化していくことを期待したい。

一方、米谷均「日明・日朝間における粛拝儀礼について」は、日本使節の明朝皇帝と、朝鮮国王への粛拝儀礼を復元して比較考察する。紫禁城における明朝皇帝への粛拝では、使節と皇帝との物理的な距離が隔絶していたのに対し、朝鮮国王への粛拝では、使節が行礼の後に昇殿して国王に近づくことができたという。橋本・米谷論文が示すように、明朝は国都に来貢した朝貢使節に対しては、厳格な儀礼にしたがって、華夷秩序を可視的に具現化することを要求したが、朝貢国が明朝使節を応接する際には、ある程度は規範からの逸脱も認められたようである。明朝の朝貢秩序には、中心部における厳格な華夷秩序の実践と、外延部における一定の柔軟性の許容という二面性があったように思われる。なお米谷論文も指摘するように、明朝の朝貢関係儀礼は最初期をのぞき、洪武二（一三六九）年制定の『大明集礼』ではなく、『大明会典』所収の洪武十八（一三八五）年規定によって行われたはずであり、基本的には後者を考察の対象とすべきだろう。

ついで岡本弘道「『外夷朝貢考』からみた明代中期の国際システム」は、先行研究ではほとんど史料批判がなされていない、『外夷朝貢考』の成立過程を再検討する。岡本は『外夷朝貢考』の記述を、『朝鮮王朝実録』所収の嘉靖『大明会典』の佚文と対照し、同書が嘉靖『大明会典』の朝貢関係記事をベースとし、礼部の主客清吏司の官員によって著述されたことを緻密に考証した。また同書ではチベット僧の来貢に関する記事が特に詳しく、チベット僧による朝貢規模の制限という、現実的な政策課題を反映しているという。

最後に第三部「史料研究」では、禅宗史料と入明記に関する解説と翻刻を収める。まず西尾賢隆「博多承天寺入寺疏」は、十三世紀の代表的な博多綱首である謝国明が開創した、博多承天寺にかかわる、十四～十六世紀の「入寺疏」に、訓読と解説をくわえる。直接的に海外通交に関する記述はないが、いずれも日明通交を担った博多の禅僧の人脈や法系にかかわる基礎史料である。須田牧子「妙智院所蔵『初渡集』巻中・解説」では、策彦周良が天文八（嘉靖十八・一五三九）五月末から十月初にかけて、遣明副使として寧波に滞在した際に記した、『初渡集』巻中の書誌と内容を解説する。つづく伊藤幸司他「妙智院所蔵『初渡集』巻中・翻刻」では、妙智院所蔵の策彦自筆本にもとづき、牧田諦亮『策彦入明記の研究』巻上の翻刻では省かれた傍書や抹消文字なども含め、策彦が自筆本に残した文字情報を、できるだけ余すことなく正確に再録することをめざしている。

前述のように、寧波と博多をめぐる外交・貿易・文化交流については、日中双方の研究者によって、文献史料や考古資料を活用した多くの論著が刊行されてきた。本書の諸論文も、こうした研究史をふまえて、寧波—博多ルートを通じた、貿易や軍事にともなう物や人の移動と、外交秩序の形成と特質を論じている。本書が全体として、単に日本史・中国史という枠組みを前提とした対外関係史研究のよせあつめではなく、研究領域の境界を超えた、東アジア海域の歴史像を提示できていれば幸いである。

註

（1）寧波をめぐる海域交流については、後述のように多数の論著があるが、ここでは特に次の論考を参照した。斯波義信「港市論」（『アジアの中の日本史Ⅲ　海上の道』東京大学出版会、一九九二年）、同『中国都市史』（東京大学出版会、二〇〇二年）第三章2「寧波から上海へ」、榎本渉『東アジア海域と日中交流』（吉川弘文館、二〇〇七年）第一部第一章「明州市舶司と東シナ海海域」、同「東シナ海の宋海商」（荒野泰典他編『通交・通商圏の拡大』日本の対外関係3、吉川弘文館、二〇一〇年）、佐伯弘次「博多と寧波」（前掲『通交・通商圏の拡大』）。

（2）博多をめぐる海域交流については、特に次の論考を参照した。大庭康時「博多綱首の時代」（『歴史学研究』七六五号、二〇〇一年）、大庭康時他編『中世都市・博多を掘る』（海鳥社、二〇〇八年）Ⅰ「中世都市・博多」、榎本前掲「東シナ海の宋海商」、佐伯前掲「博多と寧波」。

（3）東シナ海域の主要航路とその変遷については、石島英「季節風・海流と航海」（比嘉政夫編『海洋文化論』環中国海の民俗と文化1、凱風社、一九九三年）、安達裕之「東シナ海の航海時期」（『海事史研究』六六巻、二〇〇九年）、榎本前掲「東シナ海の宋海商」を参照。また最新の成果として、羽田正編『海から見た歴史』（東アジア海域に漕ぎだす1、東京大学出版会、二〇一三年）、および本書所収の伊藤幸司論文がある。

（4）　博多と日中交流に関する研究史については、次の論考を参照した。桃木至朗編『海域アジア史研究入門』第一篇第Ⅰ部「中世」・第Ⅱ部「近世前期」の各章、榎本渉「日宋交流史研究」（遠藤隆俊他編『日本宋史研究の現状と課題――1980年代以降を中心に――』汲古書院、二〇一〇年）、伊藤幸司『中世日本の外交と禅宗』（吉川弘文館、二〇〇二年）、序章「中世対外関係史における禅宗の視角」。また特に明代の日中関係史に関する諸論著については、中島楽章・沈玉慧・白井康太編『日明関係史研究文献目録』（寧博関係班、二〇一〇年）を参照。

（5）　寧波と日中交流に関する研究史については、桃木前掲『海域アジア史研究入門』第一篇第Ⅰ部・第Ⅱ部の各章、榎本前掲「日宋交流史研究」、中島他前掲『日明関係史研究文献目録』などを参照した。

寧波と博多

東アジア海域叢書11

第一部　貿易・軍事と物の移動

日宋貿易と「トウボウ」をめぐる覚書

山内晋次

はじめに

今から二十年以上前、私は、それまでの日宋貿易史研究の枠組を正面から批判する論文を発表した(1)。このとき批判の焦点となったのは、日宋貿易史研究の第一人者であった森克己氏が主張し、ながく定説とされていた、十一世紀ごろ以降の各地（おもに九州地域）の荘園における「密貿易」の盛行という状況の存否である。

森氏が描く日宋貿易史の見取図においては、十世紀前半に確立された貿易統制の諸制度が、その世紀の後半には弛緩していったとされる。そして十一世紀にはいると、宋海商と日本の荘園領主たちが結びつき、政府の管理を拒否し、各地の荘園内に商船を着岸させてさかんに「密貿易」をおこなった、という歴史像が提示されている(2)。私はこのような森説にもとづく通説を便宜上、「荘園内密貿易説」と呼んだ。

この日宋貿易史の通説に対して、私は森氏自身が使用した諸史料を批判的に再検討するとともに、当時進展しつつあった貿易陶磁研究や博多遺跡群の発掘成果を援用しながら、十一世紀においては各地の荘園で森氏が考えるような「密貿易」が盛行していたという歴史状況は考え難く、すくなくとも十二世紀半ばごろまでは博多津を拠点港湾とする政府の貿易管理体制が維持されていたことを主張した。このような私の新説はその後、文献史学・考古学双方の研究者から支持をうけ、荘園内での「密貿易」の盛行を主張する説はしだいに下火となり、通説的な日宋貿易史像のみなおしが進んでいった(3)。

ところが近年、史資料の新たな解釈にもとづき、博多津以外の九州各地で貿易が広範におこなわれていたとする説が、森説とはややかたちを変えて、ふたたび強く主張されるようになってきた(4)。そこで本稿では、森克己氏の「荘園内密貿易説」以来近年の新説にいたるまでの、九州各地での貿易の盛行を主張する説に対して、現時点で私が考えているいくつかの論点を覚書として記しておきたい。

一　簇生する「トウボウ」

博多津以外の九州各地で貿易がおこなわれていたことを主張する近年の新説において、とくに重要な論点となっているのは、中国人の居留地・集住地（チャイナタウン）としての「トウボウ」の問題である。

「トウボウ」は史料中に「唐坊」「唐房」「唐防」などの表記であらわれる。その意味するところはおおよそ、「唐」＝唐人・中国人であり、「坊」「房」（「防」は音通で同じ意味か）＝まち・部屋である、と考えられ、「唐坊」「唐房」「唐防」はともに、中国人の居留・集住区あるいはその舎屋をさすと推定される（以下、本稿では叙述の便宜上、おもに「唐坊」の表記をもちいる）。ここ二十年ほどの間にめざましく進展した日宋貿易史研究では、現存の文献史料および考古資料からみて、唐坊は十一世紀後半から十三世紀ごろにかけてほぼ博多津のみに存在したとする考え方が主流である[5]。ところが近年、服部英雄氏や柳原敏昭氏らによって、平安・鎌倉期の九州地域において博多津以外にも複数の唐坊が存在し、各地でさかんに貿易がおこなわれていた、とする主張がおこなわれるようになった。このような主張のもっとも重要な根拠は、九州地域を中心とする「トウボウ」という地名の分布にある。

（1）「トウボウ」地名の問題点

そこでまず、この「トウボウ」という地名を最重要視する研究手法の問題点を考えてみたい。

この地名の分布をとくに重視し、そこからはやくも十世紀以降の九州各地における中国人の居留・集住区域の存在と、それらの区域での広範な貿易の展開を強く主張しているのは、服部英雄氏である。(6) 服部氏は、九州各地の「トウボウ」と読める小字地名（唐房・唐防・当房・東防・東方など）を網羅的に検出したうえで、地名データが史料としての絶対年代を欠くという弱点をもつことは認めつつも、その地名分布の特徴として、海岸部に限定され、とくに九州西海岸のみに分布しているという点を指摘した。そして、この地名分布を日宋貿易関連の文献史料や後述のいくつかの遺跡の発掘情報と関連づけることにより、トウボウという地名は日本中世におけるチャイナタウンにちなんでおり、当時それが九州各地に広範に存在していた、と結論づけた。(7) このような歴史像にもとづき服部氏は、私も含めて博多津を核としたほぼ一元的な貿易体制の存在を主張する論者を、「博多限定史観」「博多一元論」などと呼んで批判している。(8)

しかし、まず、トウボウ地名が九州の海岸部のみに分布する、という服部論文にとってきわめて重要な論点は、渡邊誠氏の二〇〇六年の論文によって、再考を余儀なくされていると考えられる。渡邊氏はその論文で、トウボウ地名が山口県下にも数例分布していることを指摘し、トウボウ地名から九州各地での貿易の盛行を推定する服部説に対してするどい疑義を呈したのである。なお、渡邊氏は同論文のなかで、関東内陸部の栃木県に「東房」地名が存在することも指摘している。(9)

このような渡邊氏の論文をうけて服部氏は、二〇〇八年の論文で、「唐坊（唐房）地名は九州各地に拡がっており〈中略〉、九州以外の山口県でも下関唐坊寺ほか、いくつかの存在が渡邊誠〈中略〉によって明らかにされている」と、その指摘をとりいれている。しかし、服部氏が二〇〇五年論文で、地名である「トウボウ」が絶対年代を欠いているという弱点を認めつつも、その地名が「とりわけ九州西海岸のみに分布している。こうした特徴はトウボウ地名が中世におけるチャイナタウンに因んでいることをまちがいなく示し、その広範な存在をも語る[10]」と述べたことと、渡邊氏が二〇〇六年論文で指摘した山口県下におけるその地名の分布とをどのように整合的に接合するのかという問題については、結局服部氏は二〇〇八年論文の上記の文章に続けて、「ネットワークとして機能した[11]」という短い解釈を述べるだけで、曖昧にしてしまっている。

たしかに地名は、歴史研究をおこなっていくうえで、しばしば重要な手がかりを与えてくれる。私も国内外の現地踏査のおりに、地名からその地域に関するさまざまな歴史情報を教えられた経験がしばしばある。しかし、その場合重要な点は、当然、現存する地名と過去の史資料とのあいだに確度の高い対応が認められるという条件が存在することである。この点でやはり、前近代の史資料データとの対応関係を十分に明示せず（もちろん「現存」史料という限界により、その対応関係を示すことが不可能なケースも多々あることは理解できる）、現在の地名におおきく依拠しながら平安・鎌倉期の九州各地におけるチャイナタウンの広範な存在を主張する服部説を、ただちに承認することはできない。

「トウボウ」地名から九州各地におけるチャイナタウンの存在とそこでの貿易の展開を主張するもう一人の代表的論者として、柳原敏昭氏がいる。ただ、柳原氏においては、九州各地に分布するトウボウ地名のなかでも、中世史料に所見のある場所を基準に論を展開するという、服部氏にくらべてかなり慎重なスタンスがとられている。このスタンスにもとづいて柳原氏がチャイナタウンの可能性を指摘するのは、福岡県福津市津屋崎町の「唐防地」、鹿児島県南さつま市加世田の「当房」、同県薩摩川内《せんだい》市の「当房」であり、さらにこれらに準ずるものとして、漢字表記が保存されている佐賀県唐津市の「唐房」もあげられている。また、上述のように服部氏は、はやくも十世紀ごろ以降、九州各地で中国人の交易拠点が形成されていたことを主張するが、これに対して柳原氏は、すくなくとも十二世紀半ばごろまでは日本の朝廷による博多を核とする貿易管理体制が維持されていたという私見[12]も考慮しながら、博多以外の九州各地に唐坊が成立したのは十二世紀後半以降であると推測している。[13]

しかし、このように慎重な柳原説に関してもやはり、中世文書に「唐坊」表記が確認できる諸事例であるとはいえ、その最大の根拠があくまでも地名である点は、かなりな不安を覚えざるをえない。たとえば、柳原氏および服部氏が唐坊の可能性を指摘する松浦市大崎免の小字地名「東防」に関して、柳原論文掲載の地図をみなおすと、問題の「東防」地名の近辺に、「長蔵坊」「上之坊」「坊之上」などの地名がみえる。[14] そうすると、ひとつの可能性として、問題の地域にもともと「坊」あるいは「防」とよばれる区域・地名などがあり、その地名との関係で、「坊」「防」の東側という意味で「東防」という地名が成立したという事情も考えられるのではなかろうか。もちろん、このアイデアにもなにか確証があるわけではないが、トウボウ地名の「東」をただちに「唐」と解釈するのには、もうすこし慎重であるべきではなかろうか。

このように、九州各地にチャイナタウンが存在したことの最大の根拠を地名におく、服部氏・柳原氏らの説はやはりただちに認めることはできない、というのが現時点での私のスタンスである。この点で、これまで私が主張してきた博多を核とする日宋貿易史像は、いまだおおきな修正や変更の必要はないと考えている。

なお、トウボウ地名をめぐってこれまで私が漠然と考えてきた論点のひとつに、渡邊論文でもわずかにふれられている、[15] 大唐米・唐法師（トウボウシ・トウボシ）などと呼ばれる稲の外来品種との関わりの問題がある。この品種は、東南アジアから宋代の中国に導入され、その後おそらく日宋貿易を通して、平安末〜鎌倉期ごろに日本に移植されたと推定されている。この稲の特徴のひとつとして、干拓地・低湿地・水不足田などのかなり条件の悪い水田でもある程度の収穫がみこめるという利点があり、中世・近世の日本においてもこの稲は、田地開発の尖兵としてしばしば栽培された品種である。[16] とすれば、服部氏と渡邊氏によって九州・山口の海岸付近に数多くの分布が確認されたトウボウ地名のなかに、かつてそのような田地開発の最前線となっていた地域があり、そこで栽培されていた大唐米にちなんでそのような地名がつけられたケースが考えられないであろうか。現時点ではいまだまったくの推測にしかすぎないが、このような視角からも今後、トウボウ地名の研究が進められてもよいのではなかろうか。

(2) 神崎荘と日宋貿易

つぎに、九州各地におけるチャイナタウンの分布と貿易の盛行を主張する近年の研究において、博多以外の貿易拠点・唐坊の事例としてとくに重視されているものを二・三みていきたい。まずは、肥前国神崎荘である。九州各地での貿易盛行という状況の存否を検討するにあたって、これまでの研究史においてキーポイントとなる事例と考えられ、多くの研究でとりあげられてきたのが、『長秋記』長承二(一一三三)年八月十三日条にみえるつぎのような記事である。

鎮西に唐人の船来着す。府官等、例に任せて存問し、随に和市の物を出し畢んぬ。其の後、備前守忠盛朝臣、自ら下文を成して院宣と号し、宋人周新の船は神崎の御庄領たれば、問官を経べからざるの由、下知するところなり。此の事、極めて面目なく、院に訴え申さんと欲するなり。〈中略〉そもそも宋人来着の時、府官存問し、早く上奏を経、安堵・廻却は宣旨に従うところなり。しかるに庄領たるべきの由、仰せ下さるの条、言語道断なり。日本の弊亡、論ずるに足らず。外朝の恥辱、更に顧みることなし。是は他にあらず、近臣の猨犬の如き所為なり。

この記事は、現在の佐賀県神埼市にあった皇室領・神崎荘と日宋貿易との関わりを物語る記録としてよく知られており、宋海商の貿易船が博多ではなく直接荘園に来着し、そこで貿易がおこなわれていたことを物語る事例として、しばしば紹介されてきた。また、ここに名前のみえる平清盛の父・忠盛以来、平氏が日宋貿易に注目し、深く関わっていたことを証明する史料としても、しばしばとりあげられてきた[17]。

博多以外の九州各地で貿易の展開がみられたことをあらためて主張する、近年の服部英雄氏の研究においても、この神崎荘をめぐる記事は、その地域に貿易船が来着する唐坊があり、さかんに貿易がおこなわれていた重要な証左のひとつとされている[18]。しかし、日宋貿易史研究の現段階からすれば、渡邊誠氏も指摘するように[19]、いくつかのキーワードの意味を逐一慎重に確定させつつ上掲の『長秋記』の記事を読解した石井正敏氏による、問題の貿易船が公権力・大宰府によって管理された博多津に来着したとする説[20]で、ほぼ決定打といってよいように思われる。私も、石井論文公刊以前の一九八九年に発表した論文では、博多にあった神崎荘の倉敷地に来着したとする旧来の説を支持していたが[21]、二〇〇三年の著書ではそれを訂正して、石井説を支持している[22]。紙幅の関係上、ここでは個々の論点をあらためて検討することはしないが、この石井説からみれば、服部氏の議論は全体としてかなり無理のあるものに感じられる。とすれば、研究の現段階においては、肥前の神崎荘に直接貿易船が来航して貿易がおこなわれていたとか、ましてやそこにチャイナタウン唐坊が成立していたというような歴史像を描くことは、ほぼ不可能であろう。

なお、ここで一点だけ、神崎荘と日宋貿易に関するこれまでの私見を訂正しておきたい。それは私が、一九八九年の論文以来二〇〇三年の著書においてもなお、「全長三〇メートル前後の外洋航海型ジャンクが、大量の積み荷を載せて筑後川の支流域まで容易に航走し、すくなくともつぎの季節風シーズンまでの数カ月の長期間、停泊可能であったかという点で、依然として疑問を感じる[23]」として、有明海最奥部から筑後川下流域にかけて、宋海商の貿易船が来航・停泊することは地形的に不可能であると考えている点である。この点については、現地踏査などもおこなったうえでなされている服部氏の主張[24]や、近年の佐賀藩三重津海軍所跡の調査[25]などからみて、「宋海商の貿易船の来航・停泊は可能であった」と私見を訂正する必要があろう。ただし、地形的に大型の外洋航行船の航走・停泊が可能であるということと、日宋貿易の時代にそこに宋海商が来航・居留し、さかんに貿易がおこなわれていたということがまったく別の問題であることは、もちろんである。ある港湾が国際的な交易港として機能するためには、後述のように、地形的条件以外のさまざまな問題がクリアされねばならないと考えるからである。

（3）宗像の唐坊と高田牧

近年の服部英雄氏や柳原敏昭氏らの説において唐坊の存在がほぼ確実視されている場所として、福岡県福津市津屋崎町の一角がある。[26]

そこに唐坊の存在を確実視する主要な根拠は、①中世にさかのぼる「唐防地」「唐坊」という地名、②鎌倉前期の楽書『教訓抄』にみえる「ハナカタ＝宗像の誤」の唐坊（唐防）記事、③在自西之後《あらじにしのあと》遺跡からの宋代中国陶磁・墨書陶磁など貿易関連遺物の出土などである。そして、服部氏はさらに、④在自西之後遺跡出土の中国陶磁の墨書と藤原実資家領「高田牧」の関わり、⑤宗像社による小呂島《おろのしま》の掌握と「宗像交易ルート」との関連なども根拠にあげて、自説を補強している。

これらの論拠に対して、まず①の地名については、上述のようにいかに中世文書に地名の事例があろうとも、博多のようにその他の文献史料によってその地での貿易や中国人の居留などが確認されない限りは、確実な根拠とはみなしがたい。②の『教訓抄』の「ハナカタノ唐防」記事に関しては、「ムナカタ」を「ハカタ」の誤りとする私見と対立している。しかし、現在のところどちらの表記が正しいのか確定しうる良質な古写本・伝本は発見されておらず、[27]すくなくとも現時点ではしょせん水掛け論に終わってしまうので、本稿でもこれ以上論じない。つぎに、③の在自西之後遺跡についてはたしかに、貿易拠点であったことが確実な博多遺跡群の遺物と共通する興味深い貿易関連の遺物

写真1　在自西之後遺跡出土墨書中国陶磁（著者撮影）

が若干出土しており、「必ずしも貿易拠点とは位置づけられないまでも、博多以外に居を構えた中国人商人が存在したことは確実といえよう[28]」という、大庭康時氏による考古学サイドからの肯定的評価もある。後述のように、私も博多以外での中国人の居留をまったく否定するものではない。しかし、大庭氏が同じ論文のなかで「遺構密度と遺物量は少なく、輸入陶磁器を出土することが当然な北部九州の中世遺跡にあってさほど目立ったものではない[29]」と留保をつけているように、やはり博多とは隔絶した遺跡規模である点は重視しなければならないであろう[30]。

さらに、④の論点は、在自西之後遺跡出土の中国陶磁にみえる墨書を主要根拠のひとつとして、その地は十一世紀に藤原実資が領有して貿易関連の記事も記録されている「高田牧」の中核であると推定し、さらにそこに日宋貿易拠点としての中国人居留地が形成されていたことを主張するものである。しかし、服部氏が「高田」と判読する問題の墨書[31]については、私も二〇一一年三月に現地で実見したが、そのように判読するのはかなり難しいように感じた〈写真1・2〉。じっさい、この遺跡の報告書では「壽」と判読しており[32]、私が実見した際にも、むしろこの報告書の判読のほうが適切なように思われた。もちろん服部氏の論文では、当地を「高田牧」の中核地と推定する論拠として、この墨書以外にもいくつかの記録をあげているが、それらの記録と当地を結びつける最重要な論拠はやはり、問題の墨書であるように、私には読める。とすれば、この墨書が「高田」でないとしたら、服部説の成立はかなり困難になるのではなかろうか。

さいごに、⑤の宗像社による小呂島掌握をめぐっては、著名な宋海商の謝国明が一時期その島の利権をもっていたことを示す史料もあり、これまでの研究史においても、その島と日宋貿易との深い関わりがしばしば指摘されてきた。服部氏においてもこの小呂島は、「宗像・壱岐を結ぶ線上にあって、中継地点として重要な意味があった」、あるいは「宗像郡から博多を経由せずに、小呂島・壱岐から宋へ、また対馬を経て高麗・朝鮮への交易が可能な、独自の貿易ルートがあった(33)」などと説明され、貿易ルート上の要衝として理解されている。

たしかに、服部氏も同論文のなかで「われわれの常識とは異なって、今日では離島・僻地とされる地域こそが、中世にはアジアへの玄関口・窓として大きな意味・価値を持っていた(34)」と述べるような状況は、海域世界におけるかなり一般的な状況であろう(35)。ただ、二〇〇七年七月に私が現地を踏査して実見した限りでは、島のほぼ全体が断崖に囲まれて、耕地や宅地となる土地もほとんどなく、港についても現在のそれは巨大なコンクリートの防波堤に厳重にとり囲まれたうえで機能しているものであり、往時ここに好条件の貿易港・中継港があったとは、やはり想像しにくい〈図1・2、写真3〉。ただ、風向によっては、その断崖が風よけの役目をし、玄界灘のまっただなかに孤立して浮かんでいる緊急避難地とし

写真2　在自西之後遺跡出土墨書中国陶磁（著者撮影）

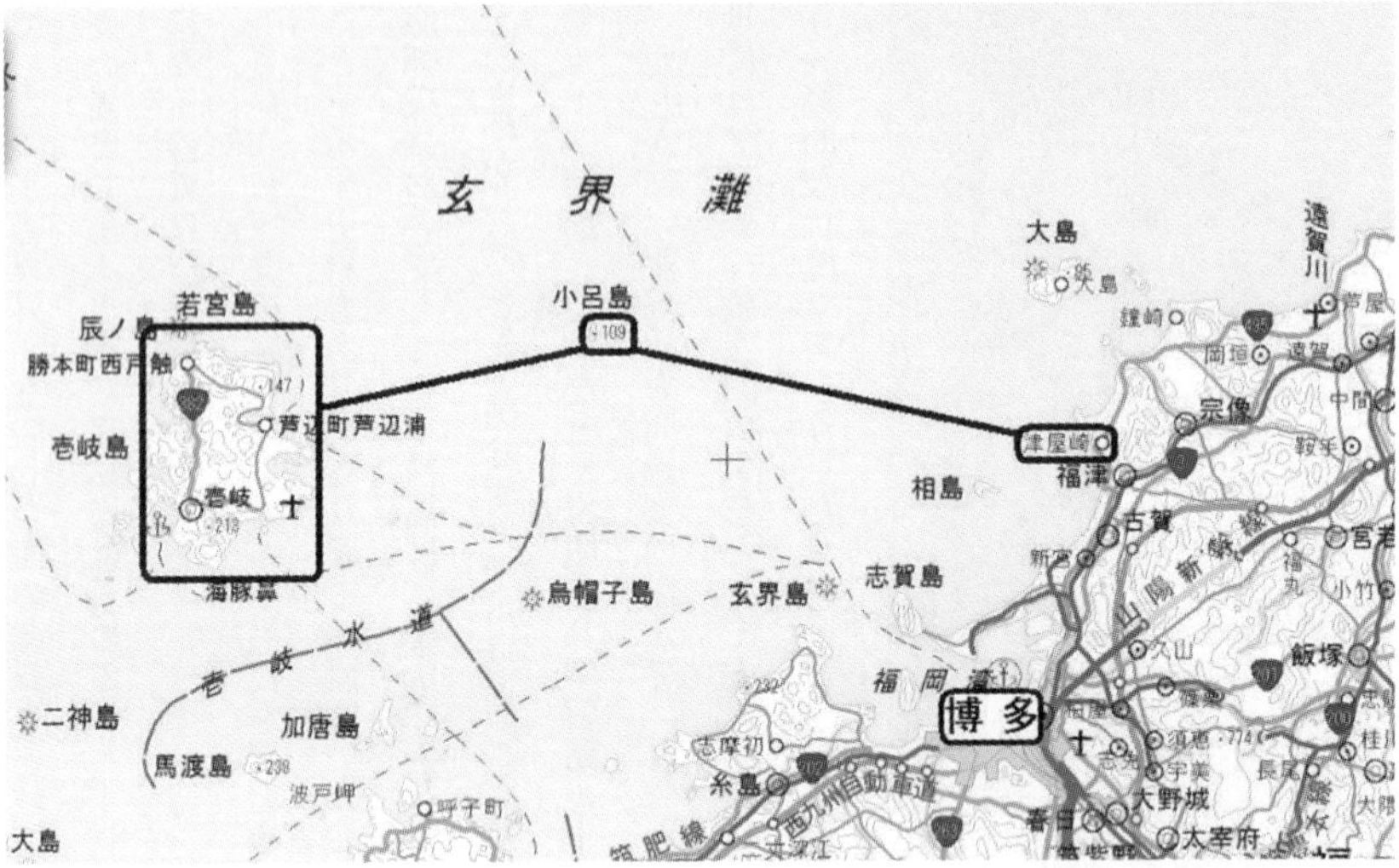

図１　津屋崎・小呂島・壱岐島の位置関係（電子国土ポータルを利用して作成）

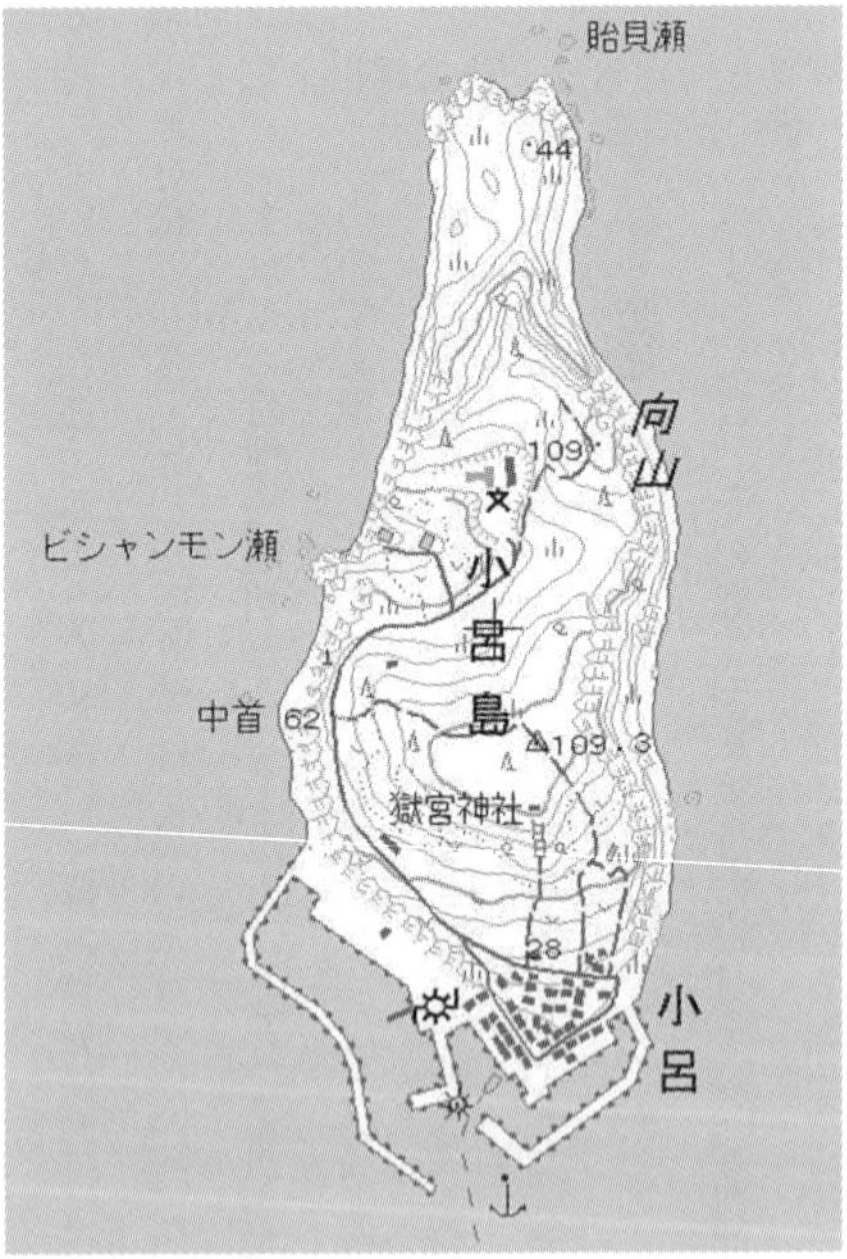

図２　小呂島地図（電子国土ポータルを利用）

て機能していた可能性はあるかもしれない。

このような状況の小呂島がこれまでしばしば日宋貿易において重要な場と考えられてきた最大の根拠はおそらく、どの論者も引用してきたその島の支配をめぐる争論の古文書（鎌倉遺文No.7458・7551）に、博多綱首・謝国明の名がみえることにあるのであろう（あるいは、それしかないともいえよう）。しかし、いったんこの古文書を離れてみたとき、上述のような地形的状況にある小呂島をはたして、従来の諸研究のように貿易の要衝とみなしてよいのであろうか。このような疑問から私は、小呂島を中継地点として博多を経由することなく宗像—壱岐を結んだ貿易ルートが存在したとする説や、さらにはそのルートの基点として在自西之後遺跡の地域に中国人居留区・唐坊があったことを主張する議論を、すくなくとも現時点において支持することはできない。この点で私はむしろ、在自西之後遺跡の報告書で述べられている、「ただ恒常的な貿易があったとしても、宗像の「唐坊」は博多の外港という位置付けを出ないのではないだろうか」(36) という冷静な評価に、自分のイメージと近いものを感じる。

写真３　小呂島全景
（福岡市立小呂小中学校のウェブサイト http://www.fuku-c.ed.jp/schoolhp/eloro/ より）

以上のようないくつかの疑問から、私は日宋貿易時期の宗像（在自西之後遺跡周辺）に中国人居留区の唐坊が存在したとする主張を承認することには、かなりの躊躇を覚えるのである。

（4）万《ま》之《の》瀬《せ》川《がわ》下流域の唐坊

近年、博多以外の唐坊の有力な候補地として、福岡県津屋崎とならんで注目を集めている場所が、鹿児島県南さつま市の万之瀬川下流域である。そして、文献史学の側からこの地域における唐坊の存在を推定する代表的な論者が柳原敏昭氏であることに、異論はなかろう。柳原氏においてとくに重要な論拠とされているのは、①十四世紀後半〜十五世紀前半の古文書にみえ、現在の地名にもつながる「唐坊」「唐人原」という地名、および②持躰松《もったいまつ》・芝原・渡畑遺跡一帯で発見されているある程度多量かつ多様な中国陶磁をはじめとする遺物・遺構のデータである。

まず、①の論拠に関してはやはり、先述のように、たとえ南北朝〜室町前期の比較的古い時期の古文書にみえる事例であろうとも、それらの地名からただちに平安末〜鎌倉期の中国人居留区の存在を推定することには躊躇せざるをえない。柳原氏は万之瀬川河口地域の唐坊を含めて、博多以外の唐坊の存続期間をおおよそ十二世紀半ば〜十四世紀前半と推測しているが、その時期ともかなり重なる十一世紀後半〜十三世紀に中国人居留区が確実に存在した博多に関しては、数少ないながらも同時代の「唐坊」「唐房」史料が残されている。たしかに、博多にくらべるより「日本国」の辺境に位置する同時期の南九州地域は、古記録記事や古文書の残存率が劣るとしても不思議ではない。しかし、もし博多と同時期の万之瀬川下流域も含めた南九州地域に中国人居留区がほんとうに存在していたとすれば、かすかな記録なりとも同時代史料が残らないものであろうか。なお、博多唐坊の記録は、管見の限り十三世紀半ばを最後に史料から消えてしまう。もちろん、それ以後において博多における対中国貿易が極端に衰退したわけではなく、同世紀末以降の日元貿易はおそらく貿易規模がさらに拡大していると考えられる。ただ、現時点では、なぜ博多の唐坊記録が突然消えてしまうのか、明確な解答はえられていない。このような歴史状況とかかわる問題として、柳原氏は、万之瀬川下流域に推定される唐坊を「博多を本店とするならば、支店的な位置づけであった」[37]と推測し、博多唐坊との連関を想定する。とすれば、対中国貿易の「本店」である博多においては、はやくも十三世紀半ばには史料からみえなくなってしまった唐坊という呼称が、その貿易の「支店」では中国人居留区の呼称として依然として使用され続け、地名としてもはるか後代まで遺存したというような状況は、どのように整合的に説明すればよいのか、疑問を感じる。

つぎに、②の考古学データについては、現時点でもいまだ評価がわかれている。たとえば、大庭康時氏は、沿岸部の中世遺跡で貿易陶磁が大量に出土すればただちに、その一帯を貿易地と考えるのは短絡的である、と苦言を呈している。そして、持躰松遺跡の遺物量が博多とくらべてはるかに少なく、遺構の密度も低いことなどから、都市的性格や定住的性格が感じられないとし、その遺跡一帯を博多のように恒常的に宋船が入港した貿易拠点とみることに否定的な評価をくだしている。しかし、大庭氏はそのいっぽうで、貿易船のコンテナと考えられる大型陶器などの、博多と同様な特殊な遺物が出土している点などにも注目し、持躰松遺跡周辺が河川・陸上交通の結節点に位置する物流の中継地的な遺跡であり、そこから万之瀬川を下った河口部に対中国貿易の拠点があった可能性や十三世紀後半ごろにそこに唐坊が成立していた可能性などにも言及している(38)。また、山本信夫氏は、持躰松遺跡から出土する国内外の陶磁器の分析にもとづき、博多・大宰府などを経由することなく畿内・瀬戸内と直接交流していた可能性や、十二世紀半ば~十三世紀後半ごろに南九州地域の貿易拠点として機能していた可能性を指摘する(39)。

このような考古学サイドからの評価にみるように、持躰松遺跡などの存在する万之瀬川下流域は、南九州地域のなかで対外交易・国内流通の面でかなり特異な様相を呈する地域のようである。しかし、やはり私としては、博多とくらべた場合の遺物量や遺構密度の隔絶という点を重視し、すくなくとも博多のような恒常的な貿易拠点が万之瀬川下流域に存在・維持されていた可能性は低いと考えたい。とすれば当然、中国からの絶えざるヒト・モノ・情報などの流れを不可欠の条件としたであろうチャイナタウン・唐坊というものの成立・存続も、かなり難しかったのではなかろうか。ただ、このように理解するからといって、その地域への一時的な寄港などもまったく否定してしまうわけでは、もちろんない。この点については、後文であらためて論じたい。

このように、柳原氏が万之瀬川下流域に中国人居留区・唐坊の存在を推定する二つの重要な論拠については、すくなくとも現時点においては、いまだ確定的な論拠とはいいがたいように思われる。とくに後者の持躰松などの遺跡の評価については柳原氏も十分承知しているようであり、かなり慎重な言い回しをしつつ、中国人集住区域が存在した「可能性」に言及しているのみである。(40)

ところで、平安・鎌倉期の南九州各地における中国人居留区の存否を論ずるにあたって、注目しておきたい所論がある。それは、すでに五十年ほど前に発表されているが、これまでほとんど参照・論及されていないように思われる桐野利彦氏の論文である。(41) この論文において桐野氏は、「どの時代にも共通することは、南九州はヒンターランドがないため、その海上交通は寄港地か、仲継貿易地としての意義しかなく、南九州自体の経済文化の基礎の上に成立したものではないということである」、あるいは「北九州は渡航の目的地が、朝鮮や華北であろうと、また南海方面であろうと、北路や南路経由で最も能率的に渡航できる位置にあり、しかも背後に瀬戸内、近畿等を控えているので、その条件はきわめて優れている。北九州のこの優位性は、幕末の開港に至るまでゆるぎないものであった」(42)などと、貿易港の後背地の問題をとくに重視しつつ、瀬戸内・近畿などの大規模な後背地をもつ北九州地域にくらべて、そのような後背地をもたない南九州地域の対外交通・交易をかなり低調なものとして論じている。このような桐野氏の視角は私見ともかなり通じるものがあり、九州各地における唐坊の存否を論ずるにあたっても、あらためて注目されてしかるべき所説ではないかと思う。

以上、本章では、「トウボウ」という地名の存在を重要な論拠として博多以外の九州各地における貿易の盛行とチャイナタウンの存在を主張する近年の所説について、その行論に即しつついくつかの疑問点を提示し、ほぼ否定的な私見を述べてきた。次章では、また違った角度から、その主張の当否を考えてみたい。

二　一般論的・広域的な視角からみた「トウボウ」

本章では、より一般論的な視角やより広域的な歴史の視野から、上記のような近年の所説に対して私なりの論点を提示してみたい。

（1）一時的寄港地

これまでのいくつかの論文を通じて、私はつぎのような日宋貿易史の見取図を提示してきた。すなわち、九世紀の新羅・唐海商の来航以来、日本の朝廷が海商たちの来航すべき貿易港として認識し、その貿易の管理をおこなったのは博多津であった。そして、このような博多津を拠点貿易港とする朝廷の管理交易は、すくなくとも十二世紀半ばごろまでは維持されていた。こののち、貿易の構造やその管理方式はおおきく変質していくと考えられるが、その具体的な状況は不明な部分が多い[43]。しかし、その時期以後も対宋元明貿易において博多津が最大の対中国貿易港としてその中核的地位を維持し続けたことはほぼ確実である、という図式である[44]。

このような私見に対しては、先述のように服部英雄氏より「博多限定史観」「博多一元論」という批判をうけている。たしかに私は、日宋貿易さらには日元貿易において博多津が最大の対中国貿易港として機能していたことを主張してはいる。しかし、中国海商の入港地が博多津のみであったとはまったく考えていない。この点は、いわゆる「荘園内密貿易説」を批判した私の最初の論文である一九八九年の論文においても、入宋僧・成尋の『参天台五臺山記』延久四（一〇七二）年三月十六日条の例をあげながら、「商船を直接荘園内に着岸させるような大規模な貿易とは次元を異にする、航路沿岸民によるこのような小規模な売買は、当時しきりに行なわれていたものと思われる」と述べている[45]。かなり舌足らずな表現ではあるが、この文章にも示されているように私は当初から、中国海商たちが中国の諸港市と博多を往来する途中には、風待ちや物資補給などのための複数の寄港地が設定されていたと考えている。そしてそれらの寄港地で、少量の交易がおこなわれたり、少数の中国人の居留がみられたとしても不思議ではないとも推測している。ただし、もちろんそれらの寄港地は、考古学的データからみても、拠点貿易港である博多とははるかに次元が違う、一時的・臨時的役割しか担っていない港津であると推測する。このようなかたちで博多以外に貿易船の寄港地が存在したであろうことは、大庭康時氏も考古学の立場からはやくに指摘している[46]。

現在、私はつぎのような貿易航路のイメージを思い描いている。中国から来航する際の最終的な目的港および日本から中国に渡航する際の初発港は、最大の貿易拠点の博多であった。そして、その港と中国の諸港市とのあいだには、北九州沿岸であれば、九世紀以降の貿易関連記録にみえる神集島《かしわじま》・加部島《かべしま》・平戸・五島列島など[47]が一時的な寄港地として機能しており[48]、先述のように、それらの港津では小規模な交易がおこなわれる場合があり、また少数の中国人が居留する場合もあったと考えられる[49]。南九州沿岸についてはいまのところよくわからないが、あるいは万之瀬川河口部などはそのような一時的・臨時的な寄港地であったのかもしれない[50]。

ただし、貿易関連遺物の総量が博多とくらべてはるかに少ないことから考えても、それらの一時的な寄港地が、服部英雄氏が「一隻百人からなる乗船員の来着を、いつでも支えうる宋人町が各地にあった」[51]と述べるような規模のものであった可能性は低いように思われる。やはり、多少まとまった量の中国陶磁などが出土したからといって、ただちにその周辺を恒常的な貿易港と推定することには慎重であるべきであり、博多から国内各地に流れていく物流の一環という可能性をいっぽうでつねに考慮すべきではなかろうか[52]。

（2） 後背地の問題

九州各地でのチャイナタウンの成立を主張する説の当否を考えるにあたって、重要な論点のひとつとなるであろう問題に、交易港の後背地の問題がある。ここでいう後背地とはひとまず、交易港の周辺にあって輸出物資の供給（集荷）地および輸入物資の消費地となっている地域を意味すると考えておきたい。[53]

さて、まさにこの後背地の問題のひとつとして、その港津に荷揚げされた唐物に対してどのような対価物（輸出品）を準備できたのか、という問題がある。たとえば、長崎県五島列島小値賀島《おぢかじま》沖の海底から発見される、宋貿易船の搭載物と推定される碇石や中国陶磁を根拠に、たんに飲食料補給を目的とした小規模な取引や風待ちなどのためではなく、貿易そのものを目的とした寄港があったとする意見がある。[54] そして、この見解において、小値賀島から輸出される対価物のひとつとしてその可能性が指摘されているのは、同島近海産のアワビ（干アワビ）である。[55] しかし、管見の限り、日宋貿易関連の日本・中国の文献史料に、日本からの大規模なアワビ輸出の記録をみいだすことはできず、この想定ははなはだ疑問である。ちなみに、たとえば宋代の本草書『証類本草』や元代の生活百科全書『居家必用事類全集』に、アワビおよびその調理法が記されているように、[56] 日宋・日元貿易のころからすでに中国でアワビが薬材・食材とされていたことはたしかである。しかし、周知のように、そもそも日本から中国へのアワビ（干アワビ）輸出がさかんになるのは近世の対清貿易の時期であり、その輸出の拡大はおそらく近世中国における食文化・料理文化の新たな展開と深く関わるのではないかと考えられる。[57] この推測が認められるとすれば、日宋貿易の時期においてはいまだ、五島列島産のアワビが中国にむけて大量に輸出されるというような状況は存在しなかった可能性が高いのではなかろうか。

このような後背地の問題については、桐野利彦氏の論文を紹介しながらすでに若干ふれたが、やはりある港津が恒常的な国際交易港として成立・存続し、さらにはチャイナタウンとしてのかたちを維持していくためには、物流や人口などの面でその港津を強力に支えうる後背地の存在が不可欠であるように思われる。このように考えた場合、現在指摘されている博多以外の「トウボウ」の地域が、国際交易港およびチャイナタウンとして、その存立に十分な後背地をもっているかというと、その可能性はかなり低いように思われる。

（3）「外」からみた日宋貿易

日宋貿易史の見取図を描く場合、その貿易をつねに世界史的視野のなかで観察するという態度が必要であると思われる。というのも、日宋貿易は、中国海商たちが東は日本列島から、西はインド半島あたりにかけて展開した海域史的事象の一部であり、その貿易の動向はつねに日中間以外の諸地域間も含めた連関のなかで検討されるべき問題であると考えるからである。このような考えにもとづいて私は、十〜十三世紀の東アジア・東南アジア海域でおこなわれていた海上貿易の状況を、日本・朝鮮半島・東南アジアの諸地域間で比較し、その広大な海域世界における貿易の一般的な性格や地域間における差異について初歩的な考察を加えたことがある(58)。

そして、その比較考察からみえてきたもっとも重要なポイントのひとつは、いずれの地域においても中国海商と現地の王権・国家との間に相互依存的関係――私はこれを「もたれあい」とも表現した(59)――がみてとれるということである。従来考えられてきた図式では、自己の私的営利活動で最大限の利益をあげようとする海商たちに対して、王権・国家はしばしば海商たちの身柄や交易活動を自己の管理下に置こうとし、その過程で一方的な貿易品の召し上げや、自己に有利で低廉な価格設定による貿易品の強制的な売買などをおこなった、という両者の対立的側面がおうおうにして強調されてきた。しかし、実際に史料にもとづいて比較考察を進めていくと、両者はかならずしもつねに対立していたわけではなく、王権・国家がある程度の節度をもって海商たちを政治外交的・経済的に管理・利用するいっぽうで、海商の側はその管理・利用を甘受しつつ、自己の貿易活動に対する安全保障を得ていた、という関係性が浮かびあがってくる。近年、榎本渉氏は、「端的にいえば、国家と海商が柔軟で安定した共生関係下にあったのが、日宋貿易の時代だった」(60)と概括しているが、これはまさに私が描く歴史像と重なるイメージであろう。

このような図式にもとづいて本稿で課題とするトウボウの問題を理解すると、日宋貿易と同時代の朝鮮半島や東南アジアにおいては、王権・国家とまったく、あるいはほとんど関係をもたないかたちで各地に自由に国際交易港やチャイナタウンが乱立していたという状況は史料的にみて考え難いことから、日本だけが特異でそれらが簇生していたとはやはり考え難い。もし、そのように日本において対中国交易港やチャイナタウンがあちこちに存在し、さかんに貿易がおこなわれていたとしたら、中国史料に当時の日本の貿易事情がさまざまに記録されていてもおかしくはないであろう。ところが、宋代の中国史料のなかでは、対東南アジア貿易関連の記録がもっとも多く、ついで対朝鮮半島貿易関連の記録があり、日宋貿易関連の記録ははるかに少数であるという印象をうける。もちろんこれは、宋代の中国史料全体を網羅的に検索した厳密なデータではなく、あくまでも私がこれまで検索してきた範囲での印象論でしかない。ただ、宋代中国史料のなかに貿易関係も含めた日本関連記録を探った経験のある研究者であれば、おそらく私のような印象は首肯できるのではなかろうか。

しかしそもそも、このような対東南アジア・朝鮮半島・日本貿易に関する史料の残り方は、当然のことのように思われる。というのは、すでに数十年前に森克己氏も指摘しているように(61)、宋代の中国海商たち、あるいは国家経済にとっては、上記三地域を相手とする貿易のうちでもっとも多量かつ重要で幹線的な貿易ルートは対東南アジア貿易であり、対朝鮮半島貿易や対日本貿易はそれに対してあくまでも支線的な位置づけであったと考えられるからである。

対東南アジア・朝鮮半島貿易と比較したときにこのような位置づけにしかなかった日宋貿易において、たとえば先述のように服部英雄氏が一〇〇人規模の貿易船の来航をいつでも支えうるチャイナタウンが各地にあったと推測するような状況が、特異的に存在したとは考えがたい。さらに服部氏は、有名な十四世紀前半の新安沈船の積荷を現在の価値に換算すると数十億円分、十三世紀前半の西園寺公経に関わる貿易船の積荷を宋銭だけで一五〇億円相当と試算する。(62)かりにこの試算が正しいとして、それでは服部氏がトウボウ地名にもとづいて九州各地に成立していたことを主張する、かならずしも後背地に恵まれているとはいえないようなチャイナタウンにおいて、そのような莫大な総額の貿易品があつかいきれたのであろうか。この点については、渡邊誠氏も「公然と各地で貿易を行おうと思えばできないこともないが、その場合、なぜ貿易条件の整った博多をわざわざ避けるのか、ということが説明されねばならない。海商にとっては、いかに貿易船に商品を満載してきても、それが消費地につながる流通ルートに乗らなければ意味がない。同じことは日本商人にも言えて、貿易船の集う博多をあえて避ける必然性はどこにあるのかが問題になる」と疑問を呈している。(63)

また、十四世紀前半のいわゆる「寺社造営料唐船」に関する近年の研究(64)を参考にすると、一隻の貿易船が日本から中国に往航あるいは帰航する場合に、単独の荷主・資本による運航は、皆無とはいえないが、考え難い。諸勢力の積荷が混載されたかたちでの運航が一般的であった、と考えたほうがよい。とすれば、貿易に参加する諸勢力がより効率的に貿易をおこなうためには、九州各地に点在したかもしれない小規模な交易港・トウボウではなく、もともと朝廷による貿易管理の中心地であり、諸勢力の共同利用港湾ともなっていた博多津がもっとも適した貿易港であったのではなかろうか。この点はおそらく、すくなくとも現存の史料において、「通事」の肩書をもつ中国人(65)が博多・大宰府近辺にしか確認されないこととも密接に関わっているものと思われる。

（4）公貿易・官貿易・私貿易・民間貿易・密貿易などの用語

最後に、博多津以外での貿易の盛行という状況の存否を考えるうえで、理論的な面で重要な問題であるにもかかわらず、これまでの研究史において、ほとんど論点整理がおこなわれず、私もまたそれができないまま今日に及んでいる、「公貿易」「官貿易」「私貿易」「民間貿易」「密貿易」などの用語の内容規定と、相互の連関をどのように理解するのかという問題をとりあげてみたい。

この問題については最近、渡邊誠氏が、平安期の貿易管理制度のもとでは、

「公貿易」＝官司先買権にもとづく朝廷による海商との取引

「私貿易（民間貿易）」＝それ以外のもの

というように整理する試案を提示している[66]。このような渡邊氏の試案も参照しながら、現時点での私なりの図式を述べると以下のようになる。

とりあえず「公貿易」という用語を、博多を拠点とする朝廷による管理交易の全体と規定したい。そして、この管理交易の枠内に、先買権にもとづく朝廷の取引である「官貿易」と、それ以外の諸権門から庶民にいたるまでのさまざまな階層が参加する「私貿易（民間貿易）」が併存する。従来、「私貿易」という用語はおうおうにして朝廷による管理交易と対立するもの、あるいは場合によっては非合法な貿易と考えられがちであったが、この点に関しては、渡邊氏もその参加者について「いかなる社会的地位の者でもかまわない」と述べるように、有力権門であろうが民間の商人・有力者などであろうが、その人びとによる貿易はすべて私的貿易として一括してよいと考える。残る「密貿易」

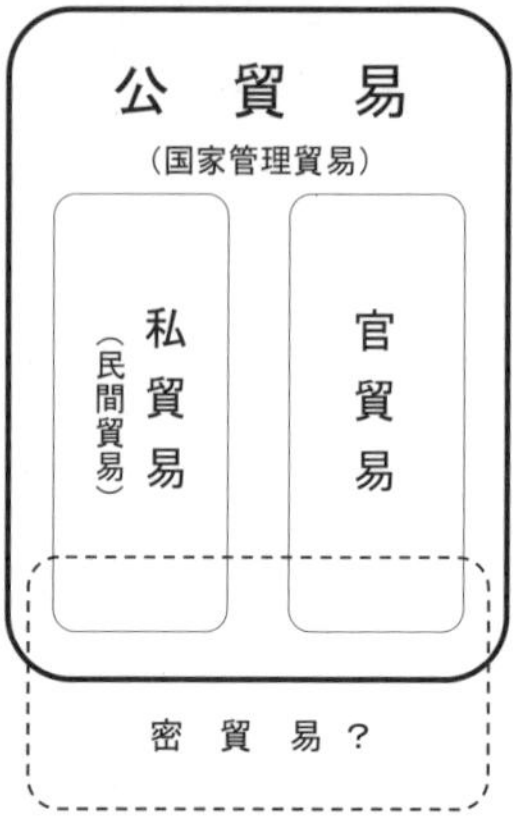

図3　貿易構造概念図

という用語については、上述の朝廷による管理交易体制から意図的にはずれた非合法な貿易を指すと規定してみてはどうであろうか。このようなおおまかな理解を概念図で示すと、〈図3〉のようになる。もちろん、まだまだ不十分な理解であり、さらに厳密に用語の規定などをおこなう必要があろうが、とりあえず現時点での私見として提示しておきたい。

おわりに

以上、漠然とした疑問を書き連ねただけのまさに覚書におわってしまったが、私がここで主張したかったことの要点は、「国際交易港は、港湾としての自然的条件、貿易相手国・地域との位置関係、権力による安全保障、港湾として必要な諸施設・制度、異文化間の交易をとりむすぶ仲介者、十分な後背地の存在などの多様な諸条件をクリアしてはじめて成立するものであり、あちらこちらに乱立するようなものではなく、ましてやチャイナタウンの立地についてはなおさら限定的である」というものである(67)。

このような考え方にもとづけば、博多の特異性と重要性があらためて注目されるのではなかろうか。博多津を中核港湾として構築されたゆるやかな貿易体制は、その管理制度や構造の変遷を経ながらも、日宋・日元貿易の時期を通じて維持された。そして、その時期に中核的な地位を他の港津に譲り渡すことがなかったからこそ、その後すくなくとも十五世紀ごろまで、博多は国内最大の対中国貿易港として存在し続けることができたと考えられるのである。

現在、私のような国際交流史（対外関係史）を専門とする、いわば「きわもの」的な研究者よりはむしろ、篤実な正統派の日本史研究者のほうが国内各地での日宋貿易の盛行を主張する、という逆転現象のような研究動向がみられる。このような研究状況をめぐって、自戒の念を込めつつ私がつくづく思うのは、日宋貿易史研究においてはとくに、「日本」「日本史」の内部から外側をながめる視点と、外側からそれらを相対的にながめる冷静な視点の両方が不可欠であるということである。このような双方向的・複眼的な歴史観察の視点があってはじめて、日宋貿易の精確な実態がみえてくるのではないかと思う。この点で、「にんぷろ」を通じて面識を得た国内外の多くの研究者からは、さまざまな方向からの歴史の見方を教えていただいた。ここにあらためて感謝の言葉を記しておきたいと思う。

註

（1）　山内晋次「日宋の荘園内密貿易説に関する疑問――11世紀を中心として――」『歴史科学』一一七、一九八九年。その後、この論文を改稿し、著書『奈良平安期の日本とアジア』吉川弘文館、二〇〇三年に収載した。なお、両論文のあいだで、とくにおおきな論旨・結論の変更はない。

（2）　森克己『日宋貿易の研究』国立書院、一九四八年、八三―一八八頁。

（3）　この時期以降、現在までの研究動向については、山内晋次「解説　森克己の研究の意義と問題点」新編森克己著作集編集委員会編『新編森克己著作集1　新訂日宋貿易の研究』勉誠出版、二〇〇八年、榎本渉「日宋交流史研究」遠藤隆俊・平田茂樹・浅見洋二編『日本宋史研究の現状と課題――1980年代以降を中心に――』汲古書院、二〇一〇年などを参照。

（4）　このような新説をとくに積極的に主張しているのは服部英雄氏であり、「久安四年、有明海にきた孔雀」『歴史を読み解く――さまざまな史料と視角――』青史出版、二〇〇三年、「旦過・犬の馬場・唐房」『中世景観の復原と民衆像』花書房、二〇〇四年、「日宋貿易の実態――『諸国』来着の異客たちと、チャイナタウン『唐房』――」九州大学21世紀COEプログラム（人文科学）『東アジアと日本――交流と変容』二、二〇〇五年、「宗像大宮司と日宋貿易――筑前国宗像唐坊・小呂島・高田牧――」九州史学研究会編『九州史学創刊50周年記念論文集　下　境界からみた内と外』岩田書院、二〇〇八年などの論文を発表している。また、服部氏にくらべてかなり慎重ながら、柳原敏昭氏も著書『中世日本の周縁と東アジア』吉川弘文館、二〇一一年の第二部「南九州の港と唐坊」で所論を展開している。本稿では、近年の新説を代表するこの二人の研究者の所論を中心に検討を加えることとしたい。

(5) トウボウの研究史については、山内晋次「『香要抄』の宋海商史料をめぐって」『アジア遊学』一三二、二〇一〇年、柳原敏昭「唐坊再論」『中世日本の周縁と東アジア』吉川弘文館、二〇一一年、参照。

(6) 註(4)服部英雄諸論文参照。なお、服部氏の論点は大小多岐にわたっており、本稿の紙幅および現時点での私の研究能力の限界により、それらの論点のすべてについて検討を加えることはできない。とりあえず本稿では、私が服部説においてとくに重要な構成要素と考えるいくつかの論点にしぼって、現時点での私見を述べてみたい。この点、服部氏ならびに読者のご諒解をお願いしたい。

(7) 服部英雄・註(4)二〇〇五年論文・三六頁。

(8) 服部英雄・註(4)二〇〇五年論文・六四頁、二〇〇八年論文・一〇五頁など。

(9) 渡邊誠「大宰府の「唐坊」と地名の「トウボウ」」『史学研究』二五一、二〇〇六年。なお、渡邊氏のこの論文は、いくつかの新たな論点を追加して改稿のうえ、最近刊行された著書『平安時代貿易管理制度史の研究』思文閣出版、二〇一二年に収載されており、服部説にとってはさらに厳しい批判となっている。

(10) 服部英雄・註(4)二〇〇五年論文・三六頁。

(11) 服部英雄・註(4)二〇〇八年論文・一〇九頁。

(12) 山内晋次「荘園内密貿易説に関する疑問」註(1)著者所収。

(13) 柳原敏昭・註(4)著書・第二部。

(14) 柳原敏昭・註(4)著書・一五〇頁・図24。

(15) 渡邊誠・註(9)著書・三二一―三二二頁。

(16) 日宋貿易と大唐米の関わりについては、山内晋次「日宋貿易の展開」加藤友康編『日本の時代史6　摂関政治と王朝文化』

吉川弘文館、二〇〇二年、二八三―二八四頁参照。

(17) この記事に関する研究史については、石井正敏「肥前国神崎荘と日宋貿易――『長秋記』長承二年八月十三日条をめぐって――」皆川完一編『古代中世史料学研究 下』吉川弘文館、一九九八年、参照。なお、平氏と日宋貿易の関係については、山内晋次「平氏と日宋貿易――通説的歴史像への疑問――」『神戸女子大学古典芸能研究センター紀要』六、二〇一二年において、通説とはかなり異なる私見を提示している。

(18) 服部英雄・註(4)二〇〇三年および二〇〇五年論文。

(19) 渡邊誠・註(9)著書・三三〇および三三八―三三九頁。

(20) 石井正敏・註(17)論文。

(21) 山内晋次・註(1)一九八九年論文・一五頁。

(22) 山内晋次・註(1)著書・一三八―一三九頁。

(23) 山内晋次・註(1)著書・一三七―一三八頁。

(24) 服部英雄・註(4)二〇〇三年論文・七四―八三頁および二〇〇五年論文・五九頁。ただし、服部論文において気になる点は、日宋貿易の時期に筑後川下流域に貿易船が来着できたことを証明するための論拠のひとつとして、明代の日本研究書・倭寇研究書である『籌海図編』『図書編』『日本考』『日本風土記』などに紹介されている、その地域の河口津の記事を挙げている点である。というのは、これらの明代の著作は、十六世紀にふたたび倭寇の活動が活発になったことにより、中国で日本情報の収集・蓄積が急激に進んだ時期のものである。たとえば、唐代以降の中国史料を概観したときに、唐～元代あたりに関しては、日本関係の記録はさほどみつからない。ところが、明代、とくに十六世紀になると突然、日本関係の記録が急増するというような印象をうける。あるいはこれは、私個人の偏見かもしれないが、この記録の急増が中国本土そのものを混乱に陥れた倭寇活動の激化と密接に関わっていることは、容易に推測できるであろう。そうすると、明代後期の上掲の諸書に、倭寇の本拠地と目されていた九州各地の港津の情報が比較的詳しく紹介されていても、さほど不思議ではない。つまりその情報は、明代後期の倭寇による混乱のなかで記録された、きわめて時代限定的な情報の可能性が高いのである。とすれば、このような明代の諸書に紹介されている筑後川の河口津の情報を、宋代中国においても知られていた情報とただちにみなしてよいものか、疑問がぬぐえない。もちろん、そのような情報が宋代中国においても知られていたことを完全に否定し去ることはできないが、宋代史料のなかに筑後川河口の港津の確実な記録があるということを、寡聞にして知らない。

(25) 佐賀市のウェブサイト（http://www.city.saga.lg.jp/contents.jsp?id=25554）など参照。

(26) 服部英雄・註（4）二〇〇八年論文、柳原敏昭・註（4）著書・九三―九四・一三五―一四二頁など。

(27) 服部英雄・註（4）二〇〇八年論文・一〇七頁。

(28) 大庭康時「「西」の境界、西北九州の遺構と遺物」竹田和夫編『古代・中世の境界意識と文化交流』勉誠出版、二〇一一年、二二八―二二九頁。

(29) 大庭康時・註（28）論文・二二七―二二八頁。

(30) この遺構・遺物の規模の問題に関して服部氏は、地名から判断して西之後遺跡は唐坊中心部と考えられる「柳ヶ宿」からはずれており、「いまだ唐坊の中心は未発見であって、地下に隠れている」と述べている（服部英雄・註（4）二〇〇八年論文・一三七頁）。しかし、このように述べてしまうと、あくまでも現存の史資料や現在発見されている遺構・遺物などにもとづいている私見などと議論をおこなうこと自体、できなくなってしまうのではなかろうか。

(31) 服部英雄・註（4）二〇〇八年論文・一〇八―一〇九頁。

(32) 田上浩司編『在自西ノ後遺跡Ⅱ〈津屋崎町文化財調査報告書21〉』津屋崎町教育委員会、二〇〇四年、一八―一九頁。

(33) 服部英雄・註（4）二〇〇八年論文・一一八・一四二頁。

(34) 服部英雄・註（4）二〇〇八年論文・一一三頁。

(35) はるか西方のインド洋海域世界の事例ではあるが、家島彦一「港市――海域ネットワークの接点」『海域から見た歴史――インド洋と地中海を結ぶ交流史――』名古屋大学出版会、二〇〇六年も参照。

(36) 田上浩司編・註（32）報告書・三六頁。

(37) 柳原敏昭・註（4）著書・九一頁。

(38) 大庭康時「集散地遺跡としての博多」『日本史研究』四四八、一九九九年、七〇―七三・八六頁および「博多遺跡群の発掘調査と持躰松遺跡」『古代文化』五五―一一、二〇〇三年、七六―七九頁。このふたつの論文のあいだには四年間の時間差がある。そしてこのあいだに、持躰松遺跡や万之瀬川下流域に対する大庭氏の評価も、その河口部に交易拠点があった可能性をより積極的に認める方向に変化している。

(39) 山本信夫「12世紀前後陶磁器から見た持躰松遺跡の評価――金峰町出土の焼き物から追求する南海地域の貿易・流通――」『古代文化』五五―三、二〇〇三年。

(40) 柳原敏昭・註(4)著書・九二頁。

(41) 桐野利彦「南九州の海上交通の性格」日本歴史地理学研究会編『流通の歴史地理〈歴史地理学紀要3〉』古今書院、一九六一年。

(42) 桐野利彦・註(41)論文・一四六・一五一頁。

(43) この時期の問題については近年、榎本渉「宋代市舶司貿易にたずさわる人々」歴史学研究会編『シリーズ港町の世界史3　港町に生きる』青木書店、二〇〇六年、同「宋代の「日本商人」の再検討」『東アジア海域と日中交流――九～一四世紀――』吉川弘文館、二〇〇七年、渡邊誠「年紀制の消長と唐人来着定」「十二世紀の日宋貿易と山門・八幡・院御厩」・註(9)著書所収、中村翼「鎌倉幕府の「唐船」関係法令の検討――「博多における権門貿易」説の批判的継承のために――」『鎌倉遺文研究』二五、二〇一〇年などで検討が進められてきている。なお、ごく最近、大塚紀弘「唐船貿易の変質と鎌倉幕府――博多綱首の請負から貿易使の派遣へ――」『史学雑誌』一二一―二、二〇一二年が発表されたが、「請負貿易」という用語の理解をはじめとして、同論文が描く図式にはいくつかの疑問を感じる。

(44) 山内晋次・註(3)論文および註(12)論文など。

(45) 山内晋次・註(1)一九八九年論文・二四頁。

(46) 大庭康時「博多綱首殺人事件――中世前期博多をめぐる雑感――」『法哈㗖』三、一九九四年、二二―二四頁および「大陸に開かれた都市　博多」網野善彦他編『中世の風景を読む7　東シナ海を囲む中世世界』新人物往来社、一九九五年、三〇頁、

註（38）一九九九年論文、八六頁など。宮崎貴夫「長崎県の中世墨書資料」博多研究会編『博多遺跡群出土墨書資料集成』同会、一九九六年、一二二頁でも、このような大庭氏の見解を支持し、長崎県内出土の墨書中国陶磁資料を、五島・平戸・松浦地域における寄港地の存在と理解している。ただし大庭氏が、博多以外の交易拠点おいて「寄船」を口実とする貿易が拡大したと推測する点については、文献的に確認をとることがきわめて難しく、私はその見解に否定的である。

(47)『頭陀親王入唐略記』、『入唐五家伝』、『本朝世紀』天慶八年六月四日条、成尋『参天台五臺山記』巻一・延久四年三月十五日条、戒覚『渡宋記』、『安祥寺伽藍縁起資材帳』、『小右記』万寿四年八月三十日条など。

(48) 中国沿岸においても気象・物資などの条件によって沿岸の諸港を複雑に移動している。たとえば、『小右記』万寿四年八月三十日条にみえる宋海商・陳文祐の事例などを参照。

(49) 榎本渉「東シナ海の宋海商」荒野泰典・石井正敏・村井章介編『日本の対外関係3　通交・通商圏の拡大』吉川弘文館、二〇一〇年、四三頁、渡邊誠「大宰府の「唐坊」と地名の「トウボウ」」・註（9）著書、三三二頁などでも同様な見通しが述べられている。

(50) 榎本渉・註（49）論文・四四―四五頁では、十三世紀半ばに薩摩国川辺郡あたりに入港した可能性のある貿易船の記録が紹介されているが、孤立した特異な事例であることから、日宋貿易において南九州―中国というルートがあくまでもサブルートであったことを指摘している。なお、九州地域における宋元代貿易船の寄港地を考えるうえで重要な物質データとして、近年、中国浙江省産の石材である可能性がきわめて高いことが確認された、薩摩塔および中国船のものと推定される碇石の遺存分布の研究が注目される。大木公彦・古澤明・高津孝・橋口亘「薩摩塔石材と中国寧波産の梅園石との岩石学的分析による対比」『鹿児島大学理学部紀要』四二、二〇〇九年、大木公彦・古澤明・高津孝・橋口亘・内村公大「日本における薩摩塔・碇石の石材と中国寧波産石材の岩石学的特徴に関する一考察」『鹿児島大学理学部紀要』四三、二〇一〇年、高津孝・橋口亘・大木公彦「薩摩塔研究――中国産石材による中国系石造物という視点から」『鹿大史学』五七、二〇一〇年、高津孝・橋口亘・大木公彦「薩摩塔研究（続）――その現状と問題点」『鹿大史学』五九、二〇一二年、高津孝・橋口亘・松本信光・大木公彦「南西諸島現存碇石の産地に関する一考察」『鹿児島大学法文学部紀要　人文科学論集』七二、二〇一〇年、大木公彦・古澤明・高津孝・橋口亘・内村公大「日本における薩摩塔・碇石の石材と中国寧波産石材の岩石学的特徴に関する一考察」『鹿児島大学理学部紀要』四三、二〇一〇年など参照。

(51)　服部英雄・註（4）二〇〇五年論文・三七頁。

(52)　服部英雄氏は註（4）二〇〇五年論文のなかで、兵庫県尼崎市の大物遺跡から出土した「丁綱」墨書の中国陶磁について、『山槐記』治承三円六月二十二日条に福原で平清盛が唐船に乗る記事が見える。神崎川（淀川分流）河口の摂津国大物湊に直接宋船が来航したのか、博多湾で中国船から日本船へ交換して積替をしたのかはわからないが、難波宮や平安京には鴻臚館があった。唐人、宋人の畿内来航は疑いない」（五五―五六頁）と述べている。このような、中国人名＋綱（貿易船の積荷の所属グループ）と考えられる墨書中国陶磁は、現在のところそのほとんどが博多遺跡群で出土しており、博多に中国海商たちの根拠地が存在したことの重要な論拠のひとつとされている（大庭康時・註（38）一九九九年論文・七〇―七三頁、同「博多綱首の時代――考古資料から見た住蕃貿易と博多――」『歴史学研究』七五六、二〇〇一年、4頁など。なお、平安・鎌倉期の遺跡から出土する中国陶磁にみえる墨書の意味・機能については、佐伯弘次「博多出土墨書陶磁器をめぐる諸問題」博多研究会編『博多遺跡群出土墨書資料集成』同会、一九九六年も参照。また、二〇〇二年までに刊行された発掘調査報告書に掲載されている博多遺跡群出土の墨書データについては、同書および博多研究会編『博多研究会誌（法哈法哈嗟）11・博多遺跡群出土墨書資料集積2』同会、二〇〇三年に集成されている）。大物遺跡で発見された問題の墨書中国陶磁は、中国海商の積荷の一部であったことは確実である。しかし、だからといって、それが発見された地点に中国海商およびその貿易船が来航していたとただちに結論づけるのは、勇み足ではなかろうか。私は、この大物遺跡の墨書中国陶磁は、博多で中国海商船から下ろされた積荷の一部が国内商人によって瀬戸内海を運ばれ、さらに平安京をめざして神崎川をさかのぼる際に海船から川船に積み替えられた過程で、なんらかの事情でその遺跡に残された（廃棄された？）のではないかと推測している。

(53)　藤岡謙二郎・山崎謹哉・足利健亮編『日本歴史地理用語辞典』柏書房、一九八一年、一九六頁、「後背地」および山本正三・奥野隆史・石井英也・手塚章編『人文地理学辞典』朝倉書店、一九九七年、一四一頁、「港勢圏」などの項目参照。

(54) 田中克子「長崎県五島列島小値賀島前方湾海底遺跡発見の中国陶磁から見た日宋貿易に関する一考察」『貿易陶磁研究』三一、二〇一一年。
(55) 塚原博「碇石と小値賀島の交流史」小野正敏・萩原三雄編『鎌倉時代の考古学』高志書院、二〇〇六年。
(56) 篠田統『中国食物史』柴田書店、一九七四年、一三二頁、中村喬編訳『東洋文庫594　中国の食譜』平凡社、一九九五年、二六二頁。
(57) この推測の当否をみきわめるためにはもちろん、中国の食文化史に関するより専門的な検討が必要であるが、ここではとりあえず、矢野憲一『ものと人間の文化史62　鮑』法政大学出版局、一九八九年、一一二―一一六頁を参照。
(58) 山内晋次「東アジア・東南アジア海域における海商と国家」註（1）著書所収。
(59) 山内晋次「日本列島と海域世界」桃木至朗編『海域アジア史研究入門』岩波書店、二〇〇八年、四一頁。
(60) 榎本渉・註（49）論文・三一頁。
(61) 森克己・註（2）著書・二三六頁。
(62) 服部英雄・註（4）・二〇〇五年論文・五〇―五二頁。
(63) 渡邊誠・註（9）著書・二九七頁。
(64) 村井章介「寺社造営料唐船を見直す――貿易・文化交流・沈船」歴史学研究会編『シリーズ港町の世界史1　港町と海域世界』青木書店、二〇〇五年。
(65) 異文化間交易における「通事」のような仲介者の重要性については、たとえばフィリップ・カーティン『異文化間交易の世界史』NTT出版、二〇〇二年、三〇頁など参照。
(66) 渡邊誠・註（9）著書・三三六―三三七頁。
(67) フィリップ・カーティン・註（65）著書・一八二―一八三頁も参照。

寧波・博多交流の物証としての寧波系瓦の化学分析

小畑弘己

はじめに――本論の意義

寧波と博多の交流を物語る物的証拠として、貿易陶磁器、瓦、石造遺物などが挙げられている（佐伯2010）。この瓦とは、博多遺跡群や周辺の遺跡の十二～十三世紀の遺構から発見される中国宋風の独特の形態をもつ一群の瓦である。軒丸瓦は瓦当に牡丹や菊の折枝文など、宋で流行した花卉文（草花文）を配し、軒平瓦は型挽きによる重弧文で、下中央部の弧と顎部を押圧して波状としている。それらに伴う平瓦は桶巻き作りによる。厚さが一・五㎝未満と薄手で、凸面には縄目の叩きが残り、胎土は精良で堅緻に焼き締まっている。博多遺跡群（福岡市博多区）をはじめ、箱崎遺跡群（同東区）、香椎遺跡（同東区）、西油山天福寺遺跡（同早良区）、安楽寺跡（福岡県太宰府市）などの十二世紀前半から十三世紀前半にかけての遺構や層から出土している（佐藤2008）。

この瓦は常松幹雄によって最初に注目され（常松1987）、中国大陸に起源をもつことが想定されていたが、長い間その具体的な産地は不明であった。しかし、最近、常松（2005）がその宋風の瓦当文様と中国寧波市にある国寧寺出土瓦との類似性に着目し、中国産の可能性を指摘して以来、この寧波を中心とする地域との関連が注目されていた（以下、本論では、上記のような特徴をもつ日本・中国出土の瓦群を「寧波系瓦」と称する）。しかし、これら瓦の意匠が中国に求められたとはいえ、それ自体、中国生産説を証明する直接の証拠とはならない。常松が追い求める同笵瓦が中国の瓦窯址から出土しない限り、立証は不可能である。

本論は、この問題を解決するため、博多遺跡群出土品を中心とした寧波系瓦の蛍光X線による成分分析を行い、産地推定の手がかりとするものである。本研究の一部は基本的な資料による分析成果を別稿にて報告している（小畑ほか2012）が、今回は、先の分析結果に合わせて、国内では唯一福岡県外で同系統の瓦が検出されている鹿児島県南さつま市の渡畑《わたりばた》遺跡の出土品の分析結果を加え、博多遺跡群や箱崎遺跡群における考古学的所見を合わせて、本系統の瓦の出自と性格について検討を加えた。

その結果、残念ながら、中国における瓦窯（未発見）出土品や日本出土の寧波系瓦に最も似る寧波市内出土瓦を分析できなかったので、産地を特定することはできなかった。ただし、元素成分組成による多変量解析を行い、寧波系瓦が中国杭州市産の宋代瓦ときわめて近い一群に属することが判明し、杭州市・寧波市を中心とした地域で生産された可能性が高くなった。また、博多遺跡群や箱崎遺跡群における軒丸・軒平瓦を含めた鴟吻などの道具瓦や基壇や道路の舗装に用いられたと想定される磚の分布や出土状況を検討し、これら瓦の葺かれた建築物として、宋人たちの居所や店舗・倉庫以外に、彼らが建立した祠堂が存在する可能性（佐藤1994・常松2010）を再確認した。そして、同様のものが渡畑遺跡において確認できることから、議論となっている万之瀬川河口域での宋人の居住貿易の可能性を指摘した。

一　寧波系瓦に関する研究史

本瓦に関する研究史は、常松（2005）に簡潔にまとめられているので、以下、これを要約し、さらにそれ以降発表されたものを加えて紹介する。

寧波系瓦は常松によって最初に注目され、その祖型は高句麗や北魏の造瓦技術に求められ、渤海、遼・金、宋、元代の瓦に継承されたものとされた。つまり同系の瓦は、最初は北方系の瓦との評価を受けていたのである（常松1987）。

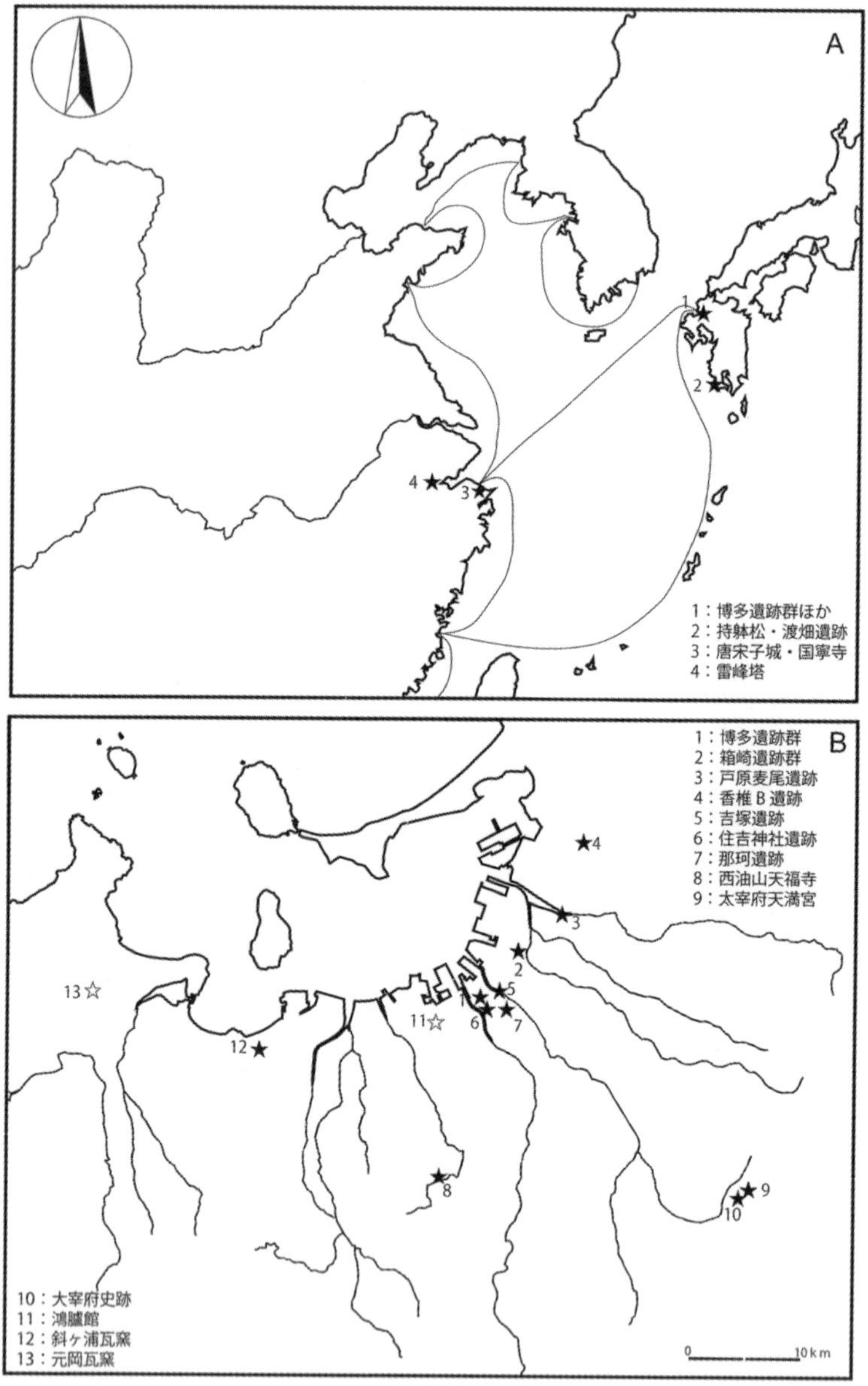

図１　本文所収の関連遺跡位置図
（Ａ中の線は宋～明代の主要航路、Ｂ図★は寧波系瓦出土遺跡、☆は成分分析を行った関連遺跡）

この瓦について、はじめて宋人との関係に注目したのは栗原和彦である。栗原はこれら軒丸・軒平瓦のセットの出土時期が我国でまだ瓦の使用が普及していない時期（十二世紀）であり、博多津に居住していた宋人商客などの特別な人々がその需要者であったと推定した（栗原1989）。その後佐藤一郎は寧波系瓦の瓦当文様が泉州磁竈《じそう》窯産の黄釉鉄絵盤の見込文様に共通するとし、その源流を華中・華南の地域に求めた（佐藤1993・1994）。また、上原真人はこれら瓦を「宋の影響による組み合わせの軒瓦」と評価し、輸入品でない場合は、「外国人居留地に中国じこみの瓦作りの腕をふるった職人がいた」と述べている（上原1997）が、山崎信二は瓦の胎土や製作法などの特徴から、中国からの搬入品であるとみている（山崎2000）。ただし、この時点では山崎も指摘するように中国ではこれらに類似する草花文軒丸瓦や押圧文軒平瓦はまだ知られていなかった。

近年、常松（2005）は浙江省寧波市の国寧寺出土品（図2：4～14）に文様や作風の類似性を見出し、両地域出土の瓦の間に同笵関係は認められないものの、産地は中国にあり、瓦窯が消費地である寧波に供給ルートが開かれた地域に存在する可能性を示した。これは中国本土における日本出土の同系統の瓦に類似する草花文軒丸瓦を初めて指摘したもので、これによって、佐藤（1994）が述べたように、その源流は華中域である可能性が高くなった。その後、佐藤（2008）は「博多居留宋人が遺したもの」の一つとして瓦磚の規格に注目し、産地は不明であるものの、宋人が宋本国の規格・技法を用いて製作したものであるとした。

年代の問題は、山崎（2000）の整理によると、十二世紀～十五世紀の遺構から出土する（常松1987・1992）、十二世紀前半以前の所産（狭川1988）、十一世紀後半～十二世紀中頃にかけての遺構から出土し、博多遺跡群においては十三世紀後半には姿を消す（佐藤1993・1994）、十二世紀後半の居住宋人の増加との整合性が重要（山崎2000）など、初現時期は遅くとも十二世紀中頃以降であるが、使用の終焉の時期については一致していない。佐藤（2008）はこれら瓦が

図２—１　中国出土の寧波系瓦拓影・実測図（各報告書より転載）
（１～３：浙江省寧波市唐宋子城、４～14：浙江省寧波市国寧寺東塔、15～28：浙江省杭州市雷峰塔）

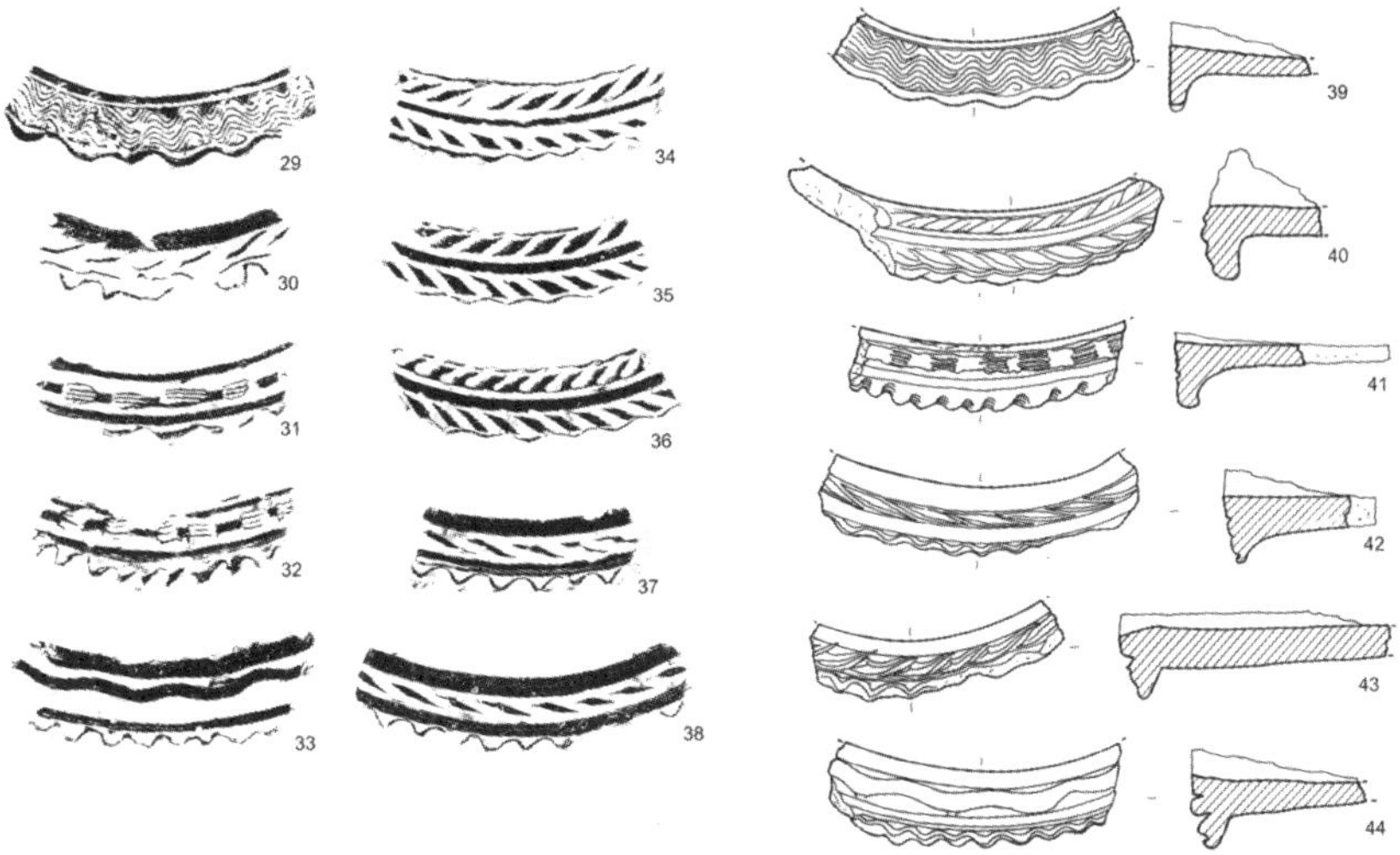

図2―2　中国出土の寧波系瓦拓影・実測図（各報告書より転載）
（29〜44：浙江省杭州市雷峰塔）

建物崩壊後に道路舗装材に再利用された例を示しているが、常松が示したような十五世紀などの後代の遺構から出土するものは、このような再利用もしくは整地行為などによる紛れ込みの結果であろう。近年の論攷の中で常松は、この瓦の製作時期を十二世紀代に求め、博多への宋人居住の隆盛と禅宗の到来（禅寺創設）期である十二世紀第三四半〜第四四半世紀をその搬入時期としている（常松2005・2008）。

以上をまとめると、寧波系瓦は、その系譜は中国宋に求められるもので、中国での製作時期とほぼ同じ時期に輸入もしくは製作された可能性が高い、というのがこの瓦に対するほぼ共通した認識といえる。ただし、日中のどちらで製作されたのかに関しては、依然決め手を欠いたままである。

二　瓦の化学分析

（1）分析試料

分析に供した試料は、表1に示したように、総数一一一点である。残念ながら今回は、直接の比較対象である中国出土

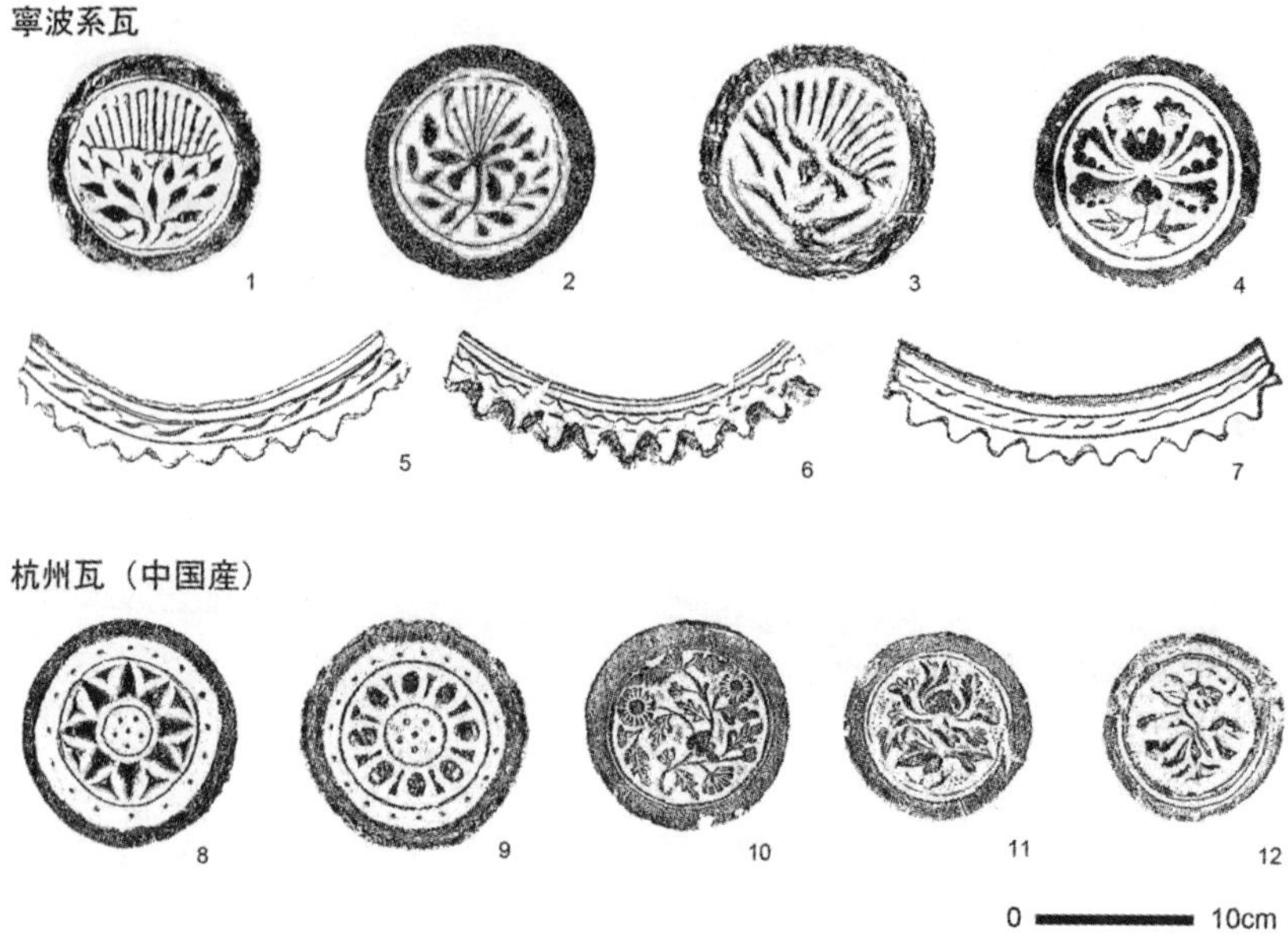

図3―1　螢光Ｘ線分析に供した各種瓦タイプ
（分析した資料自体も一部含まれるが、型式表示用の拓影であり、全体を復元したものも含む）

の寧波系瓦は分析ができなかった。そのため、比較材料として、中国杭州市周辺で採集された中国産瓦の一群と国内産であることが確実な古代から近世の瓦を同時に分析した。寧波系瓦は、博多遺跡群と箱崎遺跡群および香椎Ｂ遺跡出土品に加え、鹿児島県南さつま市の万之瀬川流域にある渡畑遺跡出土の同系統の瓦を分析した。中国採集瓦と渡畑遺跡出土瓦以外はすべて福岡市埋蔵文化財センターに所蔵されているものである。[1]

a・寧波系瓦（産地不明）（図3：1〜7）

寧波系瓦は、常松（2005）を参考にすると、福岡県内の十一遺跡（二〇〇八調査地点）から発見されており、最近発見された渡畑遺跡出土品（ＷＡＴ）を加えて、日本では十二遺跡から出土していることになる（図1）。出土遺構を整理すると表2のとおりである。[2]瓦の種類には、軒丸瓦・軒平瓦以外に鴟吻や塼などがあり、これらも分析を行った。博多遺跡群

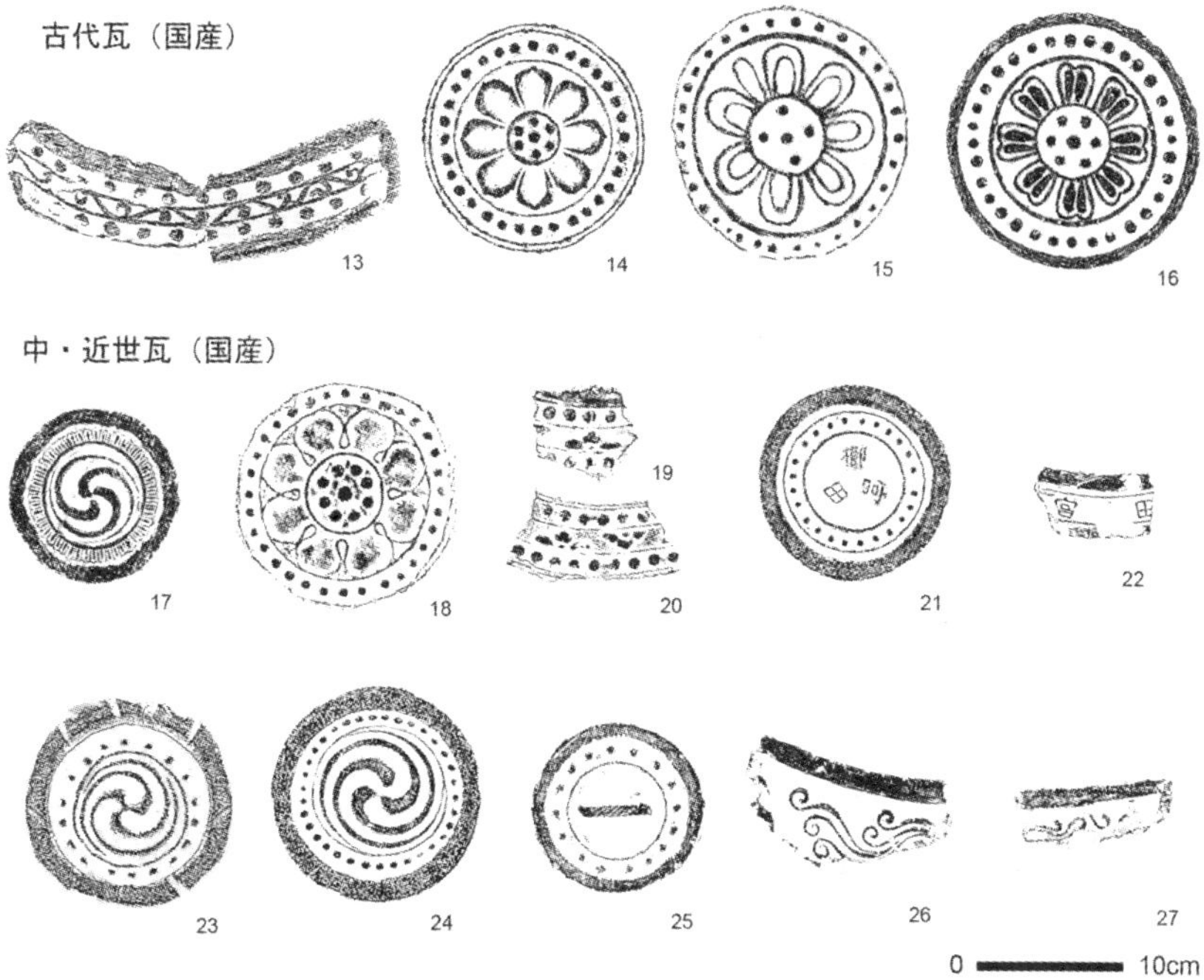

図3―2　螢光X線分析に供した各種瓦タイプ
（分析した資料自体も一部含まれるが、型式表示用の拓影であり、全体を復元したものも含む）

二十八点、箱崎遺跡群五点、渡畑遺跡十二点を分析した（表1：67～111）。

b・杭州瓦（中国産）（図3：8～12）

東京大学総合文化研究科・教養学部美術博物館に所蔵されている米内山庸夫の採集資料のうち、南宋故宮と石塔頭瓦窯址採集品（中村2010）を中心に二十七点の軒丸瓦を分析に供した（表1：1～27）。瓦当の文様は南宋故宮・餘姚龍山採集品が蓮華文で、石塔頭瓦窯址・杭州市採集品は草花文である。

c・古代瓦（日本産）（図3：13～16）

今回は、鴻臚館・斜ヶ浦瓦窯址・元岡瓦窯址の平瓦の破片を中心に分析した。鴻臚館（KUR）五点、斜ヶ浦瓦窯址（NNM）五点、元岡瓦窯址（MOT）六点である。その一部は三辻利一（1994）によってすでに分析されていたものである（表1：36～51）。

これ以外に博多遺跡群・箱崎遺跡群出土の五点の軒丸瓦・軒平瓦を分析した（表1：52～56）。図3：13は内区に左偏行唐草文、上・下外区には珠文を配する軒平瓦であり、同笵資料は鴻臚館にあるとされる（瀧本2000）。今回は博多二十二次資料を分析した。図3：14は博多六十二次資料である。中房には一＋六個の蓮子を配し、内区には単弁の蓮弁八葉、外区には三十二個の珠文を配する。時期は不明であるが、その様式から古代末のものであろう。図3：15の軒丸瓦は、中房には一＋四個の蓮子を配し、内区には複線による単弁の蓮弁六葉と単線による蓮弁一葉、外区には三十一個の珠文を配する。大宰府分類の一三二タイプ（九州歴史資料館2000）である。箱崎遺跡群の二十六次・四十次・四十七次・五十四次調査地点で出土している。図3：16の軒丸瓦は、中房には一＋六個の蓮子、内区には複弁の蓮弁八葉、外区には三十二個の珠文を配する。大宰府二一七タイプに似るとされる（荒牧2005）。本タイプの瓦は、箱崎二十二次・二十六次・三十次・三十九次・四十次・四十七次・五十四次調査などで検出され、箱崎二十二次のSE-0046（榎本2004）や箱崎四十次SC-132（佐藤2007）、箱崎四十七次SE-241・SE-367（中村2009）などの共伴遺物から、十世紀後半から十一世紀中頃に比定される。箱崎四十七次のSE-241では、図3：15タイプの瓦と共伴しており、これは内面に布目、外面に格子目叩きや丸囲いの「大」の字をもつ平瓦・丸瓦を伴う点からも共通する。共伴土器としてはヘラ切り板状圧痕をもつ土師器の皿や坏がある。報告者は、遺構の年代は十一世紀後半としているが、瓦の年代は十世紀後半～十一世紀中頃と考えている（荒牧2008）。

以上、偏行唐草文軒平瓦と蓮弁軒丸瓦は古代末の瓦型式として把握できる。

d・中世～近世瓦（国産）（図3：17～27）

図3：17の剣頭文縁三巴文軒丸瓦は古代末の古式剣頭文瓦の系統を引くものであり、井澤（1995）は十二世紀中頃に位置づけているが、山崎（2000）は十三世紀の前半代をその時期としている。香椎B遺跡三次調査出土品一点（表2：57）を分析した。

図3：18〜20は単弁八葉蓮華文の軒丸瓦で箱崎九次・二十六次・三十次調査地点などで検出されている。大宰府〇四八タイプに相応する。軒平瓦は半裁した宝相華文系の花菱を内区、上下の外区に珠文を配するもので、セット関係をなす。これらの瓦は箱崎遺跡群以外では、大宰府観世音寺の講堂で多く出土し、京都法成寺などの権門寺院でよくみられることから、瓦当文様の源流は高麗に辿ることができ、大宰府府官でもあり、観世音寺の平安後期における再興に寄与した筥崎宮神官秦氏との関連遺物と目されている（佐藤2007）。このタイプの軒丸瓦・軒平瓦を「高麗系瓦」と称する。大宰府史跡の報告では観世音寺の瓦と報告された（石松ほか1977）。また、栗原は本タイプを大宰府史跡での出土状況から、十〜十一世紀のものとし、本来観世音寺の瓦として製作されたものとした（栗原1989）。箱崎遺跡群で時期のわかる例としては、箱崎九次SE-010（十三世紀）や同二十六次SK-0317（十二世紀後半）の出土品があり、箱崎九次では、井戸（SE-10）で寧波系瓦と共伴している（本田1998）ことから、十二世紀代まで使用された可能性がある[3]。箱崎遺跡群出土の軒丸瓦四点、軒平瓦四点を分析した（表2：28〜35）。

「櫛田宮」銘をもつ瓦（図3：21）は、軒丸瓦とセットとなる軒平瓦（図3：22）も発見されており、櫛田宮の名前の初出年代である一三三三年以降のものと想定されている（井澤1995）。博多七十次ではSK-43から李朝白磁碗とともに軒平瓦片が出土しており、この瓦が十四世紀〜十五世紀のものであることを裏付けている。博多七十次・八十次調査地点出土の軒丸瓦二点を分析した（表2：60・61）。

図3：23・24のような三巴文と珠文で構成される軒丸瓦は、山崎編年（山崎2000）のV期（一三三三―八〇年）以降

に出現し、博多遺跡群では、博多八十次調査SK-61から唐草文の軒平瓦や鬼瓦などを伴って多量の同タイプの軒丸瓦が検出されており、年代観もほぼ一致する。ただし、この三巴文瓦は近世まで続く型式であるため、筆者には峻別が困難である。分析した資料（表2：62〜64）の正確な時期は不明である。軒平瓦（表2：65・66、図3：26・27）は十六世紀以降のものと思われる。

「二」銘のある軒丸瓦（図3：25）は箱崎遺跡群の九次・四十次・四十六次・五十二次調査地点から五点ほどが出土している。九次調査SE-09出土品は共伴遺物から十四世紀後半〜十五世紀代以降と思われる。箱崎遺跡群出土の軒丸瓦二点を分析した（表2：58・59）。

（2）分析法

分析機器は福岡市埋蔵文化財センターのEAGLEμProbe螢光X線分析装置を使用した。X線の照射範囲は直径三〇〇μmである。照射部分は、瓦の表面のうち、表面が剥離し、胎土が見えている部分もしくは、表面ができるだけ汚染されていない部分のうち、鉱物粒子のない部分、埋蔵地の土が付着していない部分を選択した。測定は近傍の平坦面三か所にて行った。測定条件は、真空状態、電圧四〇kV、照射時間一八〇秒、測定元素はNa、Al、Si、K、Ca、Ti、Mn、Fe、Rb、Sr、Zrの十一個を対象とし、この十一元素の酸化物の和を一〇〇とする重量濃度比を求めた。定量計算はファンダメンタル・パラメータ法（標準資料なし）による。

（3）分析結果

分析の結果、上記の元素の酸化物の重量比について、表1のような測定結果が得られた。[4] これら測定値については、

表1　蛍光X線分析試料と元素成分分析結果

分析No.	遺物番号	産地	記号	型式	部位	遺跡	Na2O	Al2O3	SiO2	K2O	CaO	TiO2	MnO	Fe2O3	Rb2O	SrO	ZrO2	クラスタ順位
							Wt%											
1	55-42	杭州	■	蓮華文	軒丸瓦	南宋故宮	1.007	17.720	65.837	3.340	1.503	1.213	0.133	9.047	0.030	0.030	0.140	90
2	55-41-1	杭州	■	蓮華文	軒丸瓦	南宋故宮	0.680	21.470	66.900	3.525	0.555	1.220	0.020	5.500	0.030	0.015	0.085	15
3	61-12	杭州	■	蓮華文	軒丸瓦	南宋故宮	0.683	19.750	62.123	3.370	2.070	1.450	0.107	10.287	0.023	0.033	0.103	93
4	55-52	杭州	■	蓮華文	軒丸瓦	南宋故宮	1.100	17.635	62.110	3.495	1.595	1.590	0.195	12.050	0.030	0.035	0.165	83
5	55-47-2	杭州	■	蓮華文	軒丸瓦	南宋故宮	0.895	19.140	62.555	3.680	1.275	1.510	0.120	10.570	0.035	0.030	0.190	85
6	61-13	杭州	■	蓮華文	軒丸瓦	南宋故宮	0.530	19.215	63.170	3.360	1.295	1.710	0.045	10.490	0.030	0.030	0.130	89
7	55-47-1	杭州	■	蓮華文	軒丸瓦	南宋故宮	0.917	20.933	58.360	3.107	1.273	1.653	0.097	13.433	0.027	0.023	0.157	70
8	55-124	杭州	■	蓮華文	軒丸瓦	南宋故宮	0.410	21.805	59.340	3.010	1.210	1.785	0.110	12.260	0.035	0.025	0.005	36
9	53-11	杭州	■	蓮華文	軒丸瓦	南宋故宮	0.833	19.690	52.770	3.380	1.417	1.553	0.257	19.850	0.040	0.033	0.180	82
10	55-53	杭州	■	蓮華文	軒丸瓦	南宋故宮	0.715	20.010	65.455	2.420	0.495	1.580	0.065	9.150	0.020	0.020	0.060	27
11	55-121-1	杭州	■	草花文	軒丸瓦	餘姚龍山	0.615	20.405	58.885	3.685	1.055	1.380	0.090	13.670	0.030	0.030	0.145	69
12	55-59-1	杭州	■	草花文	軒丸瓦	石塔頭窯	1.275	18.535	63.100	3.780	1.290	1.230	0.110	10.500	0.030	0.030	0.120	91
13	55-58	杭州	■	草花文	軒丸瓦	石塔頭窯	0.363	17.763	65.163	3.717	2.557	1.263	0.063	8.927	0.030	0.033	0.117	92
14	55-55-3	杭州	■	草花文	軒丸瓦	石塔頭窯	0.923	18.433	61.687	3.763	2.617	1.377	0.180	10.780	0.033	0.030	0.177	84
15	55-57-3	杭州	■	草花文	軒丸瓦	石塔頭窯	0.913	22.457	58.277	3.900	1.473	1.660	0.140	10.997	0.033	0.030	0.113	37
16	55-94	杭州	■	草花文	軒丸瓦	石塔頭窯	1.020	22.000	57.605	4.060	1.900	1.510	0.165	11.560	0.040	0.025	0.120	38
17	55-61	杭州	■	草花文	軒丸瓦	石塔頭窯	1.920	18.650	57.875	3.900	1.545	1.475	0.130	14.235	0.040	0.035	0.200	86
18	55-55-4	杭州	■	草花文	軒丸瓦	石塔頭窯	1.525	20.270	61.380	3.665	1.185	2.090	0.085	9.605	0.030	0.030	0.135	88
19	55-55-1	杭州	■	草花文	軒丸瓦	石塔頭窯	2.090	19.430	65.210	3.600	1.080	1.530	0.030	6.840	0.030	0.030	0.130	8
20	55-57-1	杭州	■	草花文	軒丸瓦	石塔頭窯	2.720	19.855	63.795	3.380	1.040	1.485	0.065	7.580	0.025	0.025	0.025	9
21	55-57-2	杭州	■	草花文	軒丸瓦	石塔頭窯	0.510	19.175	62.810	3.935	1.455	1.495	0.170	10.310	0.035	0.035	0.080	40
22	55-60	杭州	■	草花文	軒丸瓦	石塔頭窯	1.040	19.413	60.680	4.070	1.660	1.400	0.163	11.490	0.043	0.033	0.007	30
23	55-62	杭州	■	草花文	軒丸瓦	石塔頭窯	1.640	19.070	62.320	3.400	1.100	1.220	0.120	10.930	0.040	0.030	0.120	65
24	55-63	杭州	■	草花文	軒丸瓦	石塔頭窯	0.573	20.517	61.683	5.017	1.160	1.813	0.090	9.003	0.037	0.030	0.080	55
25	TSU-002	杭州	■	草花文	軒丸瓦	杭州	1.140	19.110	58.245	3.940	4.030	1.700	0.175	11.435	0.040	0.035	0.160	87
26	TSU-003	杭州	■	草花文	軒丸瓦	杭州	0.280	20.035	58.615	4.095	1.895	1.395	0.195	13.410	0.040	0.025	0.015	31
27	TSU-001	杭州	■	草花文	軒丸瓦	杭州	0.705	19.985	61.340	3.800	1.200	1.715	0.075	11.085	0.040	0.030	0.010	54
28	964400182	高麗系	▲	宝珠・花弁文	軒平瓦	箱崎６次	0.676	22.963	58.337	1.218	1.462	2.306	0.123	12.784	0.012	0.020	0.094	103
29	964400180	高麗系	▲	単線蓮華文	軒丸瓦	箱崎９次	1.603	23.107	58.143	2.947	1.240	1.377	0.157	11.267	0.030	0.020	0.117	78
30	010800697	高麗系	▲	単線蓮華文	軒丸瓦	箱崎26次	1.840	25.203	60.027	2.350	0.737	1.217	0.180	8.287	0.030	0.017	0.120	74
31	010800747	高麗系	▲	単線蓮華文	軒丸瓦	箱崎26次	1.455	23.605	61.120	2.650	0.950	1.205	0.195	8.635	0.030	0.025	0.135	75
32	021005503	高麗系	▲	単線蓮華文	軒丸瓦	箱崎30次	0.415	24.575	62.565	2.425	0.775	1.395	0.115	7.610	0.030	0.025	0.070	25
33	021005505	高麗系	▲	宝珠・花弁文	軒平瓦	箱崎30次	1.270	25.075	60.515	2.335	0.520	1.320	0.120	8.680	0.030	0.020	0.115	76
34	021005504	高麗系	▲	宝珠・花弁文	軒平瓦	箱崎30次	1.407	23.950	59.880	2.693	0.633	1.320	0.177	9.850	0.027	0.020	0.053	77
35	043400040	高麗系	▲	宝珠・花弁文	軒平瓦	箱崎46次	1.525	26.675	56.975	2.390	0.505	1.360	0.120	10.340	0.020	0.015	0.075	79

36	MOT-214	日本古代	△		平瓦	元岡瓦窯址	0.503	27.137	50.837	1.997	3.357	1.923	0.153	13.947	0.027	0.043	0.080	105
37	MOT-211	日本古代	△		平瓦	元岡瓦窯址	0.830	27.700	51.485	2.060	1.765	1.980	0.100	14.015	0.030	0.040	0.005	107
38	MOT-31-004	日本古代	△		平瓦	元岡瓦窯址	0.713	25.233	50.590	2.257	2.273	2.330	0.137	16.297	0.033	0.057	0.087	108
39	MOT-216	日本古代	△		平瓦	元岡瓦窯址	2.575	26.185	52.860	2.065	2.185	1.790	0.075	12.220	0.020	0.035	0.000	109
40	MOT-41	日本古代	△		平瓦	元岡瓦窯址	2.215	27.595	46.820	2.175	1.515	1.940	0.080	17.470	0.035	0.025	0.125	110
41	MOT-49	日本古代	△		平瓦	元岡瓦窯址	1.083	37.250	44.663	1.517	1.053	1.833	0.073	12.480	0.020	0.020	0.010	111
42	KUR-91	日本古代	△		平瓦	鴻臚館17次	1.190	30.480	57.560	2.975	0.945	1.115	0.065	5.495	0.025	0.035	0.115	17
43	KUR-92	日本古代	△		平瓦	鴻臚館17次	1.553	29.697	56.990	2.840	1.017	1.120	0.043	6.637	0.027	0.037	0.033	18
44	KUR-81	日本古代	△		平瓦	鴻臚館17次	0.675	27.475	60.025	3.505	0.735	1.445	0.020	6.060	0.020	0.020	0.015	23
45	KUR-82	日本古代	△		平瓦	鴻臚館17次	1.387	26.080	60.967	3.377	1.143	1.163	0.030	5.793	0.030	0.023	0.010	12
46	KUR-99	日本古代	△		平瓦	鴻臚館17次	5.925	29.340	52.275	2.420	0.545	1.190	0.050	8.175	0.020	0.010	0.040	29
47	NNM-78	日本古代	△		平瓦	斜ヶ浦瓦窯址	1.333	31.513	55.117	2.180	0.787	1.293	0.040	7.620	0.023	0.033	0.057	19
48	NNM-54	日本古代	△		平瓦	斜ヶ浦瓦窯址	0.413	29.813	57.407	2.533	0.890	1.133	0.040	7.680	0.020	0.030	0.047	20
49	NNM-58	日本古代	△		平瓦	斜ヶ浦瓦窯址	0.725	26.090	62.415	2.530	0.485	1.490	0.005	6.180	0.025	0.025	0.015	22
50	NNM-75	日本古代	△		平瓦	斜ヶ浦瓦窯址	0.000	26.550	60.320	3.190	0.720	1.170	0.050	7.940	0.030	0.020	0.010	24
51	NNM-74	日本古代	△		平瓦	斜ヶ浦瓦窯址	0.550	24.260	60.740	2.820	0.530	1.460	0.030	9.440	0.030	0.020	0.120	26
52	832730005	日本古代	☆	宝珠・唐草文	軒平瓦	博多22次	1.567	23.237	64.677	2.497	0.947	1.433	0.037	5.413	0.020	0.020	0.147	28
53	010801183	日本古代	☆	複線蓮華文	軒丸瓦	箱崎26次	1.033	27.537	60.800	2.847	1.157	1.040	0.053	5.360	0.027	0.040	0.107	16
54	031805139	日本古代	☆	複線蓮華文	軒丸瓦	箱崎40次	1.543	27.537	57.727	2.837	1.707	1.323	0.060	7.050	0.030	0.050	0.137	100
55	896301236	日本古代	☆	蓮華文	軒丸瓦	博多62次	1.698	23.707	59.610	2.783	0.538	0.990	0.035	10.513	0.023	0.017	0.087	80
56	030202016	日本古代	☆	蓮華文	軒丸瓦	箱崎39次	1.855	27.560	59.005	3.290	1.900	0.895	0.040	5.375	0.020	0.035	0.025	21
57	967781001	日本	◎	蓮華・巴文	軒丸瓦	香椎Ｂ３次	1.425	22.070	62.065	1.670	1.135	3.250	0.105	8.080	0.015	0.020	0.170	104
58	031800014	日本	◎	「一」銘	軒丸瓦	箱崎40次	2.380	25.180	57.650	2.615	1.575	1.380	0.085	8.920	0.025	0.040	0.145	98
59	031800013	日本	◎	「一」銘	軒丸瓦	箱崎40次	0.270	24.960	59.030	2.595	1.840	1.460	0.110	9.485	0.035	0.045	0.170	101
60	906205110	日本	◎	「櫛田」銘	軒丸瓦	博多70次	1.043	21.503	55.670	1.960	3.430	1.730	0.183	14.273	0.027	0.050	0.127	106
61	930900926	日本	◎	「櫛田」銘	軒丸瓦	博多80次	1.597	26.200	55.693	2.043	2.043	1.503	0.120	10.620	0.020	0.060	0.110	95
62	950381001	日本近世	◎	巴文	軒丸瓦	香椎Ｂ１次	1.457	26.007	54.400	2.277	1.953	2.013	0.130	11.490	0.027	0.067	0.177	97
63	950381172	日本近世	◎	巴文	軒丸瓦	香椎Ｂ１次	2.180	24.183	59.707	2.840	1.587	1.573	0.050	7.623	0.033	0.043	0.177	99
64	043400030	日本近世	◎	巴文	軒丸瓦	箱崎46次	2.300	30.133	52.187	2.193	2.067	1.473	0.123	9.300	0.020	0.047	0.153	94
65	896301203	日本近世	◎	唐草文	軒平瓦	博多62次	0.593	27.683	52.970	3.077	2.740	1.390	0.160	11.143	0.023	0.067	0.140	96
66	964400184	日本近世	◎	唐草文	軒平瓦	箱崎９次	1.110	22.990	54.650	2.860	6.640	1.255	0.105	10.250	0.035	0.045	0.075	102
67	802400116	寧波系	★	草花文	軒丸瓦	博多８次	1.365	21.190	60.375	3.935	0.710	1.645	0.085	10.560	0.040	0.025	0.070	49
68	832730002	寧波系	★	草花文	軒丸瓦	博多22次	1.660	21.260	55.900	3.970	2.440	1.400	0.360	12.790	0.055	0.050	0.115	81
69	832730001	寧波系	★	草花文	軒丸瓦	博多22次	0.955	21.125	59.795	3.970	0.885	1.375	0.135	11.635	0.040	0.025	0.065	32
70	832730004	寧波系	★	押圧波状文	軒平瓦	博多22次	1.820	20.455	62.525	3.550	0.865	1.400	0.075	9.230	0.035	0.030	0.015	3
71	850800165	寧波系	★	草花文	軒丸瓦	博多28次	0.670	20.810	58.965	3.710	0.710	1.475	0.140	13.390	0.040	0.030	0.070	33
72	850800164	寧波系	★	草花文	軒丸瓦	博多28次	0.935	20.220	61.215	4.020	1.190	1.445	0.080	10.755	0.035	0.035	0.065	53
73	850800163	寧波系	★	草花文	軒丸瓦	博多28次	1.333	19.797	62.243	3.770	0.863	1.460	0.147	10.277	0.043	0.030	0.047	60
74	860500094	寧波系	★	草花文	軒丸瓦	博多30次	1.377	20.173	59.780	3.570	1.340	1.323	0.113	12.187	0.040	0.027	0.070	63

75	864800790	寧波系	★	草花文	軒丸瓦	博多35次	2.160	21.180	61.265	4.015	0.885	1.215	0.085	9.130	0.030	0.020	0.015	7
76	864800794	寧波系	★	草花文	軒丸瓦	博多35次	1.695	21.155	61.285	4.135	1.430	1.165	0.095	8.955	0.040	0.035	0.020	62
77	891501713	寧波系	★		瓦磚	博多48次	1.597	20.677	60.617	4.513	1.477	1.520	0.100	9.390	0.040	0.030	0.043	58
78	894310146	寧波系	★	草花文	軒丸瓦	博多56次	1.690	21.357	60.610	3.890	0.840	1.277	0.077	10.183	0.030	0.027	0.020	2
79	895700866	寧波系	★	草花文	軒丸瓦	博多59次	1.187	20.797	59.983	4.257	0.753	1.470	0.093	11.330	0.043	0.027	0.060	50
80	896301234	寧波系	★	草花文	軒丸瓦	博多62次	0.965	19.200	62.315	4.070	1.410	1.600	0.285	10.005	0.040	0.030	0.080	41
81	896301211	寧波系	★	草花文	軒丸瓦	博多62次	1.775	19.875	60.450	3.925	1.360	1.410	0.095	10.985	0.040	0.030	0.050	64
82	896301202	寧波系	★	押圧波状文	軒平瓦	博多62次	1.840	21.015	61.375	4.095	0.895	1.560	0.125	8.965	0.040	0.030	0.060	57
83	901709038	寧波系	★	草花文	軒丸瓦	博多65次	0.455	20.185	58.540	3.515	0.880	1.355	0.115	14.820	0.030	0.020	0.095	68
84	901709011	寧波系	★	草花文	軒丸瓦	博多65次	0.405	19.905	63.430	3.925	1.055	1.325	0.070	9.720	0.040	0.020	0.095	56
85	901709005	寧波系	★	草花文	軒丸瓦	博多65次	1.370	21.675	61.775	4.375	1.540	1.655	0.030	7.425	0.040	0.060	0.065	67
86	951900502	寧波系	★	草花文	軒丸瓦	博多90次	0.887	19.770	58.270	3.783	1.147	1.390	0.090	14.567	0.037	0.027	0.030	35
87	951900504	寧波系	★	草花文	軒丸瓦	博多90次	1.433	21.893	60.083	3.993	1.093	1.483	0.147	9.740	0.040	0.037	0.063	59
88	995203511	寧波系	★	草花文	軒丸瓦	博多120次	1.037	21.603	61.027	4.370	1.940	1.397	0.117	8.393	0.043	0.027	0.053	61
89	010200169	寧波系	★	草花文	軒丸瓦	博多132次	1.515	21.370	58.720	4.070	0.935	1.555	0.125	11.515	0.040	0.030	0.130	39
90	822401396	寧波系	★	草花文	軒丸瓦	博多築港線１次	1.565	21.265	61.890	3.785	1.000	1.325	0.065	9.035	0.030	0.030	0.015	1
91	822401394	寧波系	★	草花文	軒丸瓦	博多築港線１次	0.560	22.000	64.940	3.915	0.750	1.570	0.035	6.145	0.035	0.030	0.020	13
92	822401399	寧波系	★		鴟吻	博多築港線１次	1.350	21.100	63.575	3.780	0.680	1.220	0.085	8.155	0.030	0.015	0.015	5
93	822401398	寧波系	★		鴟吻	博多築港線１次	0.515	21.745	56.800	4.195	0.785	1.400	0.165	14.245	0.040	0.030	0.080	34
94	833100436	寧波系	★		鴟吻	博多築港線２次	2.470	20.825	60.505	3.960	0.795	1.330	0.065	9.860	0.040	0.025	0.125	66
95	964400181	寧波系	★	草花文	軒丸瓦	箱崎９次	1.150	21.067	58.470	4.703	1.030	1.377	0.077	12.023	0.037	0.023	0.043	47
96	964400183	寧波系	★	押圧波状文	軒平瓦	箱崎９次	1.323	22.520	58.803	4.567	0.807	1.397	0.113	10.400	0.043	0.023	0.010	48
97	010800698	寧波系	★	押圧波状文	軒平瓦	箱崎26次	1.800	22.380	59.115	3.465	1.030	1.390	0.095	10.640	0.030	0.030	0.025	4
98	021005510	寧波系	★	押圧波状文	軒平瓦	箱崎30次	1.740	21.440	62.975	3.630	0.940	1.175	0.070	7.955	0.035	0.020	0.025	6
99	950381223	寧波系	★	草花文	軒丸瓦	香椎Ｂ１次	1.273	24.100	57.383	3.513	0.560	1.657	0.083	11.293	0.030	0.020	0.087	71
100	WAT001	寧波系	★	押圧波状文	軒平瓦	渡畑Ａ地区	1.547	24.120	54.333	3.353	0.563	1.600	0.140	14.170	0.030	0.020	0.127	73
101	WAT002	寧波系	★	押圧波状文	軒平瓦	渡畑Ｂ地区	0.940	23.215	59.105	4.010	0.710	1.645	0.035	10.225	0.035	0.030	0.055	44
102	WAT003	寧波系	★	押圧波状文	軒平瓦	渡畑Ｂ地区	0.730	22.830	58.010	3.635	0.525	1.495	0.110	12.500	0.030	0.020	0.115	72
103	WAT004	寧波系	★		平瓦	渡畑Ｂ地区	1.385	23.760	59.510	4.335	0.545	1.525	0.020	8.785	0.040	0.020	0.075	42
104	WAT005	寧波系	★		平瓦	渡畑Ｂ地区	1.727	21.860	63.547	3.920	0.720	1.450	0.020	6.683	0.030	0.020	0.017	10
105	WAT006	寧波系	★		平瓦	渡畑Ｂ地区	0.730	25.275	59.375	4.505	0.360	1.800	0.030	7.535	0.040	0.020	0.060	43
106	WAT007	寧波系	★		平瓦	渡畑Ｂ地区	1.245	22.800	59.270	3.965	0.775	1.505	0.110	10.220	0.040	0.020	0.040	51
107	WAT008	寧波系	★		平瓦	渡畑Ｂ地区	0.840	22.807	58.943	3.830	0.927	1.407	0.080	11.053	0.037	0.023	0.053	52
108	WAT009	寧波系	★		平瓦	渡畑Ｂ地区	1.690	21.930	63.170	3.525	0.930	1.220	0.020	7.450	0.030	0.025	0.015	11
109	WAT010	寧波系	★		平瓦	渡畑Ｂ地区	2.025	23.265	58.670	4.130	0.710	1.480	0.040	9.570	0.040	0.030	0.045	46
110	WAT011	寧波系	★		平瓦	渡畑Ｂ地区	1.350	22.400	65.055	3.960	0.820	1.520	0.025	4.760	0.035	0.020	0.055	14
111	WAT012	寧波系	★		平瓦	渡畑Ｂ地区	1.400	22.640	58.750	4.110	0.590	1.540	0.040	10.810	0.030	0.020	0.070	45

多変量解析を用いてそれぞれの近似性を求めた。多変量解析にはＩＢＭ社の PASW Statistics 18を用い、階層クラスタで分類を行った。クラスタ化の方法は Ward 法、標準化は標準偏差を1として示した。

その結果、図4のように、大きくは日本産（1b）と杭州瓦と寧波系瓦および高麗系瓦を含む（1a）の二つのグループに分かれた。これは前回、渡畑遺跡例を含めずに分類した場合（小畑ほか2012）と同様の結果を示している。ただし、前回の場合、鴻臚館出土瓦・斜ヶ浦瓦窯址出土瓦と高麗系瓦のグループは、一点の資料（NNM-74）を除き、杭州瓦・寧波系瓦のグループと次の階層で排他的に分離できていた。今回、渡畑遺跡出土瓦を加えたことで、高麗系瓦の一群を除き、杭州瓦や寧波系瓦と混在する状況を示し、しかも高麗系瓦より杭州瓦や寧波系瓦との近縁性を示した。これは、産地資料のデータがなく、しかも日本産資料がわずかにしか含まれないため、わずかな元素量の差が反映されたものと思われる。しかし、ここで確実に言えるのは、寧波系瓦が杭州瓦と同じグループに属し、この中に渡畑遺跡出土瓦も含まれることである。

細かく見てみると、日本古代の元岡瓦窯址資料と中世～近世の瓦資料の一群（1b）の階層と組み合わせは、前回の分析結果とまったく同じである。高麗系瓦は一点（28番・964400182）が1bグループに入る他は6bグループとしてまとまりをみせている[5]。前回の分析ではこれらと鴻臚館と斜ヶ浦瓦窯址出土の古代瓦の一群と近縁性があったが、今回は杭州瓦の一群（6a）との近縁性を示した。3aグループが杭州瓦と寧波系瓦のみで構成される一群であるが、2aグループは鴻臚館・斜ヶ浦瓦窯址出土瓦および古代末の蓮弁文瓦と杭州瓦・寧波系瓦の一部が含まれる。これは前回の分析でも確認されたが、鴻臚館出土瓦と斜ヶ浦瓦窯址出土瓦が成分上近縁性をもち、これらが元岡瓦窯址出土品や中近世の国産瓦とは分離できることを示唆している[6]。

三辻（1994）は、波長分散型の蛍光X線分析装置を用いて、鴻臚館出土瓦の化学分析を行った。分析の結果、鴻臚

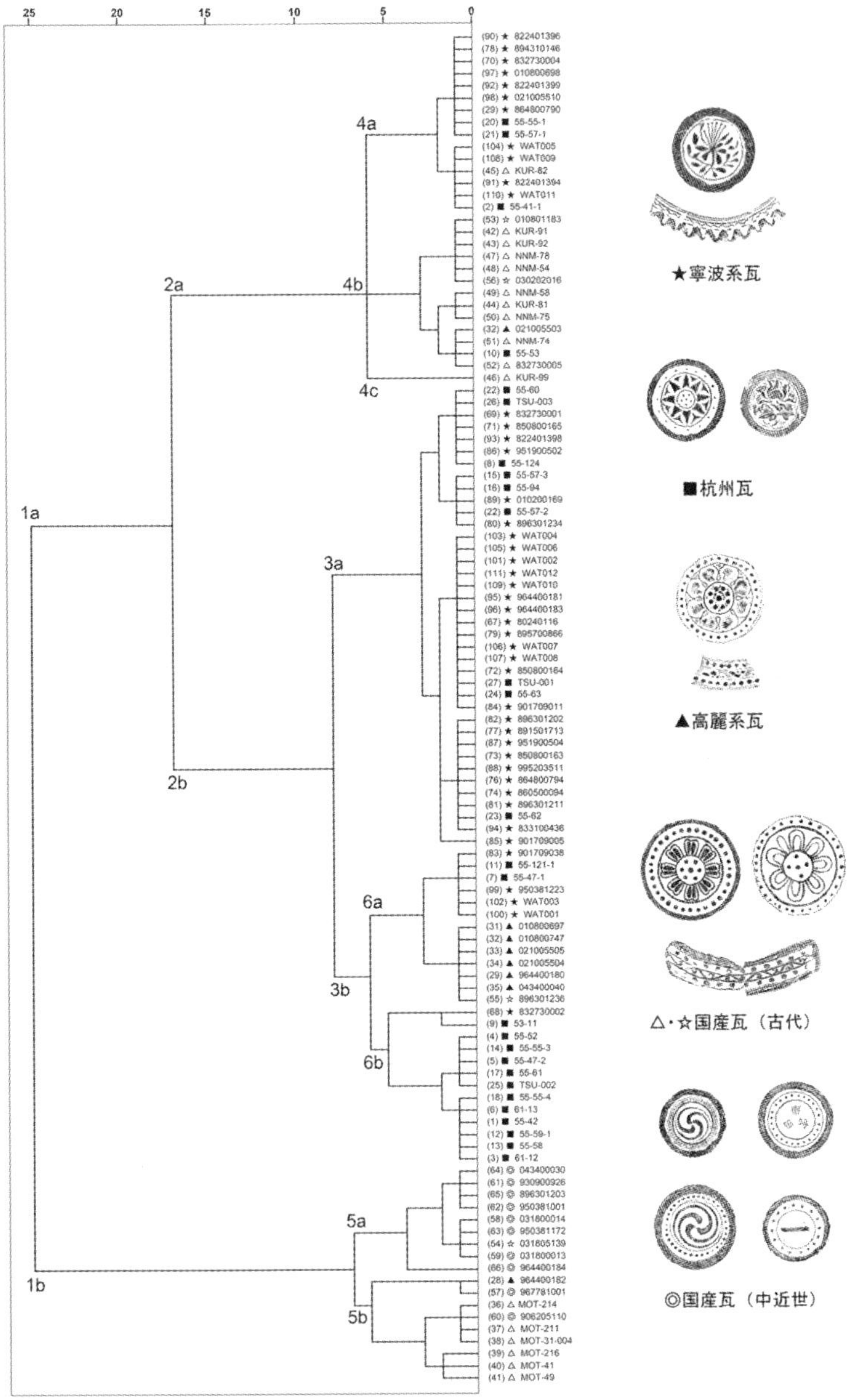

図４　元素成分によるクラスタ図

館出土の瓦は、大宰府政庁と同じく、福岡県大野城市牛頸窯址群の瓦窯から供給された可能性が高く、福岡県遠賀郡墓ノ尾窯址を含む、他の瓦窯から供給された可能性はきわめて低いとした。今回の分析において、斜ヶ浦瓦窯址出土瓦は鴻臚館出土瓦とは明確に分離はできなかった。しかし、現時点では斜ヶ浦瓦窯産と考えられている「警固」銘の瓦は鴻臚館では発見されていない。この理由として、吉武（2001）は、「警固」銘瓦は鴻臚館へ供給されたものではなく、「警固所」の建物もしくは平安京（都）へ運ばれた可能性を指摘している。ただし、今回の分析では、牛頸瓦窯址出土品との比較を行っていないため、これらを含めた分析が今後必要である。よってここでは斜ヶ浦瓦窯からの鴻臚館への瓦供給の可能性のみ指摘しておく。また、合わせて、中世～近世瓦は古代以降、元岡瓦窯址周辺で生産された可能性も指摘しておく。

三　考　察

（1）化学分析結果の評価

今回の分析では、古代および古代末の国産瓦の一部と寧波系・杭州瓦を明確に分離できなかった。しかし、渡畑遺跡出土資料を加えなかった前回の分析では、若干の混じり込みはあるものの、鴻臚館出土瓦・斜ヶ浦瓦窯址出土瓦と高麗系瓦・日本古代末の瓦の一群とは分離できていたことを勘案すると、寧波系瓦と杭州瓦は、他の日本産瓦との近縁性より、両者間の近縁性の方が強いということを示している。これは、日本出土の寧波系瓦が中国の杭州市もしくは寧波市近郊で製作された可能性を示唆する証拠となろう。

（2）文様の類似性と非類似性

軒丸瓦の瓦当の文様を比較すると、雷峰塔出土瓦（図2：15～28）のような杭州市出土瓦は文様が細かいが、唐宋子城や国寧寺東塔などの寧波市出土瓦（図2：1～11）や日本の寧波系瓦の文様はかなり簡素化したものである。作風は寧波市出土品と日本出土品の方が類似している。さらに、雷峰塔出土瓦の文様と寧波国寧寺出土瓦には精粗の差はあれ、同じモチーフのものが存在する。これを除けば、図2：8のようなものは雷峰塔出土瓦にはなく、国寧寺出土瓦のものは博多に似たものがある。

同様に、雷峰塔出土の軒平瓦の瓦当文様は多種類あり、波状突線文はそのごく一部にすぎない。むしろ、寧波市出土瓦と日本出土の寧波系瓦は突線間に波状の突線が一本あるもので、文様はまったく類似している。中村亜希子（2010）は、牡丹文様の瓦当について、それを模倣したものと考えられるものが博多や寧波以外に福建でも出土していることを指摘している。石塔頭瓦窯址や雷峰塔から出土したものが精緻な表現であるのに対し、それらを模倣したものは、デフォルメされ、牡丹とは認識できないものも存在するという。

以上より、文様の点からは、寧波市出土の寧波系瓦は杭州市出土瓦よりも日本出土品との類似性が高く、寧波系瓦と杭州瓦は別の窯で生産されたものと思われる。しかし、胎土の類似性から、非常に近い産地であった可能性が高い。

山崎（2000）は、日本出土の寧波系瓦が中国産である理由として、①胎土が水簸された粘土を用いており、福岡の他の古代瓦・中世瓦と胎土が全く異なる、②典型的な桶巻作りで、桶巻作りとしての製作方法が見事で、無駄がなく、他の九州の古代・中世瓦とかけ離れている、という二点を挙げている。そして、もし中国の瓦工人が北部九州に来て製作したのであれば、九州の在地産瓦と融合したもの、あるいは日本の文様と混合したものが生じるはずであると、両者の違いを強調している。

（3）　宋人と寧波系瓦

1　宋人居住区と寧波系瓦

佐藤（1993・1994）がこれまで主張してきたように、本系統の瓦類は寺院や官衙関連遺構との結びつきが強かった前後の時期の瓦と比較すると、博多・箱崎遺跡群では一般的な街区から発見される。時期的には宋人の消長と軌を一にしている。このため瓦が葺かれた建物は、宋人居住地の屋敷と考えられてきた（佐藤1994・田上2006）。

最近、佐藤（2008）はこの種の瓦が博多遺跡群以外に、箱崎遺跡群、香椎遺跡、西油山天福寺跡、安楽寺跡という、宋人に関連する遺跡で発見されることに注目し、これらが宋代の建築法を記した『営造法式』（一一〇〇年）の規格に則したもので、産地は不明としながらも、宋人が宋本国の規格・技法を用いて製作したものとした。これまで、瓦の量の少なさから、軒のみに葺かれたという説に対し、平瓦だけで屋根の主要部を葺き、丸瓦は降り棟など限られた部分に葺かれたと考えている。そして、瓦の規格からみて、それらの建物は、廟や祠堂のような小規模ながら恒久性を必要とされるものであったと推定した。また、博多四十八次出土の磚にも注目しているが、小さい寸法であるため、これが敷かれた建物については今後の課題としている。

磚は佐藤（1994）が注目した鴟吻とともに、その後博多遺跡群では出土例が増加している。博多遺跡群の磚は、今回分析した博多四十八次資料以外に、胎土からみて寧波系であることが確かなものが、博多八次、同五十六次、同六十二次、同六十四次、同七十次、同七十六次、同一〇九次、同一八三次、築港線四次などから十三点ほど発見されている（図5・表2）。磚の規格は厚さにおいて二種類存在する。一つは、佐藤が「小さい寸法」とした博多四十八次例と同じ、厚さ三㎝のもので、これらは幅に統一性があり、幅九・八㎝、長さは推定で二七㎝ほどと考えられる。これをAタイプとする。もう一つは厚さ三・五㎝のもので、長さは二七～二八㎝であるが、幅が一三・五㎝、一二・五㎝、一六・五㎝以上と三種類ほどを確認している。それぞれB1タイプ、B2タイプ、B3タイプとする。Aタイプはその規格と胎土の均一性から寧波系の磚としてよいものと思われる。同タイプの磚は箱崎四十七次の六二一号井戸（十二世紀中頃～後半）から発見されており、これが箱崎遺跡群において同時期の磚としては唯一の出土例である（図6）。B3タイプも胎土や共伴する鴟吻などからみて、寧波系の磚である可能性が高く、幅がAタイプの二倍の規格品である可能性がある。箱崎遺跡群では、この寧波系と推定される箱崎遺跡群四十七次調査出土品を除いて、十～十一世紀代の磚（箱崎二十六次SE-095・箱崎三十九次SE-92）や十三世紀後半の磚（箱崎十一次SE-037・SK-001・SK-008・SK-009）も出土しているが、四十七次例とは胎土や規格が全く異なる[7]。

また、鴟吻と思われる資料は、先に佐藤（1994）が注目した資料以外に、博多一二〇次、同一四五次、同一七二次、同一八三次などから目の部分や背びれ、顔面の部分などが発見されている（図5・表2）。これらの胎土は、寧波系軒丸・軒平瓦・磚と同じく、緻密で、練り物のような縞模様をもっている。これとは別に、博多遺跡群では博多一二〇次（三七四号遺構）と同八十次（SK-61）から十四世紀代の道具瓦を含む一群の瓦類が出土している。これらは胎土が砂粒を多く含む点、さらに道具瓦の種類が鴟吻ではなく鬼瓦である点で異なっている。また、箱崎四十七次では一つの井戸（SE-241）から古代末の軒丸・軒平瓦とともに鬼瓦片が出土しているが、これも共伴する軒丸・軒平瓦と同じく、砂粒を多く含み、先の博多の鴟吻類とは胎土がまったく異なっている。

このように、博多遺跡群および箱崎遺跡群において、寧波系軒丸瓦・軒平瓦・磚（十一世紀末～十二世紀後半）と共伴する道具瓦は、胎土がこれらの寧波系瓦と同じで、しかもその種類は佐藤が推定したように鴟吻である。これに対

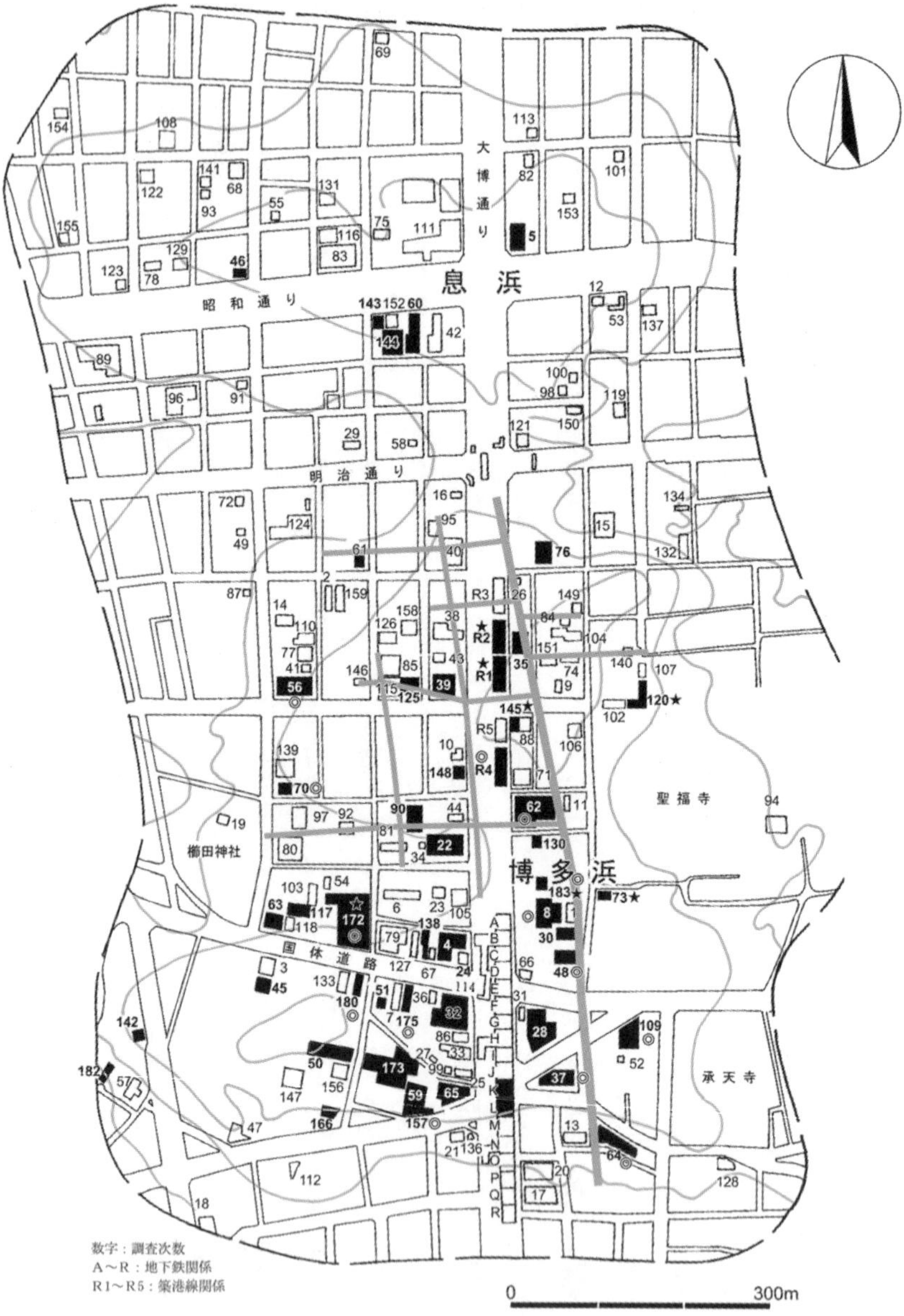

図５―１　博多遺跡群における寧波系瓦出土地点
（アミで示したのは13世紀後半〜14世紀の道路推定地）

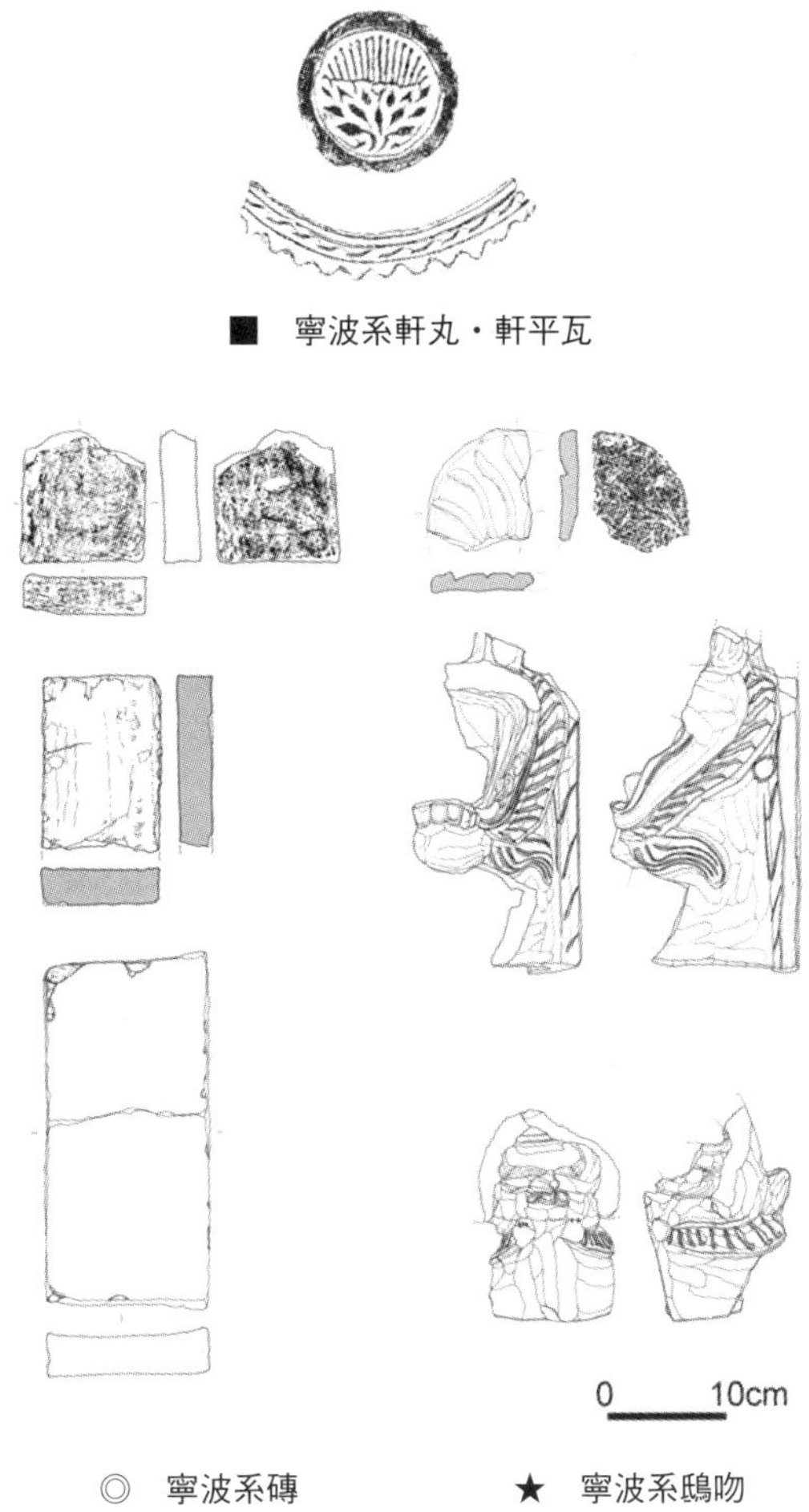

図5—2

して、これら一群の瓦を前後する時期（十・十一世紀と十三世紀後半以降）には、棟端を飾るのは鴟吻でなく鬼瓦であり、山崎（2000）が指摘したように、胎土はまったく異なっている。つまり、これは、これら鴟吻の類が磚とともに、建材のセットとして、寧波系の軒丸・軒平瓦と同じ生産地で製作されたことを示している。(8)

博多遺跡群における寧波系瓦の出土状況をみてみると、おそらく丸瓦や平瓦片は報告されたもの以外に、他地点でも出土しているものと予想されるが、報告されたもののみで判断すると、その分布の中心はこれまで指摘されてきたように、博多浜である。しかし、息浜でも南西部の低湿地に面した地域の四箇所と中央部の一箇所の地点から発見されている（図5）。

博多遺跡群における寧波系瓦の出土状況の詳細な特徴は以下のとおりである。

①十三世紀後半～十四世紀代に道路の舗装材として再利用されたものがあるが、出土時期の中心は十二世紀代を中心としている。

②道路舗装材以外に、井戸の中に完形の平瓦が多量に投棄されたり、コンテナ四十箱ほどもの多量の瓦を出土した地点があり、多量に使用されていたことがわかる。

③磚は幹線道路の南側から西側の港湾域にかけての地域を中心に出土している。

④常松（2010）が指摘するように、鴟吻は博多一七二次を除くと、幹線道路周辺でもとくに現聖福寺西側を中心に出土する。

これに対して、箱崎遺跡群では先に述べたように、軒丸・軒平以外の寧波系瓦は、磚が一点出土しているのみで、鴟吻はまだ発見されていない。寧波系瓦は筥崎宮周辺の十箇所と北部の四箇所の地点から検出されている（図6）。この両地域の間には寧波系瓦の分布の空白地帯がみうけられるが、これは調査次数の少なさからくる見かけ上の分布状況であろう。本来はほぼ遺跡の範囲全体に分布していたものと推定される。出土量は感覚的ではあるが、博多に比べるときわめて少ない。時期的には箱崎の町が形成される十一世紀後半から十二世紀中頃を中心としており、博多と時期的にはほぼ同じである。(9)

両遺跡群でみられたように、広範囲に分布する軒丸・軒平瓦と特定の範囲で検出される磚や鴟吻などの出土状況の対比からみて、寧波系軒丸・軒平瓦は宋人の居所や店舗・倉庫などを飾り、鴟吻や磚は祠堂はもちろん寺院などの建物を飾っていたものと推定される。(10)

図６　箱崎遺跡群における寧波系瓦および高麗系瓦の出土地点

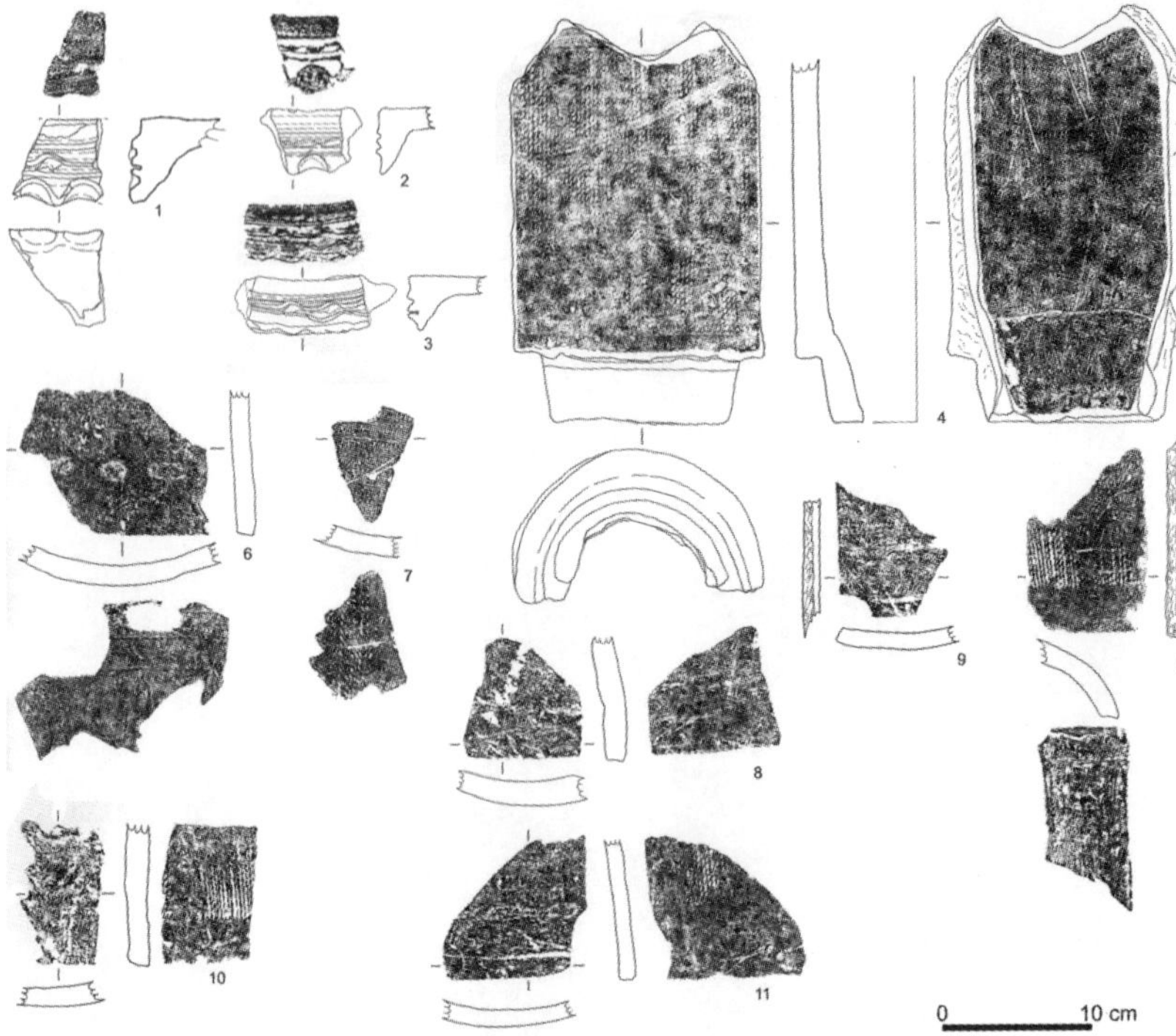

図7—1　渡畑遺跡で検出された掘立柱建物址と寧波系瓦（各報告書より転載・作図）

2　祠堂と寧波系瓦

祠堂と寧波系瓦、とくに鴟吻瓦との関連を示す興味深い事例がある。常松（2010）は寧波市中心部の海曙区大沙泥街にある南宋様式の六角七層の塔の地宮から発見された石函内の銀製宮殿模型とその内部の銀塔、薫炉、仏像、法具などの美術工芸品の中に博多との関連を見出した。これらの遺物は、時期的には十二世紀中ごろのものとされる。常松によると、仏像やガラス容器は博多出土品と共通点があり、牡丹花飾りの牡丹文様は寧波系軒丸瓦の文様に類似するという。また、銀製宮殿模型の大棟に表現された鴟吻は博多遺跡群から出土する寧波系の復元された鴟吻（佐藤1994）に形状が酷似する。常松は博多遺跡群において寧波系瓦の出土が集中する場所、つまり宋人が居住したと推定される地点と鴟吻の出土地点が重なる

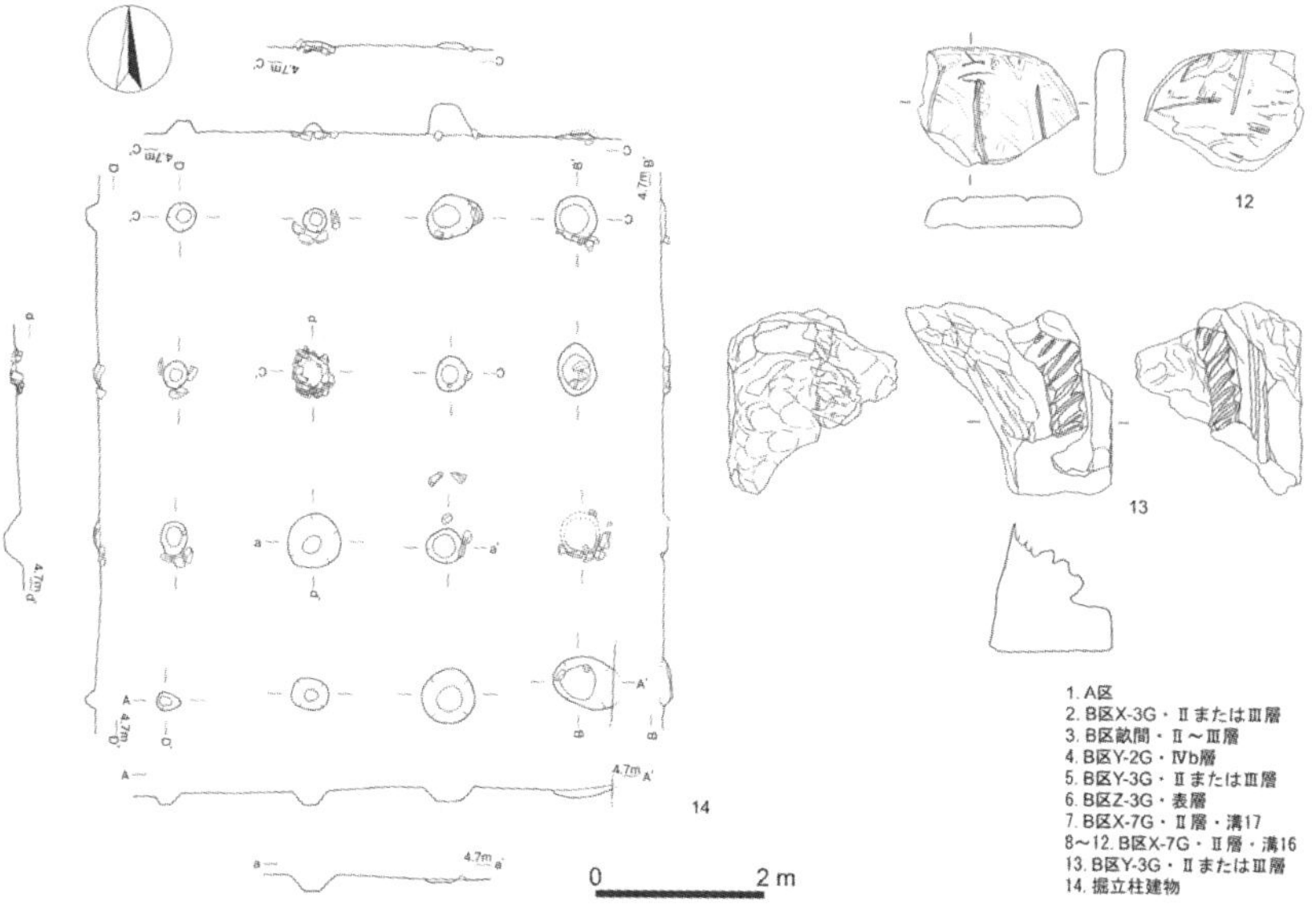

図７―２　渡畑遺跡で検出された掘立柱建物址と寧波系瓦（各報告書より転載・作図）

ことに注目し、これらの瓦が、異郷にある宋人の精神的な拠り所として祖霊を祀るための仏像や仏具を安置し、船出に際して航海の安全を祈願した祠堂に葺かれたものと想定し、佐藤の説（佐藤1994）を補強した。そしてこの天封塔出土の宮殿模型を、宋人が博多津に建てた一つの理想的な祠堂の姿を伝えるものと評価した。

最近、この寧波系瓦で葺かれた祠堂と想定される建物址が実際に検出された。それは寧波系瓦の分布の中心である博多遺跡群や箱崎遺跡群ではなく、鹿児島県南西部の万之瀬川河岸に立地する縄文時代～近世の複合遺跡、渡畑遺跡である。本遺跡は、一九九六～二〇〇四年にかけて実施された河川改修に伴う発掘調査によって、福岡県以外で初めて寧波系瓦が検出されたことで注目された。調査区はA区とB区の二つに分けられており、A区から寧波系瓦の軒平瓦の破片が一点（鹿児島県立埋蔵文化財センター2010）、B区から軒平瓦の破片二点・丸瓦一点・鬼瓦一点を含む三五五点の寧波系瓦が検出されている（鹿児島県立埋蔵文化財センター2011）。本遺跡で注目すべきは、寧波系瓦の出土量の多さもさることながら、これらが葺かれたと想定される建物址が発見されたことである。寧波系瓦三五五点のうち一八七点の出土位置が明らかであり、その九四％（一七五点）が集中するX・Y―1～3グリッドから三間×三間の総柱掘立柱建物址が検出されている（図7：14）。この建物址は真北を向いており、その規模（外側柱穴中央部で計測）は南北方向五・五m、東西方向五・〇mである。遺構の時期は出土遺物から十一世紀後半～十三世紀代とされる（鹿児島県立埋蔵文化財センター2011）。さらに注目すべきは、本地点で鬼瓦と報告された装飾瓦（図7：13）と「硯？」とされた「瓦質土器」（図7：12）が鴟吻の一部であり、これが博多遺跡群で発見されている鴟吻（図5―2右上）と様式的にきわめて類似する点である。この装飾瓦は博多一七二次出土の鴟吻と作り方や形がきわめて類似しており、同じ工房もしくは窯で製作された可能性が高い(11)。

渡畑遺跡の報告者は、「日宋貿易の拠点」的性格をもつと評価される隣接する持躰松《もったいまつ》遺跡（金峰町教育委員会1998）に比べて、遺構に乏しく、拠点的性格を示すような遺構は検出されなかったとしながらも、本建物址が柱穴内に礫（詰石）を有する頑丈なつくりであること、柱が同間隔に配列されていること、配列方向が真北、真西を向いていることなどから、重要な建物と評価し、寧波系瓦との関連性に注目している（鹿児島県立埋蔵文化財センター2011）(12)。この建物址は総柱の小規模な建物であり、一般の居館（宅）ではないことは明らかである。その規模からみて建物の性格は廟や祠堂が想定され、瓦の種類から棟に鴟吻を配する特別な建物であったと考えられる。先の天封塔の宮殿模型は、桁行三間、梁行二間の総柱数十本の構造をもち、礎石がない点や柱の配置が異なるものの、渡畑遺跡で検出された総柱掘立柱建物址に規模と構造が類似する。なによりもこの「祠堂」と想定される天封塔の宮殿模型との共通点は、棟に葺かれた鴟吻の存在である。まさに佐藤（1994）や常松（2010）が想定した寧波系瓦（鴟吻）が葺かれた祠堂そのものが、この渡畑遺跡で検出された総柱の掘立柱建物址ということができる。

四　結論と問題点

今回の瓦の化学分析を加味した遺物の検討から、かつて常松（2005）が想定したように、寧波系瓦は中国寧波市周辺の窯で製作され、寧波から運び出され、日本へ到来した可能性が高くなった。今回実施した化学分析では、対比試料である寧波市出土の瓦には適応できなかったし、この瓦窯址自体も発見されていないので、正確な産地を明らかにすることはできなかった。しかし、瓦の造作の類似性からも寧波市や杭州市を中心とした浙江省の窯で生産された可能性はきわめて高いと判断した。そして、日本産瓦と製作技術や胎土、瓦の組み合わせ、出土状況（時期・分布）を比較した結果、この寧波系瓦が十二世紀を中心とした時期に中国寧波との交易拠点に分布すること、それを前後する時期の日本産の瓦とは作風・製作技術・胎土・瓦の組み合わせがまったく異なることを確認するとともに、渡畑遺跡において鴟吻を配する祠堂の存在を指摘し、これら瓦が寧波および宋人と強い関連性をもつことを改めて確認した。

今回新たに分析した渡畑遺跡の寧波系瓦も化学成分の組成の上で同じグループに所属することが判明した。この渡畑遺跡は十二～十三世紀を中心とした貿易陶磁器を多量に出土した持躰松遺跡に隣接しており、これらは一連の遺跡であると考えられる。この渡畑遺跡と持躰松遺跡の西方二〇〇mの万之瀬川の旧河道沿岸部には、「唐仁原」や「唐坊」などの地名もあり、博多唐房と同様に宋人が居留し貿易を行った可能性が指摘されている（柳原1998・2003、榎本2008）。ただし、これに対しては、貿易陶磁器の量や宋商人を示す墨書土器がないことから、寄船ルートの一つであり、宋商人が居住して恒常的に交易を行う拠点ではなかったという反対意見もある（大庭2003）[13]。また、この寧波―琉球列島―南九州の交易ルートに関連して、榎本は無関玄悟の伝記にある、無関の帰国（一二六二年）の際、薩摩河野《かわの》部《べ》付近に入港したという記録から、この「河野部」は薩摩国川辺郡で、坊津など中世後期対外交流史上の要所を含み、宋代の貿易陶磁器がまとまって出土した持躰松遺跡や「当坊（唐房）」、「当仁原（唐人原）」の地名が残る万之瀬川流域の南岸を含むとし、明州から薩摩に入る宋船が存在した事例を挙げている（榎本2010）。しかし、日宋貿易に利用された日本側貿易港を示す百近くの事例の中で、薩摩入港商船の明確な事例が本例のみであることから、南九州—宋の航路は使用されたとしても、日宋交通路としてはサブルートであったと述べている（榎本2008・2010）。しかし、一方で、万之瀬川河口域については、その集荷地・寄港地としての地の利から、古来より南西諸島と九州北部を結ぶルート上の回廊としての役割を担ってきたとの評価がある（市村2003）。さらに、持躰松遺跡出土の陶磁器を分析した山本信夫（2003）は、それらが倉木崎沈没船の陶磁器と内容が酷似し、倉木崎の陶磁器をそのまま持躰松遺跡に陸揚げしたとみても差し支えないと述べ、博多へ向かう貿易船の航路として琉球列島から南西諸島沿いに北上するルートの存在を肯定している。そして、その交易品目として南島産の硫黄も加えている。本遺跡が琉球列島などの南海との交易を行っていた証拠は、これ以外に徳之島産のカムイ焼きなどにも求めることができるし、北部九州との交易は石鍋の存在がその証拠となろう。寧波との結びつきは陶磁器の外にこの寧波系瓦が雄弁に物語っている。

博多・箱崎遺跡群や大宰府遺跡群を中心として発見されていた寧波系瓦と渡畑遺跡出土の瓦が中国からもたらされたもので、渡畑遺跡で発見された建物址がそれらで葺かれた祠堂であるとすると、万之瀬川河口域にも博多や箱崎と同様に宋人客商が居住していた可能性が高くなる。万之瀬川河口域の遺跡群から出土する寧波系瓦の量は、もちろん博多・箱崎遺跡群に大きく及ばない。また、今回祠堂と推定した建物址も構造の点においてもやや貧弱である。この両地域の違いは、陶磁器の出土量にも反映されているように、貿易や居住していた宋人の人口規模の違いを反映しているであろう。ただし、今後この地域でより広域の発掘調査が進めば、さらに多くの同系統の瓦が発見される可能性もあろう。

本書の山内晋次氏論文では、万之瀬川河口域の遺跡群の評価について、恒常的な貿易拠点としての性格および宋人の居住についても否定的である。たとえ、氏が言うような一時的な寄港による宋人の短期居留や逗留にしても、航海の安全祈願のための祠堂は存在したであろうし、それを宋本国の資材を輸入してまでも建築するということは、この地が非常に重要視されていた、もしくは頻繁に利用されていたことを意味するものと考える。寧波系瓦を使用した祠堂は、この地が少なくとも寧波―博多間交易船の南海航路に組み込まれた港であったことを示唆する証左と考える。

寧波系瓦が万之瀬川河口や博多津に輸送されたとしても、沈没船から同種の瓦が発見された例はまだ一例も聞かない。このような事例が発見されることは沈没船という性格上きわめて希なことであろう。今後は、寧波市や杭州市周辺で発見された出土瓦との成分比較を含め、当地での瓦窯址の調査の進展に期待したい。

おわりに

本稿を草するに当たり、以下の方々に感謝申し上げたい。まず、福岡市内出土瓦の化学分析については、常松幹雄氏の協力を得て、福岡市埋蔵文化財センターにて実施した。常松氏をはじめ、分析資料の選定から蛍光X線分析の手ほどきまでご教示いただいた同センター田上勇一郎氏、上角智希氏に感謝申し上げたい。さらに同センターの星野恵美氏には関連する磚や鴟吻の資料調査の際お手を煩わせた。感謝申し上げる。また杭州石塔頭瓦窯址出土品については保管元の東京大学総合文化研究科・教養学部美術博物館の学芸員折茂克哉氏にご便宜を図っていただいた。分析に当たりご協力いただいた中村亜希子氏および庄田慎矢氏にも感謝申し上げたい。渡畑遺跡出土瓦の分析や資料調査については鹿児島県立埋蔵文化財センターにご協力いただいた。とくに渡畑遺跡B区資料の分析にご協力いただいた同センターの関明恵氏に感謝申し上げる。また、分析法および原理についてご教示いただいた奈良教育大学長友恒人先生にも感謝の意を表したい。ただし、今回の分析に関しては、遺物の非破壊法でしかも産地不明の一群の分析であり、その解釈において不十分さがあることを長友先生よりご注意をいただいた。よって、今回の分析法および結果に関しては一重に筆者に責任があることを明記しておく。

註

（1）福岡市埋蔵文化財センター所蔵品は表1の遺物番号を照合すれば遺物を特定できる。また、別稿（小畑ほか2012）には写真により分析資料を掲載している。

（2）なお、出土地遺跡の文献（「寧波系瓦出土遺跡引用文献」）は、常松（小畑ほか2012）が作成したものに、小畑が加筆・訂正した。

（3）十六世紀代の均整唐草文の軒平瓦片が共伴しているが、出土遺物のほとんどは十二世紀後半代のものである。本瓦は箱崎遺跡群の発掘調査では、現筥崎八幡宮の南東部に集中して検出されている。

（4）測定結果は、三回の測定値の平均を基本としているが、三回のうち値が大きく異なるものが含まれる場合はそれを除いて二個のデータの平均値を使用した。三回とも異なる場合は再度測定し、値の近いものを選択して平均した。

（5）この試料は測定値が一定せず、七回ほど測定してもっとも近い値から平均して算出したものである。瓦表面の汚染もしくは測定誤差の可能性が高いと思われる。

（6）斜ヶ浦瓦窯址（大谷瓦窯址）では寧波系軒平瓦が採集されている。これに関しては、栗原はこれら瓦の生産地と評価している。今回の螢光X線分析では、杭州瓦と寧波系瓦と近いという結果が得られた。ただし、日本産との比較において、同じ階層でグループが分かれたものであり、実際は、肉眼で観察すると、古代瓦が砂粒の多い胎土をしており、杭州瓦との類似性の方が強く、これをもとに、中国産であると考えた。

(7)　古代末の磚は破片であり、砂粒を多く含み、厚さは六㎝である。また十三世紀後半の磚は、胎土に二種類あり、その一つは寧波系瓦に似た肌理の細かい粘土であり、もう一つは砂粒を多く含んでいる。いずれも厚さが約四㎝、幅が七〜八㎝と、寧波系磚とは規格が異なっている。

(8)　博多四十八次出土品（分析番号77：891501713）については成分分析を行っているが、寧波系軒丸・軒平瓦とほぼ同じ元素組成を示している（表1参照）。

(9)　逆に特徴的な分布の偏りを示すのは、高麗系瓦である。先に述べたように筥崎宮の南東部を中心とした地域に集中しており、この付近に秦氏関連の建物があった可能性がある。本瓦はほぼ寧波系瓦と時期を同じくするか若干古いもので、葺かれた建物の性格が異なっていた可能性が高い。

(10)　幹線道路の北半にあたる築港線関連の調査で検出された鴟吻は摩耗が激しく、これらの地点に搬入後道路の舗装材として再利用された可能性が高い。よって、すべての鴟吻や磚がそれらが使用された建物の所在を示すわけではない。これは一部の軒丸・軒平瓦にも当てはまる。

(11)　鴟吻の背鰭の破片は博多遺跡群では五個ほど出土しており、それらと比べると骨を描写した沈線が渡畑遺跡の場合は細く、厚さも薄いという違いがある。しかし、製作技法はきわめて似ており、背鰭の部位による違いであると思われる。また、もう一つの口の部分の破片は、博多一七二次出土の下顎の歯の部分から上顎の髭の部分までの破片の上部に相当する。

(12)　中村和美・栗林文夫（2003）は、この建物について、総柱でしかも柱穴の中に礫を有するような頑丈な建物は隣接する持躰松遺跡・芝原遺跡でも見つかっておらず、その性格が注目されるとし、瓦以外に付近から出土した緑釉陶器などのとの関連にも注意を払っている。

(13)　万之瀬川流域の遺跡群の性格に関する諸説については、日隈（2010）が註の中で整理を行っている。

〈引用・参考文献〉

市村高男　2003「十一〜十五世紀の万之瀬川河口の性格と持躰松遺跡――津湊泊・海運の視点を中心とした考察――」『古代文化』五五―二、二一―三四頁、古代學協會
上原真人　1997『瓦を読む』、歴史発掘⑪、174頁、講談社
榎本　渉　2008「日宋・日元貿易」『中世都市博多を掘る』、七〇―八一頁、海鳥社
榎本　渉　2010「東シナ海」『日本の対外関係3　通交・通商圏の拡大』、三〇―五九頁、吉川弘文館
小畑弘己・田上勇一郎・中村亜希子・常松幹雄　2012「博多を中心とした寧波系瓦の化学分析」『福岡考古』（投稿中）
大庭康時　2003「博多遺跡群の発掘調査と持躰松遺跡」『古代文化』五五―二、一三―二〇頁、古代學協會
鹿児島県立埋蔵文化財センター　2010『渡畑遺跡1―中小河川改修事業（万之瀬川）に伴う埋蔵文化財発掘調査報告書（Ⅵ）』、鹿児島県立埋蔵文化財センター発掘調査報告書（一五二）、一八四頁
鹿児島県立埋蔵文化財センター　2011『渡畑遺跡2―中小河川改修事業（万之瀬川）に伴う埋蔵文化財発掘調査報告書（Ⅸ）』、鹿児島県立埋蔵文化財センター発掘調査報告書（一五九）、二六八頁
九州歴史資料館　2000『大宰府史跡出土軒瓦・叩打痕文字瓦型式一覧』、八〇頁
金峰町教育委員会　1998『持躰松遺跡　第一次調査』、金峰町埋蔵文化財発掘調査報告書（一〇）、八〇頁
栗原和彦　1989「福岡平野における中世瓦磚の需要について」『生産と流通の考古学』、三五九―三七八頁、横山浩一先生退官記念事業会
佐伯弘次　2010「寧波と博多の文物・技術の交流」『歴博』一六〇、七―一〇頁、国立歴史民俗博物館
佐藤一郎　1993「宋代の陶磁と瓦の文様――博多出土の軒丸瓦と黄釉鉄絵盤の花卉文をめぐって――」『法哈嗟』二、四七―三二頁、博多研究会
佐藤一郎　1994「博多出土の瓦製鴟吻について」『法哈嗟』四、一一―一四頁、博多研究会
佐藤一郎　2008「博多居留宋人が遺したもの」『福岡市博物館紀要』一八、一―一二頁

田上勇一郎　2006「発掘調査からみた中世都市博多」『市史研究ふくおか』創刊号、四一—六三頁、福岡市博物館市史編さん室

常松幹雄　1987「造瓦技法に関する一研究——平瓦、軒平瓦における押圧技法の分布と展開——」『東アジアの考古と歴史（上）』、八四—一〇八頁、同朋舎出版

常松幹雄　1993「博多出土古瓦に関する一考察」『法哈噠』一、五—一二頁、博多遺跡研究会

常松幹雄　2005「博多出土中世瓦の産地について（予察）」『市センター年報』二四、二五—二八頁、福岡市埋蔵文化財センター

常松幹雄　2008「中国瓦」『博多を掘る』、一七六—一七九頁、海鳥社

常松幹雄　2010「寧波「天封塔地宮」の銀殿について」『福岡考古』二二、三一—三八頁、福岡考古懇話会

中村亜希子　2010「米内山庸夫瓦蒐集の足跡と、遺跡のその後」『東京大学総合文化研究科・教養部　美術博物館資料集4——米内山庸夫コレクション（瓦）——』、八—一五頁

中村和美・栗林文夫　2003「持躰松遺跡（二次調査以降）・芝原遺跡・渡畑遺跡について」『古代文化』五五—二、四六—五三頁、古代學協會

日隈正守　2010「中世前期薩摩国阿多郡の歴史的位置について——国衙関係寺社を中心に——」『鹿児島大学稲盛アカデミー研究紀要』、二五九—二六七頁

三辻利一　1994「鴻臚館跡出土瓦の螢光X線分析」『鴻臚館跡4』、福岡市埋蔵文化財調査報告書第三七二冊、三九—四二頁

柳原敏昭　1998「中世の万之瀬川下流地域と持躰松遺跡」『持躰松遺跡　第一次調査』、金峰町埋蔵文化財発掘調査報告書一〇、七二—八〇頁、鹿児島県日置郡金峰町教育委員会

柳原敏昭　2003「平安末〜鎌倉期の万之瀬川下流地域——研究の成果と課題——」『古代文化』五五—二、五—一二頁、古代學協會

山崎信二　2000『中世瓦の研究』、奈良国立文化財研究所学報第五九冊、四一三頁、奈良国立文化財研究所

山本信夫　2003「十二世紀前後陶磁器から見た持躰松遺跡の評価——金峰町出土の焼き物から追求する南海地域の貿易・流通——」『古代文化』五五—三、三九—五六頁、古代學協會

吉武　学　2001「福岡県新宮町相島沖採集の「警固」銘平瓦」『福岡市博物館研究紀要』一一、二五―三〇頁
林　士民　2005「浙江寧波天封塔地宮発掘報告」『再現昔日的文明　東方大港寧波考古研究』二一七―二四二頁、上海三聯書店
周　慶南　1997「浙江寧波唐国寧寺東塔遺址発掘報告」『考古学報』一九九七―一期、八一―一一〇頁、中国社会科学院考古研究所
寧波市文物考古研究所　2002「浙江省寧波市唐宋子城遺址」『考古』二〇〇二―三期、四六―六二頁、科学出版社
浙江省文物考古研究所　2005『雷峰塔遺址』、二六三頁、文物出版社

表２　日本における寧波系瓦の出土遺跡と遺構

番号	遺跡	調査番号	報告書	報告書名	遺構	時期	軒丸	軒平	丸瓦	平瓦	鴟吻	磚	備考
1	HKT-4	7930	福市543	博多60	206号井戸	16世紀代		1					
2	HKT-5	7931	福市149	博多Ⅸ				○					
3	HKT-8	8024	福市543	博多60	125号土壙	13世紀代			1	1		3	
4	HKT-8	8024	福市543	博多60	３号溝	13世紀代	1						
5	HKT-22	8327	福市118	博多Ⅲ			2	1					
6	HKT-28	8508	福市147	博多Ⅶ	SD-01	12～13世紀	1	1					
7	HKT-28	8508	福市147	博多Ⅶ	SK-124	中世	1						
8	HKT-28	8508	福市147	博多Ⅶ	瓦敷	12世紀～13世紀	2						瓦溜り
9	HKT-28	8508	福市147	博多Ⅶ	SK-057	中世		1					
10	HKT-28	8508	福市147	博多Ⅶ	包含層			1					
11	HKT-30	8605	福市149	博多Ⅸ	SK-71	13世紀前半		3					
12	HKT-30	8605	福市149	博多Ⅸ	SK-99	13世紀末～14世紀前半	1						
13	HKT-30	8605	福市149	博多Ⅸ	SK-23	13世紀末～14世紀前半	1						
14	HKT-30	8605	福市149	博多Ⅸ	SK-84	12世紀後半	1						
15	HKT-30	8605	福市149	博多Ⅸ	SK-20	13世紀末～14世紀前半	1	1					
16	HKT-30	8605	福市149	博多Ⅸ	SE-77	12世紀後半		1					
17	HKT-30	8605	福市149	博多Ⅸ	SP-11	12世紀後半		1					
18	HKT-30	8605	福市149	博多Ⅸ	SK-21	13世紀末～14世紀前半		1					
19	HKT-30	8605	福市149	博多Ⅸ	SP-17	13世紀末～14世紀前半		1					
20	HKT-30	8605	福市149	博多Ⅸ	SK-39	13世紀末～14世紀前半		1					
21	HKT-30	8605	福市149	博多Ⅸ	包含層		5	8					
22	HKT-32	8608	福市149	博多Ⅸ				○					
23	HKT-35	8648	福市396	博多47	SD-120	12世紀	1	1					
24	HKT-35	8648	福市396	博多47	SD-82	14世紀前半～中頃	1						
25	HKT-35	8648	福市396	博多47	SK-70	15世紀初～前半	1						
26	HKT-35	8648	福市396	博多47	SD-109	13世紀末～14世紀前半	1						
27	HKT-35	8648	福市396	博多47	SK-85	11世紀中頃～12世紀初	1						
28	HKT-37	8740	福市244	博多16	SE-278	12世紀後半				1			
29	HKT-37	8740	福市244	博多16	SK-57	12世紀後半			1	1			
30	HKT-37	8740	福市244	博多16	包含層			1					
31	HKT-37	8740	福市244	博多16	SE-299	11世紀後半～12世紀前半				1			
32	HKT-37	8740	福市244	博多16	SE-720	11世紀後半～12世紀前半				1			
33	HKT-37	8740	福市244	博多16	SK-352	13世紀～15世紀				1			
34	HKT-37	8740	福市244	博多16	SK-398	12世紀後半				1			
35	HKT-37	8740	福市244	博多16	SP-422	12世紀前半				1			
36	HKT-37	8740	福市244	博多16	SX-731	12世紀後半				1			

37	HKT-37	8740	福市244	博多16	SK-796	12世紀後半				3			
38	HKT-37	8740	福市244	博多16	SK-1215	12世紀後半				1			
39	HKT-37	8740	福市244	博多16	SP-1344							1	
40	HKT-39	8806	福市229	博多14	85号土壙	12世紀後半		1					
41	HKT-39	8806	福市229	博多14	95号土壙	12世紀後半			1	1			
42	HKT-45	8862	福市248	博多20	SK-2105	12世紀後半		1					
43	HKT-46	8902	福市281	博多26	SE-13	13世紀				1			
44	HKT-46	8902	福市281	博多26	SK-18	12世紀後半				1			
45	HKT-46	8902	福市281	博多26	SP-128					1			
46	HKT-46	8902	福市281	博多26	SP157					1			
47	HKT-46	8902	福市281	博多26	包含層		1	1	5	5			
48	HKT-48	8915	福市282	博多27	25号土壙	12世紀後半～13世紀前半			1				
49	HKT-48	8915	福市282	博多27	300号溝	12世紀後半	1					1	
50	HKT-48	8915	福市282	博多27	280号土壙	11世紀後半～12世紀前半	1			1			
51	HKT-48	8915	福市282	博多27	138号土壙	11世紀後半～12世紀前半			1				
52	HKT-48	8915	福市282	博多27	121号土壙	11世紀後半～12世紀前半		1	4	7			瓦廃棄穴
53	HKT-50	8918	福市249	博多21	176号土壙	11世紀後半～12世紀				2			
54	HKT-50	8918	福市249	博多21	包含層		1	2					
55	HKT-51	8925	福市283	博多28	包含層			1					
56	HKT-56	8943	福市326	博多34	SE-0402	12世紀後半	1						
57	HKT-56	8943	福市326	博多34	SK-0189	12世紀中頃						2	
58	HKT-56	8943	福市326	博多34	SK-0463	12世紀後半			1				
59	HKT-59	8957	福市328	博多36	SE-25	11世紀後半～12世紀	1	1					
60	HKT-59	8957	福市328	博多36	SK-28	11世紀後半～12世紀				1			完形平瓦
61	HKT-60	8959	福市285	博多30	井戸	13世紀後半～14世紀初頭		1					
62	HKT-60	8959	福市285	博多30	土坑	12世紀後半～13世紀前半				1			
63	HKT-61	8962	福市252	博多24	SX-130	13世紀後半		1					
64	HKT-62	8963	福市397	博多48	1854号溝	12世紀後半	1			3			
65	HKT-62	8963	福市397	博多48	3584号溝	13世紀後半～14世紀			3			1	
66	HKT-62	8963	福市397	博多48	2342号井戸	12世紀後半			2	5			完形平瓦
67	HKT-62	8963	福市397	博多48	5526号井戸	14世紀前半				1			
68	HKT-62	8963	福市397	博多48	5542号井戸	16世紀末			不明	不明		1	
69	HKT-62	8963	福市397	博多48	3656号土壙	12世紀後半～13世紀初				3			
70	HKT-62	8963	福市397	博多48	3677号土壙	13世紀初頭				4			
71	HKT-62	8963	福市397	博多48	3749号土壙	13世紀前半	1						
72	HKT-62	8963	福市397	博多48	4653号土壙	12世紀後半				1			
73	HKT-62	8963	福市397	博多48	包含層		1	2					
74	HKT-63	8974	福市286	博多31	SK0306	11世紀後半～12世紀前半	1						
75	HKT-64	8976	福市396	博多47	76号溝	12～14世紀			1			1	

76	HKT-65	9017	福市329	博多37	844号土壙	12世紀後半	1						
77	HKT-65	9017	福市329	博多37	3号溝	12世紀後半	1	1					
78	HKT-65	9017	福市329	博多37	602号遺構	12世紀後半	1	1					
79	HKT-65	9017	福市329	博多37	817号遺構	12世紀後半	1						
80	HKT-65	9017	福市329	博多37	202号遺構	12世紀後半	1						
81	HKT-65	9017	福市329	博多37	495号遺構	12世紀後半	1						
82	HKT-65	9017	福市329	博多37	816号遺構	12世紀後半		1					
83	HKT-65	9017	福市329	博多37	624号遺構	12世紀後半		3					
84	HKT-65	9017	福市329	博多37	647号遺構	12世紀後半		1					
85	HKT-65	9017	福市329	博多37	387号遺構	12世紀後半		1					
86	HKT-65	9017	福市329	博多37	335号遺構	12世紀後半		1					
87	HKT-65	9017	福市329	博多37	892号遺構	12世紀後半		1					
88	HKT-65	9017	福市329	博多37	846号遺構	12世紀後半		1					
89	HKT-65	9017	福市329	博多37	226号遺構	12世紀後半		1					
90	HKT-65	9017	福市329	博多37	840号遺構	12世紀後半							
91	HKT-65	9017	福市329	博多37	包含層		1	11		1			コンテナ40箱
92	HKT-70	9062	福市370	博多41	SE-221	12世紀後半						1	
93	HKT-73	9120		佐藤1994							3		
94	HKT-76	9137	福市332	博多40	各遺構		2					1	
95	HKT-90	9519	福市557	博多62	包含層		4	2					
96	HKT-109	9822	福市629	博多71	SE-041	12世紀後半	1		1	1		1	
97	HKT-109	9822	福市629	博多71	SE-042	12世紀後半			1				
98	HKT-109	9822	福市629	博多71	SE-355	12世紀中頃			1				
99	HKT-109	9822	福市629	博多71	SE-231	12世紀中頃			1			1	
100	HKT-109	9822	福市629	博多71	包含層		1						
101	HKT-109	9822	福市629	博多71	SK-040	12世紀前半～中頃			1	1			
102	HKT-109	9822	福市629	博多71	SK-352	12世紀後半	1						
103	HKT-117	9919	福市667	博多76	1012遺構	12世紀後半			1				
104	HKT-117	9919	福市667	博多76	包含層			1					
105	HKT-120	9952	福市706	博多80	410号溝	12世紀後半	1			3	1		
106	HKT-125	0023	福市759	博多88	SK-040	11世紀後半～13世紀前半		2					
107	HKT-130	0102	福市762	博多91	SE-024	12世紀中頃～後半	1		3				
108	HKT-138	0220	福市806	博多97	SK-029	14世紀		2					
109	HKT-138	0220	福市806	博多97	SX-050	12世紀前半		2					
110	HKT-138	0220	福市806	博多97	SK-028		1						
111	HKT-138	0220	福市806	博多97	包含層		1	2					
112	HKT-142	0332	福市848	博多102	SE-07	11世紀後半～12世紀中頃	1						
113	HKT-142	0332	福市848	博多102	SE-212	13世紀				1			
114	HKT-143	0333	福市849	博多103	SE-227	15・16世紀				1			

115	HKT-144	0334	福市850	博多104	SE-358	12世紀中頃				1		
116	HKT-144	0334	福市850	博多104	SX-315	12世紀前半～中頃				1		
117	HKT-145	0342	福市851	博多105	SK-303	12世紀前半		3			1	
118	HKT-148	0436	福市893	博多107	SK-098	12世紀後半				1		
119	HKT-148	0436	福市893	博多107	SK-100	12世紀後半～13世紀前半		1				
120	HKT-148	0436	福市893	博多107	SK-051	12世紀後半		1				
121	HKT-157	0560	福市988	博多118	SD-41	13世紀代以降				1		
122	HKT-157	0560	福市988	博多118	SE-298	現代						1
123	HKT-157	0560	福市988	博多118	SE-121							1
124	HKT-157	0560	福市988	博多118	SP-318				1			
125	HKT-157	0560	福市988	博多118	SX-69			1				
126	HKT-166	0646	福市1039	博多127	SX-070	11世紀後半～12世紀前半		1				
127	HKT-166	0646	福市1039	博多127	包含層			2		1		
128	HKT-166	0646	福市1039	博多127	SK-026				1			
129	HKT-172	0705	福市1086	博多135	SD-264	16世紀	1	1				
130	HKT-172	0705	福市1086	博多135	SE-598	12世紀後半		1				
131	HKT-172	0705	福市1086	博多135	SK-608	12世紀後半	1	1				1
132	HKT-172	0705	福市1086	博多135	SK-240	13世紀後半		1				
133	HKT-172	0705	福市1086	博多135	SK-405	12世紀中頃		1				
134	HKT-172	0705	福市1086	博多135	SK-490	12世紀後半					1	
135	HKT-172	0705	福市1086	博多135	SK-494	12世紀後半					1	
136	HKT-172	0705	福市1086	博多135	包含層						1	
137	HKT-173	0708	福市1042	博多130	SK-43	12世紀後半						1
138	HKT-173	0708	福市1042	博多130	SK-44	12世紀後半		1				
139	HKT-173	0708	福市1042	博多130	SX-68		1					
140	HKT-173	0708	福市1042	博多130	包含層		1					
141	HKT-173	0708	福市1042	博多130	SK-155	12世紀中頃～後半			1			
142	HKT-173	0708	福市1042	博多130	SK-224	12世紀	1					
143	HKT-175	0714	福市1065	博多134	SX-0391	12世紀後半				1		
144	HKT-175	0714	福市1065	博多134	SX-0912			1				
145	HKT-175	0714	福市1065	博多134	SD-1482	12世紀後半	1		1	1		1
146	HKT-175	0714	福市1065	博多134	SE-0244	12世紀後半		1		1		
147	HKT-175	0714	福市1065	博多134	SX-0690	12世紀				1		
148	HKT-180	0754	福市1045	博多133	SX-02	13世紀末～14世紀初頭						1
149	HKT-180	0754	福市1045	博多133	SE-01	13世紀後半	1					
150	HKT-180	0754	福市1045	博多133	SE-16			1				
151	HKT-180	0754	福市1045	博多133	SD-12	13世紀前半～14世紀初頭			1			
152	HKT-180	0754	福市1045	博多133	SK-42	12世紀中頃～後半		1				
153	HKT-182	0812	福市1087	博多136	河川堆積層		1	1		1		

154	HKT-183	0815	福市1088	博多137	SX-01	12世紀末	21	16	多数	多数	3	1	
155	HKT-地下鉄	7833	福市193	博多高速鉄道 4	SK-27	12世紀後半	1						
156	HKT-地下鉄	7833	福市193	博多高速鉄道 4	SK-70	12世紀後半	1						
157	HKT-地下鉄	7833	福市193	博多高速鉄道 4	L区包含層		1						
158	HKT-築港線 1	8224	福市183	博多築港線Ⅰ	1号道路	14世紀前半	4	6			2		瓦舗装
159	HKT-築港線 2	8331	福市184	博多築港線Ⅱ	548号土壙	12世紀後半				1			
160	HKT-築港線 2	8331	福市184	博多築港線Ⅱ	540号土壙	12世紀後半				1	1		
161	HKT-築港線 4	8527	福市205	博多築港線Ⅳ	SX-34	14世紀後半			1				道路面？
162	HKT-築港線 4	8527	福市205	博多築港線Ⅳ	136号井戸	13世紀前半			1				
163	HKT-築港線 4	8527	福市205	博多築港線Ⅳ	SX-37	13世紀前半	1	1	4			1	道路面
164	HKT-築港線 4	8527	福市205	博多築港線Ⅳ	包含層		1	1					
165	HKZ-2		県報79	箱崎	包含層・遺構		5	2					
166	HKZ-5	9125	福市273	箱崎 3	SX-318	中世前期		1					
167	HKZ-9	9644	福市550	箱崎 5	SE-10	12世紀後半	1	1					
168	HKZ-12	9735	福市950	箱崎29	包含層・遺構			1					
169	HKZ-16	9853	福市703	箱崎11	SK-03	12世紀中頃				1			
170	HKZ-17	9864	福市704	箱崎12	SK-08					1			
171	HKZ-17	9864	福市704	箱崎12	SK-09					1			
172	HKZ-17	9864	福市704	箱崎12	SK-16	12世紀中頃				1			
173	HKZ-17	9864	福市704	箱崎12	SK-29	13世紀後半～14世紀初頭				1			
174	HKZ-18	9921	福市664	箱崎10	SE-018	13世紀後半	1						
175	HKZ-18	9921	福市664	箱崎10	SE-019	12世紀中頃	1						
176	HKZ-19	9930	福市664	箱崎10	SK-06	13世紀中頃～後半				1			
177	HKZ-19	9930	福市664	箱崎10	SK-12	13世紀前半				1			
178	HKZ-19	9930	福市664	箱崎10	包含層・遺構					4			
179	HKZ-21	9978	福市705	箱崎13	SE-455	12世紀後半			1				
180	HKZ-21	9978	福市705	箱崎13	SK-373	12世紀後半			1				
181	HKZ-22	0022	福市852	箱崎22	包含層・遺構			1					
182	HKZ-26	0108	福市853	箱崎23	SK-280			1					
183	HKZ-26	0108	福市853	箱崎23	SK-281			1					
184	HKZ-27	0113	福市812	箱崎18	SE-064	近世？	1			1			
185	HKZ-27	0113	福市812	箱崎18	包含層・遺構		1						
186	HKZ-27	0113	福市812	箱崎18	SK-1083	近世？	1						
187	HKZ-30	0210	福市948	箱崎27	SE-145		1	2					
188	HKZ-47	0437	福市1046	箱崎36	SK-5	12世紀代		2					
189	HKZ-54	0650	福市998	箱崎34	SE-515	12世紀代	1						
190	HKZ-54	0650	福市998	箱崎34	SD-507	13世紀以降	1						
191	HKZ-54	0650	福市998	箱崎34	SE-485	13世紀後半以降	1						
192	HKZ-54	0650	福市998	箱崎34	SP-64			1					

193	HKZ-54	0650	福市998	箱崎34	包含層		1		
194	KSA-2	9135	福市317	香椎A	9号土壙	13世紀初頭		1	
195	KSA-4	0737	福市1072	香椎A	SK-0349			1	
196	KSA-4	0737	福市1072	香椎A	SK-0399				1
197	KSA-4	0737	福市1072	香椎A	SK-2001	13世紀後半	1		
198	KSA-4	0737	福市1072	香椎A	SD-0001	16世紀	1		
199	KSB-1～4	9503ほか	福市621	香椎B	包含層・遺構		2	1	
200	KTM-1	8403	福市217	戸原麦尾	包含層			1	
201	NAK-50	9441	福市518	那珂18	包含層		1		
202	SYJ-1	0446	福市884	住吉神社遺跡1	SK-026	12世紀後半			1
203	SYJ-1	0446	福市884	住吉神社遺跡1	SD-028	12世紀中頃	1		
204	YSZ-8	9981	福市年報14		包含層・遺構	12・13世紀	不明	不明	
205	大谷瓦窯		福市101	高速鉄道関係Ⅲ				1	
206	西油山天福寺		史跡名勝9	西油山天満宮			1		
207	太宰府天満宮			太宰府天満宮	包含層・整地層	12世紀前半	1	3	
208	太宰府史跡			大宰府史跡51年	包含層・遺構		1		

〈寧波系瓦出土遺跡引用文献〉（発行年度順）

竹岡勝也　1934『西油山天福寺』、史跡名勝第九輯、福岡県

石松好雄ほか　1977『大宰府史跡』、昭和五十一年度発掘調査概報、九州歴史資料館

折尾学・池崎譲二　1982『博多Ⅱ　図版編（博多遺跡群五十次調査報告）』、福岡市埋蔵文化財調査報告書第八集、福岡市教育委員会

池崎譲二・森本朝子　1983「福岡市立歴史資料館所蔵の高野コレクション」『福岡市高速鉄道関係埋蔵文化財調査報告Ⅲ』、福岡市埋蔵文化財発掘調査報告書一〇一集、福岡市教育委員会

井澤洋一　1987『博多Ⅶ　博多遺跡群二十八次発掘調査報告』、福岡市埋蔵文化財調査報告書第一四七集、福岡市教育委員会

加藤良彦　1987『博多Ⅸ　博多遺跡群三十次調査の概要』、福岡市埋蔵文化財調査報告書第一四九集、福岡市教育委員会

栗原和彦・浜田信也　1987『箱崎遺跡』、福岡県文化財調査報告書第七九集、福岡県教育委員会

加藤良彦　1988『博多11　博多遺跡群三十三次調査報告』、福岡市埋蔵文化財調査報告書第一七六集、福岡市教育委員会

加藤良彦　1988『博多12　博多遺跡群三十五次調査』、福岡市埋蔵文化財調査報告書第一七七集、福岡市教育委員会
狭川真一　1988「瓦について」『太宰府天満宮』、太宰府天満宮境内地発掘調査報告書第一集、五七―六〇頁、太宰府天満宮
力武卓治・大庭康時　1988『博多　都市計画道路博多駅築港線関係埋蔵文化財調査報告Ⅱ』、福岡市埋蔵文化財調査報告書第一八四集、福岡市教育委員会
池崎譲二　1988『博多　高速鉄道関係調査（4）福岡市高速鉄道関係埋蔵文化財調査報告Ⅶ』、福岡市埋蔵文化財調査報告書第一九三集、福岡市教育委員会
池崎譲二　1988『博多　都市計画道路博多駅築港線関係埋蔵文化財調査報告Ⅰ』、福岡市埋蔵文化財調査報告書第一八三集、福岡市教育委員会
松村道博　1989『博多　都市計画道路博多駅築港線関係埋蔵文化財調査報告Ⅳ』、福岡市埋蔵文化財調査報告書第二〇五集、福岡市教育委員会
田中壽夫　1990『戸原麦尾遺跡（Ⅲ）――福岡市多々良浄水場建設に伴う緊急調査――』、福岡市埋蔵文化財調査報告書第二一七集、福岡市教育委員会
大庭康時　1991『博多14　博多遺跡群三十九次発掘調査概報』、福岡市埋蔵文化財調査報告書第二二九集、福岡市教育委員会
山口譲治　1991『博多16　博多遺跡群三十七次調査報告』、福岡市埋蔵文化財調査報告書第二四四集、福岡市教育委員会
小林義彦　1991『博多20　第四十五次調査』、福岡市埋蔵文化財調査報告書第二四八集、福岡市教育委員会
菅波正人　1991『博多24　博多遺跡群六十一次発掘調査報告』、福岡市埋蔵文化財調査報告書第二五二集、福岡市教育委員会
大庭康時　1991『博多21　博多遺跡群五十次発掘調査概報』、福岡市埋蔵文化財調査報告書第二四九集、福岡市教育委員会
吉留秀敏　1992『博多26　博多遺跡群四十六次調査報告』、福岡市埋蔵文化財調査報告書第二八一集、福岡市教育委員会
小畑弘己　1992『博多27　博多遺跡群四十八次調査の報告』、福岡市埋蔵文化財調査報告書第二八二集、福岡市教育委員会
瀧本正志　1992『博多28　博多遺跡群五十一次発掘調査報告』、福岡市埋蔵文化財調査報告書第二八三集、福岡市教育委員会
田中壽夫　1992『箱崎3　箱崎遺跡五次調査の報告』、福岡市埋蔵文化財調査報告書第二七三集、福岡市教育委員会

小畑弘己　1992『博多30　博多遺跡群六十次調査発掘調査報告書』、福岡市埋蔵文化財調査報告書第二八五集、福岡市教育委員会
濱石哲也・菅波正人　1992『博多31　博多遺跡群六十三次発掘調査報告』、福岡市埋蔵文化財調査報告書第二八六集、福岡市教育委員会
大庭康時　1993『香椎A』、福岡市埋蔵文化財調査報告書第三一七集、福岡市教育委員会
濱石哲也・菅波正人　1993『博多34　博多遺跡群五十六次発掘調査報告』、福岡市埋蔵文化財調査報告書第三二六集、福岡市教育委員会
山口譲治　1993『博多36　五十九次調査報告』、福岡市埋蔵文化財調査報告書第三二八集、福岡市教育委員会
佐藤一郎　1993『博多37　博多遺跡群六十五次調査発掘調査概報』、福岡市埋蔵文化財調査報告書第三二九集、福岡市教育委員会
田中壽夫　1993『博多40　博多遺跡群七十六次調査の報告』、福岡市埋蔵文化財調査報告書第三三二集、福岡市教育委員会
加藤良彦　1995『博多47　第六十四次調査報告（付編　博多遺跡群三十五次調査遺物編）』、福岡市埋蔵文化財調査報告書第三九六集、福岡市教育委員会
大庭康時　1995『博多48　博多遺跡群六十二次調査の概要』、福岡市埋蔵文化財調査報告書第三九七集、福岡市教育委員会
池崎譲二　1997『「博多60　第一次、四次、八次調査報告』、福岡市埋蔵文化財調査報告書第五四三集、福岡市教育委員会
下村　智　1997『那珂18　那珂遺跡群五十次調査の報告』、福岡市埋蔵文化財調査報告書第五一八集、福岡市教育委員会
佐藤一郎　1998『博多62　博多遺跡群九十次発掘調査概報』、福岡市埋蔵文化財調査報告書第五五七集、福岡市教育委員会
本田浩二郎　1998『箱崎遺跡5　箱崎遺跡九次調査』、福岡市埋蔵文化財調査報告書第五五〇集、福岡市教育委員会
榎本義嗣　2000『博多71　博多遺跡群一〇九次調査報告』、福岡市埋蔵文化財調査報告書第六二九集、福岡市教育委員会
瀧本正志　2000『香椎B遺跡　香椎住宅地造成工事に伴う埋蔵文化財発掘調査報告』、福岡市埋蔵文化財調査報告書第六二一集、福岡市教育委員会

荒牧宏行　2001「吉塚遺跡群第八次調査（9981）」『市埋文年報一四』、福岡市教育委員会
榎本義嗣　2001『箱崎10　箱崎遺跡十八・十九次調査報告』、福岡市埋蔵文化財調査報告書第六六四集、福岡市教育委員会
久住猛雄　2001『博多76　博多遺跡群一一七次調査の概要』、福岡市埋蔵文化財調査報告書第六六七集、福岡市教育委員会
力武卓治　2002『箱崎11　箱崎遺跡第十六次調査報告』、福岡市埋蔵文化財調査報告書第七〇三集、福岡市教育委員会
長家　伸　2002『箱崎12　箱崎遺跡群第十七次・第二十三次調査報告』、福岡市埋蔵文化財調査報告書第七〇四集、福岡市教育委員会
榎本義嗣　2002『箱崎13　箱崎遺跡第二十一次調査報告』、福岡市埋蔵文化財調査報告書第七〇五集、福岡市教育委員会
大庭康時　2002『博多80　御供所疎開跡地道路関係埋蔵文化財調査報告書』、福岡市埋蔵文化財調査報告書第七〇六集、福岡市教育委員会
佐藤一郎　2003『博多88　博多遺跡群一二五次発掘調査報告書』、福岡市埋蔵文化財調査報告書第七五九集、福岡市教育委員会
上角智希　2003『博多91　博多遺跡群一三〇次調査報告』、福岡市埋蔵文化財調査報告書第七六二集、福岡市教育委員会
中村啓太郎・上角智希　2004『箱崎18　箱崎遺跡二十七次調査報告』、福岡市埋蔵文化財調査報告書第八一一集、福岡市教育委員会
本田浩二郎　2004『博多97　博多遺跡群一三八次調査報告書』、福岡市埋蔵文化財調査報告書第八〇六集、福岡市教育委員会
大塚紀宜　2005『博多102　博多遺跡群一四二次調査の概要』、福岡市埋蔵文化財調査報告書第八四八集、福岡市教育委員会
荒牧宏行　2005『博多103　博多遺跡群一四三次調査報告』、福岡市埋蔵文化財調査報告書第八四九集、福岡市教育委員会
星野恵美　2005『博多104　博多遺跡群一四四次調査報告』、福岡市埋蔵文化財調査報告書第八五〇集、福岡市教育委員会
本田浩二郎　2005『博多105　博多遺跡群一四五次調査報告』、福岡市埋蔵文化財調査報告書第八五一集、福岡市教育委員会
榎本義嗣　2005『箱崎22　箱崎遺跡二十二次調査報告（2）』、福岡市埋蔵文化財調査報告書第八五二集、福岡市教育委員会
佐藤一郎　2005『箱崎23　箱崎遺跡二十六次調査報告（2）』、福岡市埋蔵文化財調査報告書第八五三集、福岡市教育委員会
蔵富士寛　2006『博多107　博多遺跡群一四八次調査報告』、福岡市埋蔵文化財調査報告書第八九三集、福岡市教育委員会

長家　伸　2006『住吉神社遺跡1　住吉神社遺跡第一次調査報告』、福岡市埋蔵文化財調査報告書第八八四集、福岡市教育委員会
佐藤一郎　2007『箱崎27　箱崎遺跡群三十（2）・四十（1）・四十六次調査報告』、福岡市埋蔵文化財調査報告書第九四八集、福岡市教育委員会
榎本義嗣　2007『箱崎29　箱崎遺跡第十二次調査報告』、福岡市埋蔵文化財調査報告書第九五〇集、福岡市教育委員会
荒牧宏行　2008『博多118　博多遺跡群一五七次調査報告』、福岡市埋蔵文化財調査報告書第九八八集、福岡市教育委員会
荒牧宏行　2008『箱崎34　箱崎遺跡第五十四次調査報告』、福岡市埋蔵文化財調査報告書第九九八集、福岡市教育委員会
久住猛雄　2009『博多127　博多遺跡群一六六次調査報告』、福岡市埋蔵文化財調査報告書第一〇三九集、福岡市教育委員会
加藤良彦　2009『博多133　博多遺跡群一八〇次調査報告』、福岡市埋蔵文化財調査報告書第一〇四五集、福岡市教育委員会
田中壽夫　2009『博多134　博多遺跡群一七五次調査発掘調査報告』、福岡市埋蔵文化財調査報告書第一〇六五集、福岡市教育委員会
中村啓太郎　2009『箱崎36　箱崎遺跡第四十七次・第五十五次調査報告』、福岡市埋蔵文化財調査報告書第一〇四六集、福岡市教育委員会
山崎龍雄　2009『博多130　博多遺跡群一七三次調査報告』、福岡市埋蔵文化財調査報告書第一〇四二集、福岡市教育委員会
池崎譲二・本田浩二郎　2010『博多135　博多遺跡群一七二次調査報告』、福岡市埋蔵文化財調査報告書第一〇八六集、福岡市教育委員会
板倉有大　2010『博多136　博多遺跡群一八二次調査報告』、福岡市埋蔵文化財調査報告書第一〇八七集、福岡市教育委員会
木下博文　2010『博多137　博多遺跡群一八三次調査報告』、福岡市埋蔵文化財調査報告書第一〇八八集、福岡市教育委員会
濱石哲也　2010『香椎A遺跡3　一般国道3号博多バイパス建設に伴う調査2』、福岡市埋蔵文化財調査報告書第一〇七二集、福岡市教育委員会

元朝の日本遠征艦隊と旧南宋水軍

中島楽章

はじめに

二〇一一年十月、長崎県鷹島の南方、沖合約二百メートルの伊万里湾の海底で、元軍の第二次日本遠征（弘安の役）の際に沈没した軍船が発見された。鷹島海底遺跡では、一九八〇年代から考古学的調査が続けられており、特に一九九二年から神崎《こうざき》港で行われた調査では、船体の部材・碇・武器・陶磁器などの多数の元軍遺物が発掘されている(1)。しかし軍船の構造がわかる船体が発見されたのは今回が初めてである。[2] 元代海船の遺物としては、一九七六年に韓国西岸で発見された新安沈船が有名であるが、元代軍船の船体はこれまで確認されておらず、[3] 鷹島における元軍沈船の発見は、中国造船史のうえでも重要な意味をもつ。本稿執筆時点（二〇一一年三月）では、この発掘調査に関する詳細な報告は発表されておらず、各種報道でその概要が伝えられているにとどまるが、[4] 今後の科学的調査により、元軍軍船の全体像の解明が進むことが期待されている。

本稿では文献史料の側から、第二次日本遠征における江南軍の艦隊編成の問題を、特に旧南宋水軍との関連に注目して検討してみたい。元軍の日本侵攻（元寇・蒙古襲来）については、もとより膨大な論著の蓄積があり、[5] そのなかには元軍の軍船について論及したものも多いが、ここでは特に軍船の問題を主要論点とした先行研究を紹介しておこう。これらの研究は大きく分けて、（1）文献史料・（2）絵画資料・（3）水中考古学資料の三つをおもな検討の対象としている。

まず（1）文献史料を中心とした研究としては、日本史料には有用な記事が乏しいため、もっぱら高麗・元朝史料を用いた検討がなされてきた。早くは池内宏氏が元寇に関する専著において、随所で軍船問題についても論及している。[6] 近年では野沢佳美氏が、第一次侵攻（文永の役）における軍船の船種について論じ、[7] 大庭昇一氏も、第二次侵攻における東路軍の艦隊編成を検討した。[8] また植松正氏は、元軍が南宋征服の過程で水軍を編成していく過程を検証するとともに、日本遠征のための軍船建造にも論及している。[9] さらに太田弘毅氏も、第一次遠征の東路軍における艦隊編成を検討するとともに、第二次遠征における江南軍が、旧造船・新造船の混合艦隊であったことを指摘し、実現しなかった第三次遠征計画における軍船調達問題についても論じている。[10]

（2）絵画資料としては、『蒙古襲来絵詞』に描写された元軍軍船が検討の対象となっている。早くは吉田光邦氏が、

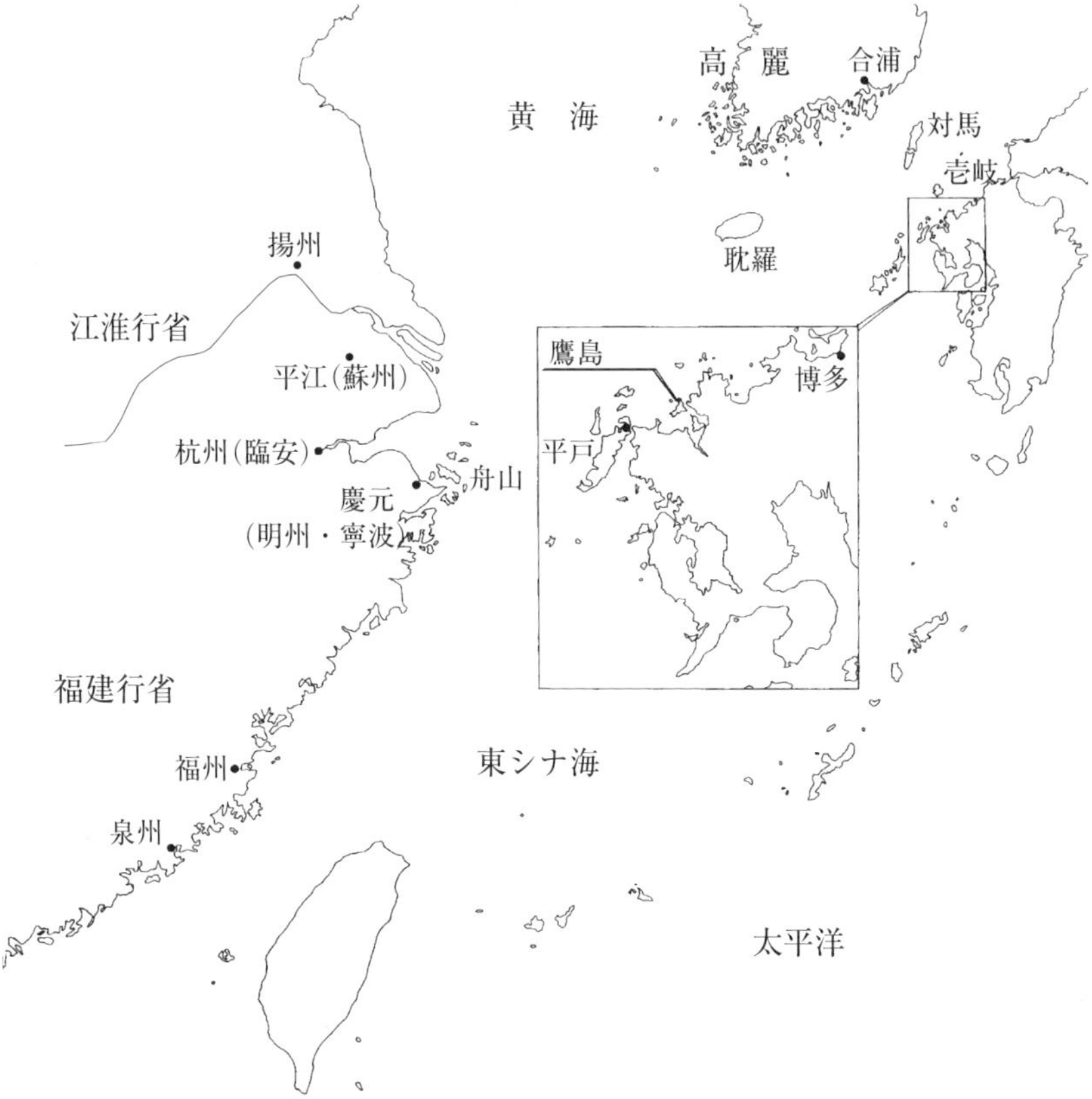

【地図１】元代の東シナ海域（『鷹島海底遺跡Ⅷ』扉地図により作成）

絵詞に描かれた軍船を、北宋の『武経総要』と対照して船種の比定を試みた(11)。また井上隆彦氏も、明代の造船史料や、南宋の泉州沈船や元代の新安沈船などと対照して、絵詞の元軍軍船について考察している(12)。さらに山形欣哉氏は造船技術史の立場から、絵詞に描かれた十隻の軍船について、船型・構造・装備を推定し、それらの復元図を提示している(13)。

（3）水中考古資料を中心とする研究としては、鷹島海底遺跡調査に参加したアメリカの研究者により、注目すべき論著が発表されている。ランドール・ササキ氏は、二〇〇三年から鷹島出土の船材の整理・研究にあたり、その成果により元軍軍船の実態に再検討を加えた[14]。またジェームス・デルガード氏も、二〇〇八年に元軍の日本侵攻に関する海外初の専著を刊行し、おもにササキ氏の研究により、軍船問題について論及している[15]。二〇一一年の軍船本体の発見により、今後はその実像がさらに具体的に解明されていくであろう。

このように、元朝の日本遠征艦隊については、文献史料・絵画資料・水中考古資料による研究が進められ、特に近年では、造船技術史や水中考古学の専門家の研究によって、軍船の実態がしだいに明らかにされつつある。しかし上記の三種の資料を総合的に検討した研究はなお乏しい。文献史料による研究としては、太田弘毅氏が、江南軍の艦隊が南宋時代の旧造船と、南宋征服後の新造船の混合であったことを指摘したことが注目に値する[16]。ただし太田氏が利用した資料はほぼ『元史』に限られ、南宋史料は用いられておらず、絵画資料や水中考古資料も参照されていない。

なお、元朝の日本遠征艦隊と旧南宋水軍の関係を具体的に示す貴重な実物資料として、二〇〇二年に鷹島で出土した、「……元年殿司修検視訖官」という記銘をもつ木製品がある。この文字資料の発見直後、四日市康博氏はその概要を速報し、「殿司」が南宋の「殿前司」を指すことを指摘した[17]。さらに筆者も四日市氏の見解をうけて、元朝が南宋征服の過程で殿前司の軍船や武器を接収しており、この記銘は殿前司における修理記録であることを考証した[18]。さらに本稿では上記の論考をふまえて、南宋・元代の関連史料をできるだけ網羅的に検討するとともに、水中考古学の成果も参照して、江南軍艦隊の編成過程と、その旧南宋水軍との関連を再検証してみたい。

一　南宋殿前司と江南軍——鷹島出土の文字資料から——

二〇〇二年十二月、鷹島の神崎港における発掘調査の最終段階で、文字が記された漆塗りの木製品が発見された[19]。

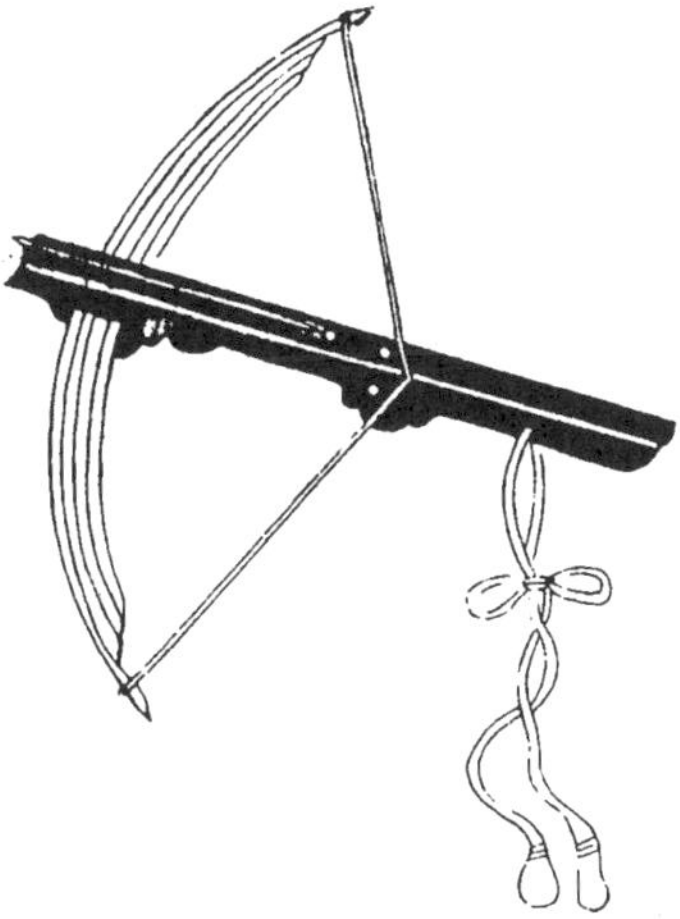

【図１右】　鷹島海底遺跡出土の朱書き木製品（『鷹島海底遺跡Ⅷ』p.60）

【図１左】　明代の弩（鄭若曾『籌海図編』巻十三下）

これは鷹島海底遺跡で発見された稀少な文字資料の一つであり、元朝の江南軍艦隊と、旧南宋軍との関連を具体的に示す貴重な資料としてきわめて重要な価値をもつ。この木製品は黒漆塗りの板状の木片であり、表面には「……元年殿司修検視訖官」という文字が朱漆で鮮明に記され、末尾には花押らしき記号も見える[20]【図1右】。それまでに鷹島海底遺跡で出土した文字資料は、いずれも墨書陶磁器などの断片的なものであり、文章の一部をなす記銘が確認されたのは初めてであった。

この木製品は、発掘当初は船体の上部構造の一部とみなされていた。四日市康博氏はその発見を速報するとともに、記銘の内容についても、簡明かつ的確な解釈を下している。四日市氏はこの記銘にみえる「殿司」とは、宋代において禁軍を統括した

「殿前都指揮使司」の略称であり、[21] 南宋末にその長官であった范文虎が、のちに元朝に投降し、日本遠征に関わっていたことを指摘した。そしてこの記銘をもつ木片は、南宋の「殿前都指揮使司」で建造された軍船の部材であり、それが元軍に拿捕または接収され、のちに日本遠征のために使用されたと推定したのである。[22]

その後の調査によって、この木製品は表面に箭を装着するための丸溝が確認されることから、船体の上部構造ではなく、弩《ど》（クロス・ボウ）【図1左】の軸部であることが判明している。[23] しかしそこに記された「殿司」が南宋の「殿前都指揮使」を指し、元軍が南宋軍からの接収品を、日本遠征艦隊に投入したという四日市氏の推定は、正鵠を射た見解といえよう。本稿でも四日市氏の創見にもとづき、この文字資料をてがかりに、南宋水軍に配備された武器が、日本遠征艦隊の江南軍に接収された過程を検証してみたい。

殿前都指揮使司は、一般には「殿前司」と簡称され、首都の臨安に駐留する南宋の中枢部隊であった。北宋の軍隊の主力は、皇帝に直属して宮城・首都を防備する「禁軍」である。禁軍は殿前司・侍衛馬軍司・侍衛歩軍司の三部隊から構成され、「三衙」（三司）と総称されるが、とりわけ殿前司が重要であり、その長官を「殿前都指揮使」と称した。南宋初の戦乱のなかで、かつての三衙体制は崩壊するが、国初の混乱が収拾されるにともない、首都の臨安では殿前司・馬軍司・歩軍司の三衙がしだいに整備され、特に殿前司の兵力は拡充されていく。殿前司をはじめとする三衙軍は、宮城や首都を防備するとともに、必要に応じて前線にも投入された。[24]

南宋中期には、金軍の侵攻に備えて、長江流域に十の「屯駐大軍」が配備されたが、このほかにも必要に応じて、各地に「新軍」が組織されていった。殿前司系統の新軍としては、福建泉州の殿前司左翼軍、江西の殿前司右翼軍、広東の殿前司摧鋒軍などがある。南宋後期には、弱体化した屯駐大軍に代わり、むしろこうした新軍が南宋軍の主力部隊となっていった。さらに元朝の侵攻に直面した南宋末期には、前線地域の有力武将が独自の新軍を組織して元軍に対峙した。特に長江流域の防備の主力となったのは、長江中流から漢水流域を管轄する京湖制置使、長江下流から淮水流域を管轄する両淮制置使、長江の江防を担う沿江制置使などである(25)。

また南宋では、長江から淮水・漢水にかけての地域が金・元との前線となったため、その流域に多数の水軍を配備して、北方からの侵攻に備えていた。同時に海上からの侵攻を防ぐために、沿海部の海軍の強化にもつとめた。南宋中期以降は、沿江・沿海の要所に総計二十数か所の水軍部隊が配備され、官設の造船所も設けられて、各種の軍船を建造した。このほかに民船を徴発し、あるいは借り上げて軍用にあてることも多かった。特に海外貿易や造船の中心地であった福建や広東は、海船や船員の主要な供給地となり、江南・浙江の水軍基地にも、福建や広東の海船や船員が配備されていた(26)。

各地の水軍の中でも、首都臨安に近接する許浦（蘇州附近）・澉浦《かんぽ》（杭州湾北岸）・定海（寧波附近）の水軍がもっとも重要であった。このほか南宋中期には、福建の殿前司左翼軍が三千人、広東の殿前司摧鋒軍も二千人の水軍を擁していた。さらに南宋末の一二五四（宝祐二）年には、殿前司直属の水軍として、臨安に殿前司浙江水軍が設けられ、一二六八（咸淳四）年には兵額一万人にまで拡張され、最大規模の水軍の一つとなった。殿前司浙江水軍は、南宋水軍のなかでも最精鋭部隊として、首都臨安周辺の海防・江防にあたるとともに、必要に応じて前線にも派遣された。南宋末期、漢水・長江流域で元軍の侵攻に対峙したのは、京湖制置使の呂文徳の指揮下にある水軍部隊であったが、殿前都指揮使であった范文虎も、殿前司の精鋭水軍を統率して、元朝の水軍と対戦したのである(27)。

上述のように、「元年殿司修、検視訖官……」の記銘をもつ木製品は、「弩」の軸部であったと考えられる。その表面には黒漆塗装が施され、朱漆で文字が記されている。本件も含めて、神崎港では弩の破片が三点出土しているが、いずれも材質はニレ属であった。このほかにも神崎港では、中国式の半弓の破片も九点出土しており、いずれも材質は華南産の紫檀であった。(28) 材質からみて、紫檀製の半弓は華南（福建・広東）方面で製造されたと考えられるが、落葉広葉樹であるニレ製の弩は、華中で製造された可能性もある。

弩は中国では古代から主要な武器の一つであり、軸部に十字形に弓を装着し、軸部の上面に刻まれた丸溝に矢をつがえ、軸部の手元に装着した金属製装置に弓の弦をかけて発射する。射程や貫通力はかなり高い。軸部には硬質木材や牛角を、弓には弾性のある木材や竹を用い、にかわで固めたうえ、湿気を防ぐためしばしば黒漆が塗られた。(29) 弩は一般の弓よりも大型で威力が大きく、発射までの時間はかかるものの、射程も長く標準機も有していた。北宋期には、特に遼・西夏の騎馬兵を迎撃するために、弩による密集射撃が活用された。南宋初期にも、金軍との野戦で弩の密集射撃は大きな効力を発揮したが、南宋中後期からは、むしろ守城戦や水上戦で重要な役割を果たした。(30)

南宋水軍にも、大量の弩が配備されていた。宝慶年間（一二二五〜二七）には、定海水軍の将士四千人のうち、弩箭手は八百六十人を占め、宝祐六（一二五八）年、慶元府が長江防備のため、五百名の禁軍を派遣した際にも、弩二百張を配備している。(31) その後の元朝の南宋侵攻に対して、南宋の殿前司に属する部隊は、おもに漢水・長江などの水上で元軍と対戦している。おそらく元軍が長江流域を攻略する過程で、殿前司水軍の軍船を拿捕あるいは接収した際に、弩などの武器も同時に収用し、それを軍船や兵員とともに、日本遠征の江南軍に配備したのであろう。

なお『蒙古襲来絵詞』には長弓や半弓は数多く描かれているが、弩と思われる武器は確認できない。ただし旧南宋の軍人で、第二次日本遠征の東路軍に加わった張成は、志賀島での合戦で、「弓弩を纏い、先ず岸に登り敵を迎」えたという。(32) さらに日本側史料である『八幡愚童訓《はちまんぐどうきん》』にも、やはり志賀島の戦いにおける元の軍船について、「寄スル者在レバ、大船ヨリ石弓《いしゆみ》ヲ下スニ、日本ノ船小クテ、不被打破《うちやぶられず》云事ナシ」という描写がある。石弓とは弩の和名である。また伊予の河野通有が元船を襲撃した際にも、「石弓ニ左ノ肩ヲ強ク被打《うたれ》、可弓引不及《ゆみひくべきにおよばず》」と記されている。(33) 第二次遠征において、元軍が強力な弩を装備し、活用していたことがわかる。

それでは鷹島で出土した弩の軸部に記された、「元年殿司修、検視訖官……」という記銘は、どのような意味をもつのだろうか。この語句は、「……元年、殿司修し、検視し訖《おわ》りぬ。官は……」と訓ずることができる。この「殿司修」とは、殿前司において製造したということではなく、修繕したという意味であろう。[34] 南宋期の史料でも、総じて軍船や武器類の製造には「打造」、修理には「修」の語が用いられている。

南宋では工部に軍器所が設けられて武器製造にあたり、各地の駐屯軍のもとでも、武器が製造された。[35] 紹興三十二（一一六二）年、枢密院機速房は次のように上言している。

近来、軍器所の給到せる所の弓弩・鎧甲は、往往にして時を経ること未だ久からずして、已に皆な損壊し、使用に堪えず。監官の多くは貴戚勢要の子弟なるに縁るなり。……軍器の元額、未だ敷《た》らざるに遇わば、却って損壊せる弓弩を量《みはから》いて修整を行い、旧甲を逐急《とりいそ》ぎ穿串して、遂に時に臨んで使用を悞《あやま》つあるを致す。今より後に乞うらくは、更に貴戚勢要の子弟を差《つかわ》して監官に充てず、止だ乞うらくは三衙に下して、自来軍器を製造するに暗暁せる人を選差せしめんことを。……[36]

軍器所の監督官は有力者の子弟で占められ、製造される弓・弩なども損壊しやすく、製造定額に足りなければ、損壊した弓・弩を応急に修理して数合わせをするなどの弊害が絶えない。このため今後は殿前司などの三衙から監督官を派遣するべきであるという。この上言をうけて、工部は殿前司・歩軍司・馬軍司から武器製造に通じた人員を選び、監督官にあてることを答申し、裁可されている。

これは武器の製造時における監督官に関する規定であるが、弩などの修理時においても、やはり担当官が派遣され、修理状況の検分に当たったと思われる。また軍船の修理においても、こうした監督官派遣の規定が確認できる。たとえば泉州の殿前司左翼軍では、軍船は三年ごとに小修理、五年ごとに大修理を行っていた。そのたびに左翼軍の上申をうけて、朝廷は官員を派遣して経費を算定させたという。(37) このように南宋期には、軍船や武器の製造や修理に当たって、担当官が派遣されて、その状況を監督・検分する制度が行われていた。(38) したがって「元年殿司修、検視訖官……」という記銘も、殿前司に配備された弩を修理した際、監督官がその修理結果を検分して、検査済みの証として朱漆で記入したものではないかと考えられる。(39)

二　元軍の南宋征服と軍船接収

鷹島で出土した弩の部材は、もともと南宋の殿前司において修理され、監督官の点検を受けたものであった。それがのちに元軍に接収され、日本遠征のために江南軍に配備されたのであろう。本節では元軍が南宋を征服する過程で、南宋水軍の軍船を接収していく過程を、関連資料をできるだけ網羅的に整理して検討することにしたい。

中統元（南宋景定元・一二六〇）年に皇帝（ハーン）に即位した世祖フビライは、帝位継承をめぐる戦乱を収拾するとともに、南宋征服の準備を進めていった。(40) 長江流域に侵攻するためには、なによりも大規模な水軍の整備が不可欠であった。フビライはまず至元三（咸淳二・一二六六）年に、河南で軍船五百艘を建造させている。(41) 一方、南宋では宰相の賈似道が専権を握り、京湖制置使の呂文徳に長江中流から漢水にかけての防備を統括させ、元軍の侵攻に備えていた。范文虎は呂文徳の娘婿であり、呂氏系列の有力武将の一人であった。

至元五（咸淳四・一二六八）年、フビライは本格的に南宋侵攻を開始し、アジュ（阿朮）を主将として、漢水中流の要衝であり、呂文徳の弟である呂文煥が守る襄陽を包囲した。同年五月には、陝西・四川でも軍船五百艘を建造して

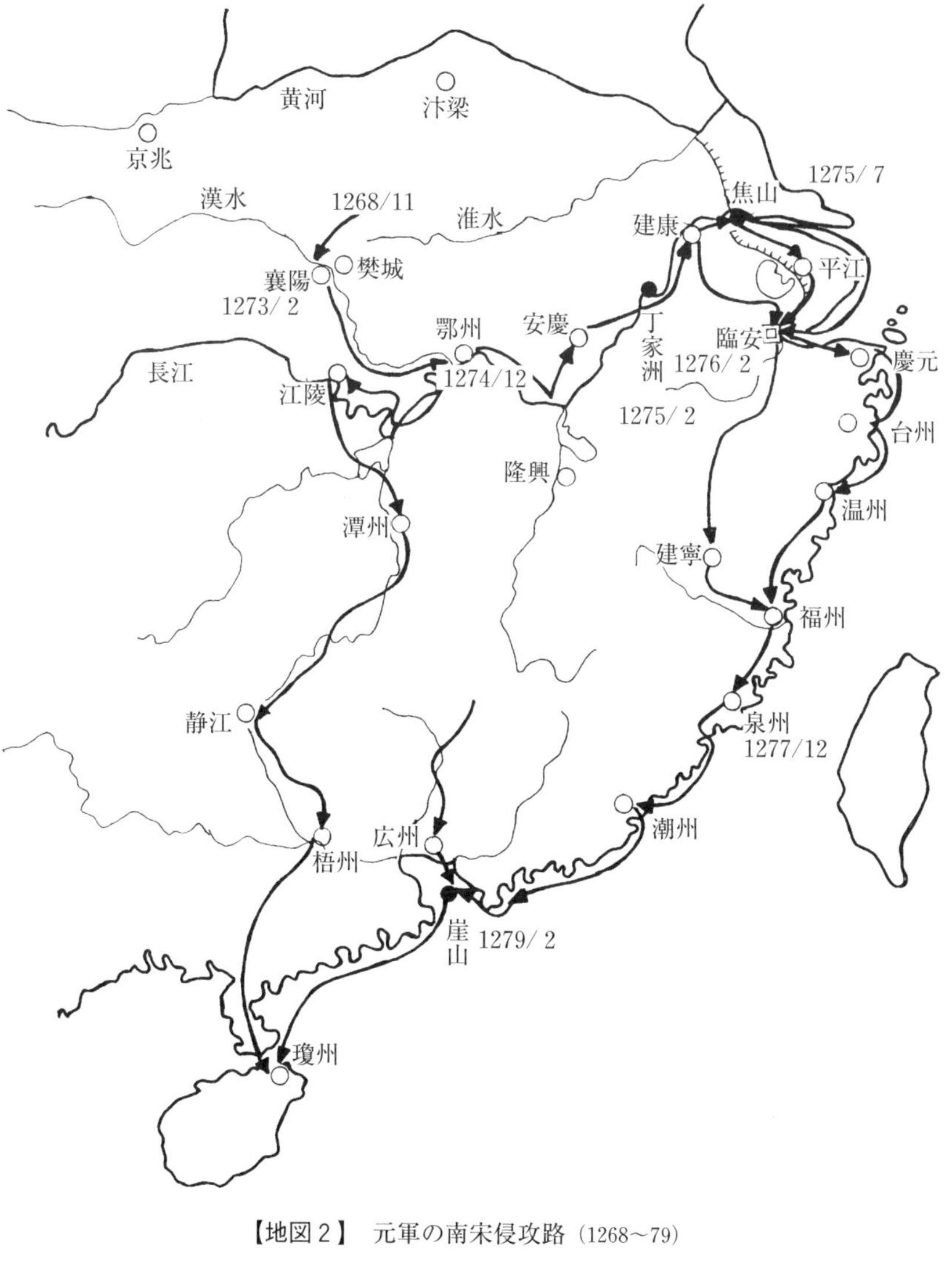

【地図２】 元軍の南宋侵攻路（1268～79）

いる[42]。翌年七月、范文虎は元軍に包囲された襄陽の救援を図るが、アジュに大敗し、元軍は軍船百余艘を捕獲した[43]。同年末に呂文徳が病死すると、李庭芝が京湖制置使となり、范文虎は殿前副都指揮使に任じられ、殿前司水軍を率いて襄陽を救援することになった[44]。

至元七（咸淳六・一二七〇）年三月、フビライはあらたに軍船五千艘を建造し、水軍七万人を教練して、襄陽の包囲を強化した[45]。一艘平均の兵員は十四人にすぎないので、その大部分は兵員移送用の小型ボートだったと思われる[46]。六月には、范文虎が殿前司の精鋭八千人を率いて出陣したが、軍船三十艘を奪われて退却した[47]。翌年六月、范文虎はさらに軍船千余艘・兵士十万という大水軍を率いて襄陽の救援に向かうが、またも元軍に大敗し、軍船百余艘を奪われ撤退した[48]。これによって襄陽は完全に孤立化し、翌年には賈似道もやむなく范文虎を解任して、陳奕を殿前都指揮使に任じている[49]。

至元十（咸淳九・一二七三）年二月には、襄陽はついに陥落し、呂文煥は元軍に投降して、その長江進撃を先導することになった。同年三月には、フビライは漢中や汴梁《べんりょう》で軍船二千艘の建造を命じ、六月にも襄陽で千艘を、翌年にも汴梁で八百艘を建造させている[50]。一方南宋では、十一月に李庭芝を淮東制置使、夏貴を淮西制置使、陳奕を沿江制置副使に任じ、長江流域の防備体制を固めた。これにともない范文虎は殿前都指揮使に復職したようである[51]。しかし翌年六月には、バヤン（伯顔）を総指揮官とする元軍が襄陽を進発し、十二月には軍船一万艘で長江に進出し、夏貴らの率いる南宋水軍を駆逐して、軍船千余艘を捕獲し、鄂州《がくしゅう》を攻略したのである[52]。なおこの年の十月には、第一次日本侵攻も実行されている。元軍・高麗軍混成の二万七千人が、高麗で建造された九百艘の軍船に分乗して博多湾に上陸したが、博多周辺を却略しただけでほどなく撤退した[53]。

翌至元十二（南宋徳祐元・一二七五）年正月には、元軍は鄂州を進発して長江を下り、黄州では陳奕が、安慶では范文虎が、あいついで元軍に投降した。范文虎は元朝から両浙大都督に任じられ、呂文煥や陳奕とともに、その後の南宋攻略の先鋒となった(54)。同年二月には、南宋の宰相賈似道は、みずから軍兵十三万人、軍船五千余艘を率いて、長江下流の丁家洲で元軍を迎え撃ったが大敗し、元軍は戦船二千余艘を拿捕した(55)。六月にも、元軍は蕪湖附近で南宋水軍を破って戦艦二百余艘を奪っている(56)。さらに七月には、元軍は鎮江に進み、焦山で宋の水軍を大破して、軍船七百余艘を拿捕し(57)、この時点で南宋の長江水軍はほぼ壊滅したのである。

元軍は至元五年から至元十年にかけて、襄陽包囲戦の直後までに九千八百艘もの軍船を建造しており、至元十一年には軍船一万艘を動員して長江への進撃を開始している。ただしこれらの軍船は、いずれも漢水上流や華北で建造されたものであり、大部分は簡素な小型船であったと思われる。くわえて元軍は襄陽包囲戦の過程で二百艘以上の南宋軍船を拿捕し、さらに至元十一年末の鄂州攻略から、翌年七月の焦山での戦いにかけて、四千艘の南宋軍船を拿捕している。『元史』などに記録されただけでも、元軍は長江流域を征圧した時点で、一万四千艘以上の軍船を建造または拿捕していたことになる。このほかに呂文煥・陳奕・范文虎などが投降した際にも、彼らの麾下にあった軍船が、大量に元軍に接収されたはずである。それらを含めれば、元朝が擁する軍船は少なくとも二万艘には上ったのではないか。

さらに長江河口に近い焦山での戦いからは、元の水軍は海船も拿捕・接収しはじめる。アジュは焦山において南宋の海船二艘を拿捕し、ついで「白鷂《はくよう》海船」百艘を建造して、漢人兵三千五百名、南宋の投降兵千五百名を配属して、ハラタイ（哈剌䚟）らに統率させ、これが元の海軍の出発点となった。一艘あたりの兵士は約五十人となり、中型の海船が中心だったようだ。ハラタイはこの海軍を率いて江南各地の海港を攻略し、海船三百余艘を拿捕している(58)。九月には、元軍は常州で殿前司都指揮使の張彦を捕らえ、軍船百余艘を拿捕した(59)。また江南の有力な海上勢力であった張瑄も元朝に帰順し、その麾下にあった五百艘の海船も元軍に編入されている。[60]

翌至元十三（徳祐二・一二七六）年二月、バヤン率いる元軍はついに臨安に入城した。しかし南宋の宰相陳宜中・殿前都指揮使張世傑らは臨安を逃れ、皇子を奉じて元朝への抵抗を続けた。ハラタイは南宋水軍の掃討戦にあたり、浙江・福建近海で三十艘あまりの海船を拿捕している。[61]南宋軍は海船の不足を補うため、泉州の海外貿易と海防を掌握していた、ムスリム系海上勢力の蒲寿庚から船舶を徴発しようとした。しかしそれに反発した蒲寿庚は、かえって元軍に投降してしまった。[62]これにともなって彼が統率していた海船の多くも、元軍の指揮下に編入されたであろう。

至元十四（景炎二・一二七七）年六月には、ハラタイが新たに海船千艘を建造し、[63]元軍は南宋の亡命政権が拠る広東に迫っていく。同年十二月、元の水軍は広州湾外で張世傑の率いる南宋水軍を破り、軍船二百艘を拿捕した。[64]至年末には、亡命政権は広州湾西南の崖山に追いつめられる。張世傑はなお千艘の軍船を連結して、元軍の攻撃を防禦しようとした。[65]しかし翌至元十六（祥興二・一二七九）年二月、ついに元軍の総攻撃により宋軍は壊滅し、南宋は完全に滅亡する。この際、元軍は海船八百余艘を捕獲したという。[66]

至元十二年の焦山の戦いから、至元十六年の崖山の戦いまでの間に、『元史』などの基本史料に記録されただけでも、元軍は新たに千百艘の海船を建造するとともに、南宋水軍から千三百艘あまりの海船を拿捕している。このほかに蒲寿庚や張瑄などの各地の海上勢力が帰順した際にも、多数の海船が元軍の麾下に入ったはずである。至元十六年の時点で、元の水軍はおそらく二万艘以上の内河船と、数千艘の海船を擁していたであろう。鷹島で出土した、「殿司修」の記銘をもつ弩も、もともとは范文虎が率いる殿前司水軍の装備であり、それが元軍に拿捕または接収され、のちに江南軍に配備された可能性が高いのである。[67]

三　江南軍の艦隊編成とその覆没

至元十三年二月、元軍が臨安に入城して、南宋征服作戦が山場をこえると、第二次日本遠征計画が具体化しはじめる。同年五月には、フビライは范文虎・夏貴・呂文煥・陳奕ら南宋の降将に、日本遠征の可否を諮問し、彼らはみな賛意を表した(68)。これによって南宋から接収した膨大な軍船・兵士・武器を転用して、第二次遠征の江南軍の編成が進められていくことになった。その統括責任者となったのが范文虎である。至元十七（一二八〇）年には、范文虎は新設された征東行省の中書右丞に陞り、左丞相のアラカン（阿剌罕）とともに、旧南宋水軍を動員して遠征準備を進めることになった(69)。

日本遠征用の軍船の建造が始まったのは、南宋の残存勢力が壊滅した至元十六（一二七九）年のことである。同年二月、フビライは旧南宋領の揚州（江淮行省）・湖南（湖広行省）・贛州《かんしゅう》（江西行省）・泉州（福建行省）において、日本遠征用の軍船六百艘を建造することを命じたのである(70)。六月には高麗に対しても、東路軍に配備する軍船九百艘の準備を命じた(71)。しかしこうした軍船建造は、順調には進まなかったようだ。まず同年七月には、湖南における日本・交趾遠征用の軍船建造を中止している(72)。江西行省でも、参知政事の賈居貞が無理な造船計画に強く反対し、建造は遅々として進まなかったという(73)。さらに翌至元十八（一二八一）年二月には、福建行省中書左丞の蒲寿庚が、福建で建造を命じられた軍船二百艘のうち、完成したのは五十艘にすぎず、人民が造船の負担に苦しんでいると上言したため、フビライは泉州における造船の中止を命じたのである(74)。

フビライが江南軍の軍船として建造を命じたことが確実なのは、『元史』によるかぎり、至元十六年の六百艘にすぎない[75]。しかも泉州でさえ、二百艘のノルマのうち五十艘が完成したにすぎなかった。十四世紀前半に中国を訪れたイブン・バットゥータが、大型ジャンクは泉州または広州のみで建造されると述べているように[76]、泉州は広州とならぶ大型海船の建造の中心地であった。その泉州でも造船数がノルマの四分の一にとどまり、湖南では造船自体が中止され、江西でも造船が遅滞していたことから見て、実際に新造された軍船の総数は、『元史』に記録されなかった造船数があったとしても、六百艘には遠く及ばなかったであろう。第二回日本遠征における江南軍の軍船総数は三千五百艘であるが、そのうちおそらく三千艘以上は、旧来の軍船を転用したものであったと思われる。

こうした江南軍の軍船調達を担ったのは、やはり范文虎であった。フビライが旧南宋領において軍船六百艘の建造を命じた半年後、至元十六年八月に、范文虎はフビライに次のように上言している。

范文虎言う、「臣は詔を奉じて日本を征討せんとす。ここに周福・欒忠と日本の僧を遣わして、詔を齎らして往きてその国に諭さしめ、来年の四月を以って還報せしめんことを期す。その従うか否かを待ちて、始めて宜しく兵を進むべし」と。また旧戦船を簡閲して以って用に充てんことを請い、皆なこれに従う[77]。

日本遠征の命を受けた范文虎は、まず使者を派遣して日本側の出方を探った。そして同時に、旧来の軍船を検分・調査して、遠征用艦隊に充当したのである。

范文虎の上言にいう「旧戦船」の多くは、旧南宋水軍から拿捕・接収した軍船であろう。このほかに元軍が南宋征服の過程で新造した軍船もあり、そのうち小型の内河船は華北や襄陽附近で建造されているが、より大型の海船は、南宋水軍から接収した造船所で建造されたと思われる。前述のように、至元五年の襄陽包囲戦から、至元十六年までの崖山の戦いにいたる過程で、元軍は二万艘以上の内河船と、数千艘の海船を擁していた。そのなかには老朽化して使用にたえないものも多かっただろうが、日本遠征に転用可能な軍船も相当数にのぼったはずである。

南宋滅亡直後の動揺が収まらないなかで、フビライが強引に造船計画を進めたことは、旧南宋領の各地で混乱や社会不安を招いていた(78)。このため実際には、フビライも湖南における造船を中止し、泉州における造船も五十艘に止めざるをえず、不足する軍船は、結局は旧造船を補修して補充することになったのである(79)。旧南宋水軍、特に范文虎が指揮していた殿前司水軍からは、こうした軍船とともに多数の武器も接収され、日本遠征に転用されたはずであり、鷹島で発見された弩も、こうした武器類の一部であったと考えられる。また十万人におよぶ江南軍の大部分も、旧南宋水軍の兵士や船員であった。南宋の滅亡によって、南宋水軍の膨大な兵士や船員は、大部分が冗員となってしまった。といって彼らを安易に除隊させれば、江賊・海賊や塩の密売人に転じたり、反政府勢力に投じる恐れが強い。フビライが彼らを日本、ついでヴェトナム・チャンパ・ジャワへの遠征に大量動員した背景に、こうした冗員問題の解決があったことは疑いない(80)。

至元十七（一二八〇）年六月、フビライは日本遠征について范文虎と協議し、七月には南宋の残存水軍を率いて抵抗した張世傑の旧軍士などを遠征に従軍させることとした。同時に范文虎に命じ、南宋に依附していたモンゴル・ムスリムなどの軍士を招集させており、彼らも江南軍に編入されたのであろう。十月には彼の麾下に兵士十万が与えられた(81)。至元十八（一二八一）年一月、フビライは大都において、江南軍を率いるアラカン・范文虎ら、東路軍を率いるヒンドゥ（忻都）・洪茶丘らを訓諭して、遠征の方略を定めた。この際、范文虎は馬匹二千頭と投石機を扱うムスリム砲匠の支給も請うたが、軍船には不要との理由で却下されている(82)。

そして五月三日には、モンゴル人・漢人（華北漢族・契丹人・女真人）・高麗人からなる東路軍四万人が、軍船九百艘で高麗南岸の合浦を進発した。東路軍は対馬・壱岐を経て、六月六日に博多湾の志賀島にいたり、日本軍との合戦が断続的に行われたが、六月末には壱岐に退いた。一方、江南軍ではモンゴル人司令官のアラカンの急病のため進発が

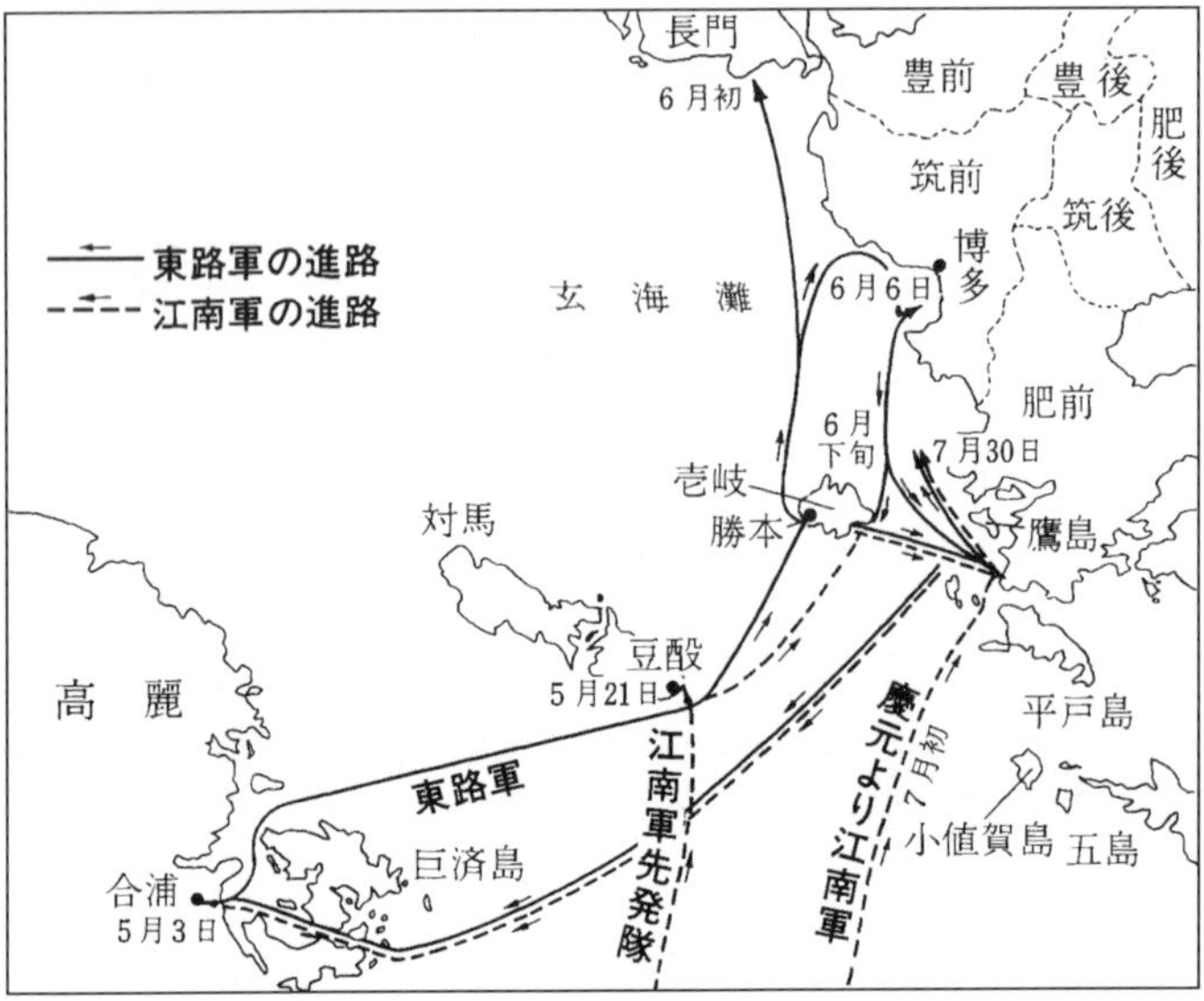

【地図３】　東路軍・江南軍の進路（1281年）（海津一郎『蒙古襲来の社会史』吉川弘文館、1998年、p.26）

遅れ、急遽アタハイ（阿塔海）をその後任とし、ようやく六月十八日になって、范文虎の率いる江南軍が、兵士十万、軍船三千五百艘で、慶元（寧波）・定海（舟山）から出発した。江南軍艦隊は順調に東シナ海を横断し、六月末には平戸島に到着し、七月初めには東路軍も平戸で江南軍と合流した。軍船四千四百艘、総員十四万人という巨大艦隊が、平戸に集結したことになる[83]。

ついで七月二十七日には、艦隊の大部分は東進し、鷹島から伊万里湾にかけての海域に移動した。伊万里湾は九州北岸でも最大・最適の避泊地であり[84]、台風シーズンの到来を前に安全を図ったのだろう。ところが七月三十日夜から閏七月（中国暦では八月）一日朝にかけて、大規模な台風がこの海域を直撃し、元軍の船団の大多数は覆没してしまった[85]。五日からは日本軍による掃討戦が始まり、鷹島に残された元軍の多くは戦死し、捕虜となった者も博多で処刑されたが、江南軍の南宋出身者だけは奴隷とされた。ただし張禧の率いる江南軍船団は平戸島に止まり被害を受けず、張禧の部隊四千人と鷹島を逃れた范文虎らは、その軍船で高麗に帰還したという(86)。

東路軍については、高麗の兵士一万人弱、船員（梢工・水夫）一万七千人強、合計二万七千人のうち、七割以上の一万九千四百人弱が生還したといわれる(87)。これに対し、江南軍の損害はより甚大であった。むろん『元史』日本伝などに「十万の衆、還るを得る者は三人のみ(88)」というのは誇張であり、上述の張禧の船団のほか、エスデル（也速解児）についても、「江淮の戦艦数百艘を領し、日本に東征し、全軍にて還る」と伝えられる(89)。また『元史』相威伝には、日本遠征軍のうち「士卒は十に六・七を喪う」とある(90)。これによれば、生還者は東路軍・江南軍あわせて、十四万人のうち三〜四割の四万二千〜五万六千人となる。そのうち東路軍の生還者を四万人のうち七割の二万八千人とすれば、江南軍の生還者は十万人のうち一万四千〜二万八千人となる。それでも江南軍の生還率は一四〜二八％となり、東路軍にくらべていちじるしく低かったことは疑いない(91)。

四　江南軍艦隊と旧南宋軍船

第二次日本遠征における江南軍艦隊は、三千五百艘にのぼる、かつてない巨大艦隊であったが、その編成の実態を示す同時代の文献史料は皆無に近い。第一次遠征の元軍艦隊については、『元史』日本伝に、「千料舟・抜都魯軽疾舟・汲水小舟、各三百、共に九百艘」という記録があり、大型の千料舟、中型で軽快な抜都魯《バートル》（モンゴル語で勇者の意）、小型の汲水小舟が各三百艘、総計九百艘で編成されていた。この船団にモンゴル人・漢人の兵士二万人、高麗の兵士六千人、船員（梢工・水夫）一万五千人、総計四万一千人が乗りこんだのである(92)。

これらの船団のうち、「千料船」は膨大な兵士・軍糧・軍需品を運ぶための輸送船としての役割が大きかったであろう。これに対し「抜都魯」は、日本近海での海戦の主力となる軽快な軍船であり、[93]「汲水小船」は水の運搬などに用いる、補給・巡視用の小型ボートであったと思われる。九百艘の軍船は、フビライの命により高麗で建造された。[94]高麗側では、南宋式（蛮様）の軍船は工費が高すぎるので、高麗式（本国船様）の軍船を建造することを要望して、裁可されている。[95]第二次遠征の東路軍艦隊も、やはり高麗で調達され、総数は九百艘であった。この船団に、モンゴル人・漢人兵一万三千人、高麗兵一万人弱、船員一万七千人強、総計四万人が乗りこんだのである。[96]

一方、第二次遠征の江南軍艦隊の総数は三千五百艘であり、そこに兵士・船員十万人が乗りこんでいた。その大部分は旧南宋水軍の人員であったが、若干のモンゴル人・漢人・色目人将兵も、監督要員として加わっていた。[97]江南軍艦隊の具体的な編成はまったく不明である。しかし大きく分ければ、東路軍と同様に、千料船以上の大型軍船、海戦の主力となる中型軍船、補給・巡視用の小型ボートから編成されていたと思われる。おそらく千料船以上の大型軍船に、複数の中型軍船や小型船が附属して、一組となっていたのだろう。

「千料船」の「料」とは、宋元時代から船舶の積載容量を示すために用いられた単位であり、船底の龍骨（キール）の全長、甲板の最大幅、船艙の深さを相乗して得られるという。[98]その計算式は、船料＝船底の長さ（尺）×甲板の幅（尺）×船艙の深さ（尺）÷一〇、となる。[99]一料は十立方尺（三二七・六リットル）に相当し、米穀を積載した場合の重量は、一料あたり二・五八石（一九六・二キログラム）となる。したがって千料船とは、三二七・六キロリットルの積載容量をもち、米穀であれば一九六・二トンを積載しうる大型船ということになる。

南宋水軍の軍船については、『宋会要輯稿』において、いくつかの船種の具体的な船型と寸法が記録されている。まず千料船クラスの軍船の具体像を示す史料として、嘉泰三（一二〇三）年の淮西総領所の上言がある。この上言では、江南東路の池州で建造された、新式の「鉄壁鏵觜船《てつへきかし》」と「平面海鶻戦船《かいこつ》」の性能が優れていることを指摘し、三衙（殿前司・侍衛馬軍司・侍衛歩軍司）所属の長江水軍でも、この池州式のモデルによって軍船を製造することを提言している。この両種の船型や乗員は次の通りである。

海鶻船一隻、一千料。船身は通長一十丈、計一十一倉。梁頭の闊《ひろ》さは一丈八尺、中倉の深さは八尺五寸。船底板の闊さは四尺、厚さは一尺。……戦士一百八人を装載し、棹梢・水碗手四十二人が踏駕す。

鉄壁鏵觜船一隻、四百料。……船身は通長九丈二尺、計一十一倉。梁頭は一丈尺五、深さは五尺。船底の闊さは八尺五寸、厚さは六寸。通心脊骨一条、厚さは九寸。……戦士七十人を装載し、兵梢二十人が踏駕す。[100]

まず「海鶻船」（平面海鶻戦船）は、一千料クラスの大型船である。全長が十丈（三一・二メートル）・甲板の最大幅（梁頭）が一丈八尺（五・六メートル）、船底の幅が四尺（一・二メートル）、船艙の深さが八尺五寸（二・七メートル）であった。龍骨の長さはおおむね全長の七割なので、七丈（二二・八メートル）となる。したがって船料は上述の計算式により、龍骨長七〇（尺）×甲板幅一八（尺）×船艙深八・五（尺）÷一〇＝一〇七一料で、ほぼ千料となるわけである。[101]乗船者数は兵士が百八人、船員が四十二人であった。一方、「鉄壁鏵觜船」は四百料クラスの中型船である。全長が九丈二尺（二八・七メートル）・甲板の最大幅が一丈一尺五寸（三・六メートル）、船底の幅が八尺五寸（二・七メートル）、船艙の深さが五尺（一・六メートル）という、かなり細長い船体であった。[102]乗船者数は兵士が七十人、兵士兼船員が二十名である。これらはいずれも内河船であるが、海上の軍船についても、大型船・中型船のサイズや乗員数の目安になるだろう。

これに対し南宋水軍の海船としては、まず最初期に金軍の侵攻に備えて、「魛魚船《とうぎょ》」が建造されている。建炎元（一一二七）年の尚書省の上言によれば、魛魚船は前方が小さく後方は広く、また船底は刃のように狭く尖り、波を切って進むことができた。五十人乗りのものは、全長が五丈（一五・六メートル）、甲板幅が一丈二尺（三・七メートル）であった[103]。魛魚とはタチウオのことであり、その名の通り船幅に対して船長がかなり長く、かつ流線型の尖底船であるため、通常の軍船より高速で、波を切って航行することができたのである。

こうした魛魚船は、水深の浅い江南以北の近海で、金軍と対戦するうえで、有効に活用されたと思われる。ところがその後、紹興二十八（一一五八）年には、福建路安撫転運司が次のように上言している。

> 昨《さき》に指揮を准け、両司をして共に置《あたい》を計り、魛魚船一十隻を打造・出戦せしめ、本路の左翼軍統制、陳敏の水軍に付して使用せしむ。契勘《しらべ》たるに、魛魚船は乃ち明州上下の浅海の去処《ところ》にして、風濤の低小ならば、以て乗使すべし。福建・広南の如きは、海道は深闊にして、明（州）の海洋の比に非ず。乞うらくは陳敏の水軍の見《げん》に管せる船様に依りて、尖底海船六隻を造らんことを。毎《いずれ》も面の濶さは三丈、底の濶さは三尺、約二千料を載す。魛魚船の数に比べ、已《すで》に一倍を増さば、緩急には十舟の用に当たるに足らん[104]。

江浙方面で使用されていた魛魚船十隻が、泉州の殿前司左翼軍に配備された。ところが水深が浅く風波が穏やかな明州（寧波）近海とは異なり、福建・広東近海では水深が深く風波も荒いため、魛魚船の航行には適していない。このため福建路では、別に「尖底海船」六隻を建造することを求めた。この尖底海船の甲板幅は三丈（九・三メートル）、船底幅は三尺（〇・九メートル）、積載量は二千料にのぼる大型船であった。魛魚船も尖底船ではあるが、細長い船体のため航行速度は速いものの、安定性に欠け横波に弱い。このため福建・広東近海では、より安定性の高い大型の尖底海船が建造されたのである。

なお一九七四年には、泉州湾の後渚《こうしょ》港において、南宋末期の大型商船が発掘されている。その主龍骨は一二・四メートル、尾龍骨は五・二五メートル、龍骨全長は一七・六五メートルであった。喫水線以上の船体は失われているが、船体の全長は二五・五メートル、甲板幅は一一メートル、船艙深は四・二一メートルと推定されている[105]。その船料は、

【図２】　南宋泉州沈船

龍骨長五六・六尺×甲板幅三五・三尺×船艙深一三・五尺÷一〇＝二六九七料となり、二千七百料近いかなりの大型船であった【図2】。

　これに対し、上述した二千料の尖底海船の甲板幅は三丈（三〇尺）であり、泉州沈船の八五％に相当する。一般に軍船は航行速度を上げるため、商船よりも細長い船体をもっている。このため尖底海船の龍骨長を、泉州沈船と同じ五六・六尺と仮定し、船艙深は甲板幅と同じく泉州沈船の八五％にあたる一一・五尺とすれば、尖底海船の船料は龍骨長五六・六（尺）×甲板幅三〇（尺）×船艙深一一・五（尺）÷一〇＝一九五三（料）となり、ほぼ二千料に近い。この尖底海船の船体については、全長は泉州沈船とほぼ等しく、横幅と船深は泉州沈船の一五％ほど短いと想定すれば、大きな相違はないだろう。

　また隆興二（一一六四）年の淮東宣諭使の上言によれば、その前年に都督府が浙江の明州・温州に命じて、「平底海船」を十隻ずつ建造させている。ところが明州の報告によれば、「平底船は海に入る可からず」、実戦に供することは難しかった。このため例年どおり、民間の海船を徴用して海防に備えることになったという[106]。中国の沿岸航路は、江南デルタから華北にかけての「北洋」と、舟山列島から華南にかけての「南洋」に二分される。近代にいたるまで、遠浅の北洋航路では、喫水の浅い平底のジャンク（いわゆる沙船）が就航していたのに対し、水深が深く風波が強い南洋航路では、喫水の深い尖底の大型ジャンクが就航していた(107)。特に元代には、大量の米穀を江南デルタから大都へ輸送したが、この北洋海運に用いられたのも、平底海船であった(108)。要するに江南デルタ以北では、平底海船（沙船）が一般的に就行していたのに対し、明州近海では、細長い尖底の舠魚船は用いられたが、平底海船の航行は困難であった。一方、福建・広東近海では、舠魚船の航行も困難であり、より大型で安定性の高い尖底海船が用いられていたのである。

なお明州において平底海船の建造が中止された五年後、乾道五（一一六九）年には、殿前司水軍が内河・沿海両用の「多槳船《たしょう》」を開発している。この多槳船は、船底は湖船、上部は軍船、船首・船尾は海船というハイブリッドであり、長江・淮水・海上のどこでも航行可能であったという。全長は八丈三尺（二五・九メートル）、四十二の櫂を備え、軍士二百人を積載し、船料は八百料であった。朝廷は明州において、五十艘の多槳船を建造することを命じている(109)。平底船でありながら、海船のような流線型の船体をもち、明州近海でも波を切って進むことができたのであろう。なお開慶元（一二五九）年の鄂州の役では、長江中流域まで「閩・越沿海の巨船大艦、比次《つぎつぎ》と至る」とあり、福建・浙江沿海の軍船が前線に動員されている(110)。長江流域と沿海部の軍船は、ある程度まで相互に乗り入れが可能だったことがわかる。

上述のように、第一次遠征の艦隊は、千料船・抜都魯・汲水小舟が各三百艘で編成され、兵士・船員四万一千人が分乗していた。一艘平均の乗員は四十五人強となるが、実際には汲水小舟は千料船に搭載され、兵士・船員は千料船と抜都魯に乗りこんでいたと思われる。また南宋初期に池州で建造された一千料クラスの海鶻船の乗員は、計百五十人であった。長江流域に配備された海鶻船にくらべ、第一次遠征の千料船は、大量の軍糧・軍需品を舶載する必要があるので、乗員数はかなり減少するはずである。かりに一艘あたりの乗員を三分の二の百人とすれば、三百艘の千料船に、総計三万人が乗ることになる。残りの一万一千人が三百艘の抜都魯に分乗すれば、一艘平均の乗員は三十七人弱となる。きわめて大まかな推算だが、一応の目安にはなるのではないだろうか。

一方、第二次遠征の東路軍は、九百艘の軍船に四万人が分乗しており、一艘あたりの乗員は四十四人強となる。千料船・抜都魯・汲水小舟の比率はわからないが、乗員の数が千人減少しているのは、長期戦に備えてより多くの軍糧や軍需品を積載する必要があったためであろう。これに対し、江南軍では三千五百艘の軍船に十万人が分乗しており、一艘あたりの乗員は、東路軍の三分の二の二十九人弱にとどまる。このことは江南軍の三千五百艘のうち、中型・小型軍船が占める比率が、東路軍よりもはるかに高かったことを示している。

五　江南軍船団と平底軍船

前節で検討したように、江南軍の三千五百艘の軍船のうち、おそらく三千艘前後は、旧造船の転用であり、かつその多くは、旧南宋水軍の軍船であった可能性が高い。元軍は南宋征服の過程で、少なくとも四千艘以上の内河船と、三千艘以上の海船を、南宋水軍から拿捕しており、各地の南宋水軍が投降した際にも、多数の軍船を接収したはずである。江南軍艦隊は、こうして元軍の麾下に入った、旧南宋水軍の軍船・武器・兵士を中心として、それに元軍が建造した旧造船・新造船を加えて編成されたと思われる。

特に元軍が南宋の長江水軍から拿捕・接収した軍船は、元朝と南宋との前線が消滅した時点で、大部分は軍事上の役割を失うことになった。それらの一部は輸送船や警備船として転用されたであろうが、兵士や武器とともに江南軍に投入されたものも多かったであろう。長江水軍の軍船は、もちろん平底の内河船であり、遠浅の近海であればそのまま就航できたが、深海や外洋を航行するには限界があった。

ただし平底船であっても、順風を利用すれば東シナ海を渡ることは困難ではない。江戸時代に長崎に来航した唐船のなかでも、江南や浙江から出航した「南京船」は、平底の沙船であった[111]。こうした南京船は「河船作り」であるために、華南の尖底船にくらべて波の打ち込みを防ぐ舷牆が低く、耐航性が劣るため、横波の打ちこむ横風帆走を避け、船尾方向からの追い風で航行したという。それでも西南方向の順風を利用すれば、南京船は半月前後で寧波方面から長崎に渡航することができた[112]。江南軍は六月十八日に慶元を発して、六月末には早くも平戸に着いており、夏季の季節風により、十日あまりで順調に東シナ海を横断したようである。

江南軍が尖底船と平底船の混成船団であったことは、第三次日本遠征のための造船計画からも推定することができる。フビライは第二次遠征の失敗からほどなく、第三次遠征の準備に着手している[113]。まず至元十九（一二八二）年二月には、渤海沿岸で「江南の戦船千艘」を建造させ、九月にも北方では渤海沿岸や高麗・耽羅、南方では江淮・江西・福建行省において、大小の軍船三千艘の建造を命じた[114]。十二月には、范文虎の麾下にあった海船三百艘を、アラカイ（阿剌海）の指揮下に移している[115]。

翌至元二十（一二八三）年七月には、強引な造船計画が南方の治安悪化を招いているという上言をうけ、フビライは造船命令を緩和し、民間から徴発していた商船も所有者に返却した[116]。ついで八月には、民間から五百艘の船を日本遠征用に徴発することを中止し、かわりにアパチ（阿八赤）の管轄する船を、日本遠征に転用することになった[117]。アパチは、山東半島を南北に縦断する膠萊《こうらい》運河の監督責任者であった[118]。前年の冬には、膠萊運河の輸送船一千艘の建造が命じられており[119]、それが日本遠征用に転用されたのである。一方で二十二（一二八五）年四月には、日本遠征用の軍船を、一時的に江淮地域の大運河・黄河での穀物輸送に転用している[120]。さらに同年十月にも、フビライは日本遠征に備えて、高麗や江南で建造した軍船とともに、膠萊運河の輸送船や、江淮地域の民船を徴用することを命じた[121]。また十二月には、江淮行省が軍船千艘を動員して、長江において大規模な水上戦の演習を行っている[122]。

このようにフビライは、至元二十三（一二八六）年正月に第三次遠征計画を断念するまで、各地で軍船の建造を命じるとともに、運河の輸送船や江淮地域の民船などを、軍船として徴発し、時には日本遠征用の軍船を、大運河の輸送船に転用している。運河の輸送船はむろん平底の内河船であり、江淮の民船の多くも平底船だったであろう。こうした平底船と日本遠征用の軍船は、相互に転用可能だったのである。このように戦時に際して、民間の商船・漁船・輸送船などを徴発または雇傭して軍船に転用することは、南宋水軍においても一般的であった[123]。ところが『元史』には、第二次遠征に際して、輸送船や民船を軍船として徴用した記録は残されていない。これは南宋水軍から収用した大量の軍船の転用が可能だったため、新たに徴用する必要がなかったためであろう[124]。

江南軍艦隊は、十万人もの兵士にくわえ、大量の軍糧・飲料水・軍需品を舶載する必要があった。そのためには積載量が大きく安定した尖底の海船が不可欠である。一方、博多湾のような日本近海での戦闘や上陸に際しては、大型の尖底船は座礁の恐れがあり、中型・小型の平底船が適している。おそらく江南軍艦隊は、輸送船としての役割が強い大型尖底船と、戦闘・上陸用の中型・小型の平底船、補給・巡視用の小型ボートから編成されていたと考えられる。そして平底船や小型ボートの中には、南宋の長江水軍から接収した内河船がかなり含まれていたであろう。

日本側の文献史料には、元軍艦隊の実態を伝える記録は皆無に近く、同時代資料としては、絵画資料としての『蒙古襲来絵詞』が、ほぼ唯一の手がかりとなる。『蒙古襲来絵詞』後巻では、第二次遠征の終盤、伊万里湾における掃討戦の場面で、日本軍と対戦する七艘の元軍軍船が描写されている[125]。このうち竹崎季長が敵兵を討ち取る場面（第二十六紙）の軍船では、舷側の両側に網代状の防壁（女牆）があり、上甲板（戦棚）と防壁にかこまれた船艙に、兵士が

【図3】『蒙古襲来絵詞』の中型軍船

乗りこんでいるのがわかる。また左舷には十個の櫂または櫓を通す孔があり、船首には碇を巻き取る車が、船尾には指揮甲板が描かれている【図3】。その傍らに描かれた三艘も、おおむね同じ形状のようである（第二十七紙）。

吉田光邦氏は上記の軍船を、北宋の慶暦四（一〇四四）年に成立した、曾公亮『武経総要』にみえる「闘艦」に比定している。(126) しかし『武経総要』の説明文や絵図によれば、「闘艦」とは舷側の両側の防壁のほかに、上甲板の上にも防壁をめぐらし、二重に兵士を配置する軍船であり、甲板上には防壁がない絵詞の軍船とは異なる。絵詞の軍船は、むしろ防壁が舷側にはあるが甲板上にはない、より小型の「走舸《そうか》」に相当する【図4】(127)。絵詞に描かれた上記の軍船は、この「走舸」の系統を引く、櫂や櫓により浅海でも機動的に航行できる中型船であろう。

一方、絵詞では上記の四艘とは別に、防壁や上甲板がない、三艘の細長い小型軍船が描かれている（第二十八・三十一紙）。そのうち一艘は、防壁のかわりに舷側に木製と思われる盾を連ね、一方の舷側の後方には二本の櫓または櫂が描かれている（第二十八紙）【図5】。吉田氏はこの小型軍船を、『武経総要』の「走舸」に比定するが、明らかに異なる。『武経総要』の説明文や絵図によれば、この軍船は「走舸」より小型で、防

【図４】 ①闘艦　②走舸　③游艇
（『武経総要』前集）

【図６】 九江式哨船（『龍江船廠志』巻二）

【図５】『蒙古襲来絵詞』の小型軍船

壁や上甲板がなく、櫓によって軽快に航行する「游艇」にあたる。[128]

なお井上隆彦氏は、この小型軍船と、明代の「九江式哨船」との類似を指摘している。[129]「九江式哨船」は、長江流域で用いられた巡視船であり、船長は三丈七尺（一一・八メートル）で、「江船の最も疾き者」とされていた。「使《も》し戦陣にて之を庸《もち》いなば、則ち或いは向導を為し、或いは挑戦を為し、或いは疑兵と為し、或いは伏甲と為す」とあるように、巡視・偵察だけではなく、嚮導・攻撃・擬装・伏兵などにも活用されたという【図6】[130]。絵詞で描かれた小型軍船は、明代の「九江式哨船」と同じく、「游艇」の系統を引く平底の小型軍船であろう。また絵詞では、一艘の小型軍船の舷側に並べた盾に、卍の模様が描かれているが、この卍模様は、明代の長江水軍の軍船でも一般に用いられていた。[131]この軍船は、おそらく南宋の長江水軍から収用された内河船ではないだろうか。[132]

六　水中考古学資料からみた江南軍軍船

本稿ではおもに南宋・元代の文献史料により、江南軍の艦隊編成について検討してきたが、最後に江南軍軍船の実像の一端を直接的に示す、水中考古学による出土遺物についても、文献史料と照合して検討してみたい。

鷹島海底遺跡では、二〇一一年十月の船体の発見にさきだち、すでに一九九〇年代から、多くの軍船の部材や碇などが、おもに神崎港において発掘されている。まず大型軍船の遺物として注目されるのは、一九九四年に神崎港で発掘された、木材に碇石《いかりいし》を装着した木《き》石碇《いしいかり》である。[133]それまで九州北部で発見されていた碇石は、いずれも一本の角柱型石材を木材に装着した「一石型碇石」であった。これに対し鷹島で発見された四門の木石碇は、いずれも二つの碇石を別々に木材に装着した「分離型碇石」である。[134]最大の碇石は、一対のそれぞれが長さ一・三メートル、重さ一七

○キログラムに達しており、かなり大型の海船に装備されていたと考えられる。【図7】

四つの碇石は、いずれもアルカリ性花崗岩であり、同じ花崗岩体から切り出されたと推定される。その固結年代は、泉州から金門島にかけての、福建南部沿岸の花崗岩と一致しており、化学組成も類似しているため、これらの碇石の産地は、「泉州付近と考えてほぼ間違いない」という。(135) また碇の木材部分の分析によれば、その材質はアカガシ亜属・クスノキなど、泉州などの華南沿岸に分布する樹種であった。(136) 碇は一般に造船地で製造されるので、これらの木石碇を搭載していた軍船自体も、泉州附近で建造されたと考えられる。具体的には、旧南宋水軍が泉州で建造し、のち元軍に接収された軍船か、蒲寿庚がフビライの命をうけて、泉州で建造した五十艘の軍船の一部であろう。

神崎港では、実際に大型海船の一部とみられる木材も出土している。二〇〇二年に発掘された一組の木材は、大型船の船艙をへだてる隔壁の一部と考えられている。その全長は五・六メートルにおよび、幅六メートル程度の下層甲板の下部に位置していたと思われる。ランドール・ササキ氏は、木材の形状や接合方法から、この軍船は中国南部で建造された江南軍の尖底海船であり、その船体は泉州の南宋沈船（全長二五・五メートル）よりも大きかったと推定している。(137)【図8】

さらに二〇一一年十月に鷹島で発見された軍船では、龍骨とこれに沿った両舷側の外板が確認され、周囲には大量の磚（れんが）や陶磁器が散乱していた。龍骨は幅五〇センチの太い角材を用い、両側を漆喰ではさんでお

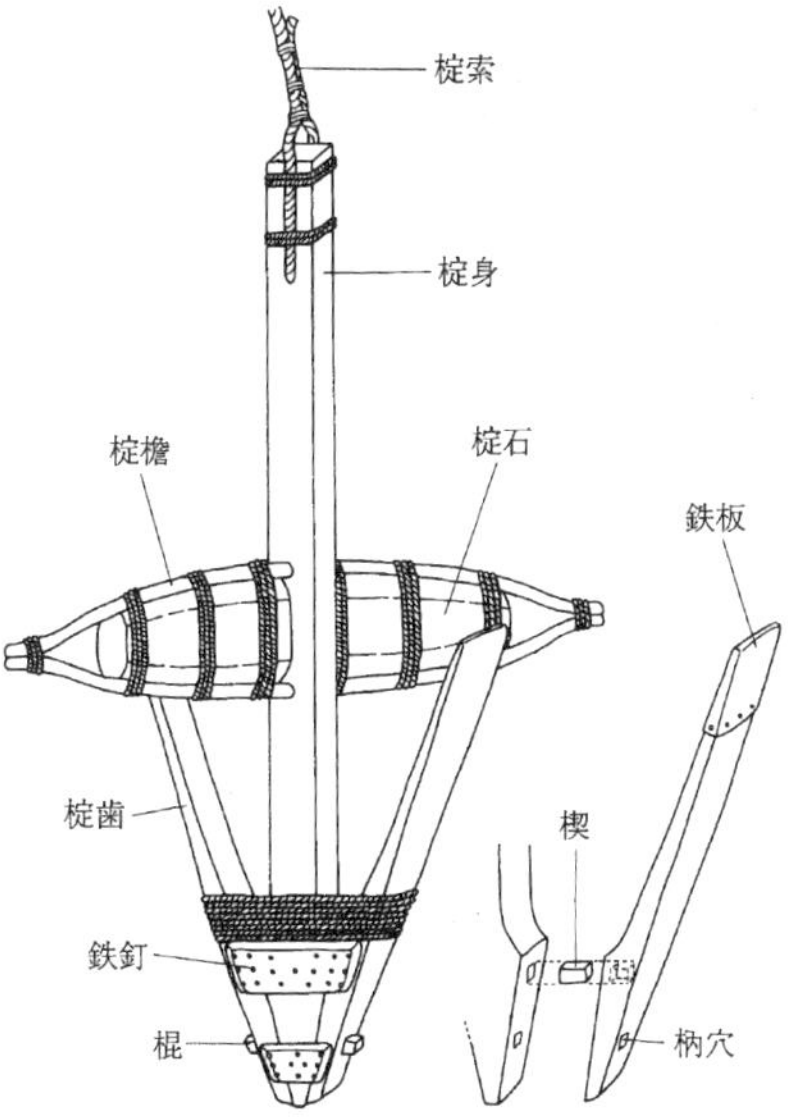

【図7】　木石碇（分離型碇石）『鷹島海底遺跡Ⅲ』p.34

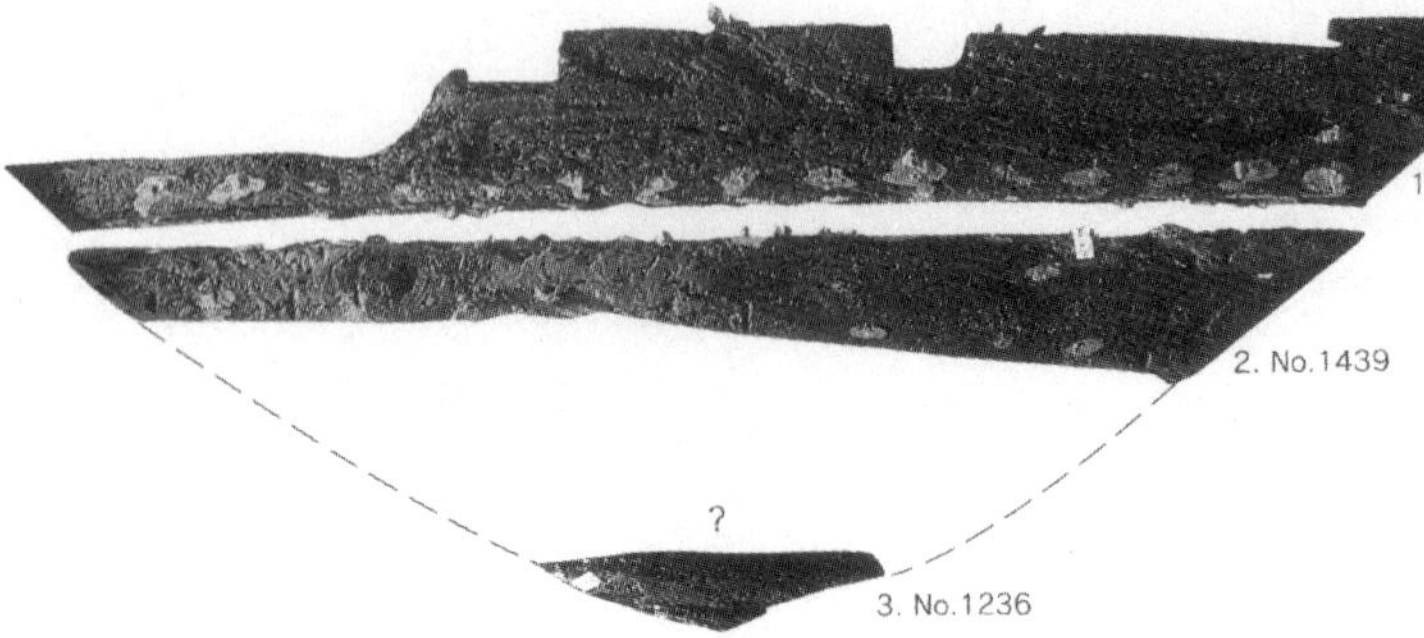

【図８】　鷹島海底遺跡出土の隔壁梁材（『鷹島海底遺跡Ⅷ』p.56）

り、龍骨の長さは十二メートル以上であった。龍骨の長さから見て、全長二〇メートル以上の大型船であったと考えられるという。[138]この龍骨が主龍骨とすれば、南宋の泉州沈船の主龍骨（一二・四メートル）とほぼ等しいか、それ以上ということになり、この軍船の全長も、泉州沈船と同じか、それ以上と推定することができる。なお第四節で紹介した、南宋水軍が泉州で建造した二千料の「尖底海船」も、おおむね泉州沈船と同じ全長であったと推定される。二〇一一年に発見された船体が尖底船であったとすれば、龍骨の長さからみて、やはり二千料クラスの尖底海船であった可能性が想定できそうである。今後は船体の構造や材質、周辺の磚や陶磁器の分析が進み、この軍船の形状や建造地も具体的に解明されていくことを期待したい。

さらに上記のような大型軍船にくわえ、三千五百艘にのぼる江南軍艦隊には、より多くの中型・小型軍船が配備されていた。一九九四年の発掘では、一門の大型碇と三門の小型碇が、いずれも南方を向いて直列して出土しており、強烈な南風を避けるため、大小の軍船が近接して投錨していたことを示している。[139]二〇一一年に発見された軍船の南側でも、大・中・小の碇がすべて南方を向いて出土しており、大型・中型・小型の軍船が一組になって停泊していたことを示唆している。[140]

江南軍の中型軍船の実像を伺わせる遺物として、二〇〇四年に神崎港で出土した、軍船の隔壁材と思われる部材がある。ランドール・ササキ氏によれば、この木材は長さ一・七五メートル、最大幅二三センチ、厚さ一一～一三センチであり、軍船の隔壁板、または隔壁を補強するフレーム（肋材）と推定される。その下部は船底の龍骨または底板と接合され、左右は緩やかなカーブで上部に延びて、外板と接合されていた。接合に用いられた釘の形状は、泉州沈船とほぼ一致するが、泉州・新安沈船のように、凸型の龍骨のくぼみに外板が取りつけられたのではなく、長方形の龍骨（底板）の横に外板が据えつけられたようである。船の左右に上っていくカーブも、泉州・新安沈船にくらべて非常に緩やかである。したがってこの軍船は、泉州・新安沈船のようなV字型の船底をもつ尖底船ではなく、長方形の龍骨（底板）をもつ平底船と考えられるという。(141)【図9】

ササキ氏はこの軍船を、上陸用の平底船と推定している。龍骨（底板）の幅が四〇センチであることから、船幅は三～四メートルと考えられ、全長はスピードを重視した細長い快速船とすれば二五メートル以上、兵士の運搬を重視

【図９】　鷹島海底遺跡出土の隔壁部材
（『鷹島海底遺跡XI』p.17）

した箱形の船とすれば一四メートルほどと推計できるという。もし前者であるとすれば、その形状は第五節で紹介した、南宋初期に長江下流の池州で建造された、四百料の「鉄壁鏵觜船」と近似する。この鉄壁鏵觜船の全長は九丈二尺（二八・七メートル）・船幅は一丈一尺五寸（三・六メートル）であり、ササキ氏の推定する快速船の数値とほぼ一致する。このように鷹島海底遺跡から出土した木石碇や船材は、断片的な資料ながらも、江南軍艦隊のなかに、実際に泉州で建造された大型の尖底船や、中型の平底軍船が含まれていたことを示しているのである。

ただしササキ氏によれば、これらの軍船は、必ずしも堅牢に建造されたものではなかったようだ。たとえば二〇〇二年には、船底にあって帆柱を支える台座（マストステップ）とみられる木材が出土しているが、帆柱の支柱を支えるほぞ穴の位置が不規則で、水抜きの溝もずれて穿たれており、「造りは著しく悪い」。泉州・新安沈船とくらべて、このマストステップはきわめて草卒かつ粗雑に加工されたことが伺われるという。[142]

さらに泉州・新安沈船の隔壁は、二〜三枚の大きく頑丈な木材で造られていたのに対し、神崎港で出土した大型尖底船の隔壁は、より多くの小さい木材を鉄釘で接合して造られていた。これは隔壁の修理を繰りかえしたか、隔壁用の大型で上質の木材を確保できなかったことを示している。また隔壁を船体に固定するために、泉州沈船ではL字型の腕金を使用し、新安沈船では長い木製の締め釘と鉄釘を併用していた。しかし神崎港出土の隔壁には腕金や締め釘の使用は確認できず、鉄釘だけで隔壁と船体を固定していたと思われ、その釘孔も一〇センチ程度の浅いものであった。[143]

また前述のように、鷹島の木石碇は一般的な一石型碇石ではなく、二つの碇石を左右に取りつけた分離型碇石であった。二つの小型石材を使う分離型碇石は、一つの大型石材を成形する一石型よりも、より単純化された工程で製造することができ、量産化が容易である。[144] しかし一方で、分離型碇石は一石型にくらべて強度に欠ける。江南軍の木石碇は、強度を犠牲にして短期間で大量生産されたものだったようだ[145]。総じて鷹島出土の軍船では、泉州・新安沈船にくらべて、手間のかかる労働集約的な作業を避け、短期間での大量生産を意図した、拙速な工法が用いられていたのである。

このほかにも神崎港では、船材の断片が数百点も出土している。これらを網羅的に分析したササキ氏によれば、そのうち二百点近くには釘孔が残っていたが、多くは正確に穿たれておらず、方向がばらばらなものもあった[146]。さらにこれらの船材では、さまざまな方向から無用にいくつもの釘孔が穿たれていることも多く、一センチの間に二～三個の釘が穿たれていることもあった。このことは船大工が老朽船を何回も修繕したり、その船材を再利用していたことを示唆している[147]。上述した平底船の隔壁板ないしフレームにも、必要以上に多くの釘穴が穿たれており、「修理を繰り返していた古い船であったため、釘穴が多い可能性もある」という[148]。おそらくこの平底船は南宋の長江水軍から接収された老朽船であり、江南軍に配備されるまでに、たび重なる修理を経ていたのであろう。

さらに木石碇に使われた鉄釘の化学分析によれば、その素材は硫黄を大量に含む硫化鉄であった。鉄中の硫黄は高温での脆弱性をもたらし、鍛錬に際して亀裂をもたらす有害元素である[149]。また船材に残された鉄釘の分析によれば、それは通常の鍛造品ではなく、鋳鉄を成形したものであった。鋳造品は大量生産が可能であり、硫黄や燐を含む粗悪な原料でも、不良品の多発を避けることができる。一方で硫化鉄を素材とする釘は腐食しやすく、それが鷹島出土の船材に釘孔は多いが釘の遺存度が低い原因であるという[150]。要するに鷹島の軍船や碇に使用された釘は、あえて硫化鉄を原料として鋳造した、粗悪な大量生産品だったのである。

このような水中考古学による出土資料の知見と、本稿で検討した文献史料の記述を総合すれば、江南軍艦隊の実像を、ある程度まで具体的に想定することができる。三千五百艘にのぼる江南軍艦隊は、大型の尖底海船と、中型・小型の平底船を中心に編成されており、そのうち三千艘前後は、おもに南宋水軍の旧造船を修理したり、木材を再利用して調達されたと考えられる。特に平底船には、南宋の長江水軍に配備されていた内河船がかなり含まれていたであろう。元朝は南宋征服の過程で接収した旧南宋水軍の軍船を、兵士や武器とともに、そのまま一括して江南軍に投入したわけである。

南宋水軍の軍船には、そもそも元軍の侵攻を目前にして、拙速に建造されたものが多かったであろう。その大部分は、江南軍に配備された時点で、たびたび修理をくりかえした老朽船であった。またフビライの命により、泉州など旧南宋領で新造された海船も、突貫工事により大量生産されたものであり、粗悪な素材により拙速な工法で造られたものが多かった。浙江などでは、すでに南宋期から造船用材の不足を補うため、福建や広東のほか、日本からも木材を輸入していた(151)。フビライの強引な造船命令により、江淮や浙江では、寺観や墳墓の樹木までも伐採し、木価の十倍もの費用をかけて、山奥の大木を造船所まで運んでいたという(152)。こうした状況下で、旧南宋水軍の老朽船を修理したり、その船材を再利用することによって、なんとか三千五百艘というノルマをクリアしたのである。

第二次遠征失敗の直後、御史大夫セングイ（相威）は、「向《さき》には師行は期に迫られ、戦船は堅からず」と、準備が拙速で軍船が堅固でなかったことを端的に指摘している(153)。また『高麗史』にも、「江南の戦船は、大なるは則ち大なるも、遇觸すれば則ち毀《こわ》る。これ前に利を失う所以なり。如《も》し高麗にて船を造りて、これを再征せば、日本取るべきなり」とあり(154)、江南軍の軍船は、船体は大きいものの、高麗の軍船にくらべて堅牢ではなかったという。江南軍は史上空前の大艦隊ではあったが、その船団はかなり脆弱なものだったのである。

鷹島南方の伊万里湾に停泊していた、江南軍・東路軍あわせて四千艘前後の艦隊を、七月三十日の夜から翌日の早朝にかけて、強力な台風が直撃した。伊万里湾を埋めつくしていた無数の軍船は、まず西北風に翻弄され、いったん台風の日に入ったあと、吹き返しの強烈な南西風により、鷹島南岸に吹き寄せられたと考えられる(155)。大小の軍船は航行不能となってたがいに衝突し、もともと波浪に弱いうえ老朽化した平底船はたちまち覆没し、堅牢さを欠く尖底船も沈没しあるいは座礁した。翌日の朝に台風が過ぎさった時には、元軍艦隊はほとんど壊滅状態となっていた。それでも東路軍の損害は比較的少なく、七割程度の兵士が高麗に生還している。しかし脆弱な江南軍艦隊の大部分は、「所残《のこすところ》の船共ハ、皆破テ磯ニ上リ奥《おき》ニ漂テ、海ノ面ハ算ヲ散スニ不異《ことならず》」(156)という結末を迎えたのである。

おわりに

本稿では南宋・元代の文献史料を中心に、水中考古資料を併用し、絵画資料も参照して、元朝の第二次日本遠征における、江南軍の軍船調達と艦隊編成の実態の検討を試みた。最後にその概要をあらためて整理しておこう。

鷹島海底遺跡からは、「……元年殿司修検視訖官」という記銘をもつ弩の部材が出土している。この「殿司」とは、南宋の精鋭部隊であった「殿前司」を指し、この記銘は、殿前司に配備された弩を修理した際の、担当官による検査記録であった。元軍の南宋征服の過程で、殿前司水軍は長江流域において元軍と対戦しており、その司令官である殿前都指揮使が、のちに江南軍の最高指揮官となる范文虎であった。この記銘をもつ弩は、もともと殿前司水軍に配備されたものであり、のちに元軍によって接収され、軍船とともに日本遠征に投入されたと考えられる。

元軍は長江流域を征圧する過程で、至元五年の襄陽包囲戦から、至元十二年の焦山の戦いまでに、一万艘近い軍船を建造し、四千艘以上の南宋軍船を拿捕している。さらに范文虎などが率いる南宋水軍が投降した際にも、その麾下にある多数の軍船を接収したはずである。焦山の戦いの時点で、元朝の水軍は少なくとも一万五千艘以上の軍船を擁していたと考えられる。さらに焦山の戦いから至元十六年の崖山の戦いまでに、元軍は千百艘の海船を建造し、南宋水軍から千三百艘あまりの海船を拿捕している。このほかに泉州の蒲寿庚をはじめとする各地の海上勢力が帰順した際にも、多数の海船が元軍の麾下に入ったであろう。

日本遠征艦隊の東路軍では、高麗に建造させた九百艘の軍船に、四万人が搭乗していた。これに対し江南軍では、千五百艘の軍船に、十万人が搭乗している。フビライは江南軍のために、至元十六年に軍船六百艘の建造を命じているが、実際に完成したのは、泉州でも二百艘のノルマのうち五十艘にすぎなかった。一方で范文虎はフビライに対し、旧来の軍船を点検して、日本遠征に転用することを求めている。江南軍の軍船三千五百艘のうち、三千艘前後は南宋水軍などの旧造船の転用だったのではないか。同時に南宋水軍に配備されていた兵士や武器も、日本遠征に投入されたに違いない。

江南軍艦隊の実態を示す文献史料は残されていないが、『宋会要輯稿』により、南宋水軍が建造したいくつかの軍船の具体像を確認することができる。長江水軍では、千料の大型軍船や、四百料の中型軍船などの、平底の内河船を建造していた。明州では、尖底で細長い魛魚船や、平底の海上・内河両用船を開発している。また泉州では、二千料の尖底海船を建造していた。この海船は、泉州で発見された南宋沈船とくらべて、船幅はやや狭い九・三メートルであり、船長はほぼ同じ二五メートル前後と推定される。なお『蒙古襲来絵詞』にも、櫂や櫓を使って機動的に航行できる中型軍船や、長江水軍の巡視船に類似した小型軍船などの、元軍軍船が描写されている。

江南軍艦隊は、膨大な兵士・軍糧・軍需品を運ぶ大型の尖底船と、浅海における戦闘や上陸に用いる中型・小型船を中心に編成されていたと思われる。中型・小型船は主として平底船であり、そのなかには南宋の長江水軍から接収した内河船も多かったであろう。第三次遠征のために、運河の輸送船を徴用したり、逆に軍船を輸送船に転用しているのも、そのことを裏づける。一方で第二次遠征に際しては、輸送船や民船を徴用した記録はみられない。これは元朝が南宋水軍から接収した大量の軍船が、日本遠征に転用可能だったためであろう。

鷹島海底遺跡における水中考古学の成果も、文献には現れない江南軍軍船の実態を示す貴重な手がかりとなる。鷹島で出土した碇石は、泉州附近で採掘された花崗岩で造られており、江南軍の大型海船の一部が、泉州で建造されたことが確認できる。二〇一一年に発見された軍船の船体も、龍骨の長さから南宋の泉州沈船に近い大型船だったと考えられ、南宋水軍が泉州で建造した尖底海船に類する軍船であった可能性もある。またやはり鷹島で出土した隔壁材は、長方形の龍骨（底板）をもつ、平底の中型軍船の部材であったと推定される。水中考古学の成果も、江南軍艦隊が大型の尖底船と、中型・小型の平底船を中心に編成されていたことを示唆しているのである。

一方で江南軍の大艦隊は、かなり脆弱なものであった。マストステップの加工は粗雑であり、大型尖底船の隔壁の素材も良質ではなく、鉄釘だけで船体に固定されていた。分離式の碇石も大量生産は可能であるが強度を欠いていた。釘孔の穿ち方もかなり荒く、また平底船の隔壁材などには必要以上の釘孔があり、修理をくりかえした老朽船だったことを示唆している。さらに木石碇や船材に打たれた鉄釘は、硫化鉄を鋳造した粗悪な大量生産品であった。鷹島出土の遺物は、江南軍の軍船の多くが拙速に粗製濫造されたものであったことを示唆している。江南軍の大艦隊は、大部分はこのような老朽船や、突貫工事で拙速に建造された新造船からなり、しかも波浪に弱い平底船が多かった。それが鷹島の江南軍艦隊が、台風の直撃によってもろくも壊滅した重要な原因となったのである。

註

（1）二〇〇四年度までの調査報告書として、鷹島町教育委員会編『鷹島海底遺跡』Ⅰ～Ⅺ（鷹島町教育委員会、一九八九～二

○○五年）がある。さらに二〇一一年までの調査成果の報告書として、松浦市教育委員会『松浦市鷹島海底遺跡　総集編』（松浦市教育委員会、二〇一二年）がある。

（2）この調査は、科研費基盤研究（S）「水中考古学手法による元寇沈船の調査と研究」による成果であり、研究代表者の池田栄史氏が、「長崎県松浦市鷹島海底遺跡における「元寇沈船」の発見」（『科研費 NEWS レター』二〇一一年四号）において、発掘成果を速報している。

（3）一九八四年に山東省蓬莱県で発見された「蓬莱古船」一号船が、従来は元末明初の軍船とされていたが、その後の調査研究により、現在では明代後期の軍船とされている（山東省文物考古研究所他編『蓬莱古船』文物出版社、二〇〇六年）。

（4）朝日新聞（二〇一一年十月二十四日）「全長二〇メートル、釘の跡も　発見の元寇船、映像公開」、ＮＨＫクローズアップ現代「海底で発見！　幻の軍船～730年前、元寇の謎～」（http://www.nhk.or.jp/gendai/kiroku/detail_3132.html）など。

（5）一九七〇年代までの研究史については、川添昭二『蒙古襲来研究史論』（雄山閣、一九七七年）に詳しい。最近の概説として、佐伯弘次『モンゴル襲来の衝撃』（日本の中世9、中央公論新社、二〇〇三年）、新井孝重『蒙古襲来』（戦争の日本史7、吉川弘文館、二〇〇七年）がある。

（6）池内宏『元寇の新研究』（東洋文庫、一九三一年）。

（7）野沢佳美「元代征日軍船小考――第一次を中心に――」（『立正史学』六一号、一九八七年）。

（8）大葉昇一「弘安の役における東路軍の編成――とくに兵力と海上輸送の有り様について――」（『軍事史学』一五二号、二〇〇三年）。

（9）植松正「元初における海事問題と海運体制」（『東アジア海洋域圏の史的研究』京都女子大学、二〇〇三年）。

（10）太田弘毅『蒙古襲来――その軍事史的研究――』（錦正社、一九九七年）。

（11）吉田光邦「蒙古襲来絵詞における武器について」（『平治物語絵巻・蒙古襲来絵詞』角川書店、一九七五年）。

（12）井上隆彦「元寇船の海事史的研究」（石井謙治編『日本海事史の諸問題　船舶編』（文献出版、一九九五年）。

（13）山形欣哉『歴史の海を走る　中国造船技術の航跡』（農山漁村文化協会、二〇〇四年）、第三章「元―海の視点から」。

（14）『鷹島海底遺跡　XI』（鷹島町教育委員会、二〇〇五年）第3章「発掘調査の成果」、Randall Sasaki, "The Legend of Kamikaze: Nautical Archeology in Japan," *The INA Quarterly*, vol. 32, no. 1, 2005, "Where the Vessels Were Built: Reconstructing the Mongol Invasions of Japan," *The INA Quarterly*, vol. 33, no. 3, 2006. なおササキ氏には一般書として、『沈没船が教える世界史』（メディアファクトリー、二〇一〇年）もあり、第3章Ⅱ「元寇終焉の地・鷹島の海底遺跡」で、鷹島調査の成果を紹介している。

（15）James P. Delgado, *Khubilai Khan's Lost Fleet: In Search of a Legendary Almada*, Douglas & McIntyre, 2008.

（16）太田前掲『元寇』第二部二「江南軍艦船隊の編成――新造・旧製混合の悲劇――」。

（17）四日市康博「鷹島海底遺跡に見る元寇研究の可能性――元寇遺物実見報告――」（『史滴』二四号、二〇〇二年）一三二～一三三頁「追記」。

（18）中島楽章「鷹島海底遺跡出土の南宋殿前司をめぐる文字資料」（『鷹島海底遺跡　Ⅷ』長崎県鷹島町教育委員会、二〇〇三年）。なおこの論文は増補改定のうえ、郭万平氏により中国語訳され、筆者と四日市氏の連名により「元朝的征日戦船与原南宋水軍――関於日本鷹島海底遺跡出土的南宋殿前司文字資料」（『海交史研究』二〇〇四年一期）として発表された。本稿の第一～三節は、上記の二論文を原型として、中島が全面的な増訂を加えたものである。また一連の論考の執筆にあたっては、四日市氏から多くのご教示・ご協力をいただいた。ここに記して厚く謝意を表したい。

（19）小川光彦「水中考古学と宋元代史研究」（『史滴』二四号、二〇〇二年）、一四七頁「追記」。

（20）本件の出土状況については、前掲『鷹島海底遺跡　Ⅷ』八～二五頁を参照。

（21）元代には「殿中司」という職官があるが、その職務は宮廷儀礼の整序であり、軍船建造に関与したとは考えられない（四日市前掲「鷹島海底遺跡に見る元寇研究の可能性」一三三頁）。また殿中司が設置されたのは至元五（一二六八）年であり、元軍が鷹島で壊滅したのが至元十八（一二八一）年であるから、「……元年、殿司修」という紀年からも、「殿司」は殿中司ではありえない。

（22）四日市前掲「鷹島海底遺跡に見る元寇研究の可能性」一三三頁。

(23)　北野信彦・本多貴之・松尾昭子・高妻洋成「鷹島海底遺跡出土の元寇関連漆製品に関する調査」（『保存科学』五〇号、二〇一一年）。
(24)　以上の記述は、『宋史』巻百八十七・兵志一、および王曾瑜『宋朝兵制初探』（中華書局、一九八三年）一四六〜一五五頁、何忠礼・徐吉軍『南宋史略』（杭州大学出版社、一九九九年）五四三〜五五一頁などによる。
(25)　王曾瑜前掲『宋朝兵制初探』一八七〜一九三頁、何忠礼・徐吉軍前掲『南宋史略』五三七〜五四三頁。
(26)　曾我部静雄「南宋の水軍」（初出一九五〇年、同『宋代政経史の研究』吉川弘文館、一九七四年所収）二五〇〜二五三頁。Lo Jung-Pang, "Maritime Commerce and its Relation to the Song Navy," *Journal of the Economic and Social History of the Orient* vol. 12, no. 1, 1969, pp. 77-91. 王曾瑜前掲『宋朝兵制初探』一七〇〜一七九頁。
(27)　前註に同じ。また『宋史』巻百十八、兵志二を参照。
(28)　北野他前掲「鷹島海底遺跡出土の元寇関連漆製品に関する調査」。
(29)　李天鳴「北宋的弩和弩箭手」（『故宮学術季刊』十五巻二号、一九九八年）、同「南宋的弩和弩箭手」上・下（『故宮学術季刊』十六巻三・四号、一九九九年）、吉田光邦「弓と弩」（初出一九五三年、『中国科学技術論集』日本放送出版協会、一九七二年所収）、同「宋元の軍事技術」（初出一九六七年、前掲書所収）。
(30)　李天鳴前掲「北宋的弩和弩箭手」、「南宋的弩和弩箭手」。
(31)　『景定健康志』巻三十九・武衛志、『開慶四明続志』巻六・作院には、南宋理宗朝の沿江制置司の兵器として「黒漆四道紅木弩」・「黒漆筋角弩」が見える。李天鳴前掲「南宋的弩和弩箭手」九四〜九五頁参照。
(32)　池内前掲『元寇の新研究』二二九頁所引、「皇元故武校尉管軍上百戸張君墓碑」。
(33)　『八幡愚童訓』（甲本）下巻（桜井徳太郎他校注『寺社縁起』岩波書店、一九七五年、一九〇頁）。なお吉田光邦氏は、この石弓は弩ではなく、日本の船を破壊する威力をもつことから、より強力なイスラム式の投石機であるとする（前掲「蒙古襲来絵詞における武器について」九〇〜九一頁）。しかし河野通有に関する後文の記事から、この「石弓」が弩を指すことは明らかである。軍船を打ち破るという貫通力からみて、かなり大型の機械式の弩を指すのであろう。

（34）北宋中期の欧陽脩は、河北の武器配備状況を視察した際に「見今諸州軍、弓弩造作時、既皆草草造成、不久尋復損壊。又須従頭修換一番、修換未了一番、已却損壊。……只是終年修換、旧者積圧、無由了絶。有打造成後不曾経使、已修三五次者。修換既頻、転不堪用」と報告している（欧陽脩『欧陽文忠公文集』巻百十七、「乞置弓弩都作院」）。各地の州・軍で製造（造作）した弓や弩はたやすく損壊するため、あらためて修理・交換（修換）するが、ほどなくまた損壊するというのである。「修換」とは、故障部分を修理し、弩臂・弓身などの部材を交換するという意味であろう。

（35）『宋会要輯稿』第六十九冊、職官一六、軍器所。『宋史』巻百六十三、職官志三、軍器所。巻一九七、兵志十一、器甲之制。吉田前掲「宋元の軍事技術」四〇三～四〇五頁参照。

（36）『宋会要輯稿』第六十九冊、職官一六之一五～一六。

（37）真徳秀『真文忠公文集』巻九「申枢密院措置軍政状」。曾我部静雄「南宋の貿易港泉州の水軍とその海賊防衛策」（初出一九五四年、前掲『宋代政経史の研究』所収）二八六頁。

（38）なお南宋海軍が民間船を徴用する際には、まず船籍帳簿への登録（籍定）がおこなわれた。船籍登録は新たに徴用した船だけではなく、既収の船に対して一斉に行われる場合もあり、その場合は船数や船体の寸法にくわえ、積載されている備品・軍器の点検・準備も同時に実施され、必要に応じて軍器の修繕・配給も行われた（深澤貴行「南宋沿海地域における海船政策――孝宗朝を中心として――」『史観』一四八号、二〇〇三年）。これは民船徴用に関する規定であるが、正規の軍船の場合も、船体の点検にともなって、同時に軍器の点検も行われたと思われる。「元年殿司修……」の記銘は、こうした軍船の定期点検・修理にともなって記された可能性もある。

（39）記銘冒頭の「元年」が、具体的にどの年号を指すのかは現時点では確定できない。ただしこの記銘を持つ弩の類が、咸淳四（至元五・一二六八）年九月の襄陽包囲戦から、咸淳十（一二七四）年二月の鄂州攻略のころまでに接収されたとすれば、「元年」は咸淳元（一二六五）年か、それ以前を指すことになる。また徳祐元（一二七五）年初頭の殿前都指揮使范文虎の投降から、徳祐二（一二七六）年二月の元軍の臨安入城までに接収されたとすれば、徳祐元年の可能性もある。さらに蓋然性は低いものの、崖山の戦いまでに南宋残存政権から捕獲したとすれば、景炎元（一二七六）年か、祥興元（一二七八）年ということになる。なお「元年殿司造」という文字の左上方には、二つの朱書きの点が残っているのが確認される。年号名の右下部の残角と思われるが、筆者が現物を視読したかぎりでは「(咸)淳」、「(徳)祐」、「(景)炎」、「(祥)興」のいずれにも類さない。あえて字形が近い年号を探せば、最も年代的に近いもので、南宋の嘉熙元(一二三七)年が考えられるが、第二次日本遠征からは四十四年前となり、間隔が長すぎるようだ。現時点では年号の比定は困難であり、後考を待つことにしたい。

(40) 元朝による南宋征服戦争については、筆記や文集史料まで広く参照し、時系列的に叙述した、李天鳴『宋元戦史』一～四(食貨出版社、一九八八年)が最も詳細である。また陳世松・匡裕徹・朱清沢・李鵬貴『宋元戦争史』(四川省社会科学院出版社、一九八八年)も有用である。また特に南宋征服過程における元朝水軍の発展を論じた重要な論文として、蕭啓慶「蒙元水軍之興起与蒙宋戦争」(初出一九九〇年、同『蒙元史新探』允晨文化出版、一九九四年)、および植松前掲「元初における海事問題と海運体制」がある。以下、本節において特に注記がない記述は、上記の諸研究に基づいている。また本節で紹介する史料には、上記の諸研究で紹介されたものも多いが、煩を避けて特に注記しない。

(41)『元史』巻百三十六、列伝四十三、董文炳伝。

(42)『元史』巻六、世祖本紀三、至元五年正月辛丑。

(43)『元史』巻百二十八、列伝十五、阿朮伝。

(44)『宋史』巻四十六、度宗本紀、咸淳五年十二月己卯。

(45)『元史』巻七、世祖本紀四、至元七年三月戊午。巻百六十一、列伝四十八、劉整伝。

(46) 襄陽包囲戦における元朝水軍と南宋水軍の攻防については、杉山正明『クビライの挑戦　モンゴル海上帝国への道』(朝日新聞社、一九九五年)一七一～一七五頁参照。

(47)『元史』巻七、世祖本紀四、至元七年九月丙寅。周密『癸辛雑識』別集下「襄陽始末」。世祖本紀では范文虎が率いた軍船を二千艘とするが、兵数にくらべてあまりに多すぎる。

(48)『元史』巻七、世祖本紀四、至元八年六月癸卯。巻百六十五、列伝五十二、張禧伝。

(49)『宋史』巻四十六、度宗本紀、咸淳八年十一月丙辰。『癸辛雑識』別集下「襄陽始末」。

(50)『元史』巻八、世祖本紀五、至元十年三月辛未・同年六月癸巳・至元十一年二月壬申。
(51)『宋史』巻四十六、度宗本紀、咸淳九年十一月甲午。この記事では陳奕の職名を「沿江制置使」とするが、李天鳴によれば、正使は下流に、副使は上流に駐留するため、「沿江制置副使」の誤りであろうという（前掲『宋元戦史』一〇八七頁、註23）。
(52)『国朝文類』巻四十一、経世大典序録、平宋。
(53)詳しくは池内前掲『元寇の新研究』第七章「元の第一次日本征伐――文永の役」などを参照。この遠征は、元軍が長江流域への全面的侵攻を開始した時期に行われており、南宋征服が決定的な局面を迎えているにもかかわらず、元朝があえて長期的な両面作戦を計画していたとは考えにくい。第一次遠征は南宋征服後の本格的な侵攻を想定した短期作戦であったように思われる。なお南宋軍は特に水上戦や守城戦において各種の火器を活用しており、日本は火薬原料となる硫黄の主要な供給地であった（山内晋次『日宋貿易と硫黄の道』山川出版社、二〇〇九年）。あくまで推測の域を出ないが、第一次遠征には、日本から南宋への硫黄の輸出を絶つ意図があった可能性もある。
(54)『宋史』巻四十七、瀛国公本紀、徳祐元年正月戊戌。『元史』巻八、世祖本紀五、至元十二年正月庚戌・同年二月癸卯。巻百二十七、列伝十四、伯顔伝。
(55)『元史』巻八、世祖本紀五、至元十二年二月辛酉。巻百二十七、伯顔伝。『国朝文類』巻四十一、経世大典序録、平宋。
(56)『元史』巻百五十一、列伝三十八、薛塔剌海伝。『国朝文類』巻四十一、平宋。
(57)『元史』巻八、世祖本紀五、至元十二年七月庚午朔・辛未。『国朝文類』巻四十一、平宋。
(58)『元史』巻百三十二、列伝十九、哈剌䚟伝。
(59)『元史』巻百三十一、列伝十八、懐都伝。
(60)『元史』巻百五十六、列伝四十三、董文炳伝。
(61)『元史』巻百三十二、哈剌䚟伝。なお同書巻百五十一、列伝三十八、薛塔剌海伝によれば、薛塔剌海はこの年に福建灤江において宋軍を破り、軍船千余艘を拿捕したとあるが、この船数はあまりに過大であり、信憑性に欠ける。
(62)桑原隲蔵『蒲寿庚の事績』（初刊一九二三年、『桑原隲蔵全集』第五巻、岩波書店、一九六八年所収）一六七～一九八頁。

(63)『元史』巻百三十二、哈剌解伝。
(64)『元史』巻百三十二、哈剌解伝。『国朝文類』巻四十一、平宋。
(65)『国朝文類』巻四十一、平宋。
(66)『国朝文類』巻四十一、平宋。
(67)このほかに范文虎の投降後、殿前都指揮使となった張彦や張世傑の率いる水軍から拿捕されたり、泉州の殿前司左翼軍などの地方軍から接収された可能性も残されている。
(68)『元史』巻百八十、列伝六十七、耶律希亮伝。
(69)『元史』巻十一、世祖本紀八、至元十七年八月戊戌。池内前掲『元寇の新研究』三六一～三六九頁。
(70)『元史』巻十、世祖本紀七、至元十六年二月甲申。
(71)『元史』巻十、世祖本紀七、至元十六年六月甲申。『高麗史』世家、巻二十九、忠烈王二、五年六月辛丑。
(72)『元史』巻十、世祖本紀七、至元十六年七月壬戌。
(73)蘇天爵『元朝名臣事略』巻十一、「参政賈文正公」。姚燧『牧庵集』巻十九、「参知政事賈公神道碑」。
(74)『元史』巻十一、世祖本紀八、至元十八年二月己丑。桑原前掲『蒲寿庚の事績』二八四～二八五頁、植松前掲「元初における海事問題と海運体制」一〇一～一〇二頁参照。
(75)『元史』巻十一、世祖本紀十一、至元十七年五月甲寅には、「造船三千艘、勅耽羅発材木給之」という記事がある。この「造船」が軍船かどうかは不明だが、泉州でさえ海船の建造が五十艘に止まった状況を考えれば、日本遠征まで一年を切った時点で、三千艘もの軍船を新造するのは非現実的であり、耽羅（済州島）から江南軍の軍船建造のために木材を運んだとも考えがたい。なお世祖本紀十一、至元十八年二月乙亥には、「勅以耽羅新造船、付洪茶丘出征」とあり、耽羅で新造された軍船は、洪茶丘の率いる東路軍の九百艘の一部となったことがわかる。上記の「三千艘」は、あるいは「三十艘」の誤りかもしれない。
(76)イブン・バットゥータ（家島彦一訳注）『大旅行記』六（平凡社東洋文庫、二〇〇一年）、一二八～一三一頁。

(77)『元史』巻十、世祖本紀七、至元十六年八月戊子。
(78)強引な造船計画による旧南宋領の混乱については、呉澄『呉文正集』巻八十八、「大元故御史中丞贈資善大夫上護軍彭城郡劉忠憲公行状」、姚燧『牧庵集』巻二十二、「栄禄大夫江淮等処行中書省平章政事游公神道碑」などを参照。
(79)曽我部静雄氏は、江南軍の艦船・兵士の多くが南宋水軍に由来すると推定しており（前掲「南宋の水軍」二六九～二七〇頁）、太田弘毅氏も、江南軍は新造船及び修繕を経た旧造船から編制されたであろうと指摘している（前掲『元寇』六一～七二頁）。
(80)第二回日本遠征の主要な動機のひとつが、南宋の接収後に冗員となった旧南宋兵の裁減にあったことが、つとに推測されている。川添前掲『蒙古襲来研究史論』二八～三〇頁参照。なお『八幡愚童訓』（甲本）巻下に、第二回遠征の元軍兵士について、「今度ハ一定可勝《いちじょうかつべし》、可居住料《きょじゅうすべきりょう》トテ、世路ノ具足、耕作ノ為トテ鋤鍬マデモ持セタリケリ」（前掲『寺社縁起』一九〇頁）とあることから、江南軍の兵士は日用器具や農具も持参して、日本への植民を意図していたと説かれることもある。ただしこの一文は、志賀島に上陸した東路軍に関する描写であり、これによって江南軍の性質を説明するには慎重を要する。
(81)『元史』巻十一、世祖本紀八、至元十七年六月壬辰・七月戊辰・十月戊寅。巻二百八、外夷伝一、日本。
(82)『元史』巻十一、世祖本紀八、至元十八年正月辛丑。巻二百八、外夷伝一、日本。
(83)以上、詳しくは池内前掲『元寇の新研究』二一九～二二二頁、二七四～二八〇頁参照。
(84)太田弘毅「第二次蒙古襲来時、鷹島南岸海域の元艦船――〝吹き返し〟南風による壊滅――」（『政治経済史学』四八七号、二〇〇七年）四～五頁。
(85)『元史』巻十一、世祖本紀八、至元十八年八月壬辰。巻二百八、外夷伝一、日本。池内前掲『元寇の新研究』三〇七～三一六頁。
(86)『元史』巻百六十五、列伝五十二、張禧伝。『高麗史』巻二十九、忠烈王世家、七年七月甲寅・八月己卯・閏八月是月。
(87)『高麗史』巻二十九、忠烈王世家、七年十一月壬午。
(88)『元史』巻二百八、外夷伝一、日本。蘇天爵『国朝文類』巻四十一、日本。
(89)『元史』巻百三十三、列伝二十、也速解児伝。

(90)『元史』巻百二十八、列伝十五、相威伝。
(91)このほか、周密『癸辛雑識』続集、巻下「征日本」では、艦隊四千余艘のうち残ったものは二百艘、全軍十五万人のうち生還者は二割以下だったとする。また『高麗史節要』巻二十、忠烈王七年閏八月によれば、高麗軍の未帰還者は七千余人、それ以外の元軍の未帰還者は十万以上とする。
(92)池内前掲『元寇の新研究』一二〇～一二七頁。
(93)至元十六年の崖山の戦いでは、南宋軍は「快船」によって水や薪を調達していたが、元軍の「抜都」(＝抜都魯)が快船を攻撃し、補給路を断ったという。また最後の総攻撃でも、元軍の抜都船が南宋の快船と対戦している。『国朝文類』巻四十一、平宋。
(94)池内前掲『元寇の新研究』一二〇～一二四頁。
(95)『高麗史』巻百四、金方慶伝。
(96)池内前掲『元寇の新研究』二〇一～二一二頁。
(97)池内前掲『元寇の新研究』二七四～二七五頁。
(98)宋元時代の「料」については、陳希育「宋代大型商船及其〝料〞的計算法則」(『海交史研究』一九九一年一期)、蘇明和「宋元明清時期船〝料〞的解釈」(『海交史研究』二〇〇二年一期)、山形前掲『歴史の海を走る』二三～二五、五九～六五頁を参照。特に蘇明和論文の論旨は整合的である。山形氏の考証には一部に数値の誤りがあり、それが全体の論旨にも影響している。
(99)積載量を正確に算出するためには、船長は甲板長と龍骨長の中間値、船幅は甲板幅と船底幅の中間値を取ることが妥当であろう。ただし実際には、龍骨長は中間値より短く、甲板幅は中間値より長いために、両者が相殺され、おおむね実際の積載容量に近い値が出るのではないかと思われる。
(100)『宋会要輯稿』第百四十五冊、食貨五〇之三一～三三。
(101)陳希育前掲「宋代大型商船及其〝料〞的計算法則」五四頁参照。

(102) 名称からみて、要所に鉄板が施され、尖った船首で鏵《すき》が土を耕すように敵船を攻撃したのだろう。王冠倬『中国古船図譜修訂版』（生活・読書・新知三聯書店、二〇一一年）一二〇頁参照。
(103) 『宋会要輯稿』第百四十五冊、食貨五〇之八。
(104) 『宋会要輯稿』第百四十五冊、食貨五〇之一八。
(105) この泉州沈船に関する調査報告として、福建省泉州海外交通史博物館編『泉州湾宋代海船発掘与研究』（海洋出版社、一九八七年）がある。また、席龍飛『中国造船史』（湖北教育出版社）一五七～一六九頁参照。
(106) 『宋会要輯稿』第百四十五冊、食貨五〇之二〇。
(107) 斯波義信『中国都市史』（東京大学出版会、二〇〇二年）一八五～一八六頁。
(108) 松浦章『清代上海沙船航運史の研究』（関西大学出版会）第一編第一章「清代前における平底海船の航運」。
(109) 『宋会要輯稿』第百四十五冊、食貨五〇之二二。
(110) 郝経『郝文忠公陵川集』巻三十二、「班師議」。宮崎市定「鄂州の役前後」（初出一九三〇年、『宮崎市定全集11　宋元』岩波書店、一九九二年）三三六頁註（5）参照。
(111) 松浦前掲『清代上海沙船航運業史の研究』第二編第一章「清代江南沙船と長崎貿易」。
(112) 安達裕之「東シナ海の航海時期」（『海事史研究』六六号、二〇〇九年）二九～三二頁。
(113) 第三次遠征のための造船計画については、池内前掲『元寇の新研究』第十二章「至元十九年以後の征日本計画」、太田前掲『蒙古襲来』第三部二「第三次日本遠征計画と中国大陸の艦船等供給事情」参照。
(114) 『元史』巻十二、世祖本紀九、至元十九年二月戊戌・九月壬申。
(115) 『元史』巻十二、世祖本紀九、至元十九年十二月丁亥。
(116) 『元史』巻十二、世祖本紀九、至元二十年五月甲子・七月丙辰。
(117) 『元史』巻十二、世祖本紀九、至元二十年八月丁未。
(118) 『元史』巻九十三、食貨志一、海運。巻百二十九、列伝四十六、来阿八赤伝。池内前掲『元寇の新研究』三九五頁、注（3）。

(119) 呉澄『呉文正集』巻八十八、「大元故御史中丞贈資善大夫上護軍彭城郡劉忠憲公行状」。
(120)『元史』巻十三、世祖本紀十、至元二十二年四月丙午。原文「以征日本船、運糧江淮」とは、江淮都漕運使司の管下において、大運河・黄河での穀物輸送に当たることを指す。星斌夫『大運河発展史　長江から黄河へ』(平凡社、一九八二年)一〇～一三頁。
(121)『元史』巻十三、世祖本紀十、至元二十二年九月丁卯。
(122)『元史』巻十三、世祖本紀十、至元二十二年十二月己亥。
(123) Lo Jung-Pang, "Maritime Commerce and its Relation to the Song Navy," pp. 88-95.
(124) なお第四節で述べたように、第二次遠征に際して、范文虎が回回砲(ムスリム式投石機)の配備を要請したのに対し、フビライは軍船には不要として却下している。ところが第三次遠征に際しては、フビライは大都で建造した回回砲と砲手を征東行省に給付し(『元史』巻十二、世祖本紀九、至元二十年四月庚戌)、アタハイに回回砲手五十人を与えて日本に従軍させるなど(『元史』巻十三、世祖本紀十、至元二十二年十二月戊戌)、積極的に回回砲を配備している。これは明らかに、第二次遠征の際に博多湾への上陸を阻んだ、防塁の破壊を意図した措置であろう。
(125)『蒙古襲来絵詞』の構成や各場面の比定については、大倉隆二『『蒙古襲来絵詞』を読む』(海鳥社、二〇〇七年)を参照。
(126) 吉田前掲「蒙古襲来絵詞における武器について」九三頁。なお『武経総要』の軍船に関する記述は、八世紀後半に成立した李筌『太白陰経』を原型としており、これによって元代の軍船を説明するには慎重を要する。ジョセフ・ニーダム(坂本賢三他訳)『中国の科学と文明　第十一巻　航海技術』(思索社、一九八〇年)三七〇～三七二頁参照。
(127) 曾公亮『武経総要』前集、巻十一、「闘艦」・「走舸」。
(128) 曾公亮『武経総要』前集、巻十一、「游艇」。
(129) 井上前掲「元寇船の海事史的考察」三三八頁。
(130) 沈啓『南船紀』、「九江式哨船」。李昭祥『龍江船廠志』巻二、舟楫志「九江式哨船」。
(131) 李昭祥『龍江船廠志』巻二、舟楫志には、合計二十四種におよぶ大小の軍船の絵図を掲げるが、そのうち十四種では、船腹などに卍の模様が描かれている。
(132) なお絵詞では、日本軍と対戦している七艘とは別に、停泊中の三艘の軍船が描かれている。そのうち一艘では、両耳の傍らにモンゴル風の弁髪を垂らした十七名の兵士が描かれている（池内前掲『元寇の新研究』三三一～三三四頁参照）。この三艘は東路軍の軍船と考えられ、抜都魯《バートル》に当たる可能性がある。ただし絵師が江南軍と東路軍の軍船を正しく描き分けているとは限らず、確言することは難しい。
(133) 詳しくは前掲『鷹島海底遺跡　Ⅲ』第Ⅲ章「出土遺物について」参照。
(134) 小川光彦「海域アジアの碇石航路誌」（四日市康博編『モノから見た海域アジア史――モンゴル～宋元時代のアジアと日本の交流――』九州大学出版会、二〇〇八年）。
(135) 鈴木和博・唐木田芳文・鎌田泰彦「鷹島海底遺跡から出土した花崗岩碇石の産地は中国泉州か？」（『鷹島海底遺跡　Ⅴ』鷹島町教育委員会、二〇〇一年）。前掲『松浦市鷹島海底遺跡　総集編』三〇一～三〇七頁。
(136) 光谷拓美「鷹島海底遺跡（神崎港）出土木材の樹種」（前掲『鷹島海底遺跡　Ⅲ』）。また元軍軍船の主要な構造材にはクスノキが用いられ、その他の船材にはクスノキのほかコウヨウザン（広葉杉）やマツ類も用いられていた。これらも中国南部などに分布する樹種であり、軍船が福建など中国南部で建造されたことを示している（前掲『松浦市鷹島海底遺跡　総集編』二七一～二七八頁）。
(137) 前掲『鷹島海底遺跡　Ⅷ』一三頁。Sasaki, “Where the Vessels Were Built,” pp. 20-21. ササキ氏はこの軍船の全長を四〇メートル、幅を一〇～一二メートルと推定している。また山形欣哉氏も、鷹島で出土した最大の碇石のサイズから、それを装備した軍船の全長を四〇メートルと推定している（前掲『歴史の海を走る』五二～五四頁）。四〇メートルというのはあまりに過大な感もあるが、かなりの大型船であったことは確かだろう。
(138) 池田前掲「長崎県松浦市鷹島海底遺跡における「元寇沈船」の発見」。
(139) 前掲『鷹島海底遺跡　Ⅲ』三一頁。Sasaki, “The Legend of Kamikaze,” p. 4.
(140) 前掲「クローズアップ現代　海底で発見！　幻の軍船」ウエッブサイトにおける荒木伸介氏の発言。

（141）前掲『鷹島海底遺跡　XI』一四～二二頁。

（142）『鷹島海底遺跡　VII』（鷹島町教育委員会、二〇〇二年）一八頁、『鷹島海底遺跡　IX』（鷹島町教育委員会、二〇〇三年）二五頁、Sasaki, "The Legend of Kamikaze," p. 7. Delgado, *Khubilai Khan's Lost Fleet*, p. 148.

（143）前掲『鷹島海底遺跡　VIII』五七頁。Sasaki, "The Legend of Kamikaze," pp. 7-8; Delgado, *Khubilai Khan's Lost Fleet*, pp. 148-149.

（144）小川前掲「海域アジアの碇石航路誌」二二、二五頁。

（145）Delgado, *Khubilai Khan's Lost Fleet*, p. 149.

（146）Delgado, *Khubilai Khan's Lost Fleet*, p. 147.

（147）Sasaki, "The Legend of Kamikaze," p. 5.

（148）前掲『鷹島海底遺跡　XI』二〇頁。

（149）大澤正己「鷹島海底遺跡出土木製碇使用円形頭釘の金属学的調査」（前掲『鷹島海底遺跡　III』）。

（150）大澤正己「鷹島海底遺跡出土鉄釘の金属学的調査（速報）」（前掲『鷹島海底遺跡　XI』）。なお鷹島海底遺跡出土の黒漆塗りの弓には、漆塗料に鉛丹が混入されていた。鉛丹の混入には固化乾燥を促進する効果があるが、その反面漆塗膜を脆弱にしかねない。このことも武器類を短期間で大量生産するためのコストダウンと作業効率のための措置であろうという。前掲『松浦市鷹島海底遺跡　総集編』二五五～二七〇頁。

（151）岡元司「南宋期浙東海港都市の停滞と森林環境」（初出一九九八年、『宋代沿海地域社会史研究』汲古書院、二〇一二年所収）。

（152）呉澄『呉文正集』巻八十八、「大元故御史中丞贈資善大夫上護軍彭城郡劉忠憲公行状」。

（153）『元史』巻百二十八。列伝十五、相威伝。

（154）『高麗史』巻三十、忠烈王世家、十八年八月丁未。これは元朝の「丁右丞」の上奏であるが、この人物については不詳である。

（155）太田前掲「第二次蒙古襲来時、鷹島南岸海域の元艦船」。

（156）『八幡愚童訓』（甲本）下（前掲『寺社縁起』一九二頁）。

十～十六世紀の東アジアにおける扇の流通と伝播

呂　晶淼

はじめに

十世紀以降の東アジア海域における多角的な文化交流を検討するうえで、扇の国際的な流通は、興味深い題材のひとつである。夙に森克己は、宋代における日本扇、特に折り畳み式の「摺扇《しょうせん》」の伝播と普及について、日中双方の史料を用いて検討を加えた(1)。また中村清兄も、伝存する日本扇の実物資料を活用して、日本における扇の製作、各時

代における発展と変化、公的・私的な機能などについて詳論し、その海外への輸出についても論及している。(2)

また中国でも、王守稼・王勇・王頲《てい》などが日本の研究を踏まえて、宋明の文集から摺扇に関する資料を収集し、摺扇の西伝ルートや中国における日本扇の受容などについて考察した。(3) また美術史分野では、石守謙が中国に伝来した日本扇の扇画と、明代における山水画扇との関連について検討を加えた。(4) さらに欧米でも、シャルロッテ・フォン・ヴェアシュアが中世日本の対外交易史に関する専著において、日本扇の国際的流通についても論じている。(5)

ただし以上の研究は、おおむね森と中村の所説を踏襲しており、宋代以降における日本扇・高麗扇の伝来と普及については、なお十分に解明されていない問題も少なくない。このため本稿では、まず宋元時代の日本扇・高麗扇の伝播と、中国におけるその受容について、おもに同時代の詩文により再検討し、従来あまり論じられてこなかった、高麗扇の中国への輸出や、日本扇と高麗扇の相違などの問題についても考察を加える。さらに明人の詩文にくわえ、遣明使の入明記も利用して、明代における日本扇の進貢や貿易の実態と、扇を通じた日明文人の交流についても再検討することにしたい。

一　北宋における日本・高麗扇の伝来

端拱元（九八八）年、日本僧奝然《ちょうねん》は弟子嘉因らを遣わし、謝表とともに多くの宝物を皇帝に献上したが、そのなかに檜扇二十枚・蝙蝠扇二枚が含まれていた。(6) これが中国史料における日本摺扇に関する最初の記載である。

また十一世紀後半の王闢之《へきし》も、日本の扇面画について次のように記している。

熙寧末、余游相国寺、見売日本国扇者。琹漆柄、以鵶青紙厚如餅、揲為旋風扇、淡粉画平遠山水、薄傅以五彩。

近岸為寒蘆衰蓼、鷗鷺佇立、景物如八九月間。艤子舟漁人披蓑釣其上、天末隠隠有微雲飛鳥之狀。意思深沈、筆勢精妙、中国之扇画者或不能也。索価絶高、余時苦貧、無以置之、毎以為恨。其後再訪都市、不復有矣。[7]

熙寧年間（一〇六八～七七）の末、王闢之は開封の相国寺の市場で日本扇が販売されているのを見た。それは琴漆の柄と鵶青《あせい》紙を用いた、折り畳み式の摺扇であった。扇面には、淡粉により山水が描かれ、五彩で薄く塗られていた。題材は秋の景色で、近岸に枯れた蘆蓼《ろりょう》・鷗鷺・漁舟が配され、地平線上に微雲と飛鳥がかすかに見えるというものであったという。王闢之は、この扇画の筆勢は精妙であり、中国の絵師も及ばないと評価している。

こうした日本式の扇は、日本から直接輸入されるほかに、高麗経由でも流入したようだ。高麗の使者が宋に赴く際には、しばしば精美な摺扇を宋側の権貴への私的な贈り物としていた。熙寧年間に高麗使節の応接に当たった郭若虚は、次のように述べている。

彼使人毎至中国、或用摺畳扇為私覿物。其扇用鵶青紙為之、上画本国豪貴、雑以婦人鞍馬、或臨水為金沙灘、暨蓮荷花木・水禽之類。点綴精巧、又以銀塗為雲気月色之狀、極可愛。謂之倭扇、本出於倭国也。近歳尤秘惜、典客者蓋稀得之。[8]

これによれば、高麗使者がもたらした扇は鵶青紙製で、扇面には本国の豪貴を描き、婦人が乗馬する姿や、水辺の景色などを描き、花や水鳥を配し、銀泥で雲や月の模様を描いていた。この種の扇は「倭扇」と呼ばれ、使者を接待する官員でさえ容易に入手できなかったという。王闢之が伝える「日本扇」と、郭若虚が伝える「倭扇」には、料紙が鵶青紙であり、水辺の景色を描いた「小景山水」の画題が類似するといった共通点がある。

高麗の摺扇については、宣和五（一一二三）年に北宋の使者として高麗を訪れた徐兢も、次のように伝えている。

画摺扇、金銀塗飾、復絵其国山林・人馬・女子之形。麗人不能之、云是日本所作。……杉扇不甚工、惟以日本白杉木劈削如紙、貫以綵組、相比如羽、亦可招風。白摺扇、編竹為骨、而裁藤紙鞔之、間用銅銀釘飾、以竹数多者為貴。供給趨事之人、蔵于懐袖之間、其用甚便。松扇取松之柔条、細削成縷、槌圧成線、而後織成。上有花文、不滅穿藤之巧、惟王府所遺使者最工。(9)

徐兢は高麗で用いられた摺扇として、「画摺扇」・「杉扇」・「白摺扇」・「松扇」という四種類を挙げている。ここでは関連史料を参照して、それぞれの特徴を検討してみよう。

（一）　画摺扇　画摺扇には金銀を塗り、風景や人物を描いた。高麗ではこれを製作できず、日本からの輸入品であったという。徐兢は扇面に描かれた人物の服装から、それらはたしかに日本製であると判断している。ただし実際には、高麗において扇面が描かれる場合もあった。たとえば十一世紀後半の黄庭堅は、高麗画扇を贈与された謝礼として、次のような詩を送っている。

会稽内使三韓扇、分送黄門画省中。海外人煙来眼界、全勝博物注魚虫。
蘋汀游女能騎馬、伝道蛾眉画不如。宝扇真成集陳隼、史臣今得殺青書。(10)

この高麗画扇には「蘋汀游女能騎馬」、つまり女性の騎馬図が描かれていたという。上述の郭若虚も、高麗扇の画題として女性騎馬図を挙げていた。また徐兢も、高麗貴族の女性には騎馬の風俗があり、それは唐の遺法であると述べている。(11)実際、唐代絵画ではしばしば女性騎馬図が描かれ、女性の騎馬俑も多い。北宋期にはこうした風俗は退潮するが、高麗ではその後も扇面画のモチーフとして描かれ続けたのである。

（二）　杉扇　管見の限り、上述の徐兢の記事以外は、高麗の「杉扇」に関する史料は確認できない。なお徐兢は、高麗の「杉扇」は日本の白杉を用いて製造されたと記している。周知のように、日本からは杉木が大量に宋に輸出されていたが、(12)これによれば、同時期に日本の杉は高麗にも輸出されていたことになる。

（三）　白摺扇　白摺扇は、竹の扇骨で藤紙を貼り、銅銀の釘を飾ったものであり、所持者の身分が高いほど、扇骨の数が多かったという[13]。十一世紀末の華鎮の詩「高麗扇」には、次のようにある。

排篘貼楮綴南金、舒巻乗時巧思深。何必月団裁尺素、自多清爽滌煩襟。
揮来振鷺全開羽、畳去栟櫚未展心。利用已宜勤賞重、更堪精制出鶏林[14]。

この高麗扇は、「排篘貼楮綴南金、舒巻乗時巧思深」とあるように、竹の扇骨に楮紙を貼り、自在に開閉できるものであった。楮紙は「楮知白」という別名があり、白い料紙を指す。ここで華鎮が詠じた高麗扇は、まちがいなく徐兢が記す白摺扇であろう。

また皇祐二（一〇五〇）年、趙槩らが北宋の使節として遼の朝廷を訪れた際には、

契丹主席上請槩賦信誓如山河詩。詩成、契丹主親酌玉杯勧槩飲、以素摺畳扇授其近臣劉六符写槩詩、自置袖中[15]。

とあるように、遼の興宗は趙槩が作った詩を「素摺畳扇」（白摺扇）に書写させている。十一世紀に高麗はしばしば遼に朝貢し、方物を献上していた。興宗が用いていた白摺扇も、おそらく高麗の貢納品であろう。

（四）　松扇　元豊七（一〇八四）年、銭勰《きょう》は北宋の使節として高麗を訪れ、帰国後に蘇軾・黄庭堅・張耒《らい》らに高麗の松扇を贈り、蘇軾たちはこれに応じて一連の詩を作っている[16]。この際に孔武仲も、銭勰に詩を送って高麗の松扇を所望した。その詩によれば、孔武仲はかつて廬山の僧房において高麗の松扇を見たが、そこには雪山・松・鶴などが描かれていたという[17]。孔武仲が見た高麗扇は、おそらく入宋した高麗僧が廬山僧に贈ったものであろう。このほかに宣和六（一一二四）年に北宋を訪れた高麗の使者が、私的な贈答品として、「松扇三合・摺畳扇二隻」を贈ったという記録もある[18]。日本だけではなく、高麗の使節や入宋僧にとっても、扇は主要な贈答品となっていたようである。

二　南宋・元代における日本・高麗扇の普及

南宋期の詩文にも、日本や高麗から輸入された摺扇に関する記事は少なくない。たとえば十二世紀後半の鄭椿は、次のように記している。

倭扇以松板両指許砌畳、亦如摺畳扇者。其柄以銅黶・銭環子・黄糸条、甚精妙。板上罨画山川・人物・松竹・花草、亦可喜。竹山尉王公軒、恵恭后家、嘗作明州舶官、得両柄[19]。

王軒という人物は、明州の市舶司に任官した際に、山川・人物・松竹・花草などを描いた日本扇を二本入手し、珍重していたという。この日本扇は、おそらく扇面に絵を描き、豪華な装飾をした檜扇であろう。薄板の表裏に、山川・人物・松竹・花草などをあしらい、柄には銅めっきを施すという特徴は、日本平安時代末の彩絵檜扇の遺物や、当時の文献に見える貴族用の高級摺扇の特徴とほぼ一致している（図一）[20]。

図一　伝平氏奉納　彩絵檜扇（長寛二〔1164〕年）
（厳島神社蔵、国宝）

また十三世紀後半の周密も、日本扇について、「其聚扇、用倭紙為之、以雕木為骨、作金銀花草為飾[21]」と記している。この日本扇は木製の扇骨に和紙を貼り、扇面には金銀で花草などを描いた紙扇であった。この時期には平氏政権の積極的な対宋貿易により、日本扇の中国への輸出は増加し、その種類も多様化していたと思われる。

さらに上述の鄭椿は、高麗から伝来した扇についても、次のように記している。

高麗松扇、如節板状、其土人云、非松也、乃水柳木之皮、故柔膩可愛。其紋酷似松柏、故謂之松扇。東坡謂、高麗白松理直而疏析、以為扇、如蜀中織棕櫚心、蓋水柳也。

又有用紙、而以琴光竹為柄、如市井中所制摺畳扇者、但精緻非中国可及。展之広尺三四、合之止両指許。所画多士女乗車・跨馬・踏青・拾翠之状、又以金銀屑飾地面、及作雲漢・星月。人物粗有形似、其来遠磨擦故也。其所染青緑奇甚、与中国不同、専以空青海緑為之。近年所作、尤為精巧。(22)

鄭椿は高麗人の説明や蘇軾の見解に依拠して、高麗の松扇は、実際には水柳木（ヤチダモ）を材料としていると説く。扇面の画題には、やはり女性の乗車図や騎馬図が含まれ、また金銀の砂子（金銀屑）を扇面に散らし、あるいは天の川や星月を描いていた。特に空の青色や海の緑色などの顔料は独特であり、近年の作品は特に精巧であったという。

当時の高麗の詩文集にも、扇に関連する史料が散見する。たとえば十二世紀末ごろの崔詵《しん》によれば、高麗の松扇は木の皮を細く割いて編まれ、折りたたみ式で、開けば団扇のような形になったという(23)。この木の皮とは、鄭椿が述べる水柳木であろう。また十四世紀中期の元天錫の「柳扇」と題する詩には、「藤纓粧成世所珍、柳枝裁作甚違人。物卑豈敢為時用、亦有清風滌熱塵」とある(24)。「柳扇」とは柳の枝で作った、装飾のない粗末な扇であろう。当時の高麗画扇は、料紙装飾における銀砂子（金銀屑）の技法、唐風を受けた美女図をテーマする画題、中国と異なる顔料の使用などが特徴であった。南宋期に高麗経由で流入した扇の中には、日本扇も含まれていたと思われるが、白摺扇と松扇はまちがいなく高麗製であろう。画摺扇については、依然として日本からの輸入品と、高麗で製作した模倣品とが混在していたと思われる。

一方で南宋期には、日本扇や高麗扇の輸入は市場の需要に追いつかず、その不足を補うために、中国国内においても摺扇の生産が増加していった。特に南宋期には、従来の片面貼りの摺扇を改良して、両面貼りの摺扇の生産が普及したことは重要である。十三世紀初頭の趙彦衛は、次のように記している。

今人用摺畳扇、以蒸竹為骨、夾以綾羅、貴家或以象牙為骨、飾以金銀、蓋出於高麗。鶏林志云、高麗畳紙為扇、銅獣鐍環、加以銀飾、亦有画人物者。中国転加華侈云。(25)

南宋では竹骨の両面に絹を貼った摺畳扇が普及し、富貴の家では象牙を扇骨とし、金銀で装飾した高級品も用いられていた。こうした意匠は高麗扇をモデルとし、さらに華美にしたものであった。なお当時の臨安では、扇子巷という扇工場と扇売りが集まる一角があり、杭州の大通りでは「周家折揲扇鋪」などの、摺扇の専門店も出現していたという。(26)

また宋代には扇面に書画を描くことが流行し、当初はおもに団扇が用いられたが、やがて摺扇も用いられるようになった。現存する宋代の扇面画は、ほとんどが団扇に描かれているが、文献上は摺扇に扇面画が描かれたことも確認できる。たとえば十二世紀中期の趙伯駒は、摺扇の扇面に山水を描き、「万里の江山を片手で握る」と賞賛されている。(27)金碧山水とは、緑青や群青で描いた山水画の山や岩の輪郭線に金泥を添え、装飾的効果を高めたものであり、日本画との共通点も認められる。(28)

南宋期の詩詞には、北宋期にくらべて、日本扇や高麗扇を題材とした作品は少ないが、元代の詩詞には、日本扇を題材とする作品がふたたび増加する。たとえば元末の貢性之の「倭扇」には、「外番巧藝奪天工、筆底丹青智莫窮。好似越裳供翡翠、也従中国被仁風」とあり、(29)日本扇の巧みな工藝と画法を賞賛している。また十四世紀前半の呉萊の「東夷倭人小摺畳画扇子歌」には、次のようにある。

東夷小扇来東溟、粉箋摺畳類鳳翎。微飆出入揮不停、素絵巧艶含光熒。
銀泥蚌涙移杳冥、錦屏罨画散紅青。皓月半割蟾蜍霊、紫雲暗蘢鮫魚腥。

徐市子孫附飛舲、裔然家世雑焚経。文身戴弁旧儀形、対馬絶景両浮萍。

殊方異物須陳廷、富賈巨舶窺天星。祝融嘘火時所丁、島濱売箑送清冷。(30)（下略）

この日本の摺扇では、胡粉地の扇面に雲母引きを施しており、紺紫で夜空を、銀泥で月を描いていた。また「殊方異物須陳廷、富賈巨舶窺天星」という詩句が示すように、元軍の日本侵攻の後も、華人海商の活発な日本貿易を通じて、多くの日本扇が中国に流入していたのである。

三　明初の朝貢貿易と日本扇の進貢

南宋から元代にかけて、中国でも摺扇の生産が発達し、特に従来の片面貼りにかわって、両面貼りの扇が普及していった。こうした両面扇の技法は、「唐扇の制」として、日本扇の形式も一変させ、(31)明初には両面貼りの日本扇が、おもに朝貢貿易を通じて中国に輸出されるようになった。

一方で高麗に代わって成立した朝鮮王朝も、明朝への朝貢に際して、各種の扇を進貢し、朝鮮を訪れた明朝の使節も、しばしば現地で扇を入手している。また朝鮮の朝貢使節が、北京や遼東などで扇を商品として交易したり、商品として販売することも多かった。(32)ただし全体として、明代の史料には宋元時代にくらべて朝鮮扇に関する記事は少ない。当時の朝鮮では、扇の製作技法に大きな進展がみられず、量的には多くの朝鮮扇が中国に流入したものの、明朝の文人たちの注意をあまり引かなかったようだ。以下本稿では、朝鮮扇の明朝への伝来の問題については割愛し、もっぱら日本扇の輸出や贈答に問題をしぼって論じることにしたい。

一方で明代中期には、摺扇は明初に日本や朝鮮の朝貢貿易を通じて伝来したという説が流布していた。たとえば十五世紀後半の張弼は、次のように述べている。

中国古無摺扇、嘗見王秋澗記、元初東南夷使者持聚頭扇、当時譏笑之。我朝永楽初始有、特僕隷下人所持、以便事人耳。及倭国充貢品、太宗遍賜群臣、内府又仿其制、以供賜予、天下殆遍用之、而団扇革矣。(33)

つまり元代以前は、中国では摺扇を用いず、永楽年間（一四〇三～二四年）に日本が進貢した摺扇を、永楽帝が群臣に賜与し、また宮中でそれを模造させたことにより、はじめて従来の団扇にかわって摺扇が普及したというのである。一方で同時期の劉元卿は、「撒扇始於永楽中、因朝鮮国進撒扇、上喜其巻舒之便、命工如式為之」と、永楽年間に朝鮮使節が進貢した摺扇を、宮中で模造させたのが、中国における摺扇の起源であると説いている。(34) こうした見解は、近年の研究でもしばしば踏襲されているが、(35) 実際には前述のように、摺扇はすでに北宋初には中国に伝来し、南宋から元代にかけてひろく普及していたのである。

宋元時代には、日本扇はおもに民間海上貿易によって中国に流入したが、明初には海禁政策によって民間貿易が禁じられたため、おもに朝貢貿易を通じて、日本扇が中国に輸出されるようになった。すでに洪武年間（一三六八～九八年）には、日本の朝貢使節は摺扇を進貢しており、洪武帝自身も、「倭扇行」と題する下記の詩を残している。

滄溟之中有奇甸、人風俗礼奇尚扇。捲舒非矩亦非規、列陣健児首投献。
国王無道民為賊、擾害生霊神鬼怨。観天坐井亦何知、断髪斑衣以為便。
浮辞常云卉服多、捕賊観来王無辨。褶袴籠鬆誠難験、君臣跣足語蛙鳴。
肆志跳樑於天憲、今知一揮掌握中。異日倭奴必此変。

この「倭扇」は、「列陣健児首投献」とあるように、明軍が倭寇から得た戦利品であった。洪武帝は明軍が捕らえた倭寇を皇帝に献じる「献俘」の際に、戦利品である倭扇も得て、この詩を詠んだのであろう。

洪武帝は即位当初から日本に使節を派遣して、朝貢をうながすとともに倭寇禁圧を要求し、洪武四（一三七一）年には、南朝の懐良《かねよし》親王がこれに応じて入貢し、「日本国王」に冊封された。懐良親王自身はまもなく勢力を失ったが、その後も西日本の諸勢力は、懐良親王の名義を利用して、明朝に朝貢使節を派遣した。洪武四〜十九（一三七一〜八六）年の十五年間に、日本使節は十回にわたり明朝に来航しており、そのうち少なくとも四回は、実際に京師に赴いて朝貢することを認められている[36]。

こうした日本の朝貢使節は、特産品として日本扇を進貢し、洪武帝はそれらを群臣に下賜している。たとえば洪武年間に京官であった張羽の、「倭扇」・「賜倭扇」と題する連作には、次のようにある。

①倭扇

賜従天苑秘、来渉雲濤遠。入握体還蔵、向風機自辰。
豈無白団扇、能舒不能巻。洗馬手中持、終朝陪鳳輦。

②賜倭扇

東夷来語嘔咿□、聖人当天九有服。小臣螻蟻将安帰、万夫伐竹扶桒涘。
夜擣氷苔成側理、製為鵲尾扇参差。再拝献入金門裏、君王垂衣坐法官。
天飈謖謖清秋同、尚方受貢応無用。分頒徧与群臣共、朝下従容氷井台。
人人襟袖南薫動、倭扇来東夷、平揚皇風四海清。

③倭扇

万国扶桑外、年年貢扇来。皇都無酷暑、賜与払塵埃。

④賜倭扇

小国貢来東海外、尚方分給午門前。終身永宝君王寵、総遇秋風莫棄捐。
青宮甲観倚雲開、侍従如雲総俊才。昨暮伝宣容握扇、丹墀清暁謝恩来。[37]

張羽によれば、日本扇は毎年のように朝廷に進貢されており（③）、近臣は下賜された倭扇を携え、終日皇帝に随従していた（①）。これらの日本扇は、礼部尚方司によって、午門の前において群臣に下賜されたという（④）。皇帝がこれらの日本扇を下賜することは、「聖人当天九有服」・「平揚皇風四海清」とあるように、中華の徳化が天下に及び、四夷が臣服したことを示す表象でもあったのである（②）。

なお作者の張羽は、洪武四（一三七一）年に京師に徴されたが、まもなく放還され、同年九月の懐良親王の朝貢には接していない。その後、遅くとも洪武十三年までに、張羽は再登用されて太常司丞に任じられたが、[38]洪武十六（一三八三）年に罪を得て流罪とされている。[39]一方で日本の朝貢使節は、洪武八・九・十二（一三七五・七六・七九）年の三回にわたり入貢を許されており、[40]その際に進貢された日本扇が、洪武帝により群臣に下賜されたのだろう。

さらに日本扇は日本使節が直接に進貢しただけではなく、琉球経由で進貢された可能性もある。琉球は洪武五（一三七二）年にはじめて明朝に朝貢し、その後は張羽が罷免される洪武十六年までに、琉球の山南・中山・山北王は、洪武六・十一・十二（一三七三・七八・七九）年を除き、年々朝貢使節を派遣している。明代を通じて、日本扇は琉球の主要な進貢品の一つであり、[41]洪武年間にも、琉球の朝貢貿易を通じて多数の日本扇が進貢されていたであろう。日本と琉球の双方から、日本扇が進貢されたことを考えれば、張羽が「年年貢扇来」と詠じたのも誇張ではない。

このほかにも洪武年間には、夏原吉や呉伯宗らの高官が、洪武帝から日本扇を賜り、皇帝の恩徳を讃える詩を残している。[42]また十六世紀中期の余永麟も、洪武年間の著名な文臣であった桂彦良の子孫の家で、洪武帝が桂彦良に下賜した日本扇を見たという。この扇は「先以金箔作底、上施彩色」とあるように、金泊の上に彩色を施した泥金扇であった。扇面に記された桂彦良の題詩には、「香山写入画図中、金鼇騰空怒濤巻。黒雲忽散丹霞飛、江蘆蕭蕭月半規。……棱棱墨竹十二莖、不方不円斉短長」とあり、一面には黒雲に泳ぐ海大亀が、もう一面には江畔の月夜の風景が描かれており、扇骨は十二本であった(43)。

洪武十九年の胡惟庸の獄を契機に、洪武帝は日本との断交を命じ、日明朝貢貿易はいったん中絶する。しかし建文三（応永八・一四〇一）年には、足利義満が明朝に使者を派遣して通交再開を求め、建文帝はこれに応じて、答礼使を派遣した。さらに永楽帝は、永楽二（応永十一・一四〇四）年に冊封使を派遣し、義満を日本国王に封じた。これによって日本はふたたび明朝の朝貢国となり、義満は永楽六（応永十五・一四〇八）年まで、六年連続で遣明船を派遣し、明朝も三度にわたり日本に答礼使を送っている(44)。

建文三年の日本使節の進貢品には、扇百本が含まれており、その後も明代を通じて、日本の朝貢使節は扇百本を進貢することが定例となった(45)。さらに使節や随行商人が私的に舶載する「附搭貨物」としても、多くの日本扇が明朝に輸出されたと考えられる。寧波の地方志に残された、永楽年間の日本からの輸入品リストには、「両面金扇・両面銀扇・一面金銀扇・抹金扇・貼金彩画扇・貼金銀扇・紙扇」という七種類の扇が挙げられており(46)、このうち六種類は金銀扇であった。

遣明船が附搭貨物をして輸出した日本扇は、政府が必要量を買いあげたのち、商人との交易が許され、民間市場に供給された。無錫の人で、永楽年間に中書舎人となった王紱《ふつ》の「倭扇謡」と題する詩は、次のような興味深い状況を伝えている。

倭人繭紙摺為扇、缺月生輝銀満面。闕下年年多貢餘、都人重購何紛如。
杭工巧黠思争利、效倭為扇渾無異。価廉百十人不恢、説是倭来方道地。

倭来道便経杭州、廉価却将杭扇収。倭収杭扇堪驚怪、転眼街頭高価売。
買扇還家誇扇真、街頭持売真倭人。(47)

日本人がもたらした摺扇は、朝廷に進貢されるほか、市場にも出回り、京師（南京であろう）の人々は争って買いもとめた。杭州では職人が日本扇の類似品を作って売り出したが、安価にもかかわらず、本物の日本扇とくらべて売れ行きは悪い。ところが日本の朝貢使節は、杭州を経過する際にこの杭州産の扇を安く買いあつめ、それを各地で高価に売却した。人々はそれが類似品とも知らず、日本人から直接日本扇を入手したとして珍重したという。永楽年間の朝貢貿易によって大量の日本扇が流入した結果、その需要が過熱気味になっていたことがうかがえる。

四　明代中期の朝貢貿易と日本扇輸出

足利義満の没後、日明朝貢貿易は永楽九（応永十八・一四一一）年から二十年あまり中絶する。しかし宣徳七（永享四・一四三二）年には、足利義教が朝貢貿易を再開し、その後は嘉靖二十六（天文十六、一五四七）年にいたるまで、計十一回の遣明船が派遣されている。(48) 朝貢貿易の再開後も、永楽年間と同じく、日本国王の進貢品として、扇百本を献上するのが定例であった。(49) 正徳『大明会典』には、日本の進貢品として二十種類の産品を列挙するが、そこにも「貼金扇」が含まれている。(50)

また日本国王による進貢品のほかに、朝貢使節が個人的に進貢する「自進物」としても、扇が献上された。たとえば嘉靖十八（天文八・一五三九）年の遣明船の副使であった策彦周良らは、同年九月に寧波において遣明船の貨物検査が行われた際、次のような短疏（上申書）を上呈している。

前度朝貢差使臣等、各自将大刀拝進者若干把、是恒例也。今次進貢、献扇子以為薄贄。蓋遵上国厳法、禁止兵器也。其件目開具于別楮。……

日本国使臣等自進扇子件目、開書于后。

二十把　正使〜　二十把　副使〜　計共〜把。(51)

これによれば、従来の朝貢使節は日本刀を自進物としていたが、今回は明朝が兵器の舶載を禁じたため、扇を献上したのだという。兵器舶載の禁止は、嘉靖二（大永三・一五二三）年における寧波の乱をうけた措置であり、このため正使の湖心蹟鼎と副使の策彦は、それぞれ扇子二十本を献上したのである。なお翌年三月には、湖心と策彦は北京の礼部に赴き、実際に「団扇・小扇等」を献上している。(52)

さらに使節や随行商人が舶載する附搭貨物としても、はるかに多量の日本扇が輸出された。たとえば成化四（応仁二・一四六八）年の遣明船では、足利将軍家の附搭貨物だけでも、二千二百本もの扇が輸出されている。(53)そのなかには「三百文扇子三百本　寺方年始進上之」、「弐百文扇子八十本　以代物折之」、「皆彫骨扇子百本　自寺方年始進上之」などの扇が含まれており、(54)「寺方年始進上」とあるように、寺院が幕府に献上したものが多かったようだ。当時の日本では、寺院と扇の生産との関わりは深く、特に時宗の僧侶はしばしば扇の生産と販売に携わっていた。特に御影堂扇は著名であり、高級品は明朝にも輸出されていた。(55)このほかに京都市中の扇屋でも各種の扇が生産され、扇骨の製作、扇骨の塗装・扇紙の加工・扇面の描画といった、各段階での工程の分化も行われていた。(56)

中国では伝統的に、金地や厚い彩色を多用した色鮮やかな画風を、日本絵画の特徴とみなしていた。こうした絵画表現は、進貢用の屏風絵や扇面画にも共通しており、日本側では中国人の好評を得るために、進貢品を準備する際に、絵画の表現や形質を意識的に選択したと考えられる。(57)特に将軍や大名が高級な扇を調達する場合は、狩野派の工房と土佐派の絵所が重要な役割を果たしていた(58)。

たとえば享祿二（一五二九）年に、三条西実隆は土佐光茂と狩野元信に依頼して、大内義隆に贈る十本の扇絵を描かせている(59)。また天文十（一五四一）年には、大内義隆は山口に滞在していた策彦周良のために、狩野元信に大唐進物用の屏風と扇の制作を依頼している(60)。嘉靖二十六（天文十六・一五四七）年に、策彦は遣明船の正使として、ふたたび明朝に渡航するが、その際にこれらの扇を携行したと考えられる。実際に、翌年九月に策彦が寧波の著名な文人である豊坊を訪れた際には、雪舟等楊の小画とともに狩野元信が描いた集面金扇一本を贈っている(61)。

また策彦が嘉靖二十六年の遣明船における進貢品を詳記した文書によれば、「御扇百本事」として、進貢用の扇の仕様を次のように記している。

竪一尺二寸、同紙ノ長サ七寸。
十七本骨也、金目ノ本円シ、但子コマナリ黒骨也。
絵何モ花鳥。人形一向禁之。……（中略）……
右狩野大炊助被仰付之。子細右同前(62)。

扇の長さは一尺二寸、このうち紙の部分が七寸を占める。十七本の扇骨があり、中骨は金色、透かし彫りの親骨（子コマ＝猫骨）は黒色で、要は円型であった。このような形の扇骨は「和尚頭」とも呼ばれる（図二）。扇絵は花鳥を画題とし、人物を題材とすることはできなかったという。このように一七本もの扇骨をもつ扇は、中世の日本扇の伝世品や図画資料には見られず、進貢用の仕様であったと思われる。これら百本の扇を調製したのは、やはり狩野大炊助（元信）であった。

また上村観光によれば、遣明使節が進貢した扇の画題について、「或る古抄本」には次のような記録があるという。

日本ヨリノ使ノ舟之額ハ、進貢船ト打也。官貢物者、馬・太刀・扇子也。扇子五百本、其中、五本ノ画定ル也。一ニハ富士、二牧狩、三九州之箱崎ノ松原、四ニハ志賀唐崎ノ一本松、一本ハ箱崎ノ松原、画之云云。(63)

残念ながら、上村氏はこの古抄本の著者や年代について説明を附していないが、この記録自体は、進貢扇の画題を具体的に記した史料として貴重である。それによれば、進貢用の扇には、「富士」・「牧狩」・「九州之箱崎ノ松原」、「志賀唐崎ノ一本松」などが扇面画として描かれていたという。実際に五山禅僧の詩作には、富士山を描いた扇絵に対する題詩が少なくない。また「志賀唐崎之一本松」という画題への題詩として、万里集九の「便面唐崎松」には、次のようにある。

万古唐崎一樹松、風吹細浪貌如龍。伝聳景写湘南八、声送皈帆比睿鐘。(64)

瀬田の唐崎の一本松に、風が細波を吹きよせる様を、波浪をわたる龍にたとえている。その具体的な描写としては、図三を参照されたい。

また「九州島箱崎之松原」とは、博多の東北につづく箱崎浜の松原をいう。朝鮮世宗二（応永二十七・一四二〇）年に朝鮮使節として来日した宋希璟は、その風景を「日月垂鯨海、風煙接鶴汀。沙堤千頃白、松樹万株青」と詠み、広大な松原が海辺につづくさまを描写した。(65)さらに申叔舟『海東諸国紀』（成宗二〔一四七一〕年）にも、博多の地理について、「北有白沙三十里、松樹成林。日本皆海松、

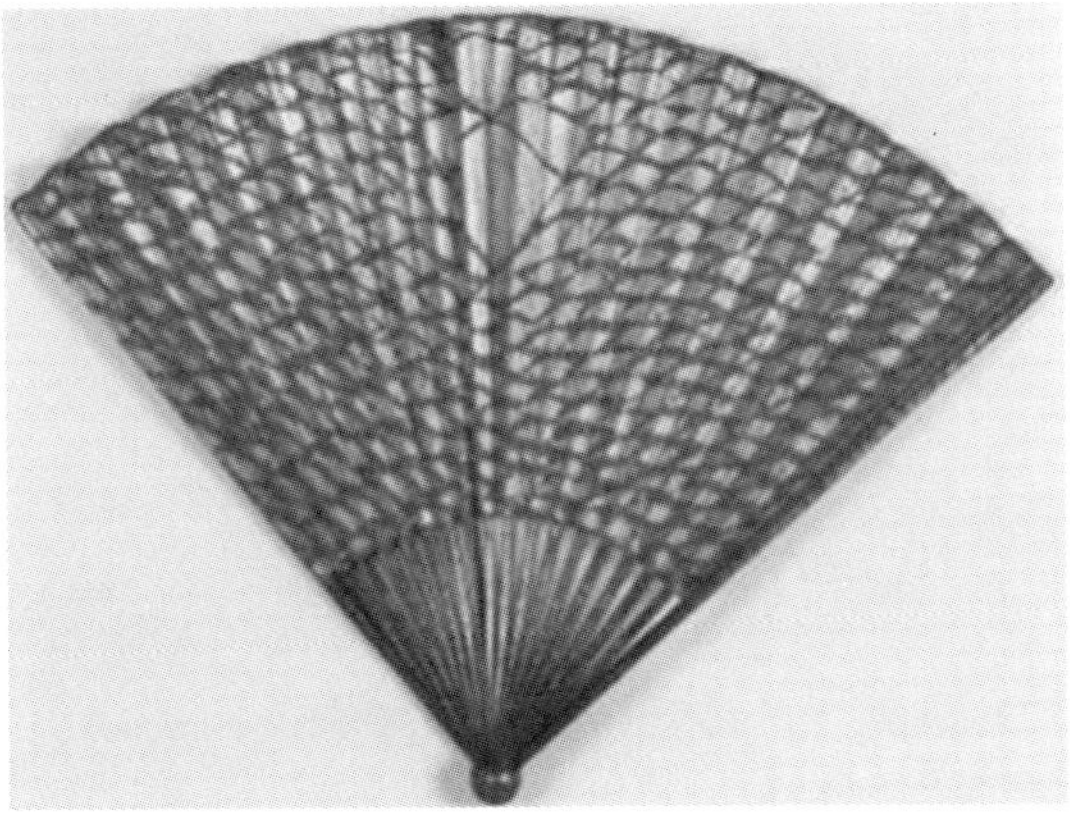

図二　湖南省岳陽市明墓から出土した和尚頭の金泥扇
（湖南省博物館ウェッブサイト　http://www.hnmuseum.com/hnmuseum/collection/collectionWeek.jsp）

図三　「唐崎図」扇面画帖、15～16世紀　個人蔵（『雪舟とやまと絵屏風』日本美術全集、講談社、1993年、193頁）

唯此有陸松。日本人多上画、以為奇勝」[66]とあり、箱崎松原の奇勝がしばしば画題とされていたことを伝えている。

なお明代中期にも、日本や朝鮮などが進貢した扇は、皇帝から臣下に下賜されていた。もともと朝廷では、端午の日に皇帝が百官に対し、国内外から進貢された扇を下賜することが恒例となっていた。また景泰年間（一四五〇～五六年）には、皇帝は内府に命じ、御前進講に当たる大臣に賜与する「内府扇」を作製させている[67]。内府扇は中国的な吉祥図案を描いた、華麗で色鮮やかな画扇であった[68]。その後も日本扇、特に色鮮やかな山水・花鳥を描いた金泥画扇は、朝廷の高官にも珍重されていた。たとえば嘉靖帝の権臣であった厳嵩が、嘉靖四十三（一五六四）年に失脚し、膨大な家財が没収された際には、そのなかに「煮金鉸倭扇一百一十把」、すなわち日本の金泥画扇百十本が含まれていたという[69]。

このように明代中期には、朝廷において内府扇の作製が始まるとともに、日本の朝貢使節の窓口であった浙江方面では、摺扇の生産販売がさらに発達していった。前述のように、永楽年間の杭州では日本扇の模造品が生産されていたが、十六世紀中期の郎瑛は、「仮倭扇、亦寧波人造」と、当時の寧波でも日本扇の模造が行われていたことを伝えている。また郎瑛によれば、「描金・灑金、浙之寧波多倭国通使、因与情熟言餂而得之、灑金尚不能如彼之円」とあるように、扇面に金で蒔絵を施したり（描金）、金箔を吹き付ける（灑金《さいきん》）技法は、寧波に来航した日本の遣明使節から聞き出したものだという。ただし金箔の吹き付けは、日本産ほど巧みに行うことは難しかったようだ(70)。
こうした日本の朝貢使節を通じた文化交流の影響もあって、寧波では扇の生産販売がかなり活発であった。嘉靖十九年に寧波に滞在していた策彦は、市中の扇屋に、次のような多様な看板が掲げられていたことを記録している。

又製扇者之家裡無数貼牌。牌銘云、「自造時様各色奇巧扇」・「各色泥金扇面」或灑金・「発売諸般扇面」・「配換各色扇面」・「発売各色巧扇」。或書「遠播仁風」四字。或書「半輪明月隨人去」之句(71)。

「自造時様各色奇巧扇」という看板が示すように、これらの扇屋では、流行に応じた多様な図案や形態の扇を生産・販売していた。そのなかには附搭貨物として日本から輸入された扇や、その模造品も含まれていたであろう。

五　遣明使節による扇の贈答と交際

日本の朝貢使節が、国王の進貢品や使節の自進物として献上した日本扇は、朝廷において用いられ、あるいは臣下に下賜された。また附搭貨物として船載された扇は、明朝政府が優先的に買いあげたのち、民間商人との交易が許された。ただし日本の朝貢貿易は、十五世紀中期からは十年一回に制限されており、活発な民間海上貿易によって、多量の日本扇が輸出された宋元時代にくらべると、日本扇の輸入量は少なかったと思われる。それだけに貴重な日本扇は文人たちによって歓迎され、日本の朝貢使節も、明朝の官員や文人に対する贈答品や、交易の代価として、しばしば日本扇を用いたのである。たとえば景泰四（享徳二・一四五三）年の遣明船の従僧であった笑雲瑞訢《ずいきん》は、入明の際にわずか四本の扇を持参しただけだったが、扇一本で『翰墨全書』全巻を入手したという(72)。
遣明船の正使・副使・従僧として渡航したのは、漢学の素養を持つ京都五山の禅僧たちであり、彼らは明朝の文人たちとしばしば交流し、詩文を応酬した。その際に、扇に詩を題して相手に贈ることも一般的であった。たとえば景泰四年の遣明使に従僧として同行した九淵龍踩《りゅうちん》は、寧波や杭州で当地の官員の求めに応じて、「楊柳燕子」や「白鷺蘆花」などの絵を描いた扇に、画題に応じた詩を作って、扇面に題している。[73]

特に策彦周良が、嘉靖十八年の遣明船の副使、嘉靖二十六年の遣明船の正使として渡航した際の日記である、『初渡集』・『再渡集』には、明朝の文人や官吏との扇の贈答に関する記録が、百五十か所以上も残されている。『初渡記』・『再渡記』から、扇に関する記事を網羅的に収集し、整理したのが後掲の【附表】である。

この表によれば、策彦は日明双方の扇について、下記のような多様な名称と種類を記録している。

〈日本扇〉：扇・扇子・小扇・貼銀扇・隻金扇・隻面金扇・片金扇・雨金扇・両金扇・両面金扇・団扇・麁扇・粗扇・俾扇・撒砂扇・黒骨両金扇・金扇・黄麗扇・平僧・烟景・唐扇

〈中国扇〉：魚字扇・撒金黒骨・泥金扇・灑金・黄其

上記の扇のうち、貼銀扇・隻金扇・隻面金扇・片金扇・雨金扇・両金扇・両面金扇・撒砂扇・黒骨両金扇・金扇・黄麗扇・撒金黒骨・泥金扇・灑金などは、金銀によって装飾を施した高級品であり、これに対して安価な扇は、麁扇・粗扇・俾扇などと称される。このほかに特殊な符牒のような用例もある。たとえば、「平僧」は「位階のない普通の僧、凡僧」のことを指し、中国の俗語の「和尚」にあたる。前述のように、当時は要の部分が円型の「和尚頭」という扇が流行しており、「平僧」とは、この「和尚頭」を指すのだろう。[74]また「一本・一指・一柄・一握」などの助数詞だけで、扇を表現することも少なくない。

また策彦の日記には、扇の画題を示す記録もいくつか残されている。たとえば嘉靖十八年七月二十三日には、正使湖心蹟鼎と副使の策彦が、寧波の就于東禅という禅僧に扇を贈っているが、その扇の画題は「烟景」であった。[75]烟景は山水画に頻出するモチーフであり、「瀟湘八景」の一つである「烟寺晩鐘」が最も有名である。また嘉靖二十（一五四一）年正月二十七日に、策彦が寧波の文人方梅厓を訪問した際には、山水画扇のほかに、金箔の上に表面は鴻門宴集図、裏面は花鳥図を描いた豪華な扇を贈っている。[76] 現存する南禅寺蔵の貼交屏風扇面には、狩野元秀印を持つ「鴻門宴図」の扇面が保存されており、[77] 策彦が贈った鴻門宴集図の金扇も、やはり狩野派の作品であった可能性がある。

【附表】に示したように、策彦も明朝の文人や官員に面会した際には、相手の立場や状況に応じて、各種の扇を贈ることが多かった。いくつか具体例をあげてみよう。たとえば彼が嘉靖十八年六月二十六日に、寧波の文人である謝国経と、趙一夔《いっき》兄弟の訪問を受けた際の記事には、次のようにある。

斎后、謝国経・趙一夔・舎弟趙元元携二童来訪。余待以倭酒幷昆布。酒闌、筆談。国経自袖出扇幷汗巾恵予。一夔携漢雋二冊・宝墨一丸。弟元恵以金墨一丸・青帕一方。午后携三英・宗桂扣国経之門、蓋謝先刻来訪也。報以扇一柄一指、陳嘉肴点佳茗。将侑酒、予固辞。陪侍外郎二人、予以扇各一柄付与。次過一夔弟元之家。以扇一柄一指報一夔。以扇子一指一柄・小刀一个報元。又付童以粗扇一把。又報我以枕蓋一包。[78]

謝国経と趙氏兄弟は、嘉賓堂に滞在している策彦を訪問し、謝国経は扇と汗巾（手拭い）を、趙氏兄弟は漢籍・墨・青帕（ハンカチ）を贈った。午後には策彦が謝国経を訪問し、謝国経とその侍者に、それぞれ扇一本を贈っている。ついで趙氏兄弟を訪問し、彼らに扇と小刀を贈るとともに、童僕にまで粗扇を与えたという。扇が明朝文人との交際に、不可欠な贈答品だったことがわかる。

さらに日本扇は、交易の代価としても用いられた。たとえば嘉靖十八年七月八日には、策彦は『読杜愚得』八冊を、粗扇二本と小刀三本と交換している。[79] また十月九日には、策彦は友人の柯雨窓を介して、寧波を代表する文人である豊坊に、かつて日本の友人と作った「城西聯句」の序文を依頼し、柯雨窓への謝礼として「粗扇・粗紙」を贈っている。(80) そして十二日には、「所紹介之城西聯句序撰裁、余以黄麗扇一柄・美濃紙一貼為潤筆」とあるように、豊坊への潤筆料として、「黄麗扇一柄・美濃紙一貼」を贈ったのである。(81)

　嘉靖二十六年に、策彦は正使としてふたたび入明し、十月二十日には、寧波ではじめて豊坊に面会することができた。この際に策彦は豊坊に対し、「小画参方、等揚《ママ》写・両面金扇壹柄・隻面金扇壹柄、元信写・濃紙八十張・小刀子一ケ」、つまり雪舟等楊の描いた小画とともに、狩野元信が描いた両面・片面の金扇などを贈っている。あわせて豊坊の子息に対しても、両面の金扇一本を贈った。(82) 狩野元信などが描いた画扇は、最高級品として特に重要な贈答品に用いられたことがわかる。

　このような文人たちとの交流に加え、策彦は寧波から北京に往復する過程で、朝貢使節の接待に当たった官員たちにも、しばしば扇を贈っている。【附表】によれば、彼が明朝の官員に日本扇、特に「金扇」を贈った事例は計二十回を数える。精美な書画扇の収集は、「長物の志」と呼ばれる、教養ある文人の趣味の一つであり、扇面に詩を題して贈答することも、文人の交流における重要なたしなみとされていた。このため文人社会において、綿密な画法で、色鮮やかな山水や花鳥を描いた日本の金泥画扇は、特に歓迎されていた。策彦をはじめとする日本の朝貢使節にとって、このように明朝で珍重され、かつ軽量で持ち運びも便利な扇は、各地の文人と交際し、また官吏と交渉するうえでも、必要不可欠なものだったのである。

おわりに

八世紀ごろに日本で創製された摺扇は、早い時期に朝鮮半島に伝えられ、後に高麗扇と呼ばれる模倣品が作られるようになった。十世紀以後、日本扇は日宋貿易を通じて直接に輸出されたほか、高麗経由でも中国に流入した。同時に高麗で生産された扇も、高麗と宋の使者の往来や、高麗の入宋僧、そして高麗と宋との貿易活動を通じて、中国に伝播した。特に白摺扇と松扇は、高麗独自の製品であり、画摺扇には、日本からの輸入品と、高麗で制作した模造品とが混在していた。精巧で絵柄も美しい日本や高麗の摺扇は、宋代の文人によって歓迎され、蘇軾を代表とする北宋の士大夫も、これらの摺扇を題材とした多くの詩文を残している。

南宋から元代にかけても、日本扇は海上貿易を通じてさかんに輸入され、高麗の摺扇も、陸上貿易によって華北に伝来した。高麗の白摺扇は、金朝にも伝えられ、画扇は元朝に進貢されている。日本扇と高麗扇は、混同されることも多かったが、一方でそれぞれの特徴も認識されていた。たとえば華麗な檜扇は日本の特産であり、女子騎馬という画題は高麗独自のものであった。一方で中国国内でも、この時期から摺扇の生産が発達し、新たな材料や装飾を用いた摺扇も生産されるようになった。特に南宋時代に創始された両面貼りの扇は、日本にも逆輸出され、その後は日本でも、従来の片面貼りに代わって、両面貼りが主流となっていった。

ただし十四世紀末には、明朝の海禁政策によって、民間の海上貿易によって日本扇を輸出するルートは閉ざされてしまった。それでも洪武年間には、西日本の諸勢力による入貢を通じて、日本摺扇が進貢されることもあった。また琉球の朝貢貿易を通じても、日本扇は明朝に再輸出されたと思われる。洪武帝はこれらの日本扇を、明朝の皇威が四夷に及んだひとつの表象として、しばしば臣下に賜与している。さらに十五世紀初頭の永楽年間には、日明朝貢貿易は最盛期をむかえ、金銀の装飾を施した各種の日本扇が、進貢品や附搭貨物として輸出され、杭州ではこうした日本扇の模造品も製作されていたという。

十五世紀中期に日明朝貢貿易が再開されてからも、多くの日本扇が進貢品や附搭貨物として明朝にもたらされた。皇帝に進貢する最高級の扇では、狩野派の絵師が扇絵を描き、著名な文人への贈品としても、この種の高級扇が用いられた。一方、附搭貨物として輸出された扇は、時宗などの寺院において生産されることが多かったようである。これらの扇の画題には、花鳥のほか、日本の名勝図が描かれることもあった。特に日本の朝貢貿易の窓口であった寧波では、日本の金蒔絵や金箔の吹きつけなどの技法が伝播し、扇の生産販売がさかんであった。

遣明船の渡航記録を残したのは、多くは五山の禅僧であったが、特に嘉靖十八年に副使、嘉靖二十六年に正使として渡航した策彦周良の日記には、明朝の文人や官員との、扇の贈答に関する記録が、百五十例近く残されている。策彦が明朝の文人を訪問するときは、各種の扇を贈ることが一般的であり、扇面に詩を題して贈答することも多かった。また扇を代価として、書画や書籍などの唐物を入手することもあった。また朝貢使節の応対を担当する官員にも、しばしば扇を贈っている。精緻で色鮮やかな日本の泥金画扇は、当時の明朝の文人社会において珍重され、策彦などの日本使節にとって、日本扇の贈答は、文人や官員との交際の上で、大きな意義を持っていたのである。

註

（1）森克己「大陸文化と日本扇」（『増補日宋文化交流の諸問題』国書刊行会、一九七五年、勉誠出版、二〇一一年復刊）。

（2）中村清兄『扇と扇絵』（河原書店、一九八三年）。

（3）王守稼「漫話摺扇与中日文化交流」（『文物』一九八二年七期）、王勇「日本扇絵の宋元明への流入」（『日本美術史の水脈』ぺりかん社、一九九三年）、同「日本摺扇的起源及在中国的流通」（『中日関係史考』中央編訳出版社、一九九五年）、王紱「摺迭扇的輸入与流播」（『東南文化』二〇〇一年九期）。また考古学分野でも、明代の墳墓から出土した摺扇により、日本や朝鮮の扇が明代の摺扇に与えた影響が指摘されている。何継英「上海明墓出土摺扇」（『上海文博論叢』二〇〇三年第一期）、

夏寒「試論江南明墓出土摺扇」（『中原文物』二〇〇八年第二期）。
（4）石守謙「山水随身：十世紀日本摺扇的伝入中国与山水画扇在十五至十七世紀的流行」（『国立台湾大学美術史研究集刊』、二〇一〇年六期）。
（5）シャルロッテ・フォン・ヴェアシュア（河内春人訳）『モノが語る日本対外交易史　七～十四世紀』（藤原書店、二〇一一年）。
（6）『宋史』巻四百九十一、外国七、日本国。
（7）江少虞『宋朝事実類苑』巻六十二所引、王闢之『澠水燕談』。
（8）郭若虚『図画見聞志』巻六、「高麗国」。
（9）徐兢『宣和奉使高麗図経』巻二十九、「供張」。
（10）『黄庭堅詩集注』（中華書局、二〇〇三年）二八五～二八六頁、「謝鄭閎中恵高麗画扇二首」。
（11）前掲『宣和奉使高麗図経』巻二十二、雑俗、「女騎」。
（12）岡元司「南宋期浙東海港都市の停滞と森林環境」（初出一九九八年、『宋代沿海地域社会史研究――ネットワークと地域文化――』汲古書院、二〇一二年）。
（13）中村前掲『扇と扇絵』一八〇頁。
（14）華鎮『雲渓集』巻九、「高麗扇」。
（15）『続資治通鑑長編』巻百六十八、皇祐二年三月己酉条。
（16）張耒『張右史集』巻十二、「謝銭穆父恵高麗扇」。蘇軾『東坡集』巻十七、「和張耒高麗松扇」。前掲『黄庭堅詩集注』二八二～二八三頁、「次韵銭穆父贈松扇」、同「戯和文潜謝穆父松扇」。
（17）孔武仲『清江三孔集』巻六、「銭穆仲有高麗松扇館中多得者以詩求之」、「内閣銭公寵恵高麗扇以梅州大紙報之仍賦詩」。
（18）張世南『游宦記聞』巻六。
（19）鄭椿『画継』巻十。

(20) 中村前掲『扇と扇絵』一四五頁。
(21) 周密『癸辛雑識』続集下、「倭人居処」。
(22) 鄭椿前掲『画継』巻十。
(23) 『東文選』巻十一、崔詵、「謝文相贈扇」。
(24) 元天錫『耘谷行録』、「柳扇」。
(25) 趙彦衛『雲麓漫鈔』巻四。
(26) 呉自牧『夢粱録』巻十三。
(27) 鄭元佑『僑呉集』巻二、「趙千里聚扇上写山次伯雨韻」。
(28) 石守謙前掲「山水随身」一一頁。
(29) 伊藤松（王宝平・郭万平編）『隣交徴書』（上海辞書出版社、二〇〇七年）、一八七頁。
(30) 前掲『隣交徴書』一八七頁。
(31) 中村前掲『扇と扇絵』一八〇頁。
(32) 代表的な記事として、（朝鮮）『世宗実録』世宗二年四月壬寅条、世宗八年四月辛卯条、成宗十二年十二月壬戌条などを参照。
(33) 陳元龍『格致鏡原』巻五十八所引、『張東海集』。
(34) 劉元卿『賢奕編』間鈔下。郎瑛『七修類稿』続集巻六にも類似した記事がある。
(35) 王勇前掲「日本摺扇的起源及在中国的流通」一一三頁、フォン・ヴェアシュア前掲『モノが語る日本対外交易史』三〇七頁。
(36) 佐久間重男『日明関係史の研究』（吉川弘文館、一九九二年）五八～七五頁。
(37) 張羽『静居集』巻一・巻六。
(38) 『太祖実録』巻百三十四、洪武十三年十月辛酉条。

(39)『明史』巻三百八十五、列伝百七十三、張羽伝。
(40)佐久間前掲『日明関係史の研究』六三頁。
(41)小葉田淳『中世南島通交貿易史の研究』(日本評論社、一九三九年)二六七頁。
(42)夏原吉『忠靖集』巻四、「両蒙恩賜倭扇欣戴之餘賦此」。呉伯宗『栄進集』巻三、「詠御賜倭扇」。
(43)余永麟『北窓瑣語』(不分巻)。
(44)佐久間前掲『日明関係史の研究』一〇七〜一一九頁。
(45)小葉田前掲『中世南島通交貿易史の研究』三八九〜三九一頁。
(46)高宇泰『敬止録』巻二十、貢市考。中島楽章「永楽年間の日明朝貢貿易」(『史淵』一四〇輯、二〇〇三年)、八三頁参照。
(47)王紱『友石先生詩集』巻二。
(48)橋本雄「遣明船の派遣契機」(『日本史研究』四七九号、二〇〇二年)一〇〜一一頁。
(49)小葉田前掲『中世南島通交貿易史の研究』三八九〜三九一頁。
(50)正徳『大明会典』巻九十七、朝貢二、日本国。
(51)『初渡集』嘉靖十八年九月二十七日条。牧田諦亮『策彦入明記の研究』上、法蔵館、一九五六年(以下、牧田本と略称)九〇頁。本書所収、「妙智院所蔵『初渡集』巻中・翻刻」(以下、巻中翻刻と略称)五一頁。
(52)『再渡集』嘉靖十九年九月十五日条(牧田本一二五頁)。
(53)天与清啓「戊子入明記」(牧田本三五一頁)。
(54)前掲「戊子入明記」(牧田本三五一頁)。
(55)黒川道祐『雍州府志』巻四。
(56)脇田晴子「物価より見た日明貿易の性格」(宮川秀一編『日本史における国家と社会』思文閣出版、一九九二年)二六三頁。
(57)畑靖紀「雪舟の中国絵画に対する認識をめぐって」(東アジア美術文化交流研究会編『寧波の美術と海域交流』(科研費特定領域研究「東アジアの海域交流と日本伝統文化の形成」報告書、二〇〇八年)。一九二〜一九三頁。

(58) 安原真琴『「扇の草子」の研究――遊びの芸文』(ぺりかん社、二〇〇三年)一八八頁。
(59) 『実隆公記』巻八、享禄二年八月十二日条。
(60) 伊藤幸司「妙智院所蔵「天文十二年後渡唐方進物諸色注文」」(『市史研究　ふくおか』創刊号、二〇〇六年)。
(61) 『再渡集』上、嘉靖二十七年九月二十日条(牧田本二三七頁)。
(62) 伊藤前掲「妙智院所蔵「天文十二年後渡唐方進物諸色注文」」一〇一頁。
(63) 上村観光『五山文学全集　別巻』(思文閣出版、一九七三年)一一九八～一一九九頁。
(64) 市木武雄『梅花無尽蔵注釈』第一巻(続群書類従完成会、一九九三年)六六八頁。
(65) 宋希璟『老松堂日本行録』、「同亮倪見波古沙只松亭」。
(66) 申叔舟『海東諸国紀』日本国紀、八道六十六州、筑前州。
(67) 『憲宗実録』巻十六、成化元年四月甲辰条。
(68) 文震亨『長物志』巻七、器具、「扇・扇墜」。
(69) 『天水氷山録』(不著撰人、知不足斎叢書第四冊、不分巻)。
(70) 郎瑛『七修類稿』巻四十五、「倭国物」。
(71) 『初渡集』中、嘉靖十九年六月十八日条(牧田本六二頁、巻中翻刻十九頁)。
(72) 瑞渓周鳳『臥雲日件録』長禄二年正月八日条。
(73) 村井章介『東アジア往還　漢詩と外交』(朝日新聞社、一九九五年)二九頁。
(74) なお『初渡集』上、嘉靖十八年五月十一日条(牧田本四四頁)には、「黄其、扇子ノ事也。明人世話也」とあり、明人の俗語では、扇子を「黄其」とも称したという。この「黄其」とは、「おうぎ」の音を漢字で音写したものである。十六世紀末の李言恭『日本考』巻四、語音、内器でも、扇の日本音を「黄旗」と表記している。
(75) 『初渡集』中、嘉靖十八年七月二十三日条(牧田本六八頁、巻中翻刻二六頁)。
(76) 『初渡集』下之下、嘉靖二十年正月廿七日条(牧田本一七九頁)。

(77) 岩佐悠里「桃山時代の〈唐美人〉」（『仕女図』から「唐美人図」へ』実践女子学園、二〇〇九年）一三七頁。
(78) 『初渡集』中、嘉靖十八年六月二十六日条（牧田本六四頁、巻中翻刻二一頁）。
(79) 『初渡集』中、嘉靖十八年七月八日条（牧田本六六頁、巻中翻刻二四頁）。
(80) 『初渡集』下之上、嘉靖十八年十月九日条（牧田本九六頁）。
(81) 『初渡集』下之上、嘉靖十八年十月十二日条（牧田本九七頁）。『初渡集』・『再渡集』によれば、策彦は明人などに対し、しばしば「黄麗」・「黄鸝」・「黄麗扇」などを贈答している。黄麗とはコウライウグイスを意味する。なお策彦は豊坊に潤筆料を贈った際に、あわせて短簡を添えているが、そこでは黄麗扇と美濃紙のことを、「金扇一握・方紙一貼」と称している。これから黄麗扇が金扇を指していたことがわかる。あるいは「黄麗」の「麗」は、「灑《さい》」に通じるとも考えられる。「灑」とは「吹きつける」ことを意味し、「灑金」とは、「書画に金箔を吹きつける」意味である。このため黄金を吹きつけた紙を、「黄麗」（黄灑）と雅称し、それを用いた扇を「黄麗扇」と称したのかもしれない。
(82) 『再渡集』上、嘉靖二十六年九月二十日条（牧田本二三七頁）。

【附表】策彦『初渡集』・『再渡集』に見る扇の贈答

日付	場所	授与者	受領者	目的	用語
嘉靖十八（一五三九）年					
五月八日	昌国駅近海	策彦	明人長者	贈与	一本
五月十日	昌国駅石浦所	策彦	呉通事	贈与	一本
五月十四日	定海近海	策彦	定海千戸二人	贈与	各扇子二把
五月十五日	定海近海	本船	千戸	贈与	扇子二柄
五月十七日	定海港	策彦	臧老大人	贈与	扇弐柄

五月二十日	定海港	策彦	本県大人	贈与	扇
五月二十一日	定海港	三号船居座周琳	策彦	贈与	扇子壱柄
五月二十七日	寧波登岸	策彦	周通事	贈与	一本
六月十日		策彦	両大人	贈与	片金扇二本
			外郎		粗扇二本
六月十三日		日本国使臣	太監	贈与	粗扇二十四把
六月二十六日	謝国経宅	謝国経	策彦	贈与	扇
		策彦	謝国経	返礼	扇一柄（一指）
			外郎二人	返礼	扇各一柄
	趙元家	策彦	趙一夔	返礼	扇一柄（一指）
			趙元	返礼	扇子一柄
			童	返礼	粗扇一把
七月八日		策彦	趙一夔	交換	隻金扇・粗扇二柄
七月十日		策彦	蕭翰一観	返礼	両金扇一柄
七月十三日		策彦	提挙司	贈与	両金扇子
七月十五日	嘉賓堂後	正使	策彦	施与	黄麗・平僧一指
七月二十一日	范大人家	策彦	范大人	贈与	隻金扇一柄
七月二十三日	東禅家	正使	東禅	施与	烟景
		策彦		施与	一指
七月二十六日		策彦	梅崖	返礼	隻金扇一柄
七月二十七日		策彦	張古岩	返礼	隻金扇一柄
八月一日		二号船頭河上杢左	策彦	贈与	唐扇一柄

		衛門			
八月十一日		策彦	商人	交易	撒砂扇一本
八月十七日		駱邦翰	釣雲・策彦	贈与	一柄魚字・一柄撒金黒骨
八月十八日		策彦	駱邦翰	送別	黄麗扇一柄
八月二十七日		策彦	包霊山大人	送別	両金扇子
九月七日	正使舘	策彦	施主浦雲	施与	一指
九月二十七日		策彦	通事周文衡	送別	両金扇一握
九月二十八日		全四郎	策彦	贈与	両金扇一握
十月九日	西門	正使・策彦・両居座・両土官以下	知府曹大人	送別	各出扇子一把
		策彦	柯雨窓	依頼	粗扇一把
十月十二日		策彦	豊坊	潤筆	金扇一握
十月十三日		船頭神屋主計守	策彦	贈与	両金扇弐柄
十月十六日		惟孫貽公首座	策彦	送別	一指
		徳忠上司		送別	一指
		阿野備後守		送別	扇一柄
		岩井七郎左衛門		送別	扇子二把
		作事九郎二郎		送別	扇子弐把
		宗堅		送別	扇子二把
十二月九日	広陵駅	策彦	知府劉宗仁	贈与	黄麗扇一柄
		正使		贈与	黄麗扇一柄

嘉靖十九（一五四〇）年			大光・釣雲		贈与	各扇一柄
	一月一日	鐘吾駅	正使和上及予以下諸役者	提挙司	贈与	各両金扇一柄
				趙大人	贈与	各隻金扇一握
				周大人	贈与	各携扇一握
	二月八日	安徳駅	正使及予以下諸役者	寧波新知府	贈与	扇子四柄
				提挙司	送別	扇子三柄
				周大人	贈与	扇三握
	三月十五日	北京礼部	正使及予・従僧一人	嘉靖帝	進貢	団扇・小扇各二十
	四月七日		琉球人	策彦	乞詩	扇
	八月五日	鎮江駅	策彦・大光・釣雲	焦山々長	贈与	各金扇一柄
	九月一日	皂林駅	大光	策彦	贈与	御物之内扇子十本
	九月八日	蓬莱駅	策彦	駱邦翰	贈与	扇子
	十月二十四日	寧波	策彦	三英	交易	両金扇四柄（価銀一両六銭）
	十一月六日		策彦	方梅厓	贈与	両金扇一柄
	十二月十七日		策彦	万英	返礼	両金扇
嘉靖二十（一五四一）年	一月二十七日	方梅厓先生家	策彦	方梅厓	贈与	両金扇一柄（面鴻門宴集図・裏花鳥）
	二月四日	柯雨窓家	正使	柯雨窓	贈与	金扇三

			策彦		贈与	粗扇二柄
	二月十四日		正使	通事	贈与	金扇（自土官所恵也）
	二月二十五日		策彦	万英	交易	隻金扇弐柄（銀四銭）
	三月五日		策彦	柯雨窓	交易	扇一柄（銀二銭）
嘉靖二十六（一五四七）年	十一月二十日	寧波	重付清左衛門	策彦	贈与	隻金扇
嘉靖二十七（一五四八）年	一月一日		策彦	大明通事盧・周来	贈与	各付扇一柄
			土官	臧大人	贈与	扇
	三月二十一日		四号船頭	策彦	贈与	両金扇壱把
	三月二十三日		諸役者	外郎	贈与	各出麁扇壱把
	三月二十四日		策彦	三通事	贈与	両金扇（黒骨）一本
	三月二十六日		策彦	外郎	贈与	一本麁扇
	四月三日		策彦	門大人	贈与	両金扇一本
				ムシクシ大人	贈与	隻金扇一本
	四月六日		策彦	館夫王貴	贈与	扇両柄
	四月十四日		策彦	買辧	贈与	片金扇
	六月十二日		生首座	策彦	贈与	団扇
	六月十八日		副・居以下役者	寺僧	贈与	各自携扇壱柄
	九月二十日	豊坊宅	策彦	豊坊	贈与	両面金扇壱柄・隻

						面金扇壹柄（元信写）
	九月二十四日	范南岡家	策彦	豊坊の子	贈与	両金扇一柄
				范南岡	贈与	両金扇・隻金扇各二柄
	十一月九日	呉山駅	総役者	外郎	贈与	扇二本
	十一月二十日	呉山駅	策彦	船頭	贈与	両金扇
嘉靖二十八（一五四九）年	一月一日	京口駅外江中	策彦	船頭幷水夫	贈与	隻金扇一柄
				館夫王桂	贈与	貼銀扇
				鈞雲館夫	贈与	扇一柄
				呉通事・周通事	贈与	両金扇各一柄
				太郎五郎・源次郎	贈与	扇子各一柄
	一月二日	京口駅	策彦	七府蔣大人	贈与	両面扇一柄
				二通事	贈与	隻金扇各壱握
	一月十六日	瓜州	策彦	袁大人	贈与	隻金扇壱握
	二月六日	淮陰駅	策彦	陳雲松・李大人	贈与	各両金扇
	五月六日	北京礼部	策彦・副使等	嘉靖帝	進貢	扇子
	六月十二日		策彦	褚大人	恵詩	隻金扇
	七月五日		策彦	商人	交易	金扇
	七月二十八日	大隆善護国寺	策彦同列	寺長三人	贈与	三金扇
				浴子以下	贈与	扇子四柄
		大隆福寺	策彦同列	寺長二人	贈与	両金扇

室町時代の博多商人宗金と京都・漢陽・北京

佐伯弘次

はじめに

室町時代の博多商人宗金は、日朝貿易・日明貿易に活躍したことが知られている。宗金は、十五世紀前半から半ばにかけての博多の貿易商人を代表する存在だけでなく、日本の貿易商人を代表する一人でもある。

宗金に関する研究は、戦前から行われており、とくにその貿易に関しては、多くの研究がある。(1)本稿では、そうした研究を前提として、宗金と東アジア各国の首都との関係、具体的には、日本の京都・朝鮮の漢陽（漢城）・明の北京と彼がどのような関わりを持ったのかについて具体的に検討し、宗金の交易・外交活動について、新たな側面から検討を加えたい。貿易商人たちが目指した場所は、各国の貿易港と首都が一般的であったからである。

さて、宗金に関しては、京都の公家山科教言の日記「教言卿記」の応永年間の記事に見える京都円福寺僧宗金と応永二十六年（一四一九）以降に見える博多の宗金を同一人物として考えるか否かについて、論が分かれている。同一人と考える田中健夫・上田純一・伊藤幸司各氏に対して、(2)私は、同一人とするには史料が足りないという立場である。同一京都の宗金と博多の宗金が同一人物であるという可能性については否定しないが、「老松堂日本行録」に見える「石城僧宗金」を博多の石城山妙楽寺僧と解釈するのは、疑問を感じざるを得ない。同史料では、「石城」を妙楽寺を意味するものとして使用した例はなく、いずれも博多の異称として使用しているからである。したがって「石城僧」とは、博多の僧という一般的な意味にしかならない。また博多滞在中の宋希璟は、たびたび妙楽寺を訪問し、茶や入浴の接待を受けている。この時、妙楽寺主林宗・日本国王使無涯亮倪・九州探題使節文渓正祐・日本国王副使平方吉久らは同席したり、宋希璟を招請したりしているが、宗金の同席・関与の記事はなく、「老松堂日本行録」からでは、宗金と妙楽寺の関係は明らかに出来ない。

ここでは、同一人か否かについては留保することにし、応永二十六年以降の博多の宗金について検討することにする。

一　宗金と京都

（1）応永二十六年の宗金と京都

「教言卿記」の円福寺僧宗金の記事を仮に除外すると、「老松堂日本行録」の記事が宗金に関する初見史料となる。中でも、同書の抜語に見える「国家於己亥春、倭来、九州之倭給酒食尽還、馬島之倭拘留不還、夏又遣兵討之、九州探提一喜一疑而、欲知国家之意、択其居僧宗金、送于王所、金帰見王之所親陳外郎、具言之、外郎説于王[3]」という記事は、「老松堂日本行録」が記された一四二〇年ではなく、応永の外寇（己亥東征）が行われた前年の応永二十六年（一四一九）の記事であり、実質的な博多宗金の初見史料である。

一四一九年の己亥東征の後、九州探題渋川氏は一方では喜び、一方では疑いを持って、朝鮮の意図を知るために、「其居僧」の宗金を選んで、王所＝京都に派遣した。宗金は京都に行き、日本国王足利義持と親しい陳外郎（宗寿）に見え、応永の外寇について詳しく報告した。陳外郎はこれを足利義持に報告した。以上がその内容である。「其居僧」とは、九州探題が居す博多の僧を意味する。

つまり、応永の外寇の善後策を検討した九州探題渋川義俊は、まず室町幕府に事態を報告するため、博多の僧宗金を京都の陳外郎宗寿のもとに派遣し、陳外郎から足利義持に報告させたのである。陳外郎宗寿は、博多に居住した初代陳外郎延祐（宗敬）の子であり、博多在住の貿易商人平方吉久は宗寿の子であった。九州探題―宗金―陳外郎という博多を中心とする人的ネットワークをもとに、この報告は行われたのである。

応永の外寇は、対馬の朝鮮通交を抑制し、九州探題―博多の朝鮮通交を拡大させたが、まさにその時に博多の宗金が登場するのは、博多の朝鮮通交の活発化を暗示しており、象徴的である。なお、この跋語に宗金の博多下向の記事はないが、当然のことながら博多に下向した。時期は不明であるが、大蔵経求請に託し、応永の外寇の真相を探るため朝鮮に派遣された日本国王使の出発以前であることが推定される。(4)

（2）応永二十七年の宗金と京都

一四一九年十月に朝鮮に到着した日本国王使は、翌一四二〇年二月に帰国した。この時、日本国王使に同行したのが、回礼使宋希璟の一行である。宋希璟一行は、対馬・壱岐を経て、三月四日に博多に到着し、室町幕府の許可を得て、三月二十一日、博多を出発した。赤間関・尾道・兵庫等を経て、四月二十一日、京都に入り、外交交渉の後、六月十六日に足利義持と対面し、朝鮮国王の国書を伝達した。六月二十七日に京都を発ち、瀬戸内海を西行、八月三日に博多に到着。八月二十日に志賀島を出発し、九月三十日に薺浦に到着し、十月二十五日に漢陽に帰着した。(5)

『老松堂日本行録』に、「僧宗金・善珍・宝倪・吉久殿等、日々連続来饋」、「石城僧宗金・善珍・道成、乗舟来、餞于志賀舡上」(6)とあるように、宗金は博多滞在中の宋希璟に積極的に接触し、もてなした。

宋希璟一行の博多―京都間の往復に宗金が同行したのはよく知られている。その概略を『老松堂日本行録』から記すと、志賀島の船上で宋希璟一行を餞した後、一行に同行し、安芸高崎、室の記事に登場するし、入京後は、宋希璟一行が魏天の家から宿所深修庵に移る時、室町幕府の移動指令を伝え、説得を行った。(7)この交渉には、宗金の他、陳外郎が関わっており、前年に確認される宗金―陳外郎のラインが機能したことを物語っている。しかし、一行の深修庵入居以降、宋希璟と室町幕府の交渉は、陳外郎、無涯亮倪や五山僧などの禅僧、接待・警固役の武士たちが行っており、宗金の記事は登場しない。その後、京都では、宗金は宋希璟一行と別行動をしていたと考えられる。

帰路になると再び宗金が登場する。安芸蒲刈において、宗金は、「その地に東西の海賊があり、東から来る船は東賊一人を乗せて来れば、西賊は襲わない。西から来る船は、西賊一人を乗せて来れば、東賊は襲わない」という海賊の慣習があることを知っており、銭七貫文で東賊一人を雇って来た(8)。宗金が、瀬戸内海の海事慣習を熟知していたことを物語るエピソードである。

博多に帰着した宋希璟は、大宰府の守護大名少弐満貞との交渉を行った。満貞が昨年の応永の外寇を憤り、朝鮮への復讐心を抱いていることを知った宋希璟は、少弐氏と交際がある宗金を窓口にして交渉を行い、その誤解を解くに至った(9)。

宋希璟の船は、頭島から安芸高崎へ向かう途中、海賊に遭遇し、亮倪と宗金の船を待ち、合流した。その記事に、「我船停帆徐行、待亮倪及宗金舩、俄而二舩及来、賊舩望之、縁北辺向西過去、吾与二舩一行免害過帰也(10)」とあり、宋希璟船と同行した船は、無涯亮倪船と宗金船の二隻であったことがわかる。これに対し、京都出発直前の六月二十五日、宋希璟は無涯亮倪と別れているので(11)、京都からの帰路においては、宗金船のみの同行であった。すなわち宗金は、宋希璟船に同乗して同行したのではなく、別船で同行したのである。宗金船の機能であるが、帰路、周防上関から下松に到る海上で海賊船と遭遇した時、宗金は小船を出して護送船を呼び、連絡を受けた護送代官船が到着して、海賊船は姿を消した(12)。これは、宗金船が護送船とは異なる性格を持つことを物語っている。すなわち宗金船は、あくまでも宋希璟船に同行する案内船であり、重度に武装した護送船ではなかった。

応永二十七年における宗金と京都との関係であるが、宋希璟一行と共に三月二十一日博多出発、四月二十一日入京、六月二十七日出京、八月三日前後に博多帰着という行程が推測できる。

（3）永享元年～四年の宗金と京都

二節で述べるように、宗金は永享元年（一四二九）に日本国王使として朝鮮に渡航し、翌二年二月ごろ、漢陽から帰途についた。日本国王使任命のため、朝鮮に渡航する以前に、宗金は上洛し、室町幕府で国書その他を受け取り、渡航目的に関する指示を受けたはずである。永享元年十月ごろ朝鮮に渡航しているので、その年の内に上洛―博多下向をした可能性が高い。

将軍足利義教期の史料である「御前落去奉書」[13]に次のような宗金に関する史料があることが知られている。[14]

（花押影）（足利義教）

宗金九州下向周防・長門両国事、厳密致警固、無其煩可被勘過之、次来年二月上路（洛）云々、同以可致其沙汰之由候也、仍執達如件、

永享三

八月十日　　貞連（飯尾）
　　　　　　為種（飯尾）

内藤肥後入道殿（智得）

本文書は、永享三年（一四三一）八月十日、室町幕府が大内氏の長門守護代内藤智得に対して、宗金が九州に下向する時、周防・長門は厳重に警備を行い、無事に通過させることを命じ、併せて、来年二月に上洛するので、同様の

沙汰をするように命じた、足利義教袖判のある室町幕府奉行人連署奉書である。
この史料から、宗金が永享三年八月以降に京都から九州（博多）に下向すること、翌四年二月に上洛することがわかる。永享三年八月以前に博多から上洛していることも推定できる。しかし、この史料には、宗金が何を目的にして博多―京都間を往来するのか、またなぜこの時、室町幕府が宗金を保護しているのかが記されていない。ただし、室町幕府が宗金の上下向を厚く保護していることから、宗金の活動が、室町幕府と関わりがあるものであったことを推測できる。ともかく宗金には、永享三年八月に博多に帰り、同四年二月に上洛するという明確な理由があったことは間違いない。また、四年二月以降の適当な時期に、宗金は京都から博多に下向したことも推定できる。
この永享三年八月の九州下向の背景を探ってみよう。一つの可能性は、後述するように、日本国王使としての使命を果たし、永享二年二月以降に帰国した宗金は、復命のため、一年後の永享三年に上洛したという考えである。可能性としてはあり得るが、一年後に復命するというのは遅すぎるため、いま一つの可能性も考えてみよう。世宗十三年（一四三一＝永享三）二月、日本国王使舎温は世宗と対面し、世宗の質問に対して、「伏地失措変色」という状況になった。[15]この狼狽ぶりと宗金が同時に遣使していることから、この日本国王使は、宗金が仕立てた偽使であるとされている。[16]この使節は、同年三月、辞去し、帰国の途についた。この時の朝鮮国王より日本国王への贈品は、黒細麻布・紅細苧布・白細綿紬各十匹、人参五十斤、豹皮・虎皮各五領、雑彩花席・満花方席各十張、各色斜皮五領というものであった。[17]
「看聞日記」永享三年七月二十八日条に、「抑自高麗公方へ進物到来、鵝眼千貫・唐物重宝済々進云々、小人島之人、其長一尺四五寸、歳五十許之小人来、室町殿被御覧、被預人云々」という記事がある。[18]朝鮮から室町将軍へ銭千貫や唐物・重宝の進物と小人が届いたというのである。宗金の九州下向を記した奉行人奉書は、永享三年八月十日付けであった。この前後に朝鮮使節が来日したという史料はない。「看聞日記」の記事と宗金下向の近時性から、この両者には関係があると考えられる。この京都に進物を届けたのは、宗金ではあるまいか。また、この前後に朝鮮が日本国王に対して銭千貫文を贈ったという史料もない。「看聞日記」の誤記・誤聞とも考えられるが、偽日本国王使が帰国したのは、同年四月ごろと考えられるから、その朝鮮からもたらした物品の一部が宗金によって幕府にもたらされたという想定は出来ないであろうか。そうすると、明らかな偽使が遣使の成果の一部を室町幕府に上納するという、一種の日本国王使の請負関係ともいうべき形態になる。いずれの考え方にも問題点があるのだが、室町幕府の保護を受けて宗金が上下向を行った理由の一端にはなるだろう。

（4）　文安二年の宗金と京都

「兵庫北関入船納帳」は、文安二年（一四四五）の東大寺領兵庫北関における入港船のリストであり、船籍・船頭・積荷・入港税・問丸を記す瀬戸内海交通史・流通史研究の重要史料である。その文安二年卯月九日条に、次のような史料がある。(19)

門司　米九百石サヌキ斗　八百五十石ハ大内方　太郎左衛門　道祐

同所　米百二十石サヌキ斗〈十六石大内過書　此過書宗金ト門司□□ト二様指出アリ、四十五石新善法寺過書、二十石合□□殿過書、五百四十五文、五月十四日納残分ナリ、何も此船ナリ〉　太郎左衛門　道祐

豊前門司方面からの年貢米輸送に関して、船頭太郎左衛門が船二艘を出した。その内の一艘が米百二十石を積荷として積んでいたが、その内の十六石については、大内氏の過書があり、大内過書を宗金と門司某が兵庫北関に提出したことが記されている。この場合、宗金と門司・大内氏との関係は不明であるが、宗金が門司近辺の年貢米輸送に関

わっていたことは推定できる。この時、宗金が船に乗船して直接兵庫北関に行ったのか、あるいは代理人が大内過書を提示したのかについては不明である。

以上のように、宗金は、かなり頻繁に博多と京都の間を往来していたこと、さらに九州の年貢米輸送に関与しており、大内氏から過書の発給を受けていたことがわかる。これらのことから、博多の宗金は単なる僧侶ではなく、僧形の廻船商人であり、九州探題渋川氏は、こうした恒常的に博多―京都間を往来していた宗金の活動を利用して、応永の外寇を室町幕府に伝達する使者に選んだと推定される。

二　宗金と漢陽

宗金は、宋希璟一行を京都まで案内し、博多に帰着した後、朝鮮通交を開始し、臨時の通交から、受図書人となり、恒常的な朝鮮通交権を獲得して、一層活発に通交を展開し、大蔵経の獲得に至った[20]。受図書人は、朝鮮から図書（銅印）を与えられた日本人が、これをその外交文書（書契）に捺し、使者を朝鮮に派遣して、外交・貿易行為を行ったものである。この受図書（授図書）の制度は、朝鮮側の日本人通交者統制策の一環である。後に受図書人は、朝鮮の通交統制策が完成してくると、年に派遣できる船数を契約していく歳遣船定約者に変化していく[21]。

宗金は、一四二五年十月以降、受図書人であったので、使者を朝鮮に派遣する形での通交を行った。これに対して、もう一つの代表的な朝鮮通交パターンが、朝鮮から官職を与えられる受職人である。受職人は、朝鮮の官人という建前であったので、自身が渡航するという通交を行った。博多商人には、受職人も多かったが、宗金は受図書後、一貫して受図書人としての通交活動を行ったので、基本的に朝鮮に自身が渡航することはなかったのである。

ところが、朝鮮側の史料を見ていくと、宗金自身が朝鮮に渡航し、漢陽まで赴いた事例が数件確認される。こうした宗金の自身渡航の事例を検討していこう。

（1）一四二九年の日本国王使

世宗十一年（一四二九）に宗金は、六月、七月、九月、十一月、十二月と五回朝鮮に遣使しており、活発な朝鮮通交を展開した[22]。この活発な朝鮮通交の背景には、前年からこの年にかけて日本に派遣された朝鮮通信使朴瑞生一行の来日がある。すなわち、前年七月に宗金は、日本国王（足利義持）の死とその弟（足利義教）の嗣立を朝鮮の礼曹に報告した[23]。宗金は朝鮮使節の来日の報に接すると、①春を待って発船すべきこと、②いま九州において威権がある大友・大内両氏に使者を派遣し、好を通ずべきことを提案し[24]、通信使船の舟子二人が病気になった時には、宗金は「軽鑑」を発して朝鮮に送達するなど[25]、活発な外交活動を行っている。

世宗十一年十二月、世宗は、側近たちに「日本国、其王薨、不遣使訃告、及即位、又不遣使通好、我国亦不必遣通信使也、然在我交隣之礼、不可不修、故遣使致賻、且賀即位、彼宜報謝、又不遣使、反因求請、乃遣宗金、失礼之中、又失礼焉、今待宗金、将従何等、彼輩本不知礼義、何足責也」と発言した[26]。外交上の「交隣之礼」「礼義」を重視する朝鮮と「求請」を旨とする日本の外交方針の相違を示し、日本側の外交姿勢を非難したのである。この史料で、「日本国（中略）、反因求請、乃遣宗金」とあることから、日本国王足利義教が日本国王使として博多商人の宗金を派遣したことを示している。

その日本国王による求請品とは、「世宗実録」世宗十一年十月壬寅条に見える「日本国王所求香炉・水缾・火盆」であろう。朝鮮側は、これらを鋳鍾所で鋳造させた。ちなみに同条では、左武衛（管領斯波義淳）が「馬轄・青斜皮・

紫狭皮靴」を求めたことも記している。日本国王使は、通信使朴瑞生の帰国に同行して朝鮮に渡航したと考えられるが、十月にはそのもたらした日本国王国書と斯波義淳書契が朝鮮政府内で披見されていたと考えられる。

つぎに日本国王使としての宗金の使命であるが、先述のように、足利義教と斯波義淳の金属製品・皮革製品等の求請が目的であった。翌世宗十二年（一四三〇）二月、日本国王が遣わした宗金・道性ら二十四人が宮殿に赴き、世宗は殿内で両名を引見し、(27)日本国王への答書と斯波義淳への書契を渡した。(28)その答書によると、世宗は日本国王に虎豹皮各五張・雑彩花席二十張・人参百觔・青銅大火盆一事の他、白鳩などの動物を贈った。斯波義淳に対しては、「石城宗公」＝宗金に託して、簾席一張・油青韂二幅・藍斜皮靴二対・紫狭皮靴二対の他、大小の犬を贈った。

こうして、日本国王使宗金は、使命を全うし、帰国した。しかし、「世宗実録」の記事を見ると、金属製品等の求請以外に、別の派遣意図が推測される。先に引用した世宗が日本国王の外交姿勢を批判した記事の後で、日本国王足利義教が通信使朴瑞生に対して、「欲継父王之意志、服事上国、恐以前日之事、祇被留拘、請帰告国王、俾達吾志于上国」と述べたことを紹介し、諸臣に意見を求めている。足利義持期の対明通交断絶を経て、足利義教政権にとって、日明通交・貿易の復活は急務であった。(29)義教は、一つの方策として、朝鮮経由で日本側の朝貢再開の意志を明に伝達しようと画策したのである。この朝鮮経由の朝貢再開意志の明への伝達は実現しなかったが、日明貿易に対して知識を持つ博多商人宗金も、日本国王使としてその交渉を行ったに相違ない。これこそが、五山禅僧など京都の人物ではなく、博多商人が日本国王使に異例の抜擢をされた理由であると考えられる。

また、宗金が室町幕府から日本国王使に任命されたことからすると、当然、宗金は、渡航前に上京し、京都で日本国王足利義教と管領斯波義淳の書契その他を受け取り、日本国王使の使命についての指示を受けて、博多に下向したはずである。日本国王使が世宗十一年十月ごろ朝鮮に渡航していることから、同年中に宗金の上京―博多下向がなされたに違いない。

以上のような宗金の積極的な朝鮮通交は、朝鮮側の日本人通交者に対する認識の中で明確に位置づけられることになる。例えば、世宗二十年九月の「諸島倭人例給過海料」の対象者の中に「九州宗金所送人、則四十日粮」と規定され[30]、「宗金非他倭比也、国家厚待者[31]」と国王世宗に認識されるに至った。

（2）一四四七年の朝鮮渡航

世宗二十九年閏四月以前に、宗金は朝鮮に渡航した。宗金の朝鮮通交は、受図書人としての遣使が一般的であるが、この時の通交記事には、「今来倭宗金[32]」という文言があり、自身の渡航であることがわかる。

宗金は、「私物」をことごとく京（漢陽）に輸送し、交易しようとしたが、朝鮮の礼曹は、三分の二を京に輸送し、それ以外には三浦に留めて貿易させようとした。これに対し世宗は、宗金が他倭と異なり、国家が厚く待遇する人物であるため、宗金の願いを許可するように指示した。つまり、宗金の渡航の目的の一つは、貿易であったことがわかる。

宗金は、五月丙辰に勤政殿西庭に到り、土物を献上した。これに対し、世子は、宗金を引見し、渡航をねぎらった[33]。この渡航で宗金は、被虜人となって博多に三十余年留まっていた唐人観音保を朝鮮に連れてきていた[34]。そして、観音保を連れてきたのは、明皇帝の被虜人推刷の意志に従ったものであり、朝鮮がこれを明に送還すれば、今後も連続して被虜人を日本から刷還することを述べている。さらに宗金は、日本国王が十三歳になり、来る八月十五日に即位すれば、「事大交隣」をすることになるが、中国のことを知らないので、琉球国に尋ねたところ、琉球は、「中国と達子（モンゴル）が戦争中であり、朝貢すべきではない」と返答したが、これは琉球が中国との貿易を独占するために、日本を忌避し、このように述べているのであり、この件について朝鮮の意見を聞き、中国への遣使の可否を決定すると述べた。

まず前者の唐人被虜観音保の問題であるが、朝鮮政府内では、先例まで持ち出して検討がなされたが、結局、観音保を遼東に押送することが決定した[35]。宗金の渡航の目的は、この観音保の送達にあったことは明らかである。後者の日本国王の明への遣使に関しては、「世宗実録」に関係記事がなく、朝鮮側がどのような議論をし、決定したのか、不明である。朝鮮は、こうした明と日本の間の外交交渉の仲介をすることを極度に忌避しており、この件については、議論がなされたものの、遣使の可否については意見を述べなかったものと推測される。宗金がこうした室町幕府の対明外交に関して、朝鮮に意見を求めていることは、その調査を室町幕府から依頼されていた可能性もある。永享元年の日本国王使就任と同様、何らかの形で室町幕府の指示を受けていたことも考えられる。

以上のように、今回の宗金の自身渡航の目的は、①自身の貿易、②被虜唐人の送還、③対明外交のための情報収集の三点になる。②は個人的な外交行為であり、③は国家的な外交の準備であり、こうした外交活動を通して、宗金は自身の貿易を有利に行うという、きわめて効率的な通交を行ったのである。これ以外にも宗金は、一四三二年や一四四八年の日本国王使派遣に深く関与しており[36]、博多の一貿易商人であると同時に、室町幕府の外交ブレーン的な位置にあったことが考えられる。

（3）　一四五〇年の朝鮮渡航

文宗即位年（一四五〇）十一月、宗金等十人が来朝して土物を献上した[37]。宗金は、十二月一日、輝徳殿に進香し[38]、その後、大蔵経を請い、善山府得益寺所蔵の三千八百巻を賜給された[39]。この時期、日本の一商人に大蔵経が下賜されることはなく、異例の賜給であった。これまでの宗金と朝鮮の関わりの深さが、こうした異例の賜給の理由となったものと考えられる。すなわち、今回の自身渡航の目的は、大蔵経の求請にあった。おそらくこの時も、前回同様、自身の貿易を行ったに相違ない。

世祖元年（一四五五）七月、礼曹の官人たちが、壱岐の受職人藤九郎に九州の朝鮮通交者等に関して、質問を行った(40)。その中で官人が、宗金という富豪はいかなる人物で、子孫があるかどうかを質したところ、藤九郎は、「富人也、又有子孫、年前八月物故、宗金之言曰、『吾子三人、皆謁朝鮮国、独末子未謁、将伝図書於末子』、往謁朝鮮、面嘱而死、日本国王、賜御書於宗金、故到処皆厚接、昔日大内・小二殿相戦時、他富人、未免兵禍、宗金得脱」と返答した。宗金の人物像を示す史料として、よく引用される記事である。

「日本国王、賜御書於宗金、故到処皆厚接」という箇所は、先に引用した室町幕府奉行人連署奉書の内容と一致する。富人宗金は、前年八月に死去したが、生存中、四人の子の内、まだ朝鮮に渡航経験がない末子に図書を継承させるため、末子と朝鮮に渡航し、図書継承を直接依頼して死去したというのである。「朝鮮王朝実録」の宗金の朝鮮通交関係記事の終見は、先の文宗零年十二月の大蔵経求請の記事であることから、末子への図書継承を依頼したというのは、この時であろう。ちなみに宗金の図書を継承したのは、子の宗家茂であり(41)、彼が宗金の末子であるか否かは不明である。この一四五〇年の渡航の目的は、大蔵経求請と同時に、自身の図書を子息に継承させるための交渉であったと考えられる。

三　宗金と北京

宗金が日明貿易に関与し、自身が中国に渡航経験があることは、すでに指摘されている[42]。その史料を確認しながら、宗金と日明貿易ならびに北京との関係を見ていきたい。

宗金の中国渡航を物語るのは、日本や明の史料ではなく、朝鮮の史料である。世宗十五年（一四三三）六月に宗金は朝鮮に遣使したが[43]、同年十月には、朝鮮の回礼使を護送して礼物を献上し、朝鮮側から綿紬を給与された人物に「宗金子」がいる[44]。回礼使の帰国時に護送し、かつ朝鮮に通交したのである。この時の回礼使の帰国は、五月二十四日から七月二十七日の間であるから[45]、その帰国時に宗金の子息が護送を行ったのである。本来ならば、宗金が護送すべきところ、子息が護送した理由は、直後の宗金子息の家茂の遣使通交の記事に記されている。すなわち、家茂の遣使に対して、「素所通信之人」ではない家茂の通交を認めるか否かを朝鮮側が論議した記事の中に、「況宗金輸款有旧、今朝于上国」とある[46]。宗金の子息が回礼使を護送し、家茂が遣使通交した理由は、宗金が当時、明に渡航していたからに他ならない。

永享四年（一四三二）出発の第九次遣明使は、同年八月十九日に兵庫を出発し、翌年五月に北京において表を奉呈、永享六年四～五月に赤間関や北部九州に帰着し、五月二十四日に兵庫に到着した[47]。当時の遣明船は、一般的に博多を発ち、平戸を経て、五島から明に渡航したが、この時、いつ博多を出発したのかは不明である。しかし、回礼使の帰国時に宗金子が護送したことは、すでに宗金は遣明船で出発していた可能性が高い。宗金の朝鮮への遣使は、世宗十六年（一四三四）十二月に確認され[48]、遣明船帰国後に朝鮮に遣使したことがわかる。

いま一つの史料は、先の宗金が観音保を送還した世宗二十九年の記事である[49]。宗金は礼曹に対して、「予於正統元年、与僧道淵、朝于上国、帝賜道淵満繡架（袈）裟、賜我段子二十四・絹四十四、又賜日本国王之物、陳於三十六卓子曰、『汝当禁賊、且民之被擄在汝国者甚多、亦悉推刷、因朝鮮・琉球国以送』（下略）」と述べている。宗金は、正統元年

（一四三六）に僧道淵（龍室道淵）とともに明に渡航し、正統帝は道淵・宗金・日本国王（足利義教）に袈裟・緞子・絹等を下賜し、日本国王に対して、倭寇の禁圧と日本に存在する明の被虜人を全て朝鮮・琉球経由で送還するように命じたとする。

宗金が明帝から緞子・絹の下賜を受けたということは、この時、宗金は寧波から北京に行き、明帝から下賜品を得たことになる。もしこの言が正しいとすると、宗金は遣明船において、船頭・居座・土官といった何らかの役職についていたことが推測される。宗金が唐人被虜人の観音保を送還したのは、明帝の指示によるものとするのである。

足利義教が派遣した第十次遣明使は、永享六年（一四三四）九月三日、明使一行とともに兵庫を出発し、翌宣徳十年十月に北京に到着し、表を奉り、翌正統元年二月四日に正統帝の国書を得て、永享八年六月に兵庫に帰着した(50)。しかし、この時の遣明正使は恕中中誓で、龍室道淵は前回の第九次遣明正使であり、年代的に問題があることが指摘されている(51)。日本側の史料によると、足利義教期に明側が倭寇の禁圧と被虜人の送還を強く求めたのは、永享六年来日の明使である(52)。この宗金発言の矛盾は、以下のように考えることができる。第一に、宗金が第九次・第十次いずれもの遣明船で入明したという可能性である。第九次の正使龍室道淵の名と第十次の年代＝正統元年が混合したと考えれば、その可能性はある。第二は、いずれかの遣明船の記述が誤っており、第九次か第十次のいずれかの遣明船で入明したという可能性である。この場合であれば、宗金の「今朝于上国」という記事が見える世宗十五年十一月は、第九次遣明船の入明中の時期であり、龍室道淵という第九次遣明正使の名前が宗金の発言の中に登場することから、第九次遣明船で入明した可能性が高い。

いずれにしても、宗金が足利義教期の遣明船において重要な役割を果たしたであろうことは、これ以前における宗金と室町幕府の関係の深さや日本国王使として日明関係復活に努力している点から見て、容易に推定できる。

おわりに

以上の要点をまとめて、結びとしたい。本稿で明らかにしたのは、宗金と京都＝室町幕府との関係の深さである。宗金は頻繁に博多と京都の間を往来しており、それは彼の活発な商業活動の表れであるということができる。つまり、宗金と室町幕府との関係の深さの前提には、その廻船商人としての日常的な活動があった。

朝鮮との関係においては、本来の受図書人としての通交＝遣使の活動を超えて、自身渡航している事例が三回確認できる。これは自身の貿易行為や求請、被虜人送還、通交権の継承などの目的をもって行われたが、日本国王使として、室町将軍や管領の求請を行うと同時に、日明通交復活の交渉に当たっていたと推定される。さらに、こうした機会を利用して、貿易を有利に展開し、かつ偽日本国王使派遣に関与するまでになった。

明との関係においては、足利義教期に一度、もしくは二度、入明しており、その役割は単なる客商・従商といった便乗商人ではなく、船頭・居座・土官等の何らかの役職を担っていたことが推定される。

こうした宗金と京都・漢陽・北京の関係は、いずれも密接であったが、それぞれが個別に進行したわけではない。例えば、室町幕府との交渉↓日本国王使としての日明通交復活交渉↓日明貿易への参画という具合に、三者との関係が密接に関連しあっていたことに特徴があるといえよう。

註

（1）　有光保茂「博多商人宗金とその家系」（『史淵』一六、一九三七年）。なお近年の研究として、佐伯弘次「室町期の博多商人宗金と東アジア」（『史淵』一三六、一九九九年）がある。

（2）田中健夫『中世海外交渉史の研究』第二（東京大学出版会、一九五九年）、上田純一『九州中世禅宗史の研究』第二章第二項（文献出版、二〇〇〇年）、伊藤幸司『中世後期の対外関係と禅僧』第一部第二章（吉川弘文館、二〇〇二年）。

（3）村井章介校注『老松堂日本行録』一九六～一九七頁（岩波文庫、岩波書店、二〇〇八年第四刷）。

（4）なお、この時の日本国王使は博多妙楽寺の無涯亮倪であり、副使は博多商人で陳宗寿の子平方吉久であった。この人的構成と前後の関係から、この日本国王使は、室町幕府ではなく、九州探題によって企画され、室町幕府の承認のもとに派遣されたと考えられる。

（5）行程は、『老松堂日本行録』の記事による。

（6）『老松堂日本行録』二〇三頁。

（7）同前一〇四頁。

（8）同前一五四頁。

（9）同前一七三～一七六頁。

（10）同前二〇六頁。

（11）同前一三七頁。

（12）同前一五七～一五八頁。

（13）桑山浩然校訂『日本史料選書二〇　室町幕府引付史料集成　上巻』（近藤出版社、一九八〇年）。

（14）この史料は早くから宗金関係史料として知られており、註（1）有光論文に引用されている。

（15）「世宗実録」十三年（一四三一）二月丙午条。

（16）関周一「室町幕府の朝鮮外交――足利義持・義教期の日本国王使を中心として――」（阿部猛編『日本社会における王権と封建』東京堂出版、一九九七年）、伊藤幸司「日朝関係における偽使の時代」（『日韓歴史共同研究報告書第2分科篇』日韓歴史共同研究委員会、二〇〇五年）。

(17)「世宗実録」十三年三月丁丑条。
(18)『図書寮叢刊　看聞日記三』永享三年七月二十八日条。
(19)林屋辰三郎編『兵庫北関入船納帳』（中央公論美術出版、一九八一年）。〈　〉内は注記を示す。
(20)佐伯註（1）論文。
(21)中村栄孝『日本と朝鮮』第二「交隣外交の成立」（至文堂、一九六六年）。
(22)佐伯註（1）論文表2。
(23)「世宗実録」十年（一四二八）七月甲子条。
(24)同前十年十二月辛卯条。
(25)同前十一年（一四二九）十一月辛酉条。
(26)同前十一年十二月辛巳条。
(27)同前十二年（一四三〇）二月壬午条。
(28)同前十二年二月庚寅条。
(29)小葉田淳『中世日支通交貿易史の研究』（刀江書房、一九六九年。初版は一九四〇年）、田中健夫『中世対外関係史』（東京大学出版会、一九七五年）など。
(30)「世宗実録」二十年（一四三八）九月庚戌条。
(31)同前二十九年（一四四七）閏四月庚申条。
(32)同前二十九年閏四月庚申条。
(33)同前二十九年五月丙辰条。
(34)同前二十九年五月丙辰条。
(35)同前二十九年五月丙辰条。
(36)一四三二年の日本国王使副官人の「而羅（次郎）」は宗金の子と考えられる（「世宗実録」十四年〔一四三二〕五月庚辰条）。

一四四八年の日本国王使正祐は、宗金からの情報により、渡航目的に進香を急遽付加したと述べている（「世宗実録」三十年〔一四四八〕六月乙亥条）。
(37)「文宗実録」即位年（一四五〇）十一月丙辰条。
(38)同前即位年十二月辛未朔条。
(39)同前即位年十二月癸未条。
(40)「世祖実録」元年（一四五五）七月丁酉条。
(41)申叔舟「海東諸国紀」筑前州条（田中健夫訳注『海東諸国紀』一六八～一六九頁、岩波文庫、岩波書店、一九九一年）。
(42)註（1）有光論文。
(43)「世宗実録」十五年（一四三三）六月壬寅条。
(44)同前十五年十月辛未条。
(45)帰国の途中、瀬戸内海で海賊のために日本国書契以下を奪われた回礼使一行が、対馬に到着したのが五月二十四日（「世宗実録」十五年六月戊子条）、帰国後、復命をしたのが七月戊寅（二十七日）である（同前十五年七月戊寅条）。
(46)「世宗実録」十五年十一月甲申条。
(47)註（29）小葉田著書第二章第三節。
(48)「世宗実録」十六年十二月己酉条。
(49)同前二十九年五月丙辰条。
(50)註（29）小葉田著書第二章第三節。
(51)註（1）有光論文。
(52)「満済准后日記」永享六年六月十七日条。

第二部　外交秩序と文化交流

入明記からみた東アジアの海域交流

——航路・航海技術・航海神信仰・船旅と死について——

伊藤幸司

はじめに

遣明船で入明した禅僧が書き記した渡海日記を入明記という。現在確認されている入明記には、笑雲《しょううん》瑞訢《ずいきん》『入唐記』（以下『笑雲入明記』と呼称）（宝徳度）、『戊子入明記』（応仁度など）、『壬申入明記』（永正度）、策彦《さくげん》周良《しゅうりょう》『初渡集』（天文七年度）、同『再渡集』（天文十六年度）の五つがある。このうち、『戊子入明記』と『壬申入明記』は当該遣明船などにかかわる史料集的性格が強く、いわゆる純粋な日記形式の記録としては笑雲瑞訢と策彦周良の入明記があるにすぎない。本稿の目的は、入明記を主要な史料として東アジアの海域交流の実態を現地踏査の成果を加味しつつ考察することである。遣明船に関する研究は、戦前以来、一定程度の蓄積がなされているが[1]、意外にも入明記にこだわって海域交流のあり方をあぶり出そうとしたものは少ない。そこで、本稿では先学に学びつつ、①遣明船の航路、②遣明船の航海技術、③遣明船の航海神信仰、④遣明使の船旅と死、の四項目に注目して、日本の遣明船の海域交流の実態についてせまりたいと考えている。

一　遣明船の航路

遣明船はどのような航路で渡海したのであろうか。ここでは、航路が往路・復路ともに詳細に復原できる笑雲瑞訢（宝徳度遣明船の従僧）と策彦周良（天文七年度遣明船の副使）の入明記を手がかりとして、遣明船の航路を確認する。

【宝徳度遣明船・一号船の航路】

（往路）

兵庫（1451/11/9発）→尾道（11/14着）→赤間関（12/11着）→博多（1452/1/5着、8/18発）→志賀島（8/18着、8/23発）→平戸（8/23着、9/5発）→的山大島（9/5着、9/22渡航中止）、（風待ちで越年）→奈留（1453/3/19着、3/30発）→蓮華洋（4/6着）→沈家門（4/12着）→舟山（4/15着）→三山（4/16着）→定海県（4/17着、4/19発）→寧波（4/20着）

（復路）

寧波（1954/6/15発）→定海県（6/17着）→舟山（6/17着）→蓮華洋（6/22着、6/23発）→済州島（6/27着、7/7発）→雄山（7/8着、7/11発）→志賀島（7/12着、7/13発）→相島（7/13着）→蘆屋（7/14発）→赤間関（7/14着）

【天文七年度遣明船・一号船の航路】

（往路）

博多（1539/3/5発）→志賀島（3/5着、3/17発）→的山大島（3/17着、3/22発）→平戸（3/22着、3/24発）→河内浦（3/25着、3/30発）→奈留（3/30着、4/19発）→温州近海（5/2着）→昌国（5/7着）→定海港（5/16着、5/22発）→寧波（5/22着）

（復路）

寧波（1540/5/21発）→定海（5/24着、5/25発）→沈家門（5/28着、5/30発）→烏沙門（5/30着、6/10発）→日島（6/26着、6/28発）→南満屋堅《ナマノヤカタメ》（6/28着、7/2発）→生月島（7/2着）→斑島（7/3着、7/4発）→呼子（7/4着、7/9発）→相島（7/9着、7/9発）→赤間関（7/11着）

二つの遣明船の事例で確認できるように、遣明船は博多を出発した後、肥前国の北岸を西進し、平戸島や的山《あづち》大島から五島列島に渡り、寧波の手前にある舟山群島を目指して東シナ海を横断する航路をとっている。復路もおおむね往路を逆進するような航路である。この航路は、まさに日宋貿易以来、日本の博多と大陸の寧波とを結んだ「大洋路」そのものであった。

しかし、遣明船が常に「大洋路」を活用していたのかというと必ずしもそうではない。かつて、宋元期の日中交流の場では、博多—寧波を結ぶ「大洋路」というメイン航路が存在しつつも、元末明初の内乱によって「大洋路」の治安が不安定化した時、そのサブルートとして福建―（南西諸島）―薩摩―高瀬という南島路が活用された[2]。この航路は、初期の日明交流の場でも今川了俊と対立する島津氏の遣明船によってたびたび活用された可能性がある[3]。十五世紀初頭、足利義満の日本国王「冊封」によって日明関係は安定化するが、義持の時代になると日明関係は断交された。ただし、日明の直接通交は途絶えても、日本には南島路（琉球王国）経由で唐物がもたらされていたという[4]。さらに、義教が日明関係を復活させた永享四年度遣明船も南島路経由でなされた可能性が指摘される[5]。遣明船の歴史のなかにおいて南島路がもっとも脚光を浴びるのは、十六世紀に勃発した寧波の乱で途絶えた日明国交を回復する過程である。この時、明朝が琉球王国ルートで室町幕府に講和交渉をもちかけたため、日明勘合をめぐって対立していた大内氏と細川氏もこの交渉ルートの確保に躍起となった[6]。このように、南島路は「大洋路」のサブルートとして遣明船の重要な画期で活用されていた。「大洋路」がメインの航路であることはいうまでもないが、南島路も状況によって使い分けられていたのは確かである。ただし、南島路に関する具体的な史料は乏しく、以下の叙述はメイン航路である「大洋路」に注目していく。

遣明船の航路は、大陸側の窓口が基本的に寧波で一致していたが、日本側の窓口に関しては往路と復路とでは異なっていた。他の遣明船の発着を見てみても、往路は博多を起点（堺発の場合は堺が起点）として出発しているのに対して、復路は博多を通過して瀬戸内海の入口である赤間関を目指して航海している。往路については、明朝に輸出する貿易物資を中世日本最大の国際貿易港博多で艤装する必要上、博多が起点となるのは当然といえる。また、遣明船をになう博多商人の存在も大きい。この点は、堺発の遣明船における堺や堺商人の場合も同様である。しかし、復路では博多に寄港することなく遣明船は赤間関に向かっている。これは、遣明船団にとって日本帰国の通関手続きがおこなわれる赤間関に到達することこそ帰国を意味したからである[7]。赤間関は、室町幕府が大内氏を介して外交使節の往来をチェックする場であり、大内氏もみずからの経営する遣明船の客衆から抽分銭を徴収する抽分司を置くなど、きわめて政治色の強い港湾都市であった。(8) ゆえに、遣明船が帰国した時も赤間関の関吏（大内氏家臣）が船の動向をチェックしていた。例えば、永享四年度遣明船は五艘の船団（幕府船・相国寺船・山名船・大名寺院十三家船・三十三間堂船）で宣徳九年（永享六年・一四三四）に寧波から帰国の途についたが、三船のみが四月に先行して赤間関に到着し、幕府船と山名船が遅延した。結局、幕府船は四月二十七日に壱岐島から相島《あいのしま》に着き、山名船も六月一日に相島に着いたことで、近日中に二船とも赤間関に入ることが京都に報告されている。(9) また、宝徳度遣明船の場合も、九船の船団のうち正使の乗る一号船（天龍寺船）が赤間関に帰着した享徳三年（一四五四）七月十三日時点で、関吏が二号船は五日、三号船は六日、七号船は十一日に帰着しているが、九号船はまだ到着していないと報告している。(10)

遣明船の航路において、陸や島づたいに進むことができない五島列島―舟山群島の航海は、遣明船の船旅においてもっとも困難をともなった。永享四年度と宝徳度の遣明船に乗船した楠葉西忍は、日本と明朝とは京都―寧波間で五三〇里の距離と認識しており、このうち京都―博多間を一八〇里、博多―寧波の「大洋路」を三五〇里としている。(11) 同じく、宝徳度遣明船に乗船した九淵龍《きゆうえんりゆうちん》賝が、日本と明朝とは「海上程三百里」離れていると記していることを考慮すれば、(12) 五島列島―舟山群島はおおよそ三〇〇里の行程と考えられていたようである。この区間の航行は、東シナ海横断中の天候にも大きく左右されるが、順調に航海できた宝徳度遣明船の時でも七日間かかっているから、基本的には一週間以上の日数が費やされた。当然、自然条件に左右される航海である以上、東シナ海を横断するさいに目的の島や港に直通できない場合も多々あった。五島列島を出発して最後に目にするのが「雌雄二島」であり、それを確認した後は舟山群島まで大海原が延々と続く。「雌雄二島」とは、五島列島の福江島大瀬崎より南西方約七十キロにある男女群島とよばれる無人島のことである（現・長崎県五島市）。天文七年度遣明船は、寅刻に奈留を出発して、未

写真１　舟山島の沈家門の水道

写真２　尾道水道

写真３　的山大島的山湾（右奥に朝鮮井戸がある）

写真４　福江島のふせん川

刻に雌雄二島の十里ほどのところを通過している。[13] こうした航海であったから、遣明船は往路・復路で頻繁に漂流している。さきの二つの遣明船の場合でも、宝徳度遣明船は復路で、天文七年度遣明船は往路でそれぞれ漂流の憂き目にあっており、遣明船の旅とは漂流と紙一重であった。ただし、古代の遣唐使船が頻繁に難破して沈没していたことと比較すれば、管見の限り遣明使は船を失うほどの大事故には遭遇していない。この背景には、日宋貿易以来の航海経験の蓄積や船体構造の向上があった。

遣明船の寄港地となっている港は、いずれも古代以来、日中交流で頻繁に使用されてきた港である。これらの港は、外海の荒い波から守られた入り江や湾の奥にあり、外洋船が入港できるほどの深さを兼ね備えていた。このような立地の港は、航海に不可欠な風待ちをするにも適しており、嵐をやり過ごす時の避難場所ともなっていた。例えば、笑雲瑞訢や策彦周良も立ち寄っている舟山島の沈家門（写真１）は、日本の瀬戸内海の良港尾道（写真２）のように目前の島との間に水道を形成する環境にあった。水道のなかは、例え嵐になったとしても波は穏やかなままであり、停泊地としては絶好の場所であった。現在でも、舟山群島周辺海域で操業する漁船が、嵐直前になると四方八方から沈家門の水道に避難してくるという。また、外洋に出ようとする船人にとって、飲み水の確保は絶対であった。ゆえに、日本から中国へ渡ろうとする船にとっては、風待ちの機能のみならず良質な水を大量に補給できるところが港として好まれた。[14] とりわけ、積載した水が数日間の船旅でも痛まないような雑菌のない清涼な水を確保できる井戸のある港が好まれたのである。例えば、遣明船の寄港地の一つである的山大島の的山湾（写真３）の奥にある的山浦には、現在でも浦付近の海岸に面して朝鮮井戸とよばれる古井戸がある。この井戸は海岸横にあるにもかかわらず、地層の傾斜によって海水が混ざらず良質の真水を供給している。[15] 五島列島でも良質の井戸は多く、地元で「川」と呼ばれる井戸が港に点在している（写真４）。[16] 遣明船の日本における最終寄港地となることが多かった奈留浦や、南海路をたどる遣明船や琉球渡航船が頻繁に活用した南九州の坊津には、良質の井戸が多数存在したのである。

　遣明船の東シナ海横断では、日本と中国の間に「支日塩界《しおざかい》」[17]というものがあった。「支日塩界」とは、日本と中国（明朝）との間の海にある境目のことである。これが「唐と日本とのさかい、ちくらがおきと云所」『虎明本狂言・日近籠骨』（室町末～近世初）などの文芸史料で語られる「ちくらが沖」に当たるのか否かはわからない。ここにみる「ちくらが沖」については、朝鮮と対馬との間にある巨済島の古称である「瀆羅《とくら》」の変化した語という理解と[18]、古くは「値嘉《ちか》」とよばれた五島列島のはるか海上あたりを漠然と日唐両国の境界として「値嘉浦《ちかうら》が沖」と称していたのが変化した語という理解があるが[19]、後者であればさきの「支日塩界」と同様のものということになろう。こうした考え方は、すでに日宋貿易の時代から確認することができ、中世人《ちゅうせいびと》たちが漠然と東シナ海中に日本と中国の境があると認識していたことがわかる[20]。

　こうした海境の認識は、当時の航海者に日本と中国の海の違いというものも強く意識させていた。例えば、日本人は「唐地」（明朝のエリア）に入ったことを海水の濁りで判断している。現在でも中国沿岸の海は、大河川によって大量の土砂が流入するために茶色に濁っている。遣明船の水夫たちは、海水が少し濁ってきた所で「唐地」に入ったといい[21]、海水が少し清水になったことで「唐地」を離れたとした[22]。また、後述するように頻繁に水深を計り、海底の様子を探ることで日中の海の違いを知ろうとしていた。

　人びとの意識のなかに日中の海境があったとしても、彼らが具体的に陸地としての日本の果てと考えたのは五島列島であった。とりわけ五島列島における最終寄港地として頻繁に活用された奈留島の奈留浦はその代表といってもいい。この背景には、五島あたりまで戻れば確実に遣明船＝唐物が京都にまでやってくるという安心感が京都人《みやこびと》にあったからだと推測されている[23]。事実、遣明船は五島列島にたどり着いた時点で京都に報告をおこなっていた。文明十五年度遣明船は、往路を南海路で渡海し、復路では同十七年（一四八五）十二月十九日以前に五島奈留浦に帰着し、今後の予定を京都に報告している。それによると、「中国海路」を使った場合、京都到着は年明けの正月末頃となるが、「南海路」を使えば到着は遅れ四、五月頃になるだろうと予想している。(24)「中国海路」とは、北部九州から瀬戸内海を経由する通常のルートである。「中国海路」と「南海路」の日数的差違が大きすぎるものの、五島列島からでは「南海路」のほうが距離も長く、時間もかかったのは事実であろう。結局、この時の遣明船は「中国海路」を選択したものの、その進行速度は遅く、文明十八年（一四八六）七月四日に堺へ帰着した。(25)

遣明船の歴史における南海路は、応仁度遣明船がその帰路において、細川勝元の経営する細川船（二号船）が応仁・文明の乱で対立する大内政弘の影響下にあった中国海路を避けて南海路で四国土佐国経由で堺へ帰着したことから本格的に始まる。(26)これによって、畿内における遣明船の発着港が兵庫から堺に移ったとされる。以後、南海路は、堺商人の主導する数回の遣明船において使用された。入明記などの史料が豊富に残される中国海路に比べて、そのような史料がない南海路における遣明船航路の具体的な復原は難しい。南海路については、五島（あるいは種子島）―九州南端―九州東岸―豊後水道―土佐沿岸―紀伊水道をへて畿内に至る航路を広義の南海路、土佐沿岸を通過する航路を狭義の南海路とする理解がなされている。(27)入明記ではないが、十六世紀中期に来日した鄭舜功の『日本一鑑』によれば、「夷海右道」として南九州から日向灘・豊後水道を北上、蒲江から豊後水道を横断し、鵜来島《うぐる》・沖ノ島を経て足摺岬を迂回、土佐湾を航海して椿泊《つばきどまり》から紀淡海峡を渡って堺に至る航路が示されている。(28)南海路の航路として利用された主要な港町には、土佐国幡多《はた》庄の下田、日向国油津・外浦《とのうら》・櫛間、薩摩国山川・坊津などがあげられよう。このように、遣明船の歴史のなかで注目される南海路であるが、これが中国海路と対等に活用されたのかといえばはなはだ疑問である。なぜなら、堺商人が独占した文明十五年度遣明船は堺から土佐国幡多（下田）で越年して大陸へ渡海するというルートを選択していたが、その理由は「長門以下路次難義（儀）」のために中国海路の使用を回避したからであり、[29]積極的な南海路利用ではなかった。事実、さきに述べたようにこの遣明船は帰路で中国海路を選んでいる。また、日明勘合の獲得をめぐって競合関係にあった細川船でさえも、永正度遣明船の帰路において大内領国を通過する中国海路を利用している。[30]やはり、遣明船の航路は距離も短く時間もかからない中国海路の利用が基本であり、中国海路の沿線が不安定化した場合や、政治的な背景がある場合に限って南海路という選択肢が浮上したと考えるのが妥当であろう。ただし、鄭舜功の『日本一鑑』で南海路の航路が詳細に記されているように、十六世紀中期以降、後期倭寇が活発化し、ポルトガルやイスパニアの宣教師も来日するようになると、九州東岸航路や土佐沖航路の役割も増大し、堺から京都につながる南海路の重要性が高まっている。[31]

二　遣明船の航海技術

遣明船の航海技術にはどのようなものがあったのであろうか。[32]ここでは、遣明船が東シナ海を航海する時の事例を中心に述べてみたい。

前近代の外洋船が航海の推力として利用したと考えられるのは、風や潮汐、海流などである。このうち、遣明船が東シナ海を横断する時に利用したのが季節風であり、海流が積極的に活用されることはなかった。これは、遣明船が通過する東シナ海域では、航海に大きな影響を及ぼすような海流の変化を季節的にも地域的にも認められないからである。[33]ゆえに、遣明船の航海で必要とされる技術は季節風や潮汐の知識であった。遣明船は、航海に適した潮汐や好風が吹くのを風待ち港で待って、東シナ海の大海原に乗り出したのである。遣明船の渡航慣習については、楠葉西忍が次のようなことを述べている。先学でも指摘される周知の史料であるが、行論の都合上、煩を厭わず提示する。

『大乗院寺社雑事記』文明五年（一四七三）六月十七日条

一、渡唐船巡風様、天竺人西忍入道説者、両度渡唐之間、巨細存知云々、日本国ヨリ大唐国ハ相当未申方、明州津事也、惣ハ大国之間、不知南北長春ハ肥前国大嶋小豆浦ヨリ船出之、五十里南也、

秋ハ同国後唐（五島）ノ嶋ヨリ船出之、五十里北也、其故ハ自八月至二月マテハ北風□、自三月至七月マテハ南風也、秋風ヲハ野分トモ、カリワタシトモ云也、

帰朝ハ五月以後以申酉ノ風出船也、此風ヲハマセト云也、此ませ南ニ成事在之、又左マワリトテ辰巳ニ成事在之、其時ハ高麗嶋ニ付事在之云々

春ノ帰朝ハ大ニ不可然云々、可嫌之、風北ヨリ吹故也、

（後略）

これによれば、遣明船の往路は、日本から未申方面（南西方面）にある寧波を目指すために、季節風の都合上、春と秋におこなわれていた。江戸時代に長崎に来航した唐船は、春は南風の安定する前に吹く東風・東南風を活用して来日し、秋は東北風を活用して大陸に戻っており[34]、遣明船もおおよそ同じような行動をとったものと考えられる。ちなみに、往路の遣明船では東北風が順風、西北風が逆風となり、横風の場合でも北風が順風、南風が逆風となる。当然、復路の場合はこの逆となる。東シナ海の環境では、四月から七月にかけて南風が吹き、とりわけ五月と六月に南風が安定する。七月からは南風が衰え、かわりに東北風が吹く。この東北風は、冬になるとやがて西北風になるという[35]。この自然条件に鑑みれば、楠葉西忍の話は非常に理に適っているといえる。

ところで、遣明船は季節によって出港する港を使い分けていたようで、春は的山大島の的山浦、秋は五島奈留島の奈留浦[36]を利用していたという。しかし、入明記で確認できる実際の遣明船の動向は、秋に的山大島からの渡航を模索

し、春に奈留浦からの渡航をしている。ゆえに、楠葉西忍は春と秋の出港地を取り違えた可能性が指摘されている[37]。楠葉西忍は別のところでも「自肥前国大嶋小立浦、春船ハ進発、秋船ハ同国後唐ナルトヨリ進発、其間南北五十里也、春ハ南、秋ハ北ヨリ也[38]」と記しているが、傍線部より的山大島を南、奈留島を北と認識していることがわかる。地理的には、的山大島が北で、奈留島は南に位置しており、楠葉西忍が的山大島と奈留島の位置を取り違えていることがわかる。ゆえに、遣明船の渡航慣習は、春は奈留島の奈留浦から、秋は的山大島の的山浦からそれぞれ季節風を利用して渡明するというものであったといえる。

ここで、入明記から遣明船の動向を確認してみたい。楠葉西忍が乗船する宝徳度遣明船は、享徳元年（一四五二）九月に的山大島で渡明のための好風を待っていたにもかかわらず、各船の船頭たちの大合議によって「今年不可有風也、待春可乎」と判断された結果、九月の渡海を諦めて翌春まで延期した[39]。このような時、五島列島まで到達していた遣明船は、最寄りの港で待機するか、博多まで帰港したようである。ちなみに、宝徳度遣明船の場合は一号船が平戸に向かい、二号船が博多湾の能古島《のこのしま》まで戻ってきている。そして、翌年、遣明船の船団は三月に的山大島に集結し、五島列島の奈留浦まで南下してから渡明した[40]。また、策彦周良が乗船する天文七年度遣明船は、五島奈留浦まで進んだが、結局、七月に博多まで戻ってきている。おそらく好風に恵まれなかったためであろうが、その後、遣明使一行の博多滞在は約八ヶ月半にも及び、天文八年（一五三九）三月に再び博多から的山大島・平戸島をへて四月に五島奈留浦から渡明した[41]。この事例は、秋に渡海することを試みることなく、渡海を翌年春まで延期したことを示している。このように、季節風を利用した遣明船の渡明は春と秋に機会があったにもかかわらず、実際には圧倒的に春に五島奈留浦から出発することが多かった[42]。

春の季節風を利用し五島列島から舟山群島をめざした遣明船は、出発時には順風という好風であったとしても、渡海中の天候変化があれば必ずしも目的地には順調に到達できなかった。例えば、永正度遣明船は奈留浦から渡明し、いったんは「唐地」に到達しようとしたが、向風によって日本まで吹き戻されてしまった(43)。また、天文度の遣明船においても策彦周良は、二度の航海とも往路で五島列島から舟山群島に到達することができず、天文七年度は温州沖合の大瞿山島付近まで、天文十六年度は一号船が台州府まで、三号船が温州までそれぞれ流された(44)。この事例からわかるように、遣明船の往路は舟山群島より南方に漂流することが多かったようである。

次に遣明船の復路について述べる。楠葉西忍によれば、帰路の遣明船は五月以後の「申酉ノ風」（西から十五度南に寄った方角から吹く風）を受けて渡海するのがよいとする。これは、遣明船の船体構造上、横波の打ちこむ危険のある南風による横風帆走を避けて、船尾寄りから吹く申酉風による帆走を好んだからだとされている(45)。入明記で確認しても遣明船の復路は、五月から六月にかけて東シナ海を横断しており、楠葉西忍の証言と一致している。遣明使一行が、帰国の季節に敏感になっていた様子は、天文七年度遣明船で渡海した策彦周良の『初渡集』からわかる。例えば、寧波で北京上京の許可が出るのを延々と待たされていた策彦周良は、早く北京での任務を終えなければ、「明年帰船失風候也必矣」と断言した上で、理想的な帰国の仕方は「待五月梅雨之晴、即解纜放洋」と主張している。さらに、もしこの時期を逸した場合、「慢離上国、漂滞中流、雖悔無益、迷惑之甚者也」となるのみならず、「徒費賜給於大邦乎」となるので早く上京許可を出すように強調している(46)。こうした主張は、永正度遣明船の場合も同様で、貿易価格交渉を進捗させるために、了庵桂悟らが「夫帰国必四月之間、寧波府起身、五月梅霖晴、待順風帰国、若使者往来遅延、則失順風節必矣、不可帰国」「雖然若失順風不得帰国」などといっている(47)。ここにみる交渉術は、日本の遣明使が明側との交渉事を促進させたい時に使う常套句であったが(48)、同時に彼らにも理想的な時期に帰国の途に就きたいという切実な願望があったことがわかる。策彦周良が、大陸から離れる際、特に風向きを気にかけ、日々の風の吹き方を「ハエ」（南風）、「マハエ」（正南風）、「ヲキハエ」（沖南風、主として南西寄りの風、未方から吹く風）、「ヲキ西」（沖西、南西の風、申方から吹く風）、「アラハエ」（荒南風、六月頃吹く南風）、「クニハエ」（不明）などと敏感に書き分けているのは、如何に順風を意識していたのかを推測させる。

しかし、遣明船は往路で南方方面に漂流したように、復路でも風向きの変化によって多々漂流することがあった。例えば、宝徳度遣明船（一号船・三号船・六号船）や文明八年度遣明船、明応度遣明船は済州島に流されている[49]。永享四年度遣明船も、幕府船が壱岐島経由で相島に向かっていることを考慮すれば[50]、帰路に済州島方面に流されたとみて間違いない。これらの事例から、復路の遣明船は朝鮮半島方面に漂流することが多かったようである。楠葉西忍も、理想的な「申西ノ風」が南風や辰巳の風（東南風）になった場合は「高麗嶋」に流されるとしており、実際の状況と一致している。日元貿易船として著名な新安沈没船も、慶元（寧波）から博多に向かう途中に韓国新安沖で沈没しており、さきの遣明船と同じ流され方をしている。反面、寧波から朝鮮半島に向かう場合は、五月から六月の南風や東南風を受けて航海すればたやすく目的地に達することができたのであり、一一二三年に明州（寧波）から高麗を訪れた宋使である徐兢一行も五月十六日に出港している[51]。

遣明船の航海手段には、季節風を利用するほかに潮の満ち引きも利用された。東アジア海域でも、寧波（杭州湾）は韓国西岸域と同じく潮汐の割合がもっとも大きい地域であった。そして、とりわけ潮汐の満干が著しいのが春と秋だという[52]。つまり、遣明船が季節風を利用して渡航する時期こそ、潮汐を利用して寧波に出入りしやすい時期であったことがわかる。ゆえに、遣明船はとりわけ舟山群島―寧波間の航行で潮を利用したほか、潮汐の影響が大きい各港への出入の有効な手段とした。笑雲瑞訢が「不推櫓随潮而行、諺曰乗潮」と記し[53]、策彦周良の遣明船が潮時を待ったために「中流」で泊船しているのも[54]、まさにこの事を示している。しかし、季節風と潮汐を利用した航行が基本とされた遣明船であっても、当然、どちらも活用できない環境にあっては、櫓を漕いで進む場合もあった(55)。

入明記では、水夫たちが島影を見て方角や現在地を確認する場面がよく記されている。水夫たちが、島の形や奇岩を目印にして航海することは、古今東西の海の世界ではよくみられることである。指標となる島や岩には、水夫たちの間だけで伝わる隠語が多数あったりする。例えば、平戸島の南端にある志々伎《しじき》山（写真5）は、そのとがった山の形が特徴的で遠く海の向こうからでも確認することができるため、航海上の恰好の目印となっていた。このようなランドマークとしての山は各地で設定されており、南九州では円錐形の美しい開聞岳が有名である。また、日宋・日元貿易に従事する海商たちや宋―高麗を往来する船舶は、済州島を航路上の目印としていた(56)。さらに、遣明船が寄港する良港には、湾外から湾口や港の位置を示すような目印となる山や岩がある場合がある。例えば、五島奈留島の奈留浦の横には権現山があり、五島列島の中通島《なかどおり》北端にある奈摩《なま》（南満屋堅）には、湾の入口に特徴的な巨岩があり（写真6）、それぞれ恰好のランドマークとなっている。遣明船では、東シナ海を横断した時、最初に「大唐之山」を発見した者に褒美として銭十緡と太刀一腰（一貫文相当）を下賜するのが通例となっていた。これは、復路で日本の山（島）を発見した場合でも同様であった(57)。

しかし、この手法とて万能ではなく、時にはこの知識のために水夫が現在地を勘違いすることもあった。例えば、笑雲瑞訢を乗せた宝徳度遣明船が帰路に済州島へ漂流した際、当初、水夫たちは済州島の島影を見て「肥前五島」だと思い、日本に戻ってきたと喜んだ。しかし、小脚船で水を取りに行ったところ、その島は「高麗大耽羅」であったというのである(58)。水夫たちが済州島を五島と間違えたのは、両者の島のあり方が非常に似ているからである。水夫が想定した五島列島とはおそらく福江島だと思われる。福江島は、奈留浦を出発した遣明船が最後に目にする有人の日本の島だからである。福江島と済州島は、いずれも島内に火山を頂いており、海岸線の一部は溶岩によって覆われて

写真５　平戸島志々伎山

写真６　奈摩湾口の巨岩

いる。家の形や畑の周囲を石垣で囲ったりするなど、二つの島は非常に類似した点が多い（写真7〜10）。ゆえに、遣明船の水夫たちであっても見間違うことがあったのであろう。まさに、水夫たちの喜びはぬか喜びとなってしまい、その後帰国まで半月を要した。

遣明船には、海水の濁り、鳥の飛来や漂流物などで大陸への接近を感じる知識があった。こうした予兆を踏まえて、船が大陸に近付くと、篙《さお》師が「水長糸」で水深を頻りに測るようになる。(59)この光景は、平安期の成尋の『参天台五臺山記』でも「入唐地了、以縄結鉛、入海底時、日本海深五十尋、底有石砂、唐海三十尋、底無石有沼（泥）」(60)とあり、まったく同じであった。これは、水深を測り海底の状況を把握することで陸地の遠近を予想するのみならず、船の座礁を回避する意味合いもあった。(61)さきに、寧波近海は潮汐の満干が著しいと指摘したように、浅瀬での航行や停泊は干潮時に座礁する可能性がある。当該海域を航行する船舶は、それが日本船であろうと中国船であろうと同様のことをしたのである。

以上、遣明船の水夫たちは、季節風、潮汐、海色、漂流物、海鳥、島影、水深などを利用して航海をおこなっていた。ここに見るような航海技術は、すでに成尋の入宋船でも使われており、決して革新的なものではなく、数百年にわたって東アジア海域の船乗りたちの間で受け継がれてきた伝統的な航海技術であった。なお、温州沖に漂流した策彦周良の遣明船の水夫たちが、近隣に泊まっていた漁舟から漁民三人を拉致して、現在地や周囲の島名を聞き出すという「荒技」をおこなっている。(62)この時、策彦周良も漁民たちに寧波までの距離を筆談で聞いたりしている。このような水夫の「荒技」が、日本船の航海「手段」であったのか否かはわからない。しかし、これまでにも遣明船の乗員が明国内で傷害事件などのトラブルを頻繁に起こしている事実や、寧波の乱の実態を考慮すれば、漂流した際の「荒技」として常習化していた可能性は高い。

写真 7　済州島漢拏山

写真 8　済州島海岸

写真９　福江島鬼岳

写真10　福江島海岸

さて、東アジアを航海する遣明船は、荒波の海を安全に航行するためにも、常に船体を補修して万全の体制を維持しておく必要があった。保船は重要なことであり、策彦周良も遣明船の保船のことを寧波の役人に嘆願している。

『初渡集』嘉靖十八年（一五三九）六月十一日条

午時、呈短書於諸老爹、愁訴船具等事、物件盤験之后、要俾水夫護吾船、前日許諾以三十人、雖然去歳風不順、淹滞吾国海島、是故篷破了、索朽了、其余船具亦損爛者多矣、人員若欠少、則何以修補焉、不如随旧例俾満船水夫就城外仮舎、且復吾国乏舵材、今次　貢船之舵、衆以為良材、凡舵之為物、或濺潔以水、或曝以朝暾、如此者毎日為課、否則中心腐爛而生蠹蝕、是吾邦保船之法也、伏冀、先日所収之舵、疾速還了与吾水夫、臨来歳帰船之期、卒難弁装、故預告稟、

策彦周良の乗船した船は長い航海で傷んでおり、帰国のことを考えれば修理しておく必要があった。しかし、修理すべき船具は、遣明船が寧波に到着すると明側に預けなければならなかった(63)。しかも、木製の舵の中心を腐爛させないためには、毎日日課として潮水を注いだり朝日に当てる必要もあるという。ゆえに、策彦周良は船具や舵の返却を明側に愁訴している。興味深いのは、舵を保持するための日課を「吾邦保船之法」と称していることであり、もしこれをしなかったら舵が腐って蠹《きくひむし》(64)にむしばまれるという。果たして、さきのやり方で舵の腐食を防止できるのか否かはわからないが、日本固有の保船技術があったことは確認できる。

三　遣明船の航海神信仰

航海には常に危険がつきまとっていたため、人びとは常に航海安全を神々に祈念した(65)。このような航海神信仰は、

遣明船の乗船者でも確認することができる。

応仁度遣明船を中心とする関係史料（故実）を集成する『戊子入明記』には、正使（天与清啓）の乗船する一号船（幕府船）の下行注文のなかで櫛田社・筥崎宮・住吉社・赤間関八幡（亀山八幡宮）・門司隼人（和布刈《めかり》神社）・志賀（志賀海神社）・平戸七郎殿へ奉納する太刀と神楽の代金として十貫文が計上されている。これらは、遣明船が必ず寄港する港町（赤間関・門司関・博多・志賀島・平戸）に存在する神社（神々）であり、その多くは古代以来、渡海する人びとから航海神として厚い信仰を受けていた。ゆえに、それらへの太刀と神楽の奉納が遣明船の航海安全を祈念しての行為であることはいうまでもない。『戊子入明記』には、船中でおこなう祈禱回向文も載せられており、あらゆる神仏に航海安全を祈念しているさまを読みとることができる。

次に、具体的な航海神信仰を『笑雲入明記』『初渡集』『大明譜』から確認してみる。博多湾の出入り口に位置する志賀島は、外洋船から内海船に乗り替えるハブポートという海上交通における要衝であり、ここには古代以来、近隣の海民の崇敬を集める志賀海神社があった。天文七年度遣明使一行は、渡海直前に博多から志賀島に移動し、志賀海神社や勝馬大明神など志賀島の神々に祈りを捧げた。とくに志賀海神社では、神前祈禱がおこなわれ、正使湖心碩鼎を導師として懺法一座が催された(66)。航海安全を祈念してであることはいうまでもない。志賀島には、かつて文殊堂とよばれる御堂もあった。文殊堂は、吉祥寺とよばれる禅寺のなかにあり、御堂のなかには文殊菩薩が安置されていた。そして、ここの文殊菩薩は航海神としての尊崇を集めていた。吉祥寺は志賀海神社の神宮寺で、当初は天台宗寺院だったのを鎌倉中期、別当坂本知家の宗岳が入宋僧円爾に帰依して以後、博多承天寺《じょうてんじ》系列の禅寺となった。伝説によれば、文殊堂の文殊菩薩は円爾が中国の径山《きんざん》からもたらしたものだという。現在、文殊菩薩は志賀海神社参道西側に位置する荘厳寺《そうごんじ》に安置されている。同寺には、延命地蔵とよばれる平安前期頃に制作された木造観世音菩薩像もある。

観音菩薩像は吉祥寺時代の仏像と推測できることから、かつての吉祥寺と文殊堂を継承したのが荘厳寺だといえる。荘厳寺境内には、大永四年（一五二四）の銘文を有する板碑もあり、その円相内には阿弥陀三尊とともに文殊菩薩の種子が薬研彫りされており珍しい。当地の活発な文殊信仰の様相をうかがうことができる好例といえる。この文殊菩薩には笑雲瑞訢や策彦周良も必ず参拝しており[67]、策彦にいたっては文殊堂で航海安全を祈念した詩文も詠んでいる[68]。永正度遣明船の正使であった了庵桂悟も、京都にいる三条西実隆に「志賀嶋文殊像」を博多から書状とともに送っている[69]ことを考えれば、彼も文殊堂に参拝したのであろう。「志賀嶋文殊像」が送られていることに鑑みれば、文殊堂では文殊像を模したお札などが作られていたかも知れない。志賀島の文殊堂の文殊菩薩参拝は、遣明船が渡海前におこなう通例であったと考えられる。

平戸では、策彦周良が七郎権現に参拝している[70]。七郎権現は、寧波に接続する甬江《ようこう》河口にある招宝山とかかわる中国宋代に信仰された守仏神・航海神が、日本の平戸に伝来し港の鎮守となったものである[71]。招宝七郎は、その後、大陸では忘れられ信仰されなくなった神であるが、日本では航海神として生き続け、しかもその神様に向かって遣明船の人びとが参詣していることは興味深い。おそらく、航海安全を祈念しての参詣だと思われる。七郎権現が、遣明船の目的地である寧波海口からやって来たという点は、彼らの信仰度を高めるものであったのであろう。

五島列島の奈留浦では、策彦周良が奈留明神社の社頭で祈禱をおこない、般若心経六百巻を諷誦し終えたが[72]、これが航海安全を祈念してのことであるのはいうまでもない。その翌日には、同じく奈留社で順風を祈り、能を五番奉納している。奈留社における法楽能五番の奉納は、策彦周良の再度の渡明の時にもおこなわれており、脇能鶴亀、二番野々宮、三番西行桜、四番蘆かり（刈）、五番せいおう（西王）母が演じられたことを考えると[73]、奈留社における法楽能開催は遣明使の通例であったのかも知れない。

遣明使の航海神信仰は、海を越えた舟山群島の普陀山でも確認することができる。普陀山は現在でも観音菩薩（不肯去観音）の一大霊場として著名である。ここの観音は、唐代から海路の守護にあたる菩薩として人びとの信仰を集めてきた。(74) この観音霊場については、二つの開創伝承がある。一つは、九世紀半ばの入唐日本僧恵萼《えがく》が五台山で入手した観音菩薩像とともに帰国しようとしたところ、船が普陀山の沖合で動かなくなったため、恵萼が普陀山に観音菩薩を祀る庵をつくったことを契機とするものである。もう一つは、新羅海商が観音菩薩像を船に載せて帰国しようとしたところ、やはり船が普陀山の沖合で動かなくなったため、普陀山に観音菩薩を祀る庵をつくったことを契機とするものである。二つの伝承の真偽は不明であるが、このような伝承が誕生した背景には、九世紀の東アジア海域における人・モノの往来の活発化にともなって、国家や民族の枠を超えた渡海者たちに共通する航海安全の祈りがあったと考えられる。(75) 普陀山周辺の海域はアジアから多くの外洋船が集まる場であり、それゆえに普陀山は国際的な霊場として、そこに祀られる観音菩薩は航海の守り神としての役割を求められ、普陀山側もその期待に応えてきたのである。この普陀山の観音信仰は、京都五山僧たちの語録史料でも散見されることから、(76) 室町期の禅僧たちの間では広く知られるものであった。こうしたなか、宝徳度遣明船が無事に舟山群島まで到達できた時に普陀山の不肯去観音を詣でて懺摩法を修し、明朝から帰国する際も東シナ海へ漕ぎ出す前に普陀山の観音を参拝しているのは、まさに無事に渡海できたことへの報謝であり、航海安全を祈念してのものであった。(77) また、この遣明船に乗船していた九淵龍賝は、普陀山の近海を航行して以来、一日一軀を日課として一七〇〇余軀もの観音像を描いて旅の安全を祈念したところ、観音大士の霊力によって万里風濤の険にもかかわらず無事に帰国できたと話している。(78) 現在、長野県木曾郡大桑村の定勝寺には、後にこの九淵龍賝の逸話と結びついた「補陀洛山聖境図」（制作年代は元時代）という普陀山の全容を描いた図が残されている。(79) また、策彦周良は寧波入港後、補陀洛寺の観音像を遣明使の主要メンバーで参詣して銭十緡を寄進しているが、これは前月の航海で遣明船が風波蕩突によって進まなくなった時、観音大士に黙禱することで、その霊験によって順風が吹き、波の上を滑らかに移動できたことに対する報謝であった(80)。ちなみに、遣明使が観音を航海神として祀る事例としては、天文七年度遣明使が出発前の博多滞在中に、正使湖心碩鼎の塔頭である聖福寺新篁院において、観音を前にして唐船祈禱のために大部般若経を転読している例(81)や、往路の的山大島の的山浦に停泊する船中において、祈禱として『観音経』三十三巻を読誦している例(82)などを確認することができる。遣明船の旅では、航海守護神としての観音が重要視されていたことがわかる。

四　遣明使の船旅と死

遣明使の船旅に船酔いはつきものであった。笑雲瑞訢は「衆人皆酔、我亦酔、困于舩者諺曰酔(83)」と書いているし、策彦周良も「微酔」で倦怠感を感じている(84)。船酔いは辛いものであったが、この時代の船旅はかつての遣唐使船の時と比べると、難破して溺死するという確率は格段に減少している。ちなみに、日本の遣明船は漂流することはあっても難破して沈没したことはなかった。ゆえに、船酔い程度であれば安全な船旅であったといえるかも知れない。しかし、入明僧関係の史料をみていると、非常に多くの死人が出ていることに気付く。沈没による溺死でない以上、死ぬ原因は慣れない長期の船旅や異国の風土といった劇的な環境変化にともなう病死や、不幸な事故などであったと思われる。遣明使の旅は、思った以上に困難な旅であったといえる。ここでは、管見に入ったいくつかの事例を紹介することで、遣明使の旅で如何に多くの死人が出ているのかを確認してみる。

足利義満が日本国王に「冊封」されて以降、大内義長の滅亡によって途絶えた日明勘合による正式な遣明船派遣十九回のうち、遣明使の総責任者たる正使が明朝で病死する事例が三回もある。永享四年度遣明船の正使龍室道淵《りゅうしつどうえん》は、足利義教による国交復活を成し遂げた人物であるが、北京からの帰路、杭州府仁和県中舘駅において四十九歳で死去した(85)。もともとは明州鄞《ぎん》県の人であり、日本の遣明使ではあったが故国で死んだことになる。宝徳度遣明船の正使東《とう》洋允澎《よういんぼう》も、北京からの帰路、杭州府の吾山駅で体調を崩し、さきに武林駅に入って療養したが、四日後の景泰五年（一四五四）五月十九日に死去した。その遺骸は、同日晩に涌金門柳州寺で荼毘に付されたが、その際読経が終了しないうちに寺の長老が松明に火を付けて燃やし始めるというトラブルがあった(86)。文明十五年度遣明船の正使子璞《しはく》周瑋《しゅうい》も、北京からの帰路、成化二十一年（一四八五）五月に体調を崩し、同年七月に寧波府において六十六歳か六十七歳で死去した。正使を亡くした遣明使は、正使の弟子であった圭圃《けいほ》支璋《ししょう》を正使代として「返表」（明皇帝の外交文書）を護持したようである(87)。このように、三人の正使とも大役をやり遂げた北京からの帰途に病死している。正使になる禅僧は、五山前住歴をもっていたからそれなりの高齢者ではあったが、老齢だけが死の直接的な理由ではなかろう。例えば、永正度遣明船の正使了庵桂悟は、東福寺や南禅寺の住持にもなった当代一の高僧であるが、八十一歳の時に正使を拝命し、八十七歳で入明、八十九歳で無事に帰国している(88)。おそらく、前近代の日本人でもっとも高齢で大陸に渡った人物ではないかと思われるが、彼は渡明の失敗や厳しい貿易交渉を乗り越えての帰国であった。ただし、その了庵桂悟も帰国した翌年（一五一五）九月十五日に九十歳で死去している。このように考えると、遣明船正使として海を越えて異国の地に渡り、凄まじい環境変化のなかで、日本の朝貢使としての外交交渉を無事に終え、求められる貿易を達成するという使命は、想像以上にストレスであったと思われる。そして、それが高齢の正使の身体をむしばみ、帰国途中の死に至ったものと推測する。

遣明船には、正使・副使・居座《こざ》・土官《とかん》・従僧・通事・船頭といった主要な官員に加えて、多くの客商や官員の口利きによる乗船者、水夫たちが乗り込んでいた。当然、このような一般の乗船者のなかからも多数の死人が出ていた。

まず、次の史料に注目したい。

東福寺霊雲院所蔵『万法語』

日本比丘浄業(子建)請為亡僧周寂等対霊小参

(前文・偈頌省略)

亡僧十人

周寂・正肇・至道三人、到天界亡、用怡・一桂・善資三人、海舟中亡、良穂・建萃二人、明州正慶寺亡、明輔、明州天寧寺亡、浄見、越州舟中亡、　因業上主請、書小参、

洪武七季(一三七四)七月十有一日　天界住山　宗泐(季潭)書、

この史料は、足利義満が聞渓円宣《もんけいえんせん》を正使として初めて遣明船を派遣した時のものである。この遣明使は、明初の国都である南京を目指して渡海したが、表文を持たないなど明朝の定める朝貢のルールを逸脱していたために受け入れを拒否され、交渉自体は失敗に終わった。ただし、使節自体は寧波から南京までたどり着いたようである。注目すべきは、この時の往路で死去した僧侶十人のために、子建《しけん》浄業《じょうぎょう》が南京天界寺の季潭《きたん》宗泐《そうろく》に「対霊小参」を依頼していることである[89]。彼らは、東シナ海横断中に死去した者が三人、寧波到着後に寧波で死去した者が三人、寧波から南京への移動中に死去した者が一人、南京に到着し天界寺で死去した者が三人であった。寧波で死んだ者も、上陸後間もない死去であろうから、やはり慣れない長期の船旅のストレスが死因に直結したと想像できる。

応永十年度遣明船に乗船した廬山寺の明空《みんくう》志玉《しぎょく》は、その名が「源道義(足利義満)表」(外交文書)のなかでも触れられるほどの重要人物であった。しかし、彼は渡海中の船のなかで死去した。そのため、同じ遣明船に乗船していた明空の弟子と

思われる大用照珍という人物が、師の頂相《ちんそう》に明僧から著賛《ちゃくさん》を受けて帰国した。この頂相は、明空自身が渡海前に「寿像」として制作し、渡海後、明僧に著賛を依頼しようと持参していたものであった。結局、みずからの死によって、その願いは弟子の手によって「遺像」への著賛という形で達成された(90)。

『大弘禅師語録』巻三「偈頌」

奉依養徳老漢追悼棟雲居士(宗充)之尊韻、以為津公少生資助哀懇云、

一別南遊皈不皈、訃音纔到事相違、虚空昨夜洒双涙、月落彼心説向誰、

泉堺田中隼人子、渡唐之時、於肥之五島死去、明応三年(一四九四)五月廿三日也、養徳老漢悼之、津公(天室)其子也、

この史料は、堺商人と思われる田中隼人の子の棟雲居士が、渡明の途中、肥前の五島列島で死去し、その追悼として養徳老漢（春浦宗熙《しゅんぽそうき》）が尊韻を贈っていることがわかる。明応三年（一四九四）五月という時期から考えて、棟雲は明応度遣明船に乗船し、五島列島までたどりつき、これから渡明しようというところで死去したことがわかる。棟雲という道号は、渡明直前に養叟宗頤《ようそうそうい》（春浦宗熙の師）からもらったものであり、正式には棟雲宗充という居士名であった。おそらく、堺の大徳寺派に参禅する堺商人であり、明応度遣明船には客商の一人として乗船したものと考えられる(91)。

天文七年度遣明船は、関係史料が豊富に残っており、多くの病死者を確認することができる。『初渡集』では、寧波の嘉賓館で北京上京の許可を待つ策彦周良が、なかなか許可が出ないことにいら立ち「抑生等、久淹滞于此、日夜待北京明詔、暑往涼来、未聞一好語、人々個々、如渇者思泉、不知何当得豁心胸、於是乎館中欝屈、雖壮健者比々発病、病則太半抵死、可不憫痛乎(92)」と知府に短疏《たんしょ》で嘆願している。これ以前に、遣明使一行は太監に対しても短疏で、湿気の多い嘉賓館になかば閉じこめられて外出もままならない状態が続けば、病者のようになってしまうと嘆願し(93)、

危機感を募らせている。寧波において策彦らの自由が制限されているのは、寧波の乱後、最初の日本の使節であったため、明朝側に強い警戒感があったためである。しかし、策彦が「病則太半抵死」と主張しているのもまったくの誇張というわけでもなく、事実、この間に孤竹（四十九歳）と東禅寺仙甫祥鶴（四十二歳）と釣雲（雪窓等越）の従僕与次郎らが相次いで死去していた(94)。

さらに、天文七年度遣明船の正使湖心碩鼎の語録『頤賢録《いけんろく》』には、この時の入明で死去した人びとを弔う偈頌が多く残されている。以下、それを掲げてみる。

①百年亦与電光過、三十余齢一刹那、日没処辺不留跡、扶桑国裡念摩訶、
　　悼道与　釣雲之下人、於寧波府死、

②　於五島　矢田将監死了、作頌寄父矢田備前《（増重）》、
造次思之顚沛思、豈円永訣到天涯、無明父与無明子、脱出輪回這是時、

③　弔度得道船於大明国死了　十月十七
桑得摩訶般若船、大唐日本一同天、風吹不動黄頭老、依旧蘆花浅水辺、

④赴此斎筵泪暗垂、金風体露季秋時、別来十七年紅葉、不改旧容唯柏枝、
　　柏心禅庭十七年忌　与予渡大明於寧波府死、

⑤棄命明州記七霜、孝心屈指攬愁腸、斎筵別有降真在、冬後梅花漏一陽、
　　同田鼎冨七年　於大明死了、斎於冬至翌日、

⑥七出光陰夢一場、今朝屈指断愁腸、没蹤跡処有蹤跡、晨到扶桑暮大唐、
　　源五郎七季忌　於大明死了、

①から⑥の事例は、②の矢田将監が帰路の五島で死去したことを除けば、残りの五人はすべて明朝で死去している。矢田将監の父は、矢田備前守増重といい、遣明船の土官を司っていた。この時の遣明船には、矢田増重父子以外にも数名の矢田一族が乗船していた。十五世紀後半から十六世紀前半の矢田一族は、交通の要衝関門海峡一帯に勢力を展開し、大内氏の外交活動と密接に関係していた(95)。

次に、天文十六年度遣明船の役者を記した『大明譜』も見てみる。

一、この時御役者、正使都さか（嵯峨）のてんりうじ（天龍寺）、副使近江の慈光院、御土官吉見治部丞殿、そへ御土官杉大蔵丞殿、但大蔵殿於嶴山て死了、御用人衆矢田三郎兵衛殿・門司日向殿・杉佐渡殿・朽綱左京殿・福江治部殿・御郷源三殿・矢田民部殿、同彼仁は通事也、其外四艘の御役者拾人、水夫以下京・さかいいづれも卅九カ国の衆也、一号船頭博多津小田の藤左衛門尉、但寧波にて死了、子弥五郎有、二号船頭塩屋又左衛門、同土官塩屋対馬殿、そへ土官幡摩の国円通寺典蔵主、御小座はかた継光庵死了、そへ小座山口慈眼院、三号船頭盛田新左衛門死了、同船頭池永次郎左衛門、土官山口真如寺内宗くん、そへ土官さかい吸江、居座しんきう《即休》・同生首座、ふしみの人、四号船頭さつま田中豊前守、土官しゆく、同小庫はかた正（聖）福寺の内、順心、じうそうしゆう（従僧衆）、いつれもこれあり、

ここでも、遣明船の主要構成員である土官・居座・船頭といった四人が次々と死去していることがわかる。

遣明使の旅による死は、以上のような病死のみではなかった。すでに述べたように、遣明船の旅に漂流はつきものであったが、その漂流先で不幸な事故に遭遇することがあった。例えば、帰路に済州島に流された文明八年度遣明船は、当地で不審者扱いされ、乗組員二十人が理由もなく役人に捕縛禁囚されて死に瀕したが、事情が判明した後は厚遇され解放されたという。しかし、そのうち良心（呆夫良心）なる人物は死んでしまった(96)。また、往路で温州まで流された天文十六年度遣明船の三号船は、当地で二十八艘の海賊に襲撃されて九人が死んでいる(97)。このように、漂流に

よって想定外の地域と接触した遣明船は、不幸な事故にまきこまれる場合があったのである。

当然、ここで確認した人びとは氷山の一角であり、遣明使の旅で死去したであろう人はおそらくこの数倍にもなったであろうと推測される。このように多くの人びとが死に至るほど、遣明使の旅には過酷な側面があった。とりわけ、船旅が非常に体力を消耗させるものであったであろうことは想像に難くない。遣明使の旅は必ずしも安穏としたものではなく、同行者の何人かが必ず死去するという死と隣り合わせの旅であったのである。

以上、遣明使の旅で病死した人びとを中心に確認してきたが、じつは長い遣明船の歴史のなかには病死以外の理由で非常に大量の死人を一挙に出したことが一度だけあった。それは、一五二三年に勃発した寧波の乱の時である。争乱をおこしたのは大永度遣明船であり、その死因は暴動による戦死といってもよいだろう。この事件は、日明勘合の獲得をめぐって対立していた大内氏と細川氏の経営する遣明船が、相次いで寧波に到着したところから始まる。大内船の謙道宗設《けんどうそうせつ》らは、細川船よりさきに寧波に到着していたが、あとから来た細川船の鸞岡省佐《らんこうしょうさ》・宋素卿《そうそけい》らが明側の検査官に賄賂を贈ることで優先的に寧波へ入港することに成功した。これに怒った謙道宗設をはじめとする大内船側が、鸞岡省佐（五十二歳）を殺害し、細川船を焼き払い、明側の辺将袁璡を拉致して帰国してしまったため、日明国交は断絶した[98]。この時、大内船に襲撃された細川船の死傷者数はすさまじく、『日本帝皇年代記』によれば一号船の乗船者百五十五名のうち生き残って帰国できた者は六十二名にすぎなかった[99]。これに対して、大内船の死傷者は不明であるが、細川船ほどの被害はなかったものと推測される。ただし、謙道宗設とともに大内船で入明した周防法泉寺の住持が寧波で死去しているので[100]、それなりの死者が出ていたであろうことは確かである。なお、寧波の乱後の最初の遣明使となった策彦周良らは、寧波城内の延慶寺と寿昌寺の僧侶各十人に依頼して、寧波の乱で死去した人びとを追善供養する水陸会を催している。法要を依頼した僧侶に対しては、胡椒二斤・山口紙二帖ずつを謝礼として渡され

た。(101)

おわりに

本稿では、入明記を主要な史料として、現地踏査の成果も加味しつつ、遣明船による海域交流のあり方を航路・航海技術・航海神信仰・船旅と死について述べてきた。今後の課題としては、寧波―北京間の大運河の遣明使の旅について、文献史料と現地踏査の成果を突き合わせることで、より具体的な考察を進めることをあげておきたい。以上、与えられた紙幅も尽きたので、ここで擱筆する。

註

(1) 遣明船の先行研究をまとめたものとして、拙稿「日明の外交と貿易」(桃木至朗編『海域アジア史研究入門』岩波書店、二〇〇八年)がある。入明記の特性については、拙稿「入明記の世界――策彦周良が見た中国――」(元木泰雄・松園斉編『日記で読む日本中世史』ミネルヴァ書房、二〇一一年)で簡略に説明している。なお、本稿では笑雲瑞訢『入唐記』は村井章介・須田牧子編『笑雲入明記――日本僧の見た明代中国――』(平凡社、二〇一〇年)、『戊子入明記』『壬申入明記』及び策彦周良『初渡集』と『再渡集』は牧田諦亮編『策彦入明記の研究』上巻(法蔵館、一九五五年)を参照としている。

(2) 榎本渉『東アジア海域と日中交流――九～一四世紀――』(吉川弘文館、二〇〇七年)第二部第二章。

(3) 橋本雄「中世の国際交易と博多――〝大洋路〟対〝南島路〟――」(斎藤信・藤田覚編『前近代の日本列島と朝鮮半島』山川出版社、二〇〇七年)。

(4) 佐伯弘次「室町前期の日琉関係と外交文書」(『九州史学』第一一一号、一九九四年)。なお、足利義持による日明断交期の日本と東アジアの関係については、拙稿「遣明船時代の日本禅林――芳澤元報告のコメントにかえて――」（『ヒストリア』第二三五号、二〇一二年）を参照のこと。

（5）註（3）橋本氏前掲論文。

（6）橋本雄『中世日本の国際関係――東アジア通交圏と偽使問題――』（吉川弘文館、二〇〇五年）第五章。

（7）村井章介「解説」（村井章介・須田牧子編『笑雲入明記』平凡社、二〇一〇年）三三八頁。なお、遣明船の明朝入国の手続きは寧波到着時におこなわれた。

（8）須田牧子「中世後期における赤間関の機能と大内氏」（『ヒストリア』第一八九号、二〇〇四年）。

（9）『満済准后日記』永享六年五月八日条・十四日条。

（10）『笑雲入明記』景泰五年七月十四日条。

（11）『大乗院寺社雑事記』永正二年五月四日条。

（12）『臥雲日件録抜尤』寛正七年十二月七日条。なお、フランシスコ・ザビエルがヨーロッパのイエズス会員へ宛てた書簡のなかでは、中国から日本へは二〇〇レグア（一一二〇㎞）とする（『聖フランシスコ・ザビエル全書簡③』東洋文庫、六六頁）。ただし、別の書簡では寧波から日本へは海路八〇レグア（四四八㎞）とする（同書二〇三頁）など情報の混乱が認められる。

（13）『初渡集』天文八年四月十九日条。

（14）藤田明良「船乗りたちのごちそう――東シナ海を渡った水――」（『黒潮の食文化――南薩摩〝黒潮の恵みと海を渡った食・器〟――』南さつま市坊津歴史資料センター輝津館、二〇〇七年）。

（15）拙稿「笑雲瑞訢『入唐記』を読む（一）」（『市史研究ふくおか』創刊号、二〇〇六年）。

（16）泉井久之助・堀井令以知・奥村三雄・西田龍雄「平戸の方言」（『平戸学術調査報告』京都大学平戸学術調査団〔代表・小葉田淳〕、一九五一年）一三〇頁によると、川と区別して井戸を tsuru-ʃigawa とし、川を nagaregawa と報告している。

（17）『初渡集』天文八年四月二十二日条。

（18）「ちくら〔筑羅〕」『日本国語大辞典 第二版』第八巻（小学館、二〇〇一年）、橋本雄「日本と中国の〈境界〉――日明関係を中心に――」（竹田和夫編『古代中世の境界意識と文化交流』勉誠出版、二〇一一年）二五四頁。
（19）海野一隆「ちくらが沖――合わせて磁石山も――」（『天理図書館報ビブリア』第一一七号、二〇〇二年）。
（20）山内晋次「前近代東アジア海域における航海信仰――海神祭祀・海の境界・観音信仰――」（吉尾寛編『海域世界の環境と文化』汲古書院、二〇一一年）。
（21）『笑雲入明記』享徳二年四月四日条。
（22）『笑雲入明記』景泰五年六月二十五日条。
（23）註（18）橋本氏前掲論文二五九頁。なお橋本氏は、五島列島を境界と認識するのは京都の人からの視線であり、薩摩入来院の人であれば屋久島を境界と認識しており、境界の地点認識は複眼的・多元的なものであったと指摘する。
（24）『蔭凉軒日録』文明十七年十二月二十四日条。
（25）『蔭凉軒日録』文明十八年七月六日条、『蔗軒日録』文明十八年七月四日条。
（26）『大乗院寺社雑事記』文明元年八月十三日条。この時、幕府船（一号船）と大内船（三号船）は、文明元年（一四六九）七月二十三日に大内領国の赤間関へ帰着している（拙稿「大内教弘・政弘と東アジア」『九州史学』一六一号、二〇一二年）。なお、南海路に関する基本的な研究として、山本大「勘合貿易と南海路」（松岡久人編『内海地域社会の史的研究』マツノ書店、一九七八年）がある。
（27）秋澤繁「『日本一鑑』からみた南海路」（『長宗我部元親・盛親の栄光と挫折』高知県立歴史民俗資料館、二〇〇一年）。
（28）木村晃ほか編『日本一鑑の総合的研究』本文編（棱伽林、一九九六年）、市村高男「中世西日本における流通と海運」（橋本久和・市村高男編『中世西日本の流通と海運』高志書院、二〇〇四年）、同「中世の航路と港湾」（荒野泰典ほか編『日本の対外関係4　倭寇と「日本国王」』吉川弘文館、二〇一〇年）二八九頁。
（29）『大乗院寺社雑事記』文明十五年十二月十二日条。
（30）ただし、この時の細川船（二号船）は博多息浜から瀬戸内海を通過するさいに、細川氏と密接な関係にあった大友義長に遣明船警固を依頼している（註（6）橋本氏前掲書第六章）。

(31)　註(28)市村氏前掲論文「中世の航路と港湾」二九六頁。ただし、土佐沖航路の役割が高まってからも、南予や土佐幡多からの上洛は九州東岸――瀬戸内海ルートの利用が多かったという。なお、戦国～織豊期における具体的な南海路使用については、津野倫明「南海路と長宗我部氏」(同著『長宗我部氏の研究』吉川弘文館、二〇一二年)を参照のこと。

(32)　中国の航海技術について概説したものに、ジョセフ・ニーダム『中国の科学と文明』第一巻航海技術(思索社、一九八一年)がある。

(33)　森克己は、遣唐使船が南路で東シナ海を横断する時、黄海・東シナ海一帯に流れていた海流(逆転循環回流)によって朝鮮半島方面に流されたとするが(同「日宋交通と海洋の自然的制約」『新編森克己著作選集2　続日宋貿易の研究』勉誠出版、二〇〇九年)、その根拠は薄弱である。また、日本の遣明船の航路は、琉球王国の遣明船が通過するのに困難をきわめた黒潮の影響もなかった。

(34)　安達裕之「東シナ海の航海時期」(『海事史研究』第六六号、二〇〇九年)四四頁。

(35)　註(34)安達氏前掲論文第一章。

(36)　さきの史料では、たんに「後唐ノ嶋」としか記されないが、『大乗院寺社雑事記』永正二年五月四日条から奈留浦と比定することができる。

(37)　註(34)安達氏前掲論文四四頁。

(38)　『大乗院寺社雑事記』永正二年五月四日条。

(39)　『笑雲入明記』享徳元年九月二十一日条。

(40)　『笑雲入明記』享徳二年三月十九日条、三十日条。

(41)　『初渡集』天文七年七月朔日条、同八年三月五日条、四月十九日条。

(42)　史料上、秋の渡航を試みたのは宝徳度と応仁度の遣明船(『親元日記』寛正六年十月七日条・二十一日条)のみである。しかも、最終的には二回とも秋には渡海しなかった。

(43)　『実隆公記』永正七年六月三十日条、同年七月十日条、『実隆公記』紙背文書・女房消息(永正七年七月四日至七日、同一日至三日裏)。

(44) 天文七年度遣明船の三号船は、一号船に遅れて天文八年(一五三九)四月三日に奈留浦を出港したが、風向きが不順であったため朝鮮半島方面に流され、四月二十日に定海関口に到着している(『初渡集』天文八年四月二十日条)。天文十六年度遣明船の往路については、『大明譜』によって山口(1547/2/21発)→博多(3/3着、3/8発)→志賀島(3/8着、3/21発)→名護屋→的山大島→平戸(3/28着)→河内浦(4/1着、4/11発)→奈留(4/11着、5/4発)→一号船・台州府(5/13着)、三号船・温州(5/14着)→定海(6/1着、7/2発)→嶴山→川山→定海(1548/3/8着)→寧波(3/10着)というルートをたどったことが分かる。

(45) 註(34)安達氏前掲論文四三頁。

(46) 『初渡集』嘉靖十八年八月六日条・同二十九日条。

(47) 『壬申入明記』。

(48) 拙稿「外交と禅僧——東アジア通交圏における禅僧の役割——」(『中国—社会と文化』第二四号、二〇〇九年)六〇～六一頁。

(49) 『笑雲入明記』景泰五年六月二十七日条、『成宗実録』九年七月乙酉条、『燕山君日記』三年六月丙申条。

(50) 『満済准后日記』永享六年五月十四日条。なお、この時、山名船も幕府船に遅れて相島に向かっていることを考慮すれば、あるいは山名船も帰路に済州島方面に漂流した可能性がある。

(51) 『宣和奉使高麗図経』。

(52) 註(3)橋本氏前掲論文一五九頁。

(53) 『笑雲入明記』享徳二年四月十六日条。

(54) 『初渡集』天文八年五月十四日条。また、『初渡集』嘉靖二十年五月二十一日条では、策彦周良たちが逆潮のために中流で待機している。

(55) 『笑雲入明記』享徳二年四月十五日条。

（56）榎本渉「日宋・日元交通における高麗――仏教史料を素材として――」（村井章介編『中世港湾都市遺跡の立地・環境に関する日韓比較研究』平成一五～一九年度科学研究費補助金研究成果報告書（特定領域研究・特別研究促進費）、東京大学大学院人文社会系研究科、二〇〇八年）、森平雅彦「黒山島海域における宋使船の航路――『高麗図経』所載の事例から――」（『朝鮮学報』第二一二輯、二〇〇九年）三六頁。

（57）『戊子入明記』「渡唐船御船色々下行注文」、『謙斎南遊集』「洋中始見大唐之山」。

（58）『笑雲入明記』景泰五年六月二十七日条。

（59）『初渡集』天文八年四月二十四日条。

（60）『参天台五臺山記』延久四年三月二十二日条。

（61）藤善眞澄「日宋交通路の再検討――壁島より岱山へ――」（同著『参天台五臺山記の研究』関西大学東西学術研究所、二〇〇六年）一六二～一六三頁。

（62）『初渡集』天文八年五月二日条。

（63）『初渡集』嘉靖十八年五月二十四日条。

（64）蠹（木食虫）とは、甲殻類等脚目キクイムシ科の節足動物である。体は微少な半円筒形で、体長約三㎜、幅約一㎜。全体に淡黄色。頭は丸く、二個の黒い複眼が目立つ。胸は七節、腹は六節の体節からなり、七対の短い脚がある。口部の大あごで海中の木船、棒杭、桟橋などの材をかじって穴を開け大害を与える。日本各地の沿岸に普通に見られる（『日本国語大辞典第二版』）。

（65）近年の研究成果として、藤田明良「日本近世における古媽祖像と船玉神の信仰」（黄自進編『近現代日本社会的蛻変』中央研究院人文社会科学研究中心、台北、二〇〇六年）、同「航海神――媽祖を中心とする東北アジアの神々――」（桃木至朗編『海域アジア史研究入門』岩波書店、二〇〇八年）、山内晋次「航海守護神としての観音信仰」（大阪大学日本史研究室編『古代中世の社会と国家』清文堂、一九九八年）、同「観音信仰与海域世界」（郭万平・張捷主編『舟山普陀与東亜海域文化交流』浙江大学出版社、二〇〇九年）、註（20）山内氏前掲論文などがある。

(66)『初渡集』天文八年三月六日条。
(67)『笑雲入明記』享徳元年八月十九日条、『初渡集』天文八年三月五日～十日条。
(68)『謙斎南遊集』「鹿嶋文殊堂」。
(69)『実隆公記』永正七年六月十一日条。
(70)『初渡集』天文八年三月二十二日条。
(71)二階堂善弘「海神・伽藍神としての招宝七郎大権修利」(『白山中国学』通巻第一三号、二〇〇七年)。
(72)『初渡集』天文八年四月二日条。
(73)『大明譜』天文十六年四月十五日条。
(74)佐伯富「近世中国における観音信仰」(『塚本博士頌寿記念仏教史学論集』塚本博士頌寿記念会、一九六一年)。
(75)田中史生「海上のクロスロード――舟山群島と東アジア――」(鈴木靖民・荒井秀規編『古代東アジアの道路と交通』勉誠出版、二〇一一年)、註(20)山内氏前掲論文。
(76)例えば、横川景三『補庵京華後集』(玉村竹二編『五山文学新集』第一巻、東京大学出版会、一九六七年)の「梅岑字説」のなかには、「……日本僧恵鍔、遊五台山、而帰到此、舟不能動、遂創観音院於梅岑之陰、事具于丘茲盛溉明補陀洛山記、……」とある。
(77)『笑雲入明記』享徳二年四月六日条。景泰五年六月二十二日条。
(78)「観音大士画像記」『禿尾長柄帚』第一(玉村竹二編『五山文学新集』第四巻、東京大学出版会、一九七〇年)。
(79)井手誠之輔「図版解説　長野・定勝寺所蔵　補陀洛山聖境図」(『美術研究』第三六五号、一九九六年)。
(80)『初渡集』嘉靖十八年六月二十五日条。
(81)『初渡集』天文七年十二月十八日条。
(82)『初渡集』天文八年三月十八日条。
(83)『笑雲入明記』享徳二年四月二日条。

(84)　『初渡集』嘉靖二十年六月二十一日条。
(85)　玉村竹二校訂『扶桑五山記』（臨川書店、一九八三年）九四頁。
(86)　『笑雲入明記』景泰五年五月十五日条・十九日条。
(87)　『蔭凉軒日録』文明十七年十二月二十四日条、文明十八年五月七日条、十八日条。
(88)　玉村竹二『五山禅僧伝記集成』（講談社、一九八三年）了庵桂悟条。
(89)　村井章介『アジアのなかの中世日本』（校倉書房、一九八八年）二五九〜二六〇頁。
(90)　拙稿「日明交流と肖像画賛」（東アジア美術文化交流研究会編『寧波の美術と海域交流』中国書店、二〇〇九年）。
(91)　拙著『中世日本の外交と禅宗』（吉川弘文館、二〇〇二年）二五六〜二五七頁。
(92)　『初渡集』嘉靖十八年八月六日条。
(93)　『初渡集』嘉靖十八年六月十五日条。
(94)　『初渡集』嘉靖十八年閏七月二日条・同八日条・同九日条。なお、北京からの帰路では、浦雲□精が体調を崩して毘陵駅で死去している（『初渡集』嘉靖十九年八月十一日条）。
(95)　註（8）須田氏前掲論文九六〜九八頁。
(96)　『成宗実録』十一年七月五日条、同年八月十一日条。村井章介「「僧良心」を追って――東アジア世界と信州――」（同著『国境を超えて――東アジア海域世界の中世――』校倉書房、一九九七年）。なお、漂流した遣明船への朝鮮側の対応の一端については、関周一「朝鮮に漂流・漂着した倭人」（『年報三田中世史研究』第十九号、二〇一二年）も参照のこと。
(97)　『大明譜』。
(98)　栢原昌三「日明勘合貿易に於ける細川大内二氏の抗争（第四回）」（『史学雑誌』第二六編第二号、一九一五年）、小葉田淳『中世日支通交貿易史の研究』（刀江書院、一九四一年）。
(99)　註（18）橋本氏前掲論文二五七頁。
(100)　註（48）前掲拙稿「外交と禅僧」六六頁。

(101)　『初渡集』嘉靖十八年七月十九日条。

《中華幻想》補説——拙著のための弁明と研究動向の整理若干——

橋本　雄

はじめに

A　君から送って貰った『中華幻想——唐物と外交の室町時代史』（勉誠出版、二〇一一年）、ようやく読み終わったよ。ずいぶんと斬新というか、気負ったタイトルだねえ。

B　うん、まあね。できるだけ文字数をコンパクトにしたかったのと、村松伸先生の『中華中毒——中国的空間の解剖学』（ちくま学芸文庫、二〇〇三年）にあこがれててね。建築史というか空間史というか、さまざまな文化を領域横断して論を展開する、あのメチャクチャ面白い本は、君も知っているだろう？　せめてタイトルだけでも似せた本が書けないかな、ってずっと思っていたんだ。ただ、《中華幻想》と言っても、何のことか誰もわからないだろうから、長々とサブタイトルをつけたという次第。

A　村松先生の『中華中毒』にはスケールも密度も全然及ばないけど、美術史や文化史、考古の世界にも嘴を突っ込んで、果敢に議論しようとしている意欲は買いたいね。

B　ありがとう。博物館に勤めていたときに仕込んだネタが活かせたのは、自分でも本当に嬉しかったよ。同僚や関係者には心から感謝している。それに、早島大祐さんや前田耕作先生に、新聞紙上で書評をしていただいたのもありがたかった(1)。ブログやツィッターでも好意的な感想を書いて下さる方が多くて、勇気づけられたよね。もちろん、各専門の方々からお手紙も多数戴いて、教えられることが実に多かったよ。

A　論文集の割には、かなり多くの方に読んで貰っているみたいだね。

B　値段の面でも、版元に相当頑張ってもらったからね。とにかく、このタイミングで出版しておいて本当に良かったと思う。

A　収録にあたって、相当、既発表論文に手を入れているね。ただそれでも、間違いが散見されるようだけど。

B　恥ずかしながら、間違いは少なくないんだ……。版元のウェブサイトなどにも代表的な訂正例は載せたけれども(2)、論旨に関わる問題も生じている。詳しくはこのあと紹介させて貰うよ。ともかく、新たな宿題を多く抱えてしまったことは事実で、逆にこれほど嬉しいこともない。

A　なるほど。今日の話でそのあたりを弁明しようというわけだね。じゃ、早速、聞かせて貰おうか。僕の方でも、聞きたいことが結構あるんだよ。最近、君の本と密接に連関する上田純一先生の『足利義満と禅宗』（法藏館、二〇一一年）や、堀新さんの『織豊期王権論』（校倉書房、二〇一一年）・『天下統一から鎖国へ』（日本中世の歴史7、吉川弘文館、二〇一〇年）も出版されたからね。

B　お手柔らかにお願いします。

一　室町・戦国期の「中華」と「皇帝」と

A　まず序文から話を始めようか。冒頭で、遣明使節に二回も参加した策彦周良を取り上げているね。策彦和尚への愛が感じられるよ。

B　「にんぷろ」（文部科学省特定領域研究「寧波プロジェクト」）以来、何人かの仲間と策彦の日記を輪読してきたので、(3)それに因んで入れてみたんだ。自分としては、『中華幻想』は「にんぷろ」の成果の一つでもあると思っているからね。輪読のさなか、「これは面白い！」と思って彼の漢詩を序文に引用してみたんだけど、その解釈がまずくて……文学の専門家から御叱りを受けました。(4)

A　漢詩っていうのは難しいからねえ。で、どんな御教示だったんだい？

B　まず問題の漢詩を挙げておくと、

遠離日域入真丹　遠く日域を離れ　真丹《しんたん》に入り
為月今宵偶拍欄　月の為めに　今宵　偶《たま》たま欄を拍《う》つ
回首人間尽胡越　首を回《めぐ》らせば　人間《じんかん》　尽く胡越《こえつ》

姮娥独作旧時看　姮娥《こうが》のみ独り作《な》す 旧時の看

というものだ（『策彦和尚初渡集』下之上、嘉靖十八年十二月三十日条）。この三句目の「胡越」の解釈が問題なんだよ。[5]

A　君の『中華幻想』では、策彦が自分自身を華人に見立てて、むしろ周囲の中国人を蕃夷の「胡越」に見立てている、なんて書いているね。

B　この「胡越」は、辞書的にいうと、①文字通りの胡や越といった蕃族、②物理的・心理的に隔絶したこと・様子（①の譬喩）、さらに甚だしくなると、③敵対関係・戦闘状態、という三つに分けられる。ぼくは素朴に①の意味で取ってしまったのだが、校正中に②の例が多いのに気付いて、「あたかも蕃族のようだ」と書き直した。しかし、それでも明確に②や③の意味で取るべきでは、という御教示を戴いたんだ。確かに、教えていただいた用例や、漢詩・漢文等の「寒泉」[6]、禅学関係の「電子達磨#2」[7]などのインターネットデータベースを引いても、②・③の意味がほとんどで、純然たる①の用例は確認できなかった。

A　なるほど。君の言う通り、「月はどこで見ても同じ、望郷の念が募っていた」、というのは動かないとしても、「胡越」が何を指すかで、この漢詩のニュアンスは大きく変わってくるわけだね。「胡越」を感じるのが中国か日本かでも、解釈が割れてくるねえ。中国を舞台とするなら、ホームシックの自分を慰めていることになるし、日本のことなら、戦国争乱のさなかの故郷が心配に思えてくる……。ところで、そうなってくると、この漢詩をもとに、策彦が自分を華人になぞらえている、つまり自分が《中華》であると思っていた、というのは、成り立たなくなっちゃうんじゃない？

B　悲しいかな、その可能性が高い。しかも、このエピソードが使えないと、策彦に即してぼくが考えている《中華幻想》の両極——中華への自己同定と中華への憧憬と——がうまく説明できなくなってしまう。

A　戦国期の禅僧の策彦が自分を《中華》に自己同定する、という史料は、ほかに見当たらないの?

B　いま策彦の日記などを見返しているんだけど、見つからないんだよなあ。村井章介先生が、以前、平安時代の貴族について「自尊と憧憬」というフレイズを使っていた[8]けど、彼ら廷臣の方がよほどはっきりした自尊意識を持っていたようだ。

A　戦国期には天皇の権威が高まるっていう意見もあるでしょう?[9]　だから、たとえ中国文化を身につけた禅僧であっても、自分が《中華》そのものだと誇るのはやはり問題があったんじゃない?

B　そうかもしれないね。まあ、天皇の権威が本当に高まるのかどうかについては、ぼくは異論を持っているんだが……。

A　ところで、日本では「皇帝」といったら誰を指すの?

B　これも当然、五山文学など漢文脈の史料でないと出て来にくい表現だけど、圧倒的に中国の皇帝や日本の天皇に対して使われている例が多いね[10]。

A　つまり、五山文学の世界では天皇が「皇帝」だったんだ。だから五山僧は義満以下の室町殿が「国王」と名乗ってもあまり気にしなかったのかな。

B　うん、その可能性もあるだろうね。しかも、漢文脈か和文脈かで、「(国)王」のニュアンスが異なるとなると、今後、厳密な解釈のためには、和と漢という両文脈の腑分けが必要になってくるはずだ。これまでの研究ではほとんどこの区別に配慮していないからね。――もっとも、説話文学の世界など、五山僧ならつねに漢文脈、というわけでもないし、漢か和かという区別は截然とつけがたいところもある。けれども、だいたいの傾向として、この和と漢との文脈を区別して史料上の「王」や「皇帝」を読み解いていくことは、案外、有効じゃないだろうか。

A　それは楽しみだね。まあ本格的な検討は今後の課題にしてもらうとしてさ、冷静に考え直してみなよ。遣明使、つまり朝貢使節の一員として中国に渡っている策彦が、そうあからさまに自分を中華の一員だなんて言うかな。中華帝国のなかにいるわけだから、むしろ自分が蕃国人だという思いを否応なく感じさせられたんじゃないかな。

B　なるほどね。それに、「中華」とか「華夷」という言葉も、日本国内では――もっぱら漢文脈に限られるけど――、天皇に関連して使われる場合が多いようだ。まあ、「皇帝」が天皇を意味するのだから、当然といえば当然だけれども……。たとえば、花園大学国際禅学研究所のデータベース「電子達磨#2」で「華夷」を引くと、岐阜瑞龍寺開山の悟渓宗頓（一四一五～一五〇〇）の行状（語録下巻所収）にヒットする。後土御門天皇からの準十刹推挙や賜額に触れて、「乾坤」や「華夷」に威光が及ぶ、と譬えているんだ。(11)また、斎藤夏来さんの注目した「叢林と夷中《いちゅう》」(12)の「夷中」も、単に田舎《いなか》にひっかけた語呂遊びというだけでなく、都と鄙、華と夷の別が念頭にあったんじゃないかな。

A　そうだろうね。ここはむしろ本編の第I章で君が述べるように、《中華》をめざした室町幕府、皇帝になりたかった室町将軍、というかたちで序文も構成すべきだったんじゃないか。ほら、村井章介先生も『中世倭人伝』（岩波新書、一九九三年）で注目した、朝鮮使節とのあいだに座次相論を言いかけた湖心碩鼎の一行があったでしょう?(13)

B　ああ、正使が湖心で、副使が策彦のやつだね。天文七年度遣明使節のことだ。

A　君が書いているように、彼らの言動にこそ、「中華への憧憬や同列意識」という「両極」が明確に看て取れるんじゃないか。中華に服する列国のなかでも、もっとも中華に近い日本――そうありたいという気持ちがよく表れていると思うよ。このエピソードの紹介で、『中華幻想』の冒頭部分は十分だったような気がするね。

B　確かに、そうかもしれない。ちなみに、室町時代の国際意識の「両極」が見える、として、「両面」と表現しなかったのは、中華への憧れと同列意識とがグラデイションのようにつながっているという語感を出したかったからなんだ。ともかく、この本の序文は、抜本的な書き直しが必要だということが明らかになってきたので、いつか補訂の機会があれば、心してかかります。

A　ただそれにしても、いまの話だと、究極の中華が天皇か将軍か、あるいは天皇家か将軍家かという問題が浮上してくるね。

B　いわゆる王権論の話だね。さっきから話しているように、「中華」や「皇帝」という漢語的表現と、日本の国内史料にもよく見られる「王」とは、ある程度区別しなきゃいけないと思っているんだ。中世の日本史料――おもに和文脈――では、「王」は、やっぱり天皇、せいぜい上皇を指すことの方が圧倒的に多いからね。[14]

A　それじゃあ、最近の堀新さんの議論[15]についてはどうなの？　堀さんは、織田信長の〈日本国王〉から豊臣秀吉の〈中華皇帝〉へ、という見通しを立てているけど？

B　堀さんの使っている〈日本国王〉と〈中華皇帝〉は、彼自身が周到に断っているように[16]、あくまでも分析概念だから、その限りで史料そのものからは自由なんだと思う。和文脈・漢文脈それぞれに乗っかっているわけでもないし。ただ、秀吉のところで突然〈中華皇帝〉になっちゃうというのは、どうなんだろうか。その〈皇帝〉の概念をもってくる中心的素材は、いわゆる「三国国割構想」――一五八二年に表明された新アジア国際秩序構想のこと――なんだけど[17]、補足材料として挙げられるのが豊公能「この花」だね[18]。そこで秀吉が中華皇帝になぞらえられている、というんだけれど、この謡曲、中国の古典や宋元の漢詩が散りばめられていて、要するに《漢文脈の能》なんだよ。そもそも、「この花」とは中国的な梅のことだしね。

A　堀さんは、秀吉の手本となった信長が〈中華皇帝〉を目指しており――実際は〈日本国王〉程度に収まったという想定なんだけど――、当の秀吉によって〈中華皇帝〉になりえた、っていうけど、要するに君の『中華幻想』によれば、そもそも信長以前から、歴代室町殿は中華皇帝を目指していた、ということになるわけだね？

B　まあそうなるね。それともう一つ気がかりなのが信長の位置づけそのものだ。堀さんは、信長の目指した国際的・国内的地位を、「明〔の国際秩序〕から自立した日本国王」と捉えており、その点で室町殿との差異を積極的に見出そうとしている。その根拠の一つが、信長の、畿内を中心とする華夷意識なんだよ。[19]信長辞官の朱印状がその根拠だ。ところが、この華夷意識自体、今日の話でも出てきたように、室町以前からの遺産と見るべきなんじゃないかなあ。もちろん、信長が東アジア国際秩序から自立しようとしていたとか、秀吉のところで皇帝性が一気に高まる、というのも分からないではないんだけど、文化史的な意味での華夷意識とか皇帝へのあこがれというのは、とくに漢文脈を通じて、伏流水のように確実に存在していたんじゃないかと、ぼくは思うんだよ。

A　なるほど。その強弱の出方・現れ方が信長・秀吉で突然変異した、ということなのかもしれないね。そうなってくると、やはり、漢文脈・和文脈の「皇帝」・「国王」の峻別や解釈がかなり重要な問題になってくるね。

B　そうなんだよ。で、とくに和文脈の「国王」に話を戻すと、ぼく自身は、王権論とは、なぜ天皇家の人間が「王」と呼ばれたのか、武家権力が成長したのになぜその傾向が変わらなかったのか、そういうところを問題にすべきだと思うんだ。[20]もし、それが最近の王権論の主流[21]と反りが合わない、というのなら、それでも構わないんだけど……。

A　そうすると、あれかい、君の議論は、《天皇こそが絶対的に王だった》ということになりかねないんじゃない？

B　ある意味でそれは否定できないことだと思うよ。でも、それが良いこと・良かったことだとはもちろん考えていない。むしろその逆さ。ただ、天皇を消滅させること、天皇を越えることは極めて困難で、そう簡単なことではない、ということだけは明確に意識しておくべきだと思う。こんなこと言うと、伝統ある戦後歴史学に対してたいへん失礼な物言いかもしれないけど、過去でも現在でも、天皇制がいずれは打破・打倒できる、なんて見通しはかなり甘かったんじゃないかな。やっぱり、日本社会に巣くっている身分意識とか秩序観念というのは相当に根深いものがあって、それを解消するのは容易なことではない。だから、たとえば網野善彦先生などは、非農業民とか被差別民とか「無縁」の世界と天皇との結びつきを想定し、結局、日本社会のもっとも奥深いところで天皇制は息づいている、って語ったんじゃないかな。(22)

A　それも実はさ、ある面で河内祥輔先生の議論に通じるよね。「朝廷—幕府体制」という枠組みで、武家権力の側にも「朝廷再建運動」が存在したことを主張するのが、河内先生の学説でしょ。(23) あちこちで批判されているように、結果論的な議論に見えないこともないけれども、当時の人々が納得した、最終的な《落としどころ》を明快に指摘した秀逸な議論だと、ぼくなんかは思うんだよね。もっとも、かつての『頼朝の時代——一一八〇年代内乱史』(平凡社選書、一九九〇年)に比べると、とくに最近の『天皇と中世の武家』(天皇の歴史04、講談社、二〇一一年)の政治史叙述はかなり淡泊で、歴史の可塑性の部分を随分と削いじゃっているような気もするけれど……。

B　それは紙幅が限られているのと、叙述を分かりやすくするためでしょ。ところで、網野先生や河内先生の議論は、天皇や天皇制の延命に手を貸しかねない、と一部で思われている節もあるでしょう？　だけど、お二人とも、誤解されて気の毒だと思うよ。最終的な狙い所は、両先生ともに恐らくかなり共通していて、要するに、王権論なるものは——王権の語を使うかどうかは別として——、即、日本社会論・日本論でもなければならない、ということでしょう。かつて、西洋史の二宮宏之先生が目指しておられた「社会史」のような、社会的結合、とくに「侮蔑の滝」のあり方なんかを、もう一度意識していかねばならない、ってことだよね。(24)

A　さてそうなると、王権論の範疇が際限なく広がってしまうような気がするけど……。

B　王権論とは、すなわち全体史でもなければならないから、確かにその虞はある。しかも、王権とか身分とかのビッグワードは、あまりに概念が大きすぎて、チューニングをうまくしないと、しばしば話がすれ違っちゃうでしょう。だから、ぼくはもう少し、自分の守備範囲で足固めをしてから、そういう議論に踏み込みたい、と思っているんだ。

A　随分とまた小さく出たもんだな。まあ、話は『中華幻想』の第Ⅰ章、「日本国王冊封」の話題に入りつつある、ってところだね。

二　足利義満の明使接遇儀礼

（1）それは冊封儀礼ではなかった

A　第Ⅰ章は、しかし、いろんなものを詰め込んでるねえ。(25)

B　読みにくくってごめんなさい。時間があったら半分に分けて再編しようかとも思ったんだけど、無理だった。もっとも、第Ⅰ章が足利三代義満・四代義持期、第Ⅱ章が義持期、第Ⅲ章が六代義教期、第Ⅳ・Ⅴ章が八代義政期、と時系列に並べられたので、このままでいいかな、と……。

A　第Ⅰ章前半の議論は、一四〇二年のいわゆる「冊封」儀礼の見直しだね。新しい史料（『宋朝僧捧返牒記』宮内庁書陵部蔵）を使って、義満期の日明関係の実態に迫っている。驚いたねえ、こんな史料がまだあるんだ。

B　実は、二〇〇二年頃には入手していた史料なんだよ。宮内庁書陵部へ調査に伺ったとき、先輩の石田実洋さんから、こんな史料があるよ、って教えてもらって。ただそのときは、面白そうだが、儀式関係の史料なので難しそう……と思って敬遠してしまった。ところが、二〇〇七年の歴史科学協議会大会で報告させて戴くことになり、さすがに新しいネタを探さねばならなくなって、一念発起して分析してみたってわけさ。史料そのものの翻刻や内容の検討は、石田さんと一緒に『古文書研究』に書いたので、機会があったら見てみて。

A　まったく、石田さんに感謝だね。儀式に参加していたのが公家や顕密僧たち三十数名に限られていた、というのは衝撃的だったよ。ぼくなんか、この儀式はもっと大人数が参加していたと思っていたから……。

B　ぼく自身そう思っていたし、恐らくほとんどの研究者も漠然とそういうイメージを抱いていたんじゃないかな。『中華幻想』や石田さんとの共著論文でも強調した点だけれども、少人数の閉鎖的な空間で明使の接見儀礼が行なわれていたとなると、日明間の外交関係がそれほど国内的にアピールされていなかったことになるよね。ちなみにぼくは、一九九九年の東京歴史科学研究会の大会報告の段階で、義満の「皇位簒奪」計画なんてなかったのではないか、少なくとも日明間の外交問題と天皇家との政治的・身分的問題とは一切関係がなかっただろう、という結論に達していた。日明外交儀礼の政治的影響が極めて限られたものであったということは、今回の『返牒記』の分析結果とも重なるから、とっても嬉しかったよね。

A　『中華幻想』にも書いてあったけど、当時の通説は、《「皇位簒奪」後の政権運営をスムーズにするために、冊封関係によって明皇帝の権威という後ろ盾を得ようとしていた》という、佐藤進一先生以来の説だよね。しかし、佐藤先生のおかげで対外関係史が一躍、政治史の表舞台に躍り出たというのに、当の本家の対外関係史研究者たちは、むしろ明との冊封関係の影響を小さく見積もる方向に動いている……。何と皮肉なことだろう。

B　いや、かねてから感じていたことなんだけど、対外関係史って、困ったときの万能薬みたいに思われている節があるでしょ。何か分からないことがあると、その原因を国際関係や対外貿易に求めちゃう、みたいにね。対外関係が、実際以上にいろんなところで大きく評価されているような気がするんだ。ただ、誤解のないように言っておくと、ぼく自身は、対外関係史を等身大に描きたいと思っているだけで、敢えて過小評価しようとしているわけじゃないんだが。

A　なるほどね。何でもかんでも関連づけるな、ということか。ところで、さっきの『返牒記』の記事に戻るけど、幕府の有力大名すら招いていない、というのは驚いたね。一般に「外交で活躍した」とされる禅僧ですら顔を出さないんだよ。義満は、明使というか、日明関係を強烈に自分のコントロール下に置いておきたかったのかな。ただこの『返牒記』の分析、今まで知られていた『満済准后日記』の記事（永享六年五月十二日条）と若干ズレるところがあるんじゃない？

B　そうなんだよ。『返牒記』では、義満がおそらく南面・着座して、明使（正使天倫道彝・副使一庵一如[29]）から国書（明皇帝の詔書）や進物（明皇帝からの下賜品）を受け取っていることが分かるんだけど、その受け取りの場面の記載がない。一方、『満済准后日記』では、義満は焼香・三拝して跪いて明朝国書を「御拝見」していることになっているんだ。その「拝見」・拝礼記事が『返牒記』にまったく見られないというのがどうにも不思議で……。『返牒記』の撰者——官務家当主の壬生兼治か——が敢えて記さなかったのだろうか。

A　それこそ《中華意識》を持っているだろう彼らにとっては、外国に臣下の礼を執るのは不都合だものね。ましてやそれが先例になっちゃったら……。わざと記録しなかったんじゃないかな。

B　詔書を焼香・拝礼しているとなると、かなり丁寧な対応であったこともまた間違いないね。ただ、そうだとしても、義満が明使より先に着座し、南面していたという点で、義満はかなり居丈高であったとぼくはやっぱり考えているんだけど。

A　そこのところをどう総合的に評価するのかは、やはり問題だね。そうそう、この間、内田樹さんの話題作、『日本辺境論』（新潮新書、二〇〇九年）を読んでいたら、こんな文章に出くわしたんだよ。

……「日本国王」は日本列島の支配者の称号ですから、筋からいえば天皇家が管理すべき官位です（天皇が進んでそう名乗るかどうかは別として）。……義満は明との朝貢貿易のために「日本国王」という上位官僚の官名を詐称した。天皇の下僚である足利将軍が「日本国王」を「詐称」して、明国皇帝に「臣下の礼」をとった。これは天皇に対しても、明国皇帝に対しても、どちらにも非礼を働いていることになる。喩えて言えば、課長が「私が社長です」と詐称して、取引先に行って、頭を下げて仕事をもらってくるようなものです。礼を尽くしているのか、バカにしているのか、よくわからない。そのころの室町幕府の人たちがどういう議論の末にこのような決定を下したのか、私には推察する術もありませんけれど、「中華皇帝にまじめに臣下の礼をとる気がない」ということだけはわかります。（同書、六四頁。傍線橋本）

どうだい？　君の言っていることと、よく似ているでしょ？

B　いやあ、こりゃ驚いた。傍線部①は後で話すようにぼくなりの意見がちょっとあるけど、とくに傍線部②なんて、ぼくが言いたいこととそっくりだね。さすがの洞察力……と言いたいところだけど、素直に考えれば、こういう結論にたどりつくのがむしろ自然なんじゃない？　これまでの研究は、義満に天皇や天皇制を凌駕・超克してもらいたいという思いの餘りか、かなり無理な議論を重ねてきた感が強いでしょ。ぼくは素直に、義満が目指したのは金儲けや中国文物の優品獲得で、そのための現実的方策が朝貢―冊封関係の樹立だった、と捉えるべきだと思うんだ。まあ、きわめて《後ろ向き》な解釈かもしれないけど。

A　明使に対して義満が正式な賓礼(30)を行なわなかったというのは、それで説明が付きそうだ。

B　ただ、さきの発言と矛盾するようだけど、義満がこの明使に対してかなり気を遣っていたこともまた恐らく間違いないんだよ。先日、河内将芳さんから教えて戴いたんだけれども、義満はわざわざ日をズラして、彼らに祇園会の見物をさせたそうだ。[31] 式日の六月七日が雨の日で、祇園会は祓いの性格ゆえに、降雨をむしろ歓迎するはずなのに、一日あとに遅らせたんだって。[32] 河内さんは、これを、明使一行に祇園会を見せるためだと推測している。

A　雨で濡れないように、ということか。義満は随分と明使に配慮していたんだねえ。

B　義満は、単に居丈高な明使接見儀式をセッティングしたというだけでなく、それなりにホスピタリティ溢れる応対をしていた、というわけだね。

A　それじゃあれかい、義満が兵庫に下向しているのも……。

B　いや、あれはよく義満が明使を迎えに行っていると言われることが多いんだけど、恐らくそうじゃない。さっきの『返牒記』にも「彼の宋船を御覧ぜんが為め、彼の津に蜜々〔密々〕渡御」と書いてあるし。秘密裏に――といっても当時の貴族たちはみんな知っているんだけど――、兵庫に下向したんだよ。義満は明船（唐船）そのものを見たかったんでしょう。

A　なにしろ、明使を京都にまで受け入れた最初だからね。

B　義満がそれなりに手厚く明使をもてなしたのも、まだ冊封関係が結ばれておらず、不安定要素があったからなんじゃないかな。そうそう、大事なことを言い忘れていたんだけど、最近、この応永九年（一四〇二）の明使接見儀式が冊封儀礼ではなかった、ということが明らかになったんだ。このときの明使は正式には冊封使ではなくて、次の永楽帝の派遣した一四〇四年明使こそが冊封使だったんだ、と。檀上寛先生が論証されたんだよ。[33]

A　えっ、それは大事《おおごと》じゃない！　確か、大学受験の世界では、「義満を冊封したのはどの皇帝か？」という問題に対して、正解・正答が建文帝で、ひっかけの誤答が永楽帝、ということになっていたよね。

B　そうだよ。だから、永楽帝が誤答どころか、正解になってしまったわけ。

A　心ある大学なら、義満の冊封問題は出題できないな……。各大学やセンター試験の出題委員は、ちゃんと認識しているかな。

B　さあ……どうだろうね。それはともかく、檀上先生の論文によると、明代の冊封は、最低限、印章（金印・鍍金銀印など）と誥命（五品以上の官人への辞令書）とが与えられることで初めて完遂されたということらしい。一四〇一年の明使は印章も誥命も持ってきていないから、冊封使ではなかったんだ。檀上先生も言うように、燕王朱棣（のちの永楽帝）を恐れていた建文帝が、とりあえず日本の義満政権と結んでおこうとした程度のもの、と見るのが妥当なようだ。

A　ああ、だから君の言うように、一四〇一年、義満が上表すらしていないのに、義満のもとに明使をよこしてきたわけか。それに、一四〇一年に肥富・祖阿を派遣したとき、外交文書のなかで義満は「日本准三后某」って名乗るでしょ。以前、河内祥輔先生が仰有っていたんだけど、「准三后」っていう肩書きから、要するに彼自身、自分が皇族じゃないって言っちゃっているようなもんだよね。建文帝の側も、こうした《条件不足》を承知の上で義満に接近したことになる。建文帝の焦りが目に見えるようだね。

B　ぼくが檀上先生の旧説(34)に従って「事実上の冊封」と書いていたのも、中途半端な評価だったということになる。

A　つまり、「冊封使ではなかった」と明確に書くべきだったということか。

B　そうなんだよ。一四〇一年の明使（天倫道彝・一庵一如）は冊封使でなく、一四〇四年の明使（趙居任）こそが冊封使だったわけさ。

A　ただ、明朝側の制度的認識はそうだったとしても、果たして日本側はそれをどの程度理解していたのかな？　冊封使かどうかということを、きちんと理解できていたのかな。

B　それは問題だね。『満済准后日記』の記事が残っている永享年間の義教冊封儀礼関係の記事を見る限り、そこで先例として参照されているのは、応永九年（一四〇二）の接見儀礼の方なんだ。応永十一年（一四〇四）の本当の冊封儀礼は、一顧だにされていない。まあ、だからこそこれまでの研究者は、一四〇一年の接見儀礼を冊封儀礼だと誰も信じて疑わなかったんだろうね。

A　この一四〇四年の冊封儀礼には、公家や顕密僧たちがまったく関与せず、五山僧が取り仕切ったとか、そういう可能性はない？　最初の「日本国王」号を名乗った遣明表は、それまでの公家と違って、五山僧の絶海中津が書いたんでしょ？　本当の冊封儀礼だったら、それこそ五山僧が中心になっていた、となれば話はスッキリするんだけど。

B　それがそう上手くは行かないんだ。『南都真言院伝法灌頂記』という史料の裏書（応永十一年具注暦五月十六日条）に、「異国官人幷びに僧、北山殿に参る、諸卿三十餘人、僧正五人参集」という記事があって、結局、応永九年（一四〇二）と同様な顔ぶれで儀式が行なわれたらしい。

A　そうか……。だとすると、当時の朝廷・顕密教団周辺では、冊封がどんなものかとか、その明使が冊封使かどうかということなどを、明確に理解できていなかったのかも知れないね。もちろん、義満は、一四〇四年にもたらされた金印や勘合を見て、これで晴れて冊封関係が確立したって、ある程度認識したんだろうとは思うけど。

（2）　夢窓派の役割と身分秩序観

B　上田純一先生の研究によれば、そうした日明外交交渉の水面下で働いていたのが、明朝の大慧派に接近した京都夢窓派の僧たちだったということになる。確かに、彼ら抜きでは、日明外交関係の成立はなかったかもしれない。

A　上田先生の学説は、全体としても非常に斬新だよね。日明外交で禅僧が活躍したのは、彼らの文筆能力・士大夫的教養が買われたから、という既往説に疑問を投げかけ、むしろ、義満が彼らの人脈・法脈に着目したから、と言うんだから。元末明初の中国仏教界で最大勢力だった大慧派とのコネクションを築けたのは、日本破菴派の夢窓派絶海中津たちだった。つまり、日明外交における夢窓派の活躍は、最初からの既定路線ではなく、義満による選択の結果だったという見方だね(35)。

B　ぼくも驚いたよ。上田先生がおっしゃるように、元末明初の時期の日中間をまたいだ禅宗界の人的ネットワークのあり方というのは決定的に重要だったんだと思う。上田先生流門派論の真骨頂とも言えるね。

A　ただ疑問に思うのは、大慧派とのコネを重視するなら、大慧派僧そのものを登用してもよかったんじゃないの？

B　それは一三七四年の応安度遣明使で実験済みだということだと思うよ。このときの正使の聞渓円宣は、日本大慧派の名僧中巌円月の門弟に当たるから、義満が彼を抜擢したのは、大慧派の法系たることを強く意識した可能性が高い。しかし、その後、大慧派僧の起用が続かないところを見ると、人材があまり豊富じゃなかったんじゃないかな。

A　それで、膝下の名僧集団の夢窓派中心部に白羽の矢が立ったわけか。

B　ただし、夢窓派と言ってしまうと、ちょっと狭すぎるね。一四〇三・〇七・〇八・一〇年の四度、遣明正使を務めた堅中圭密は、仏光派（仏光国師無学祖元下）仏国派で、高峰顕日の門派だ。もっとも、夢窓も高峰の弟子で仏国派出身だから、隣近所の親戚みたいなもんだけどね。ちなみに、一四〇四年遣明正使の明室梵亮は夢窓派寿寧門派で、龍湫周澤の会下僧だ。龍湫は外交主導派の春屋妙葩のライヴァルだったから、内国派だったようにも思えるけど、その弟子はうまく立ち回っていた、ということになりそうだ(36)。

Ａ　ところで最近知ったんだけど、概説書とか辞典類の遣明使一覧表に出てくる、一四〇八年の遣明正使「昌宜」っているでしょ。『大日本史料』第七編がすでに指摘しているんだけど、彼は恐らく、夢窓疎石の孫弟子、猷仲昌宣なんだよ。

Ｂ　昌宜ではなく昌宣なのかぁ。

Ａ　まあ宜と宣とはよく間違えるからね[37]。猷仲は夢窓の弟子、先覚周怙の法嗣で、美濃天福寺で随侍していたらしい。けれども、先覚は大きな法脈を形成しなかったから、あまり関連史料が残っていないんだ[38]。ところが、『大日本史料』も拾っていない猷仲の関係史料で、とっても有名な絵画作品がある。あの国宝「芭蕉夜雨図」（東京国立博物館蔵）さ。この「芭蕉夜雨図」に著賛した人間の一人に、猷仲昌宣がいるんだよ[39]。

Ｂ　へえ……。日朝関係史研究の世界では、この「芭蕉夜雨図」は注目されてきたよね[40]。太白真玄以下の禅僧十二名や、武家の山名時熙とならんで、「朝鮮国奉礼使」の梁需が著賛しているから。梁需の署名の上の年紀「永楽八年八月日」（一四一〇年）や「遊龍山僧舎（京都南禅寺）次韻芭蕉図」の題からも、彼が義満の弔報に対する回礼使として来日した際、南禅寺で著賛したもの、ということがはっきりする。ただ、猷仲が遣明正使を勤めていた事実については、これまで注目されたことがなかったんじゃない？

Ａ　たぶんね。この「芭蕉夜雨図」には、その猷仲の賛があるのさ。つまり、遣明正使を務めた猷仲昌宣の筆跡が唯一分かる現存史料なんだよ。彼の筆跡の詳細は、東京国立博物館のウェブサイトや各種図録類などで直接見て欲しいんだけど、非常に壮麗かつダイナミックなんだよね。「芭蕉夜雨図」に著賛した十四名のなかでもっとも迫力ある筆跡といってもいいんじゃないかな。

Ｂ　分かったぞ。彼の悠然たる能書ぶりは、中国に渡ったからこそ、と君は言いたいんだな。

A　そういう風に想像しても良いんだろうけど、ぼくはむしろ逆に、彼がこれほどの才能を持っていたからこそ遣明正使に抜擢された、と思っているんだ。もともとセンスのない者に、これだけの書は書けないだろうからね。

B　君の猷仲への入れ込み様はよく分かったよ。彼も夢窓派から出て、日明外交に活躍した一人だった、ということになるわけだね。

A　ああ。ただ、遣明使節と夢窓派僧との関係に関する上田先生の学説は非常に面白いし、説得されるところも非常に多いんだけれど、まったく疑問がないわけじゃない。とくに違和感を覚えるのは、《五山僧ではなくても廷臣たちでも外交文書を書けたじゃないか、同朋衆でも外交使節役を務められたじゃないか》という件だ。確かに、朝廷の文人貴族たちや同朋衆たちにその能力がある程度備わっていたとは言えるけれども、彼らがベストな存在であったかどうかという保証はない。しかも、彼らが義満外交下で活躍したのはむしろ例外的であって、その前後の時期は圧倒的に禅僧たちが外交や貿易を担当していたわけでしょ？　つまり、廷臣が外交文書を、同朋衆が外交使節を担当したというのは、むしろ歴史的には例外だったわけじゃない？　なぜ例外的な選択が義満によって一時期なされたのか、こちらの問題こそ、中核的な問題なんじゃないかなあ。

B　なるほどね。それに関連して言うと、外交文書を書くかどうか、書けるかどうかということが、能力の問題なのか、立場の問題なのか、これは結構大事な問題のような気がするね。上田先生は、明の年号を遣明表に書き記すことについて五山僧すら批判的態度をとっていた、という有名な事実を紹介した上で、《にもかかわらず、当時の専制君主義満だったらそんな批判など封じ込めたはずだ》(41)と言っておられるでしょ。これなんか君はどう思う？

A　もちろん、明の年号を使うかどうかは重大事だったと思うけど、遣明表を書く上で、もっと深刻な問題は、恐らく差出人の肩書き、つまり「日本国王」号の方でしょう？　当時の公卿でも誰でも、さすがに足利氏の人間を「日本国王」と書くのは憚られたと思うんだよね。

B　何度も言うけど、一般的には和文脈が普通だったわけだから、「王」って言ったら、当時は天皇家の人間を指すのが普通だったんだよね。「日本国王」という肩書きを、義満が公卿に書かせられるか、あるいは公卿自身が書けるか、という点は、当時、もの凄くセンシティヴな問題だったんじゃないかな。

A　うん、つまり義満は、踏み込もうとすればできたけど、敢えてそこまでやらなかった、ということだね。

B　ぼくの考えでは、「日本国王」号を文人官僚に書かせられるかどうかということは、冊封儀礼をオープンにアピールしえたかどうか、あるいはもっと具体的に言うと、義満の昵懇の青蓮院門跡尊道法親王を明使接見儀礼に招けるかどうかということと連動していたんだと思う。そしてその点こそが、日明外交の開始をめぐる、幕府・朝廷周辺での最大の懸案事項であったとも想像している(補註1)。それに、朝廷のなかで、ようやく新たな地歩を築きつつある義満(42)が、外からホンモノの中華皇帝の「権威」を持ってきて天皇家を完全に相対化してしまったら、今度は、自分の居場所自体が不安定になる虞すらあるでしょう？　そういう新たな「権威」らしきものは、政治のメインストリームでは、却って疎まれたんじゃないかと思うんだよね(43)。

A　これでさっきの王権論に関する議論とつながってくるね。

B　繰り返しになってしまって申し訳ないけれど、「王」という存在概念は、そう簡単に乗り越えられるものではなかったと思うよ。だから、とくにこの「(国)王」号を遣明表で使う障壁をクリアするために、禅僧が積極的に登用・利用されたとぼくは考えている。禅僧は、当時の顕密僧たちが忌避する葬儀を担当するなど、ケガレに対してもかなり鷹揚だったからね(44)。それに、今まで話してきたように、彼らは、漢文脈という《逃げ道》をもっていた。漢文脈では、そもそも天皇は「皇帝」であって、「国王」と同列であるはずがないわけだから。

A　なるほど。五山僧たちの世界——漢文脈——では、彼らが内心どういう風に考えていたかはともかく、《皇帝—国王》、つまり《天皇（ないし上皇）—室町殿》という《上—下》の身分序列が形式上守られていた。だから、外の世界——和文脈の顕密や貴族たち——から「室町殿が日本国王など不遜じゃないか」と言いがかりをつけられても、言い逃れの余地が彼らにはあったんだね。

B　まあ、夢窓派の拠点、臨川寺三会院に有名な「鹿苑院太上天皇」の位牌が残されていることなどから、夢窓派の一部に、身分制的な超克を夢見た連中がいた可能性をぼくは夢想しているんだけどね。(補註2)

三　足利義持の対明断交

A　さて、そろそろ足利義持の時代に移ろう。足利義持といえば対明断交が一大トピックだけれども……。

B　『中華幻想』でも論点の一つに据えたところだ。《禅宗びいきの義持が、なぜ禅の故郷たる中国と離縁したのか》。口絵写真のキャプション(45)にも書いておいたけど、彼が禅宗を「我が宗」と呼ぶほど大事にしていたことは有名だけど、それ以上に、雑多な神祇信仰を持っていたということが、この件ではやはり重要だと思うんだ。一四一九年、対明完全断交の際につくられた外交文書でも、神国思想丸出しの文面になっている。

A　『善隣国宝記』に載っている、元容周頌に与えられた義持書簡のことだね。

B　応永二十六年（一四一九）に、兵庫福厳寺に滞在していた明使の呂淵に申し渡された内容を記したものだ。随分とものものしい内容だから、確認のためにも読んでおこう。(46)

征夷大将軍某、元容西堂〔元容周頌〕に告ぐ。今大明国の使臣有り、来たりて両国往来の利を説く。然れども大いに不可なる者有《こと》り。本国は開闢以来百皆《ひゃくかい》諸神に聴き、神の許さざる所は、細事と云うと雖も、敢えて自らは施行せざる也。頃年《このごろ》我が先君〔義満〕①左右に惑わされ、肥官〔肥富ヵ〕が口弁の愆《あやま》りを詳らかにせず、猥りに外国船信の問を通ず。自〔爾ヵ〕後、神・人和せず、雨暘《うよう》序を失い、先君尋いで亦た殂落す。其の②簀《さく》を易うる際、冊書〔日本式の起請文〕を以て諸神に誓い、永く外国の通問を絶つ。孰れか先君の告命《こうめい》〔起請文の内容〕に率《そむ》きて、諸神の憲章を犯さん哉。去歳〔応永二十五年・永楽十六年・一四一八〕既に古幢長老〔古幢周勝〕に命じて、此の意を往諭せしむ。今使〔明使〕有りて至るは、蓋し前諭の未だ達せざる也。……

A　すさまじいくらい、神国思想丸出しの外交文書だな。外国とおつきあいするのが日本の神様たちの意に背いていた、ってわけだね。

B　夢窓派華蔵門派の、大岳周崇の作と言われている。正確に言うと、この文書をこのまま明使呂淵に渡したわけではないらしいね。田中健夫先生や石井正敏先生が推測する通り、これを奉書形式に直して、元容周頌が責任をもって明への「国書」を書いたんじゃないかな。(47) 残念ながら、最終的な文書様式がどんなものかは分からないけれど。

A　この大岳周崇って坊さんは、義持のお気に入りみたいだね。父親の義満は、応永八年（一四〇〇）三月、絶海中津が相国寺に再住したら相国寺を五山の第一にランクアップして、天龍寺は第二位に下げちゃったんだけど――南禅寺はすでに至徳三年（一三八六）の段階で「五山之上《ござんしじょう》」とされていた――、義持は、父の義満が死んで大岳が応永十七年（一四〇九）天龍寺住持になった途端に、相国寺を五山の第二に、天龍寺を五山の第一に戻している。

B　伊藤幸司さんが注目したように、それで大岳以下の華蔵門派が天龍寺に勢力を伸ばし始めるようになるんだよね。(48)

A　すると、この大岳が作った元容宛て文書で義満をまどわした「左右」（傍線部①）というのは、さしずめ、春屋妙葩（鹿王門派）とか絶海中津（霊松門派）ということになるか。

B　対明貿易推進派の斯波義将《よしゆき》あたりも含まれるんじゃないかな。ただ、傍線部②にあるように、いまはの際の義満が対明断交を神に誓ったというのは、事実とは考えがたいよね。

A　そうそう、上田純一先生も、『足利義満と禅宗』で、この義満の話（傍線部②）は「明らかな虚構」で、「やや唐突の感がある」って評価している。(49) それで上田先生は、対明断交の背景探しに乗り出したわけだね。

B　そこで彼が注目したのが、大内盛見や彼の帰依した博多系の松源派（仏源派）・破庵派（聖一派）禅僧の動向、というわけだ。確かに、桜井英治先生の言うように、大内盛見は、畠山満家と並ぶ将軍直轄軍のような存在だったから、(50) 義満政権への影響力はかなり大きかったと思うよ。上田説によれば、盛見麾下の博多系禅僧たちの対朝鮮通交関係の実績が、義持の対明断交に大きく寄与した、ということらしい。

A　日明交流が大慧派・夢窓派ラインで、そこからはじかれた博多の破庵派（聖一派）・松源派・曹洞宗禅僧などが朝鮮・琉球方面で活躍する、っていう見通しも立てられているね。(51)

B　ところで、ここでも上田先生は、対明断交をめぐる先行学説に種々疑問を投げかけている。でもさ、よく読むと、上田説自体も、厳密には、対明断交の理由の説明にはなっていないよね。

A　そういえばそうだな。上田先生の本をめくっても、断交の「原因」ではなく、慎重に、「背景」を探るって言い方をされているね。

B　やっぱりぼくは、義持自身の主体的判断・積極的決断の主因は別に考えるべきだと思うんだ。大内盛見・博多禅僧とのコネクションは、日明関係を断交しても大丈夫、つまり朝鮮や琉球から唐物なり銅銭なりは入手できるという安心感を義持にもたらしただけなんじゃないかなあ。

A　でも、義持の思考がどうだったかなんて、実証不可能でしょう?

B　確かにそうだけど、『善隣国宝記』のさっきの対明断交文書を見れば、義持の対外観に占める神国思想の影響力の大きさは明白じゃない？

A　それを君は義持の《中華意識》というんだね。まあいずれにしても、対明外交断絶の原因や背景について、君の考えと上田先生の説とは矛盾しないし、両立する、と考えればいいんじゃない？

B　まあそうなんだけれども……ひとつだけ注意しておきたいのは、日朝関係が多元的であったということさ。つまり、義持名義で通交しなくても、それこそ大内氏名義の使節をわんさかと派遣して、どんどん唐物を輸入すればよかったんじゃない？　やっぱり、義持が日明関係を自ら断交するには、それ相応の積極的な動機があったんじゃないかな。それでぼくは、義持の《中華意識》、排外的な思考にこだわっているんだよ。ところで、神国思想とか排外意識という点で、今のところ迷っているのは、義持と義教と、どっちが外国使節に対して親切だったかということなんだ。

A　そりゃ難しい問題だな。義持は断交したけど、義教は復交したわけでしょ？　やっぱり義持がいちばん素っ気なかったんじゃない？

B　やっぱりそうかね。さっき紹介した河内将芳さんの御教示でも、来日した朝鮮使節に祇園会を見せることは、義持自身、考えてもいなかったんじゃないか、ということだ。[52]『中華幻想』にも書いたように、義教の外交儀礼は義満よりも薄礼だったから、義満よりも義教が高圧的ともいえるだろう。そうなると、暫定的結論は、外交使節にウェルカムな順で、義満＞義教＞義持、ということになるかな。ちょっと意外な気もするけど。

A　いや、それでちょっと思いついたんだけど、義満のときの明使接見儀礼で、禅僧たちが出てこない、臨席したのは公家や顕密僧だけだった、ってさっき言ってたじゃない？　もし義満がそれほどしっかり明使に対して待応していたとするなら、それにふさわしい陣容で明使を接遇した、と考えてもいいんじゃない？

B　なるほど。そうだとすると、当時、顕密僧と禅僧とをめぐっては、やはり越えがたい序列というか差別が存在していたということになるな。(53) まあ、もともと明使接見儀礼に集められたメンバーが、北山殿法会の常連クラスの人間に限られていたのだから仕方ないけど。それにそれなら、明使を北山殿に導く行列の先導者が禅僧二人（大岳周崇・大年祥登）だったことも、非常に合点が行くよ。五山の高僧が、ただの露払い扱いなんだから。禅宗びいきのぼくとしては若干寂しいけれども、当時の禅宗は、義満に割と軽くあしらわれていたのかな……。

A　いやいやそうでもないよ。義満は、禅宗と因縁の深い大覚寺統(54)の亀山上皇をとくに意識していた節もあるし、(55) やっぱり禅宗をそれなりに重視していたと思うよ。

B　ただ、原田正俊先生が注意深く論じているように、室町幕府の禅と顕密の併置、といっても、単純な意味での併置ではなさそうだね。(56) この問題は、義満の宗教政策全般とも関わって、結構大きな問題につながっていきそうだ。

おわりに

A　さて、ようやく義教の時代にまで辿り着いたね。ここから唐物論、大きく言うと物質文明論に話が広がっていくわけだ。最初に話したように、シャルロッテ先生の『モノが語る日本対外交易史――七～一六世紀』（河内春人訳、藤原書店、二〇一一年）(57) の世界と、まさに密接にリンクする内容だよね。君にもいろいろと聞きたいことがあったんだが、もう遅いし、今日はこれくらいにしておこう。いやあ、おかげで『中華幻想』の構想がだいぶん分かってきたよ。

B　いやいや、ぼくの方こそ、君のおかげで『中華幻想』の舌足らずなところを随分補足させてもらったよ。この本を出版してから、本当にいろんな人から刺激を受けることが多くて、心からありがたいと思っている。今日紹介できなかった御指摘・御示唆もまだたくさんあって、それについても話したかったんだが……まあタイムアップだね。美術史はもちろんのこと、文学や禅学についても勉強しなくちゃいけないから、道のりは険しいんだけど、今後も頑張っていくつもりさ。

A　うん、せいぜい頑張って欲しいね。ところで、せっかくだから最後に今日のまとめをしておこう。最初に、『中華幻想』序文の漢詩解釈の難点を挙げ、序文の抜本的改善の必要性が明るみになった。次に、足利義満の時代の日明関係樹立に話が移って、最近の研究により、足利義満の明使接見儀礼が実は冊封儀礼ではなかった、という驚くべき話も出た。それに、「日本国王」号を論ずる際、和文脈と漢文脈との違いを意識しなきゃいけない、っていう話も示唆的だったね。義持の対明断交に関する最近の学説についても、何が論点となっているのか、かなり具体的につかめたよ。

B　本当は、義教・義政の時代における、唐物論とその課題について真っ正面から議論したかったんだよなあ……。まあ、その辺のことは次の本で詳しく書こうと思っているから、そちらに譲るということで。

A　なんだよ、さっそく次著の宣伝なんて、ちゃっかりしているなあ。まあ、次こそしっかりやってください。

註

（1）早島大祐氏による新聞書評は、『東京新聞』・『中日新聞』二〇一一年五月十五日（日曜版）ほかに、前田耕三氏による新聞書評は、『読売新聞』二〇一一年七月十七日（日曜版）に掲載された。このほか、『日本歴史』七六〇号（二〇一一年）の

「新刊寸描」に、ペンネーム「煌」氏が紹介の労を執って下さっている。

（2）版元である勉誠出版の著書掲載ページに、次の訂正文のPDFをリンクしてもらっている。「『中華幻想』正誤表／※訂正箇所は以下の通りでございます。お詫びと訂正を申し上げます。／①表紙カバー裏袖の解説文：（誤）和泉流狂言師→（正）大蔵流狂言師／②本文五頁、後ろから一行目：（誤）約五〇〇年→（正）約九〇〇年／③本文一九八頁、前から四行目：（誤）遣民明船→（正）遣明船／④本文二〇七頁、後ろから五行目：（誤）明朝を含む歴代王朝→（正）明朝以前の歴代王朝／⑤索引二八頁、D・研究者名：（誤）中村和則→（正）中村利則」（http://bensei.jp/images/errata/22013er.pdf）。

（3）この「にんぷろ叢書」のそもそもの母胎となった、通称「にんぷろ」（科研特定領域研究「東アジアの海域交流と日本伝統文化の形成――寧波を焦点とする学際的創生」領域代表＝小島毅氏）の通称「日明関係班」（「寧波地域における日明交流の総合的研究――遣明使の入明記の総合的分析を通して――」研究代表者＝伊藤幸司氏）を指す。天龍寺妙智院策彦周良の『初渡集』中巻を、この日明関係班メンバーおよび中島楽章氏らの数人で講読した。その成果は本冊にも掲載されている。なお、現在、二〇〇九年度から、同下巻を別の科研プロジェクト（「前近代東アジアの外交と異文化接触――日明関係を軸とした比較史的考察――」研究代表者＝村井章介氏）で講読しており、同上巻については、二〇一一年度から、北海道大学文学研究科の研究支援プロジェクトを利用して講読を開始したところである。

（4）堀川貴司氏および高津孝氏の御教示による。

（5）実はほかにも問題があり、この漢詩は天文八年（一五三九）の年末に読まれたものではなく、中秋の時に詠んだ（であろう）ものを、当日に書きそびれたためか、歳末に追記したものだったのである。著者橋本の初歩的かつ致命的なミスである。堀川・高津両氏の御教示による。

（6）台北故宮博物院にて陳郁夫氏が作成・公開しているデータベース。URL＝http://210.69.170.100/s25/

（7）花園大学国際禅学研究所により作成・公開されているデータベース。URL＝http://iriz.hanazono.ac.jp/newhomepage/daruma/index.html

（8）村井章介『中世日本の内と外』（ちくまプリマーブックス、筑摩書房、一九九九年）。

（9）　脇田晴子『天皇と中世文化』（吉川弘文館、二〇〇三年）、今谷明『戦国大名と天皇』（講談社学術文庫、二〇〇一年）。なおこれに対する先鋭的かつ根本的な批判として、堀新『織豊期王権論』（校倉書房、二〇一一年）第Ⅰ部第一章および池享『戦国・織豊期の武家と天皇』（校倉書房、二〇〇三年）第二部第三章・補論などがある。

（10）　禅文化研究所の禅籍データベース「黒豆」を利用してみればすぐに分かる。いちいち出典は示さないが、『五山文学全集』第一巻所収『済北集』（虎関師錬撰）・『松山集』（龍泉令淬撰／ただし龍泉は皇族出身）・『旱霖集』（夢厳祖応）、同二巻所収『東海一漚集』（中巌円月撰）・『空華集』（義堂周信）、同三巻所収『了幻集』（古剣妙快）・『業鏡臺』（心華元棣）・『懶漫室稿』（仲芳円伊）・『不二遺稿』（岐陽方秀）、同四巻所収『翰林葫蘆集』（景徐周麟）に、日本天皇（まれに中国皇帝）を意味する「皇帝」なる語の用例が見いだされる。なお、漢文脈と和文脈との相異は、美術史学における「和と漢」に関する議論と同様、あくまでも相対的な区別であり、たとえば神祇関係の史料に「皇帝」の語が出てくる場合も存在する（たとえば、「若狭彦姫神社棟札銘写」〈『小浜市史』社寺文書編、一九七六年、三九「若狭彦神社文書」一四号文書〉には、漢文脈的な「皇帝」と和文脈的な「征夷（あるいは西夷）大将軍」とが併記される例が四点存在する）。こうした問題については、機会を改めて別途論ずることとしたい。

（11）　「……濃州檀越前刺史斎藤利藤、相攸於岐山之麓、革教跡為禅窟。層楼傑閣交輝疊映、鱷鐘鼉鼓警昏闡幽。以奉其主源成勠之香火、請師為第一世。榜曰金宝山瑞龍寺。先是創建之日、山鴉銜薬師仏面、落于師前。因使仏工雕刻尊焜用為其面。乃荘校之位于宝殿。後花園上皇陞為官寺、特御書賜金宝山之額。奎画爛然龍翔鳳舞。瑞靄凝於乾坤。香風被於華夷。後土御門帝重降綸綍。準列十刹之位。従此利藤参禅問道。執礼欽尚。雲水毎輻湊七百餘員。蔚為鉅禅叢」（芳澤勝弘編著『悟渓宗頓虎穴録訳注』思文閣出版、二〇〇九年、七〇一頁）。

（12）　斎藤夏来「叢林と夷中」（『歴史学研究』七九一号、二〇〇四年）。

（13）　『朝鮮中宗実録』三十九年四月壬辰条。村井章介『中世倭人伝』（岩波新書、一九九三年）二一八頁参看。

（14）　鎌倉期に関して、「国王」が「国主」と混用されていたことを指摘しつつ、基本的には「国王」も「国主」も天皇ないし上皇を指す（ただし日蓮は例外的に北条得宗が「国主」たることを期待してそのように表現した）ことを明らかにした坂井法暐「日蓮遺文に見える国主と国王」（阿部猛編『中世政治史の研究』日本史史料研究会、二〇一〇年）が近年の重要な成果のひとつであり、また、戦国・織豊期においても「（日本）国王」が基本的に天皇を指すことは、堀新氏の研究（堀前掲書第Ⅱ部）に詳しく、参照されたい。

（15）堀新『天下統一から鎖国へ』（日本中世の歴史7、吉川弘文館、二〇一〇年）第四章、とくに一二四頁以下、同前掲『織豊期王権論』第Ⅱ部第二・四章参照。

（16）堀前掲『織豊期王権論』三二一頁参看。なおこれは、跡部信氏による批判（「書評：池享編『日本の時代史13　天下統一と朝鮮侵略』」、『織豊期研究』五号、二〇〇三年）に応えた箇所であるが、筆者の見るところ、まだ両氏の議論は完全には嚙み合っていないように感ずる。近年の跡部信氏の新たな問題提起もあり（「豊臣政権の対外構想と秩序観」、『日本史研究』五八五号、二〇一一年）、今後、豊臣政権の対外観の総体をどうするか、議論がさらに深まっていくことを期待したい。なお、平井上総「書評：堀新著『天下統一から鎖国へ』」（『織豊期研究』一三号、二〇一一年）も参照。

（17）堀前掲『織豊期王権論』三五頁注51参看。なお、後陽成天皇を北京に移し、秀吉が寧波に住まうという、この三国国割構想に関して敢えて卑見を述べれば、豊臣秀吉のめざした地位は〈中華皇帝〉ではなく、〈寧波（国）王〉とでも表現すべきものかと考える。

（18）堀新「信長・秀吉の国家構想と天皇」（池享編『日本の時代史13　天下統一と朝鮮侵略』吉川弘文館、二〇〇三年）一二二〜一二三頁。なお、堀氏が直接依拠するのは中司由起子「豊公能〈この花〉について」（『金春月報』二〇〇〇年十一月号）だが、むしろ積極的にシテを皇帝に比すとしているのは同誌同号掲載の金春安明氏の論稿「豊公能「この花」発見のいきさつ」の方であろう。中司氏はどちらかといえば天皇に比すという方向に傾いていると筆者には読めたが、いかがであろうか。

（19）堀前掲「信長・秀吉の国家構想と天皇」一〇七頁参看。堀氏自身は、古代・中世の日本の為政者レヴェルに華夷意識が連綿と続いたことを同頁にて指摘しているのだが、信長の段階の華夷意識に、なぜそれほど画期的な評価を与えうるのかの積極的な説明は見出せないように思う。

（20）この点で筆者は、黒田俊雄氏の日本国王論に積極的に賛同するものである。黒田「中世における地域と国家と国王」（『日

本中世の社会と宗教』岩波書店、一九九〇年）三六〇頁。

(21) たとえば、上島享氏は、「日本の中世においては、国王の権能すべてがひとりに収斂された訳ではなく、複数の人物により分有されていたとするのが適切」だとする（同『日本中世社会の形成と王権』名古屋大学出版会、二〇一〇年、一三頁）。このほかにも、いちいち挙例しないが、複数人の人格が一つの王権を補完的に構成する、と見る論者は少なくない。卑見との相違は、恐らく、当時の人々によって想像された高権力の頂点を「国王」（それゆえ通常一人とならざるを得ない）と見なすか、現実に存在したであろう中世国家なるものの頂点部分を「王権」と見なすか——かつての筆者自身の整理（拙稿「室町幕府外交は王権論といかに関わるのか?」、『人民の歴史学』一四五号、二〇〇〇年）に従えば「王」から王権を考えるか、「権」から王権を考えるか——の違いと言って良かろう。どちらかが絶対的に正しい／誤っているという類のものではなく、その分析の視座・方法の違いがきちんと交通整理されていれば十分両立しうる議論と考えられる。

(22) したがって筆者は、黒田俊雄氏による網野善彦説批判は——当時の学界の雰囲気ゆえなのかもしれないが——、全体としてやや行きすぎたものではなかったかと推察している。黒田前掲論文、三六一頁以下参照。

(23) 河内祥輔『日本中世の朝廷・幕府体制』（吉川弘文館、二〇〇七年）。河内学説に対する批判として、さしあたり、近藤成一「中世天皇論の位相」（『歴史評論』七三一号、二〇一一年）を参看。

(24) 二宮宏之「フランス絶対王政の統治構造」（『全体を見る眼と歴史家たち』木鐸社、一九八六年）一四〇頁。なお、二宮氏はこのあたりの論点を、氏の考えるありうべき社会史の問題として、次のように分かりやすく説明している。「国王というのがちゃんといて、鎖の末端を握っている。それぞれの集団は、自分たちは一つの輪だと思っているけれど、その輪をつなげて鎖の一番端を握っている国王がいるということですね。しかも、内部からもその鎖につながって行ってしまうという仕組み、この支配と従属のシステムを解いていくということをやらないと、社会史の研究も、民衆の生活はこうだったということだけで終わってしまいます」（網野善彦・二宮宏之「対談：歴史叙述と方法」、『神奈川大学評論叢書2　歴史解読の視座』御茶の水書房、一九九三年、一五八頁）。ただしやはり、史学史的な課題としては、王をめぐる表象論と実態論との腑分け、そして再縫合にあることは認めねばならないだろう。この点につき、水野智之「応永期の公武政権と「王権」」（『歴史の理論と教育』一三七号、二〇一二年）が示唆的である。

(25) この点は、須田牧子「橋本雄氏報告を聞いて」（『歴史評論』六九七号、二〇〇八年）でつとに指摘された点である。

(26) 石田実洋・橋本「『宋朝僧捧返牒記』の基礎的研究」（『古文書研究』六九号、二〇一〇年）。同史料は『大日本史料』等にも収載されていないが、まったく世に知られていなかったわけでもないため、筆者らが翻刻・紹介・分析に携われたのは誠に幸運というほかない。

(27) それ以前の拙稿「室町幕府外交の成立と中世王権」（『歴史評論』五八三号、一九九八年）発表の段階では、義満が「皇位簒奪」（接収とでもいうべき――河内祥輔氏の御教示による）を計画していたと考えていた。

(28) 代表的なものとして、佐藤進一『南北朝の動乱』（中公文庫版日本の歴史9、中央公論新社、一九七四年）および今谷明『室町の王権――足利義満の王権簒奪計画』（中公新書、中央公論社、一九九〇年）のみ挙げておく。なお、関連する論稿や批判的意見のラインナップについては、前掲拙稿「室町幕府外交は王権論といかに関わるのか？」および拙著『中華幻想』第Ⅰ章注23～25などを参看のこと。

(29) なおこの正使＝禅僧、副使＝教僧（天台僧）の取り合わせの意味については、伊藤幸司「日明交流と肖像画賛」（東アジア美術文化交流研究会編『寧波の美術と海域交流』二〇〇九年）一七一頁以下参照。

(30) 明初の段階の『大明集礼』を想定している。同史料の関係箇所については、石田・橋本前掲論文を参看のこと。

(31) 河内将芳「祇園会を見物するということ」（『立命館文学』六二二号、二〇一一年）一〇頁以下、大塚活美「室町将軍・異国使節等の祇園祭見物」（『京都文化博物館研究紀要　朱雀』一七集、二〇〇五年）参看。前者河内稿にて、拙著『中華幻想』第Ⅶ章（二四二頁）で朝鮮使節が「京都の祇園会の見物を幕府側から拒否され」たとした点が批判されている。なお、橋本が直接に依拠した、関周一「中世後期における「唐人」をめぐる意識」（田中健夫編『前近代の日本と東アジア』吉川弘文館、一九九五年）七三～七四頁も、同じく批判の対象となっている。

(32) 『南都真言院伝法灌頂記』裏書、応永十一年（一四〇四）六月八日条。

(33) 檀上寛「明代朝貢体制下の冊封の意味」（『史窓』六八号、二〇一一年）。ただし、中村榮孝氏は、一四〇三年中国発・〇四年日本着の明使趙居任らこそが冊封使であると喝破していた（『日鮮関係史の研究』中、吉川弘文館、一九六九年、二五頁）。豊見山和行『琉球王国の外交と王権』（吉川弘文館、二〇〇四年）第Ⅰ部第一章注（57）も参看。

（34）檀上寛『永楽帝――中華「世界システム」への夢』（講談社選書メチエ、一九九七年）二〇一頁。

（35）上田純一『足利義満と禅宗』（法蔵館、二〇一一年）第二章。

（36）堅中については村井章介「東寺領遠江国原田・村櫛両荘の代官請負について」（『静岡県史研究』七号、一九九一年）、明室については玉村竹二『五山禅僧伝記集成』（講談社、一九八三年）当該項目＝六二〇頁を参看。

（37）誤記・誤認の犯人捜しというわけではないが、戦前に日明関係史の基礎を築いた小葉田淳氏は「昌宣」と記しているから（小葉田淳『中世日支通交貿易史の研究』刀江書院、一九六九年、三一頁）、管見の限り、「昌宜」なる表記の使い始めは、恐らく田中健夫氏である。田中氏は、自身の専門書でこそ、一四〇八年遣明正使を不明として特記しなかったが（田中健夫『中世対外関係史』東京大学出版会、一九七五年、一五四頁。同『倭寇と勘合貿易』日本歴史新書、至文堂、一九六六年、六五頁。同『対外関係と文化交流』思文閣出版、一九八二年、一九～二〇頁）、概説用の遣明使一覧表などでは、パーレン（丸括弧）付きながらも「昌宜」という表記を用いていた（同「海外貿易の動向」、井上光貞ほか編『日本歴史大系2　中世』山川出版社、一九八五年、六六四頁）。なお、田中氏と同時期に日明関係史を研究していた佐久間重男氏は、小葉田氏の叙述を継受して、昌宣と表記する（佐久間『日明関係史の研究』吉川弘文館、一九九二年、一一六頁）。

（38）玉村竹二『五山禅僧伝記集成』（講談社、一九八三年）、「猷仲昌宣」の項を参照。また、当該項目に示される参考史料は、『大日本史料』七編之巻十一―応永十五年是歳雑載（七四頁以下）に網羅されている。

（39）熊谷宣夫「芭蕉夜雨圖考」（『美術研究』八号、一九三二年）、とくに一一頁参看。ただし熊谷氏も「伝を詳《つまびらか》にしない」と残念そうに書き付けている。

（40）村井章介「中世日朝交渉のなかの漢詩」（同『東アジア往還――漢詩と外交』朝日新聞社、一九九五年）。

（41）上田前掲書、六五頁。

（42）このあたりの事情については、早島大祐『室町幕府論』（講談社選書メチエ、二〇一〇年）を参照されたい。なお、新田一郎「日本中世の国制と天皇」（『思想』八二九号、一九九三年）、水野智之『室町時代公武関係の研究』（吉川弘文館、二〇〇五年）、桃崎有一郎『中世京都の空間構造と礼節体系』（思文閣出版、二〇一〇年）・同「足利義満の公家社会支配と「公方様」の誕生」（『ZEAMI』四号、二〇〇七年）、石原比伊呂「准摂関家としての足利将軍家」（『史学雑誌』一一五編二号、二〇〇七年）・同「足利義教と義満・義持」（『歴史学研究』八五二号、二〇〇九年）なども参看のこと。

(43) 応永改元の際、義満が明朝の年号洪武にちなんで、『文選』のなかから「洪徳」以下の明朝風元号候補を出したことは有名であろう。しかし、最終的に廷臣たちや後小松天皇の反対によってそれは阻止された。今谷前掲『室町の王権』九九頁以下参看。

(44) 原田正俊『日本中世の禅宗と社会』（吉川弘文館、一九九八年）結論を参照。

(45) 念のため、以下に全文を引用しておく。「口絵3　重要文化財　足利義持像（一四一四年、伝土佐行秀筆、怡雲寂誾《いうんじやくぎん》賛、神護寺蔵）／放逸な頬髯が特徴的な、四代将軍義持生前の肖像画。貴人の肖像画としては他に類例を見ないこの髯には、彼の《漢》の世界へのこだわりが看て取れよう。義持が禅宗を「我が宗」と呼ぶほど深く信奉していたことはとくに有名だが、篤い北野信仰や伊勢信仰も知られ、本作賛文末尾の「金剛眼」云々の件からは、純和風の勝軍地蔵信仰すらうかがえる。《漢》を基軸にしながら《和漢》をとりまぜる、雑多な信仰の持ち主であった。（第Ⅰ章・四〇頁、第Ⅱ章・八〇頁参照）」。なお、中世以降における勝軍地蔵信仰については、先行研究の紹介も含めて、黒田智『中世肖像の文化史』（ぺりかん社、二〇〇七年）第x章や、大原嘉豊「高野山親王院所蔵「将軍地蔵」画像に関する考察」（『堯榮文庫研究紀要』六号、二〇〇五年）などを参照のこと。

(46) 田中健夫編『訳注日本史料　善隣国宝記・新訂続善隣国宝記』（集英社、一九九五年）所収、『善隣国宝記』巻中―一四号文書。読み下しはわたくしに改めたところがある。また、同一五号文書には、「暦を受け、印を受けてこれを却けず。是れ乃ち〔義満が〕病を招きし所以なり」という、さらに直截な表現が見られる（米谷均氏の御教示による）。

(47) 前掲『訳注日本史料　善隣国宝記・新訂続善隣国宝記』一三九頁頭注・五六一頁補注⑭など参看。

(48) 伊藤幸司『中世日本の外交と禅宗』（吉川弘文館、二〇〇二年）第一部第二章。

(49) 上田前掲書、一五二〜一五三頁。

(50) 桜井英治『室町人の精神』（講談社学術文庫版日本の歴史12、二〇〇九年）九八頁以下。

(51) 上田前掲書、一七九頁。

(52) 『看聞日記』応永三十年六月七日条。河内将芳前掲論文、一二頁。ただし、河内氏は、仮に義持が外国使節（この場合は朝鮮使節）の祇園会見学を企図していなかったにせよ、それを『看聞日記』の記主貞成親王が噂として書き付けたように、当為のものとして捉えられていた蓋然性を指摘・重視する。この点、至当な推測と筆者も考える。

(53) 著名な応安の山門強訴（南禅寺楼門破却事件）などを想起されたい。今谷明『戦国期の室町幕府』（講談社学術文庫、二〇〇六年）第二章、原田前掲書結論を参看。

(54) 今枝愛眞「禅と皇室」（西谷啓治編『講座禅5　禅と文化』筑摩書房、一九六八年）参看。ちなみに、亀山上皇は一山一寧に深く帰依しており、蔭凉職をしばしば輩出した一山派が義満以降の歴代室町殿に重用されていたこととも関連が想定されよう。今枝氏によれば、夢窓派と持明院統との関係は、足利尊氏・直義期の光厳院の時期に始まるとのことである。

(55) 南禅寺の開基はいうまでもなく亀山院であり、義満は南禅寺における亀山院の真似をして、相国寺の造営現場で自ら土砂を運ぶという演出までやってのけていた。上田前掲書、六頁参看。

(56) 国家的な祈禱の場において禅と顕密との同座がないこと、禅宗独自の施餓鬼や葬儀など顕密との間で仏事体系上の棲み分けが行なわれていたことなどの指摘を参照。原田前掲書結論、とくに三五四頁以下参看。

(57) 同書は、下記の英語版を翻訳・増訂したものである。Charlotte von Verschuer, *Across the Perilous Sea: Japanese Trade with China and Korea from the Seventh to the Sixteenth Centuries, Translated by Kristen Lee Hunter, East Asia Program, Cornell* University: Ithaca, New York, 2006. 邦訳本には、二〇一一年三月刊行の『中華幻想』までもが参照されるなど、関連文献への目配りは実に周到である。ただし、『中華幻想』の刊行がヴェアシュア著書邦訳本の出版直前に当たったためであろう、若干の参照ミスもある。たとえば、邦訳本二三二頁の「橋本雄二〇〇五」は前掲拙稿「室町幕府外交の成立と中世王権」（一九九八年）の、また同書二四一頁の「橋本雄二〇〇五」は拙著『中華幻想』（二〇一一年、とくに第Ⅲ章）の参照ミスであろう。もちろん、この程度のミスは、当該書の真価を損なうものでは到底なく、多くの方にヴェアシュア著書邦訳本を読んで戴きたいと心から願うものである。なお、脱稿直前の二〇一一年十月九日、『日本経済新聞』（日曜版）書評欄に、村井章介氏による同書書評が掲載された。簡にして要を得た論評であり、併せ参照されたい。

（補註1）　この点については、小川剛生氏が近著『足利義満――公武に君臨した室町将軍』（中公新書、中央公論新社、二〇一二年）二三一頁以下でさらに議論を敷衍させている。参照を願う。

（補註2）　義満が尊号宣下を執拗に求めたこと、廷臣たちがそれを肯ぜず義満自身やその家族への破格の待遇をもって誤魔化し続けたこと、宿老斯波義将も義満の尊号所望を諫めたであろうことなどが、小川氏の前補註著書によって明瞭に論証された（同書第九章参看）。

『外夷朝貢考』からみた明代中期の国際システム

岡本弘道

はじめに

東アジアの国際関係を考える上で、中国史でいうところの明代は非常に興味深い時代である。「朝貢体制」「朝貢システム」「朝貢一元体制」[1]などと呼ばれるように、十四世紀後半に新たな中華王朝として登場した明朝は、周辺の諸民族・諸集団及び外国との関係を「朝貢」形式のみによって取り結び、自らの中心性・正統性・権威性を表明しようとした。無論、一口に「朝貢」と言っても、それぞれの関係を取り結び相手によってその内実は千差万別であり、明朝の対外関係を「朝貢」によって一元的に理解できるというのは誤りである。それでも、この「朝貢」形式に則って具現化した当時の個々の関係を拾い上げることなしに、当時の国際情勢を明らかにすることはできない。「朝貢」に基づいて個々に、そして個別の「朝貢」行為によってその都度立ち上げられる関係性は、決して明朝の、そしてその頂点に立つ明朝皇帝の側からの一方的なルールの押しつけによってのみ決定されるものではない。それは、いかなる意味においても先行する歴史的状況の反映である。そしてその関係性は超時間的に均質なものとしては存在し得ず、絶え間ない相互の実践と認識の絡み合いの中で変質を余儀なくされる。そのような立場から、個別の「朝貢」実践の積み重ねを、全体的視野を持ちつつ実証的に明らかにしていく作業は、極めて重要なものと考える。

明朝の史料において、そのような作業に資するものとして、第一に挙げられるのはやはり『明実録』である。『明実録』は皇帝治世毎に、その後継者によって編纂されたものであるため、厳密には同時代史料とは呼べない性質を持つが、その網羅性・記述の均質性において極めて大きな有用性を持つ。また、正徳年間刊行のものと万暦年間刊行のものが流布している『大明会典』も、「朝貢」に関連する制度的叙述において、非常に有益な史料である。その他にも、とりわけ嘉靖年間以降の明代後期に様々な形で著述される、対外情報を織り込んだ文献の数々は、既に多くの先学によって活用され、「朝貢」一辺倒の先入観を様々な角度から刷新することとなった。近年注目を浴びている「互市体制」（岩井茂樹・上田信ほか）「貢市体制」（中島楽章）などをめぐる議論は、その代表例であろう(2)。これらの議論においては、様々な対外関係を「朝貢」に一元化し続けることの困難さと、新たな関係性としての「互市」論理の導入にとりわけ注目が集まっている。

このような研究状況にあって、「朝貢」一元的な状況から半ばなし崩し的に「互市」が導入されていく過渡期とも言える十五世紀末から十六世紀前半、この時期の明朝における「朝貢」を叙述した『外夷朝貢考』の持つ史料的性格は、当然錯綜したものにならざるを得ない。そこに描かれている「朝貢」の実像は、必ずしも明朝皇帝を頂点とする、理念的に整序された秩序体系ではない。それはむしろ、個々の朝貢主体や〝使節団〟との絶え間ないせめぎ合いであり、実践の積み重ねによる理念と認識の断続的な書き直しである。その意味で、個々の「朝貢」実践はそれ自体「文化交渉」と呼びうる事象であった。

以下本稿においては、『外夷朝貢考』（もしくは『皇明外夷朝貢考』――後述するように、上海図書館本『外夷朝貢考』の方がより原テキストに近いと思われることから、以下特に断りのない限り『外夷朝貢考』で表記を統一する）と呼ばれる文献史料について、その概略、先行研究が明らかにした成果を示し、その上でさらなる史料的検討を加える。そして、その検討過程を通して、『外夷朝貢考』が編纂された明朝中期、特に十六世紀前半の明朝の国際システムの一端を明らかにしていきたい。

一　先行研究に見る『外夷朝貢考』の概略とその史料的価値

まず、『外夷朝貢考』に言及する先行研究について、管見の範囲で確認したい。

鄭樑生氏『日・明関係史の研究』(3)

鄭樑生氏は、『日・明関係史の研究』の中で、特に第二章「明の対外政策」において、しばしば台湾国家図書館本

『皇明外夷朝貢考』の記述を参照している。

この『皇明外夷朝貢考』の史料的性格として、鄭氏は

明不著撰人『皇明外夷朝貢考』二巻（国立中央図書館所蔵）。本史料は鈔本であり、天下の孤本でもある。上下二巻計四冊にわかれ、当時の朝貢国家、勘合頒布の対象、各国の貢期、朝貢物の内容を知る好資料である。(4)

と説明しているが、他に史料としての『皇明外夷朝貢考』の性格について言及した箇所は本書には見当たらない。

本書六〇～六三頁の「2　明代の勘合」では、勘合制度の検討に当たって、ほぼ全面的に『皇明外夷朝貢考』に依拠して叙述がなされている。ここでは暹羅・日本をはじめとする朝貢国に与えられた勘合、すなわち「朝貢勘合」についての勘合頒給の事例、頒給対象、朝鮮・琉球の二国に勘合の頒給がなかったことが示されている。また、それとは別に土官衙門に頒給された勘合についても言及がある。「朝貢勘合」については『正徳大明会典』（以下、『正徳会典』と表記）には対応する記載がなく、『万暦大明会典』（以下、『万暦会典』と表記）にのみ具体的な記述が見受けられるが、「朝鮮・琉球の二国に勘合の頒給がなかったこと」については『万暦会典』にも対応する記述がみられないため、この点で『皇明外夷朝貢考』は注目されることとなった。以下に鄭氏の記述をそのまま引用する。

ここで注目されるのは朝鮮・琉球二国に勘合の頒給がなかったことである。その理由は同書巻下、朝貢の「外国四夷符勅勘合沿革事例」に

凡各国四夷来貢者、惟朝鮮素号秉礼、与琉球国入賀謝恩、使者往来、一以文移相通、不待符勅勘合為信

とあり、つまり朝・琉両国は明朝に対して最も礼を尽し、態度が懇篤である上に、文意相通ずるから、符勅や勘合無用というのである。(5)

鄭氏が引用する『皇明外夷朝貢考』のこの一文は、明朝の朝貢体制における朝鮮・琉球の際立った位置づけを語る

際に度々引用されることとなる(6)。

なお、その他にも何ヶ所か『皇明外夷朝貢考』を参照した部分が見受けられる。例えば、朝鮮の朝貢については、註釈として以下のような説明がある。

朝鮮に年数回の朝貢を許していたことは、『皇明外夷朝貢考』巻上「朝貢」二「外国四夷朝貢沿革」外国の項に「朝鮮、古高麗国。洪武二年、国王遣使奉表賀即位・請封・貢方物。五年、令三歳或一歳、遣使朝貢、二十五年、更其国号曰朝鮮。永楽元年、其国王奏辯祖訓条章所載弑逆事、詔許改正。自後毎歳聖節・正旦・皇太子千秋、皆遣使奉表、朝貢方物。其餘慶慰、常期若忠、朝廷有事、則遣使頒詔於其国王、請封即亦遣使行礼。」とあるのによって知られる(7)。

また、一〇一～一〇六頁の「(7)頒賜」の項では、「頒賜については『大明会典』巻一〇五、ならびに『皇明外夷朝貢考』巻下に「外国賞例」として、四夷君長への頒賜と貢使一行への頒賜との内容が収録されている」ことに触れ、その中で暹羅・琉球・日本の三ヶ国についてその内容を示し、検討を加えている。ただし、その中では『大明会典』と『皇明外夷朝貢考』の記述の差異については触れられておらず、ほぼ同内容の史料として扱われている。

さらに、一二二頁の註（64）に「朝鮮より進貢された馬が御馬監にいれられたことは『皇明外夷朝貢考』巻下に、「凡朝鮮国進馬、先行面奏引過、送御馬監交収。」とある」とするが、この部分については、『万暦会典』巻一〇八、礼部六十六、朝貢四の「朝貢通例」に「凡進馬、惟朝鮮国先行面奏、引過、御馬監交収。其餘倶該司験過、送鴻臚寺、随本引進。遇慶賀、礼部先行請旨、行御馬監、至期陳設。〈今朝鮮国進馬、亦不面奏。止具題送御馬監交収〉」（19b―20a）との記載がある。なお、この割注部分以外の部分は、『皇明外夷朝貢考』巻下、13bに「奏進方物事例」の一節としてそのままの表現で記載されている。鄭氏が「天下の孤本」とする『皇明外夷朝貢考』の記述のみを採用し、

『大明会典』の該当部分を確認しなかったのは、単なる不注意か、あるいは両者を同一系統の史料とみなして一方の記述を挙げるのみで事足りると判断したのかは判然としない。とはいえ、『皇明外夷朝貢考』の史料批判が十分に行われないままにその史料的価値が高く評価されているということは指摘できるであろう。

陳尚勝氏「従『外夷朝貢考』看明代朝貢制度」(8)

本論考は、管見の限りでは『外夷朝貢考』に関する唯一の専論である。

陳氏は上海図書館善本部に所蔵されている明代藍格鈔本『外夷朝貢考』を、山東大学歴史系資料室が一九五〇年代に手写した鈔本を利用して、その史料的性格及び内容から明代朝貢制度を再検討している。本史料は撰者・成立年共に不明であるが、陳氏はその記載内容の最も遅い年代が嘉靖三十年であることなどから、嘉靖後期の著作であるとする。また、書名の『外夷朝貢考』に含まれている「外夷」が「外国」と「四夷」、つまり外部の諸国家と内部の少数民族をそれぞれ指すことを指摘し、実際にその内容を精査して、明代の類似する著作と比べてこの両者を的確に弁別した著述スタイルを取っていることに着目する。

陳氏は本史料の内容の概略を示した上で、その中から見いだせる明代朝貢制度の特徴をいくつか指摘している(9)。とはいえ、それらの指摘の大部分は本史料を参照しなくとも『大明会典』や『明実録』の関連部分を参照すれば理解できるものである。全般的にみて史料的性格に関する分析は多くなく、本史料に関連した指摘としては、やはり「外国」と「四夷」の分別が明朝の内外意識、つまり「外国封建王朝」と「明朝間接統治下の周辺少数民族地方政権」の区別を明確にしているとする主張が特徴的である(10)。また、本史料が洮州・岷州・西固城・階州・文県等の地の各族人口分布、及び東北地区の明朝に朝貢する女真軍衛の名称を記載している点も指摘している(11)。

李雲泉氏『朝貢制度史論』(12)

中国の朝貢制度に関する通史的著作であり、陳尚勝氏と同じく、山東大学蔵鈔本を利用して明朝の朝貢制度を描こうとしている。

ただし、基本的には陳尚勝氏と利用の仕方はほぼ同じであり、李氏ならではの史料解釈や引用は見当たらない。また、特に本史料についての史料批判等もなされていないように思われる。

日中歴史共同研究成果報告書・中国側論文中の言及(13)

具体的な内容の検討などはなく、単に明代の朝貢国の概況を示す上で参照すべき文献の一つとして挙げられているのみである。李雲泉氏と同じく、有用な明代朝貢関係の史料という程度の位置づけで言及されているのみと思われる。

以上、『外夷朝貢考』を利用した主な先行研究について、管見の限り列記した。概して、『明実録』でも『大明会典』でもない、明朝朝貢制度の専門的文献として参照されてきる。いくつか『外夷朝貢考』ならではの情報も指摘されるものの、その史料的性格について詳細に検討したものは陳尚勝氏の論考一つのみで、その検討も必ずしも十分とは言えない。

以上の先行研究を見る限りでは、台湾の国家図書館蔵鈔本『皇明外夷朝貢考』およびその影印本と、上海図書館蔵鈔本『外夷朝貢考』およびそれを一九五〇年代に手写した山東大学蔵の鈔本の二系統が存在する。また、管見の限りでは、台湾国家図書館本『皇明外夷朝貢考』は台湾（及び日本）において、また『外夷朝貢考』は大陸中国において主に参照されている。詳細は次節に譲るが、両者が共に参照された形跡はなく、またいずれの系統のテキストについても、明代の朝貢について詳細な記述があるという以上のテキスト的検討はなされていない。以下、両系統のテキストを比較検討しつつ、それぞれの史料的性格と相互の関係について検討したい。

二　『外夷朝貢考』のテキスト的検討

（1）　上海図書館本『外夷朝貢考』と台湾国家図書館本『皇明外夷朝貢考』

一般に先行研究において、『皇明外夷朝貢考』として言及される文献史料は、現在台北の国家図書館に所蔵されている鈔本である。巻上・巻下の二巻・四冊に分けられたこの書籍については、ラベルに「明不著撰人」と記されるのみで、その著者は文献中には明記されていない。なお、国家図書館の古籍影像検索系統によると、書誌情報は表1の通りである(14)。

序も目録もなく、書籍としての体裁も整っているとは言い難い。その構成については、次節の表2を参照されたい。

一方、上海図書館善本部には、『外夷朝貢考』と題する明代の鈔本が所蔵されている。この『外夷朝貢考』に関しては、一九五〇年代に手写された鈔本が山東大学歴史系資料室に所蔵されているとのことで、この山東大学蔵鈔本に基づいたテキストの紹介と分析が既に述べたように陳尚勝氏によってなされている。ただし、陳氏が紹介する『外夷朝貢考』の綱目は、表2の『皇明外夷朝貢考』の構成とほぼ一致するものの、大部分の項目が上巻と下巻で入れ替わっており、いずれかが錯簡であると考えられる。

筆者は、台北の国家図書館蔵『皇明外夷朝貢考』と、上海図書館蔵『外夷朝貢考』の双方について資料調査を行なっ

表1：台湾国家図書館蔵『皇明外夷朝貢考』の書誌情報

書号	04567
題名	皇明外夷朝貢考
巻数	二巻
四部類目	史部―政書類―儀制之属―典礼
収蔵印記	蔵印：「国立中央図／書館収蔵」朱文長方印、「王氏二十八宿研／斎秘笈之印」朱文長方印、「恭／綽」朱文方印、「遐庵／経眼」白文方印、「玉父」白文長方印
版本	鈔本
版式行款	11行、行20字＊、註文小字双行、字数不定、双欄、版心黒口、単黒魚尾
数量	4冊
サイズ	(匡19.4×13.2公分)
索書号：	213.22／04567
原書館蔵地	国家図書館

＊ただし、実際には『皇明外夷朝貢考』における一行の字数は一定していない。上海図書館本『外夷朝貢考』は、一行28字×11行。『皇明外夷朝貢考』は、一行25～26字×11行なので、第一葉表から一行遅れ、第七葉表で一行半、第七葉裏の「番族」までで二行遅れとなっている。以降、一行3族の記載を4族挿入して、第八葉表で上海図書館本に追いつく形となる。このことからも、台湾国家図書館本『皇明外夷朝貢考』は、上海図書館本『外夷朝貢考』、もしくはそれと同系統のテキストから手写したものであることが窺える。

た。結論から先に述べれば、台北の国家図書館本『皇明外夷朝貢考』は、上海図書館本『外夷朝貢考』そのものか、もしくはそれと同系統の鈔本からさらに手写されたテキストと考えるのが妥当である。ただし、上海図書館本『外夷朝貢考』はその後巻上と巻下の冒頭二葉分が入れ替わってしまい、その状態で手写された山東大学蔵鈔本を元にして、陳氏が紹介・分析したため、上記のような異同が生じてしまったのであろう。両書はまぎれもなく同一の文献の異本であるが、両書のテキストを比較すると台湾国家図書館本『皇明外夷朝貢考』の方に手写の際に生じたと思われる誤字が多く見られることから、史料的価値としては上海図書館本『外夷朝貢考』の方がより高いと考えられる。

ただし、上海図書館蔵『外夷朝貢考』のテキストにも問題点が見受けられる。例えば、巻上の「奉朝貢外国四夷総目」に「外国凡六十五国」として列挙される国名の内、蘇祿国から甘把里国までの十三ヶ国分については、「外国四夷朝貢沿革」を見ても対応する記事が見いだせない。この欠落部分は台湾国家図書館本『皇明外夷朝貢考』および上海図書館本『外夷朝貢考』のいずれにおいても第十八葉表と裏との境目に挿入されるべき部分である。恐らくは、両書は同系列の写本であり、上海図書館本『外夷朝貢考』が手写された段階（もしくはそれ以前の手写の段階）で発生したこの欠落が、台湾国家図書館本『皇明外夷朝貢考』にも引き継がれたのであろう。そうなると、上海図書館本『外夷朝貢考』もやはり写本であり、この欠落部分も当然記載のある「原本」が別に存在していたと考えるのが自然である。もっとも、『外夷朝貢考』自体が稿本として撰述され、それが十分な校訂作業を経ないまま伝えられたという可能性も想定しうるかも知れない。

（2）『正徳会典』・『万暦会典』との比較

先に挙げた先行研究における位置づけからもわかるように、『外夷朝貢考』は基本的に『大明会典』の朝貢関連記事、すなわち礼部の中の主客清吏司について書かれた部分に相当する史料文献として参照されている。このことは『正徳会典』『万暦会典』の当該部分と比較すれば明らかである。以下、それぞれの内容の比較を表にまとめたので参照されたい（表2）。

基本的に、一部の項目の順序に異同があるものの、その内容はほぼ対応しており、先学の評価が概ね妥当であることが見てとれる。もちろん、『正徳会典』では特に区分が設けられないまま列記されている朝貢国・朝貢勢力が、『外夷朝貢考』では「外国」「四夷」の二つに区分されており、さらに『万暦会典』では「東南夷」「北狄」「東北夷」「西戎」「土官」と五つに区分されているように、朝貢国・朝貢勢力に対する認識の細分化・具体化の様子も確認できる。とはいえ、これらの細部における修補を含めても、やはり『外夷朝貢考』が『大明会典』の朝貢関係記事とほぼ同系統の内容を持つ文献であると判断できることに変わりはないであろう。

表２：『正徳大明会典』『外夷朝貢考』『万暦大明会典』の朝貢関連記事の構成

『正徳大明会典』	『外夷朝貢考』＊	『万暦大明会典』
巻96：朝貢一 『諸司職掌』規定 『諸司職掌』朝貢諸番一覧 『皇明祖訓』「不征諸夷国名」 巻97：朝貢二 事例：朝鮮～西洋瑣里 巻98：朝貢三 事例：三仏斉～日落国 巻99：朝貢四 事例：土官／迤北・瓦剌～洮岷等処番簇 賓客 『諸司職掌』規定 事例	巻上： 職官一（１a） 朝貢二（１b～53a） 奉朝貢外国四夷総目（１b～13b） 外国（１b～２a）　65ヶ国 四夷（２a～13b）：東北夷・西南夷・西域・番僧・番族・土官 外国四夷朝貢沿革（13b～53a） 外国（13b～19a） 四夷（19a～53a）：東北夷・西南夷・西域・番僧（四王・三宣慰司・陝西洮岷等処番僧・洮岷等処番族）・土官	巻105：朝貢一 東南夷上 『皇明祖訓』『諸司職掌』 朝鮮～淡巴 巻106：朝貢二 東南夷下 蘇祿～沙里湾泥 巻107：朝貢三 北狄 迤北小王子・瓦剌～朶顔衛・福餘衛・泰寧衛 東北夷 海西・建州 西戎上 哈密・畏兀児附～哈辛 巻108：朝貢四 西戎下 烏思蔵～洮岷等処番族 土官 洪武間朝貢土官 万暦初朝貢土官 朝貢通例 巻109：賓客 会同館 各国通事
巻100：給賜一 『諸司職掌』規定 在京文武官員人等　公差人員附 事例：登極～慶賀 巻101：給賜一（ママ） 諸番四夷土官人等一 事例：朝鮮～蘇祿 事例：土官／信符・勘合・金字紅牌 事例：迤北・瓦剌～海西女直 巻102：（給賜三？） 諸番四夷土官人等二 事例：哈密～洮岷等処番簇 番貨価値 各国額設通事 交通朝貢夷人禁令 歳進	《巻下》 （朝貢二） 外国四夷所貢方物（１a～９a） 外国四夷符勅勘合沿革事例（９a～13a） 本部奏進方物及釈待夷人事例　通夷人禁令附（ママ：13a～17b） 奏進方物事例・訳待夷人事例・交通朝貢夷人禁令 復裏歳令進貢(17b～20a) 給賜（20a～27a） 登極・修実録・視学・冊立東宮・経筵・祭祀・時節給賜・公差・考満・患病・給仮・致仕・節令・慶賀 各処軍功賞例（27a～31a） 外国賞例（32a～40a） 東北夷人賞例(40a～45b) 西南夷人賞例(45b～57a) 番貨価値（57b～64b） 各国通事沿革（65a～70a）	巻110：給賜一 在京官員人等　公差附 登極～雑給 王府　回賜附 巻111：給賜二 外夷上　東南・北・東北 朝鮮～女直 巻112：給賜三 外夷下　西 哈密～洮岷等処番族 巻113：給賜四 土官 給賜番夷通例 歳進

＊なお、前述のように上海図書館本の『外夷朝貢考』には錯簡が見られることから、表記されている葉数については原則として台湾国家図書館本『皇明外夷朝貢考』に基づいている。

（3）『嘉靖会典』との比較

『大明会典』として編纂されたテキストには、前節で検討した『正徳会典』と『万暦会典』があることは広く知られているが、その他に嘉靖年間にも『大明会典』が編纂されていたことはあまり知られていない。それもそのはず、この『嘉靖大明会典』（以下、『嘉靖会典』と表記）については編纂されたことこそ知られているものの、現存するテキストが確認されていないからである。山根幸夫（編）『中国史籍解題辞典』の「明会典」の項には、以下のような説明がある。

(2)万暦本　二二八巻。明・申時行等撰。初め楊一清等が嘉靖八年（一五二九）、総裁になり、正徳本の不備を訂正すると共に、弘治十八年（一五〇五）から、嘉靖十八年（一五三九）までの事例を補足して、五十三巻になったが、これは結局刊行されなかったようである。そこで、万暦四年（一五七六）、申時行等が総裁となり、正徳本及び嘉靖本に基づいて訂正、補足すると共に、万暦十三年（一五八五）までの事例を追加したもの。[15]

これを見る限り、『嘉靖会典』の内容は基本的に『万暦会典』に引き継がれていると考えて良さそうではある。とはいえ、テキスト自体が参照できない限りにおいて、『嘉靖会典』の内容についてはどこまでも推測に頼る他なかった。

ところが、近年桑野栄治氏の研究によって、『嘉靖会典』中の朝鮮国に関する記述が取り上げられ、その入手経路も含めて検討されている。[16] 桑野氏は当時の朝鮮王朝にとって最重要の外交課題であった「宗系弁誣問題」[17]を巡る朝鮮の対明交渉の中で、朝鮮側の要求がきちんと受け入れられているかを確認するために、この『嘉靖会典』の中の朝鮮国に関する記載内容の問題を検討している。前述のように『嘉靖会典』自体は刊行されず、また皇帝の御覧も経ていないため記載内容の閲覧は容易ではなかったものの、結果として入手経路の異なる二種類の写本が入手され、それぞれ『朝鮮王朝実録』（『明宗実録』）に記録されることとなった。次の表3はその写本二種における朝鮮国の記述と、『外夷朝貢考』に収録された朝鮮国の記述とを、桑野氏の研究を参照しつつ比較したものである。

この中で、「『嘉靖会典』の写本α」として挙げられているものは、『明宗実録』巻一三、七年正月乙酉（二日）条にある、「韓㪷謄送待外国事例」である。桑野氏によるとこれは内閣所蔵本の写本であり、冬至使が私貨で購入したものであるが、その入手経路は明らかではないという。[18]一方、「『嘉靖会典』の写本β」として挙げられているものは、『明宗実録』巻一三、十二年十月乙酉（六日）条にある、趙士秀がもたらした「謄書会典小単」の内容である。桑野氏によるとこれは礼部所蔵本であり、礼部官僚との交渉の過程で入手したものである。[19]また、『外夷朝貢考』として挙げたものは、巻上の「外国四夷朝貢沿革」に収録されている朝鮮国の条（13b～14a）の内容である。

この表によって比較すれば、多少の字の異同（特に写本βと『外夷朝貢考』の間の異同箇所については、二重線で表示した）を認めるとはいえ、『外夷朝貢考』の朝鮮国の記載が「『嘉靖会典』の写本β」とほぼ同一のテキストであることは明らかである。「『嘉靖会典』の写本β」では冒頭に見られる「朝鮮地在遼東……凡三千五百里」の記載が『外夷朝貢考』には見当たらないが、これも桑野氏が『明宗実録』によって述べているように

「但だ中間に朝鮮古高麗国の六字、墨を用いて下を抹せり」というから、「朝鮮古高麗国」の六文字がその下の箇所を墨で塗り消していた（史料⑥）。塗り消されたのは冒頭の「朝鮮の地は遼東に在り」より「京師に至るに凡そ三千五百里なり」までの、朝鮮の沿革と風土に関する箇所と考えられる。[20]

ということとの結果であり、むしろ両テキストの符合を裏打ちするものと言える。つまり、『外夷朝貢考』の、少なくとも朝鮮国に関する記載は『嘉靖会典』の、礼部所蔵本から引き写されたものであると判断して間違いない。

表３：『嘉靖会典』の写本二種および『外夷朝貢考』における朝鮮国の記載の比較

１）『嘉靖会典』の写本 α	２）『嘉靖会典』の写本 β	３）『外夷朝貢考』
朝鮮、古高麗国。	朝鮮地在遼東。東・南・西三面浜海、即箕子所封之地。本前代郡県、晋以後、始自為声教。建号高麗、王姓高氏。洪武初称藩、後為其下所廃。国人請立宰臣李氏為王、従之、仍賜国号曰朝鮮。置八道、分統府・州・郡・県。知文字、喜読書、官吏閑礼儀。至京師凡三千五百里。	朝鮮、古高麗国。
洪武二年、国王遣使、奉表賀即位、請封貢方物。 五年、令三歳或一歳、遣使朝貢。 二十五年、更其国号曰朝鮮。	洪武二年、国王遣使、奉表賀即位、請封貢方物。 五年、令三歳或一歳、遣使朝貢。 二十五年、更其国号曰朝鮮。	洪武二年、国王遣使、奉表賀即位、請封貢方物。 五年、令三歳或一歳、遣使朝貢。 二十五年、更其国号曰朝鮮。
永楽元年、其国王奏辨祖訓条章所載弑逆事、詔許改正、自後、毎歳聖節・正旦・皇太子千秋節、皆遣使奉表朝賀、貢方物、其餘慶慰・謝恩等項、皆無常期、若朝廷有大事、則遣使頒詔、其国王請封、則亦遣使行礼。	永楽元年、其国王奏辨祖訓条章所載弑逆事、詔許改正。自後、毎歳聖節・正朝・皇太子千秋節、皆遣使奉表朝賀、貢方物。其餘慶慰・謝恩等項、皆無常期。若朝廷有大事、則遣使頒詔於其国、国王請封、則亦遣使行礼。	永楽元年、其国王奏辯祖訓條章所載弑逆事。詔許改正。自後、毎歳聖節・正旦・皇太子千秋節、皆遣使奉表朝賀、貢方物。其餘慶慰・謝恩等項、皆無常期。若朝廷有大事、則遣使頒詔於其国王、請封、即亦遣使行礼。
嘉靖八年、使者言、其国王不係李仁任之後、詔以所上宗系開送史館、今歳時朝貢、視諸国号為知礼。 二十六年、特許其使臣同書状官及従人二三名、於郊壇及国子監游覧、本部箚委通事一員伴行、撥館夫防護、以示優異云。	嘉靖八年、使者言、其国王不係李仁任之後、詔以所上宗系開送史館。 十年、釐正大祀典礼、以冬至祀昊天、上夜於南郊圜丘、詔朝鮮国并泰寧三衛夷人、朝正朝者改冬至、俾与履長之慶、自是遂以至前来賀。 二十六年、特許其使臣同書状官及従人二三名、於郊壇・国子監等処遊観、本部委通事伴行、発館夫防護、以示優異云。	嘉靖八年、使者言、其国王不係李任仁之後、詔以所上宗系開送史館。 十年、釐正大祀典礼、以冬至祀昊天、上帝於南郊圜丘、詔朝鮮国并泰寧三衛夷人、朝正旦者改朝冬至、偶与履長之慶、自是遂以至前来賀。 二十六年、特許其使臣同書状官及従人二三名、於郊壇・国子監等処游観、本部委通事伴行、撥館夫防護、以示優異云。

この判断を補強する材料として、『外夷朝貢考』の記載の随所に「本部」「本司」といった表現が登場することも挙げられる。単に『嘉靖会典』を引き写しただけであれば、「本部」＝礼部や、「本司」＝主客清吏司が一人称として語られる理由はない。刊行されなかったとはいえ、朝鮮使節に購入可能な形で流布していたのであるから、そのテキストを入手した者がその内容を参照しつつ『外夷朝貢考』を撰述したという可能性も想定しうる。しかしながら、礼部所蔵本の『嘉靖会典』から引き写されたとなれば話は変わってくる。むしろ、礼部の、しかも主客清吏司に属する人物が撰述したと考えるのが自然な想定となる。『外夷朝貢考』には、それに加えて、本文中で「節年稿」なる文献が繰り返し参照されている。この「節年稿」の詳細は不明であるが、明末に編纂された『礼部志稿』にも「節年稿簿」なる文献を参照した旨出てくる箇所が見受けられることから、礼部の内部記録と推定してよいと思われる。これもやはり、礼部内部の人物によって撰述されたと考えなければ理解できない。

以上の検討から、『外夷朝貢考』は礼部の主客清吏司、もしくは主客清吏司と深い関係を持つ礼部所属の官僚により執筆されたものと見て間違いないと思われる。とすれば、この『外夷朝貢考』は『嘉靖会典』の記載をベースにしつつも、現場の官僚ならではの視点と知見を加えて撰述された、朝貢に関して高い信頼性を持つ文献といってよいのではないだろうか。

三　『外夷朝貢考』の内容的特徴

これまでの検討から、『外夷朝貢考』が『嘉靖会典』の礼部・主客清吏司の内容をベースにして、礼部内部、もしくは礼部の官僚によって撰述されたと見られることが確認できた。先行研究でも、その内容は『大明会典』の朝貢関連の記述と対応するものとして扱われており、その認識とも矛盾はない。本節では、『外夷朝貢考』の内容的特徴をいくつか挙げた上で、その中から明朝中期の国際システムにかかわる変化を読み取ることとしたい。

前節では朝鮮における宗系弁誣問題との関係で『朝鮮王朝実録』に記録された『嘉靖会典』朝鮮条の抜粋を確認したが、宗系弁誣問題に関わる記述が一部修正されたことを除けば、『正徳会典』編纂以後の事例が追記されているに過ぎない。これら追記された内容については、基本的に『万暦会典』の記載に反映されており、これまでの研究成果にも既に参照されているものである。その限りにおいて、『外夷朝貢考』の持つ史料的価値を殊更に高く評価することはできないだろう。

前述のように、鄭樑生氏は『外夷朝貢考』にのみ確認できる記述として、朝鮮・琉球のみ朝貢勘合が不要であるという記載を取り上げている。また、鄭氏は明記しないが、該国賞例の頒賜についての記述は『外夷朝貢考』のものを優先して参照しており、この部分に『外夷朝貢考』の独自性を認めていると思われる。これらの内容の詳細さは、やはり礼部内部の人物によって撰述されたことに由来するものと考えられ、『外夷朝貢考』の史料的価値として評価するべきではあろう。しかし、これらの内容は従来知られていた史料を部分的に補完するに留まり、依然として『外夷朝貢考』が『大明会典』の主客清吏司の部分と同系統の史料であるという評価から一歩も出ることがない。では、『外夷朝貢考』ならではの記述、内容構成から見て『大明会典』の主客清吏司の部分と明らかに異なる記述はどこに見いだせるのか。

まず注目すべきは、冒頭の「番簇」一覧に見られる、辺境小集団への極めて詳細な記述である。『外夷朝貢考』巻上七葉裏の二行目からはじまる「番族」の項には、洮州番族（四項目・四十五族）[21]・岷州番族（二十族）・西固城番族（百五十八族）[22]・階州番族（二十四族）・文県番族（二十二族）の族名と男婦合わせての口数が列記されている。いずれも当時の陝西都司に属し、現在は甘粛省南部の陝西省・四川省と省境を接する地域に住んでいる人々である。この地区の人々に限りこのように詳細な記述が見られる背景について、一つには嘉靖初年に起こった同地域における「西番」・「北虜」の辺境侵犯との関連が考えられる。[23] なお、陳尚勝氏もこの部分の記述の独自性については指摘している。このように洮州・岷州周辺の番族に限り各族名や口数を列記していることは、本書の特徴の一つといってよく、恐らくは本書編纂の経緯とも関連があると考えられる。

次いで、明らかに『会典』とは異なる記述を含むと思われる箇所が、外国四夷朝貢沿革の中で「番僧」として一括されている部分である。ここに含まれる各項目については、表4にまとめておいたが、烏思蔵（チベット）の各王を含めて、現在のチベット自治区から青海省南部・四川省西北部・甘粛省南部に分布しており、チベット僧の入貢が多い地域と考えられる。そして、興味深いことにこれらの項目にのみ、成化年間後期から嘉靖年間中葉に到るまでの朝貢事例が列記されているのである。このような記述は他の地域についての項目には見られない。以下、具体例として賛善王と大乗法王の朝貢事例[24]について、表の形でその内容をまとめてみた（表5・表6）。それぞれ「入貢年月」「使節人数」「明朝側の対応」の各欄は『外夷朝貢考』における記載に基づくものであり、「『明実録』対応記事」については対応する記事が見いだせるものに限り、帝代・巻数・葉数を記載している。直接は対応しないが恐らく同一の使節に関する記事と

表4：『外夷朝貢考』外国四夷朝貢沿革において、成化～嘉靖年間の朝貢事例を列記する項目

四王
　闡教王・闡化王・輔教王・賛善王
大乗法王・大宝法王
三宣慰司
　長河西魚通寧遠等処宣慰司
　　雑道長官司
　朶甘思宣慰司
　　朶甘思直管招討司
　董卜韓胡宣慰司
　　別思寨安撫司
　　加渇瓦寺
　雑谷安撫司
　松潘茂州等処長寧安撫司
　達思蛮長官司
　金川寺
　韓胡碉怯列寺
　打喇児寨

表5：『外夷朝貢考』所載の賛善王の朝貢事例

入貢年月	使節人数	明朝側の対応	『明実録』対応記事
弘治四年(1491)正月	155名	全賞	孝宗45／6b
弘治七年(1494)正月	157名	(全賞)	孝宗85／1b-2a
弘治九年(1496)六月	149名	全賞	孝宗114／2b
弘治十六年(1503)八月	456名	年例朝貢の153名に正賞。襲職名目の155名は違例なので十九年の貢となす。灌頂国師153名の内、通例より多い50名は賞賜から絹一疋を減ず。	孝宗203／8a
正徳二年(1507)正月	156名	正徳四年の貢となす。	武宗22／5a-5b
正徳五年(1510)二月	150名	年例朝貢ではなく、慶賀即位の使節と見なす。全賞。	武宗61／6a
正徳八年(1513)二月	330名	年例朝貢の150名は全賞、謝恩の161名は十一年の貢となす。	—
正徳十一年(1516)五月	347名	年例朝貢の150名を除き、勘合を奏討する150名と都綱の人数は十三年の貢となす。	—
正徳十四年(1519)	100名	大乗王の謝恩進貢を保勘するという名目を礼部がとがめ、賞賜を（綵段）一表裏、存留も生絹三疋のみとする。	—
嘉靖三年(1524)六月	410名	禅師1名50人、都綱・剌麻各1名共50人、年例朝貢の150人。勘合を奏討する名目で派遣された150人については、六年の貢となす。	—
嘉靖十五年(1536)	567名	年例朝貢・襲職の258名は全賞、その他勘合奏討の309名は十八年の貢となす。	世宗196／8a
嘉靖二十一年(1542)七月	639名	年例朝貢150名、襲職の国師・禅師150人（は全賞）。その他勘合奏討の336名は二十四年の貢となす。	—
嘉靖二十七年(1548)七月	480名	うち、違例の184名は三十年の貢となす。	世宗337／7a

表6：『外夷朝貢考』所載の大乗法王の朝貢事例

入貢年月	使節人数	明朝側の対応	『明実録』対応記事
弘治三年(1490)	153名	(全賞)	孝宗34／6a-6b
弘治八年(1495)九月	650名	年例150名・襲職300名は前例通りとし、超過の200名は例に照らして追い返す。	孝宗102／9b (孝宗101／3a-3b)
弘治八年十一月	299名	陝西洮州より入貢。とがめることなく、全賞。	孝宗105／5a
弘治十七年(1504)十一月	203名	派遣人数が多すぎることを礼部がとがめ、到京の5人のみ全賞、残りは絹三疋を減ず。	孝宗218／7b
正徳三年(1508)九月	1297名	年例150名、登極慶賀の100名、国師6人600名・禅師3人150名の計1000名は前例通りで全賞、千戸・都綱等286名は違例だがとがめず、全賞。	武宗42／2a
正徳五年(1510)四月	1200名	洮州より入貢。400名は追い返し、残る800名も違例であるから、到京の16人は（綵段）二表裏のみ、存留は絹三疋のみ与える。	武宗61／8a
正徳六年(1511)九月	794名	記入済みの勘合・印信番本を持っていないことをとがめるも、前例に照らし到京者は全賞、存留は毎人生絹一疋を減ず。	—
正徳九年(1514)正月	500名	陝西河州より入貢。法王襲職の400名と年例400名の内、500名のみ起送する。	武宗108／11b
正徳十二年閏12月(1518)	1123名	とがめだてせず、全賞。	武宗158／8b
正徳十四年(1519)十月	700名	本来年例朝貢も謝恩も名目がないので、20名を除く680名についてはそれぞれ賞賜を減ず。	—
嘉靖十年(1531)閏六月	1021名	内300名は違例として（絹）一疋を減ず。	—
嘉靖十四年(1535)九月	1019名	年例150名と国師・禅師の人数を加えた700人（が先例通り）、その他319人は超過だがとがめず、19人のみ減賞。「不通之	— (世宗179／4a) (世宗183／2a)

		甚」	
嘉靖十八年(1539)六月	1000名	年例150名、国師５人500名・禅師５人250人の900人は全賞、その他96名は超過として絹一疋を減ず。	— (世宗225／１b)
嘉靖二十四年(1545)三月	1000名	内96名は（超過として）減賞。	世宗299／３b
嘉靖二十八年(1549)八月	1000名	題本では都綱の超過人数を調べず、ただ正徳以来毎回1000名なのでひとまず給賞するとある。	—

思われるものは、丸括弧（　）で示した。また、『明実録』に対応する記事が見当たらない場合は「—」で表記しているが、いずれの事例についても、『明実録』で対応する記事が残されていないものも含めて多くの朝貢事例が収録されており、その意味では非常に貴重な記載であると言える。逆に言えば、朝貢事例については原則として『明実録』にその記事が収録されるものであるという前提を疑う必要があるということにもなる。このような記述が「番僧」、すなわちチベット僧に関連する地域以外の朝貢について見いだせないのが残念ではあるが、ではなぜこのようにチベット僧の朝貢に関わる地域に限り、詳細な朝貢状況が記録されなければならなかったのだろうか。

その理由の一端は、これらの記述内容から明らかとなる。これらの表から確認できる記述内容のうち、特に大乗法王の朝貢事例に関しては、全員に規定通りの賞賜が与えられた弘治三年の事例以降、朝貢人数の増加や規定外の入貢ルートからの入貢など、本来の朝貢規定を逸脱した朝貢が度々なされている。礼部の側でもそのような逸脱に対しては厳正な対応をとろうとしていたようであるが、その判断にも回毎にブレが見受けられ、結局のところ大乗法王の朝貢については、礼部側が押し切られる形で、一〇〇〇人という従来に比べて遙かに多い人数の入貢を容認する結果となっている。同じく最終的に一〇〇〇人の入貢を常例とせざるを得ない状況となった大宝法王の事例について、末尾に「可惜」、つまり残念であると書き加えられているのも、礼部官僚としてのやるせない本音が漏れているのかも知れない。一方の賛善王の朝貢については比較的増加幅も少なく「従順」なものと言えるが、それでも規定を大きく越える入貢人数が記録され、超過分を次回朝貢に充当するという処置が繰り返し採られている。[25] このような状況はここで取り上げなかった他の地域からのチベット僧朝貢についても同様に見受けられ、礼部の側がその対応に苦慮していたことが窺える。

明朝の初期から中期にかけては、皇帝権力を中心として、チベット僧に対する厚遇が一般的であり、朝貢に限らずチベット僧が活発に活動していたことが知られている。しかし、嘉靖年間に入ると明朝のチベット僧に対する対応は一変し、にわかに冷淡な態度を取るようになる。[26] にもかかわらず、朝貢使節として陸続と入貢するチベット僧の活動は、むしろ増大している様子が『外夷朝貢考』の当該部分からは読み取れる。このような状況に対して、チベット僧に関する朝貢への洗い直しが企図されていたのかも知れない。あるいはこういった状況への危機感が、もしかしたら当時の礼部官僚には共有されていたのではないだろうか。いずれにせよそういった時代背景の下、嘉靖三十年以降の、恐らくはそれから大きく隔たることのない時期に、この『外夷朝貢考』が撰述されたわけである。

このようなチベット僧の朝貢に関する詳細な記載は、しかし『万暦会典』に継承されることは基本的になかったといってよい。無論、他の地域についての記載と体例的に大きく異なるこれらの記載を、『万暦会典』でそのまま引き継ぐことは難しかったであろうし、引き継ぐことが『会典』の記載として適切であったとも考えにくい。体例として見るとアンバランスで不備も見受けられる『外夷朝貢考』は、あくまでも嘉靖年間中期における礼部・主客清吏司関係者の同時代的問題関心に強く引きつけられつつ撰述された稿本と考えるのが妥当かも知れない。

おわりに

以上、『外夷朝貢考』という文献史料について、現時点で可能な限りの考察を試みた。上海図書館本『外夷朝貢考』と、台湾国家図書館本『皇明外夷朝貢考』のテキスト的関係については、前者の系統のテキストが手写されて後者のテキストが残されたと考えて間違いあるまい。また、明代の「朝貢」に関する専著として貴重な価値を持つこの文献が、恐らくは『嘉靖会典』の朝貢関連の記載をベースとしつつ、嘉靖年間中期の礼部官僚の視点からその問題関心を色濃く反映した著作として成立したと考えて差し支えないこと、特にチベット僧の朝貢に関連して『明実録』を越える詳細なデータを提供してくれるであろうことなどが確認できた。既に鄭樑生氏によって指摘され、議論されてきた勘合に関する記述内容も、「嘉靖年間中期の礼部官僚の視点」として理解することで、より具体的なイメージを提供してくれるものと思われる。いずれにせよ、礼部において直接朝貢使節に関わる業務の担当者の視点から撰述された文献としての価値は極めて高いと判断される。そして、そのような文献が『大明会典』のような通史的性格を持つ制度法典の体例を基盤としつつも、十六世紀前半という特定の時期における明朝の国際システムの状況と同時代の当事者の認識をより強く反映する形で撰述されたことは、やはり注目に値することであろう。

なお、筆者が現在準備中の明朝朝貢事例表作成作業との関連で言えば、『外夷朝貢考』に記録されたチベット僧の朝貢関連の入貢事例は、『明実録』の持つ史料的限界を示す一方、単一の史料文献に限定されない多史料相互連結データベースによる明朝朝貢事例表作成の可能性を開くものともいえる。今回紙幅の都合もあって検討できなかった部分が残されているが、引き続き検討していきたいと考えている。

註

（1）西嶋定生『中国古代国家と東アジア世界』東京大学出版会、一九八三年。濱下武志『近代中国の国際的契機』東京大学出版会、一九九〇年。濱下武志『朝貢システムと近代アジア』岩波書店、一九九七年。岩井茂樹「明代中国の礼制覇権主義と東アジアの秩序」『東洋文化』八五、二〇〇五年。檀上寛「明朝の対外政策と東アジアの国際秩序―朝貢体制の構造的理解に向けて―」『史林』九二―四、二〇〇九年。

（2）岩井前掲論文。上田信『中国の歴史09　海と帝国――明清時代』講談社、二〇〇五年。中島楽章「14―16世紀、東アジア貿易秩序の変容と再編――朝貢体制から一五七〇年システムへ――」『社会経済史学』七六―四、二〇一一年。

（3）鄭樑生『日・明関係史の研究』雄山閣出版、一九八五年。

（4）鄭前掲書、七六頁、註（3）。

（5）鄭前掲書、六二頁。

（6）拙稿「琉球王国の半印勘合と明朝の朝貢勘合との関係について」『第八回琉中歴史関係国際学術会議論文集』琉球中国関係国際学術会議編刊、二〇〇一年（のち拙著『琉球王国海上交渉史研究』榕樹書林、二〇一〇年の第三章として修補の上収録）。

（7）鄭前掲書、七八頁、註（25）。なお、ここでの鄭氏の史料引用は台湾国家図書館本と字の異同があり、上海図書館本とはさらに字句に隔たりがある。上海図書館本の当該部分については二八〇頁の表3を参照のこと。

（8）陳尚勝「従《外夷朝貢考》看明代朝貢制度」『閉関与開放――中国封建晩期対外関係研究』山東人民出版社、一九九三年、一九一―二〇三頁。

（9）陳氏の論考では、「一、関于《外夷朝貢考》」として、項目編成を含めた史料的概略を示した後、「二、関于明代的朝貢制度」で朝貢条件の規定・朝貢事務管理機関の規定・朝貢プロセスの規定・朝貢貿易と私貿易の禁止の規定・朝貢物品と賞賜物品の価格の規定が述べられている。「三、略説明代的朝貢制度」では、明代朝貢制度の極めて厳格な制限、朝貢国による対応の落差、朝貢制度の制度的矛盾が本史料からわかることとして指摘されている。

(10) 陳前掲論文、一九二―一九三頁。
(11) 本章三、『外夷朝貢考』の内容的特徴も参照のこと。
(12) 李雲泉氏『朝貢制度史論――中国古代対外関係体制研究』新華出版社、二〇〇四年。
(13) 日本語訳の論文全文が、日本外務省ウェブサイトでPDFファイルとして公開されている。
URL: http://www.mofa.go.jp/mofaj/area/china/pdfs/rekishi_kk_c_translate.pdf
(14) 日本においては、京都大学人文科学研究所・東アジア人文情報学研究センターにその複写が所蔵されている。
(15) 山根幸夫（編）『中国史籍解題辞典』燎原書店、一九八九年、三一六頁。なお、この項目の執筆も編者の山根氏が担当している。
(16) この点については、桑野栄治「朝鮮中宗二〇年代の対明交渉――『嘉靖大明会典』編纂の情報収集をめぐって――」『東洋史研究』第六七巻第三号、二〇〇八年、および同「朝鮮明宗代の対明外交交渉――朝鮮使節が入手した二種の『嘉靖会典』写本――」『久留米大学文学部紀要』国際文化学科編第二七号、二〇一〇年を参照のこと。
(17) 宗系弁誣問題とは、「太祖李成桂（在位一三九二～九八年）が政敵李仁任の子であり四人の高麗国王を殺害したとする『大明会典』（『正徳会典』）の条文修正を要求した、朝鮮前期（文禄・慶長の役以前。ほぼ十五・十六世紀に相当）」における朝鮮国王の正統性に関わる外交問題をいう。（桑野前掲二〇一〇年論文、一四頁）
(18) 桑野前掲二〇一〇年論文、一六頁。
(19) 桑野前掲二〇一〇年論文、二八―二九頁。
(20) 桑野前掲二〇一〇年論文、二九頁。なお、引用部分で史料⑥として参照されている部分は、『明宗実録』巻二三、十二年十月乙酉（六日）条に、八月二十八日の出来事として報告されている。
(21) 四つめの「車六十族〈割注：男婦一千名口〉」を「車六」十族と読んだ場合。「車六」については不明だが、他の項目でまとめて表記されている「他龍十二族〈男婦一千百名口〉」・「哈児占十三族〈男婦一千名口〉」・「吉古十族〈男婦九百名口〉」との対比から判断した。他の地域の番族の口数もほとんど数十から数百であり、一千名口が六十族の合計値とは考えがたい。

(22)　うち、一族のみ、族名が刪去されている。
(23)　谷光隆『明代馬政の研究』東洋史研究会〈東洋史研究叢刊二六〉、一九七二年、一〇二―一〇三頁。
(24)　賛善王・大乗法王を含むチベットの八大教王については、佐藤長「明朝冊立の八大教王について」（佐藤長『中世チベット史研究』、同朋舎、一九八六年、一七三―二四七頁。原著論文は『東洋史研究』第二一巻三号、二二巻二号・同巻四号、一九六二―六三年）を参照のこと。また賛善王については、沈衛栄（著）・岩尾一史（訳）「元、明代ドカムのリンツァン王族史考証――『明実録』チベット史料研究（一）――」『東洋史研究』第六一巻四号、二〇〇三年でも検討がなされている。
(25)　賛善王の方が明朝に対して相対的に「従順」となった経緯、および明朝の対チベット政策における賛善王の位置づけについては、前掲沈論文を参照のこと。
(26)　乙坂智子『蛮夷の王、胡羯の僧―元・明代皇帝権力は朝鮮・チベットからの入朝者に何を託したか』平成八・九・十年度科学研究費補助金（特別研究員奨励費）報告書、一九九八年。乙坂氏は明代の在京チベット仏教僧の動向についての分析から、明朝のチベット仏教僧への対応を(1)太祖（洪武）代・成祖（永楽）代、(2)宣宗（宣徳）代、(3)英宗・景宗（正統～天順）代、(4)憲宗・孝宗・武宗（成化・弘治・正徳）の三代、(5)世宗（嘉靖）代以降、の五期に分類している。その中でも第五期に相当する嘉靖年間になると、在京チベット仏教僧を一掃するための徹底的な処置が下され、社会的集団としての彼らの存在はにわかに解体された、とする（同書、七九頁）。

日明・日朝間における粛拝儀礼について

米谷　均

はじめに

使者として外国に赴くとは何か。古人曰く「四方に使いして君命を辱《はずかし》めざるを士と謂うべし」（『論語』「子路」）と。また朝鮮の官人曰く「絶域に奉事するは、凡事皆《み》な礼に拠りてこれを行い、君臣上下の義を知らしむべし[1]」と。中世の日本においても、様々な「君命」を帯びた使者たちが、博多から寧波へ、あるいは釜山へ、海を渡って京詣《みやこもう》でし、皇帝や国王の竜顔を拝した。そしてその謁見の際には、おおよそ「粛拝[2]」と呼ばれる表敬儀礼が用いられた。「粛拝」とは、「四拝礼」「鞠躬四拝礼」とも言い、「鞠躬、四拝、興平身」の所作をもってなされる拝礼の一つである。この儀礼は、彼我の上下関係を視覚的に表現するという意味で、広義においては君臣の礼に属し、時を移して反覆して行えば、当該国双方の上下関係の固定化につながることもあった。言うまでもないが、外交儀礼は、主催国の世界観や秩序観を探る上で格好の研究対象である。日朝関係史においては、高橋公明や閔徳基が、外交儀礼の分析を通じ、「朝鮮外交秩序」の問題や、対日外交における礼的観念の適用と挫折の問題を各々論じている[3]。また桑野栄治は、望闕礼という朝鮮の対明儀礼のなかに、日本や琉球・女真人の外交使節が組み込まれ、朝鮮中心の華夷秩序が体現する有様を解明した[4]。日明関係史においては、近年橋本雄が[補註1]、明使に対するあるべき接見儀礼が、日本においては全く受容されず、日本式に解釈された一種異様な儀礼が、足利義満によってなされたことを明らかにした[5]。外交儀礼は、当該国が儀礼体系を共有していない場合、所作の解釈をめぐって齟齬が生じ、同床異夢のまま事が進む。本稿では、粛拝を始めとする外交儀礼を題材に、明・朝鮮・日本の三国を通じた比較検討を試みたいと思う[6]。

一　中国での粛拝儀礼

（1）明代初頭の引見儀礼

一三七一年に良懐の使者祖来が渡明して以降、多くの日本使節が中国の宮殿にて粛拝儀礼を行った。明の首都が南京に置かれていた頃、洪武帝時代の引見儀礼を規定したものとしては、『大明集礼』(7)巻三一「受蕃国来附遣使進貢儀注」が詳しい。洪武二年（一三六九）に定められた右儀注(8)は、外国使節が皇帝の面前で表文を奉呈する儀礼を示している。それによれば、まず儀礼の舞台は、南京紫禁城【図1】の奉天殿の殿内（殿上）・奉天殿の階下の石壇（丹階）・奉天殿の前に広がる庭（丹墀《たんち》）の三空間に分けられ、外国使節の拝位を始め、明側の文武諸官の拝位などが細かく設定されている。儀礼当日、使節は明の朝服を着し、引班に導かれて午門から内城に入り、丹墀に据えられた拝位に至って皇帝の出御を待った。そして楽の演奏とともに、皮弁冠服を着した皇帝が、奉天殿の玉座に賑々しく着座した。

【図1】　南京紫禁城の午門跡
（伊藤幸司氏撮影・提供）

皇帝将出、仗動、楽作、陞／御座、楽止、尚宝卿置／宝於案、鳴鞭鶏唱報時訖、引礼引使者置／表於案、就位北向立、執事者舁方物入就位、退立於左右、知班唱「班斉」訖、賛礼唱「鞠躬、拝、興、拝、興、拝、興、拝、興、平身」、使者及衆使者皆鞠躬、楽作、拝、興、拝、興、拝、興、拝、興、平身、楽止、賛礼唱「進／表」、引礼引使者詣／表案前、賛礼唱「跪」、使者及衆使者皆跪、唱「進／表」、使者跪取／表函、捧進于受表官、受表官受／表、進方物状者跪取方物状、授于受方物状官、受方物状官受方物状、与受表官・展表官、由西階陞、西門入、至／殿庭、以／表置于案、倶退立于西、内賛唱「宣／表」、宣表官詣案、取表跪宣於／殿西、展表官同跪展、宣訖、俯伏、興、宣表官以／表置于案、退立於／殿西、宣方物状官詣案、取方物状、跪宣於／殿西、展方物状官同跪展、俯伏、興、宣方物状官以方物状置于案、与宣表官・展表官、由／殿西門出復位、賛礼唱「俯伏、興」、使者及衆使者皆俯伏、興、平身、賛礼唱「復位」、引礼引使者退復位、

（／は平出。右傍線はヒト、左傍線はモノや場所の語であることを示す。以下同。『大明集礼』巻三二「受蕃国来附遣使進貢儀注」）

右のように、まず使者は、引礼に導かれて表文を丹墀の表案に載せ、拝位に戻って北向きに立つ。執事が方物を担いで表案の背後左右にある方物案に置く。知班が「班斉（全員整列）」と唱すと、賛礼が唱する「鞠躬、拝、興、拝、興、拝、興、拝、興、平身[9]」の言葉と、背後に鳴り響く楽を聞きながら、使者たちは鞠躬四拝礼を行う。次に賛礼が「進表（表文を進上せよ）」と唱すと、使者は引礼に導かれながら表案の前に行き、賛礼の「跪（跪け）」の呼び声に合わせて、使者一同が跪く[10]。また賛礼の「進表」との声により、使者は跪いて表函を取り、それを受表官に渡す。方物に関しては、方物の件名を記した別幅（方物状）を受方物状官に渡す。受表官と展表官は、丹墀から丹階を昇って奉天殿に至り、御座の前に据えてあるもう一つの表案に表文を置き、殿内手前の西の拝位に退く。そして内賛が「宣表（表文を読め）」と唱すと、殿内の宣表官が表案に行き、表文を跪いて取って拝位に戻り、展表官によって開かれた表文を宣表官が宣読する。宣読後、俯伏礼を取った後、また表文を表案に戻す。宣方物状官もまた、これと同様の所作を行う。そして賛礼が「俯伏、興（俯伏して興《お》きよ）」と唱すと、使者一行は俯伏礼を行い[11]、賛礼の「復位（戻れ）」の声とともに、引礼の誘導に従って、表案の前からもとの拝位に戻るのである。

承制官承／制、自中門出、中階降、詣使者前、称「有／制」、賛礼唱「跪」、使者及衆使者皆跪、承制官宣／制曰「／皇帝制問、使者来時、想爾某国君安好」、使者答畢、賛礼唱「俯伏、興、拝、興、拝、興、平身」、使者及衆使者皆俯伏、興、楽作、拝、興、拝、興、平身、楽止、承制官称「有後／制」、賛礼唱「跪」、使者及衆使者皆跪、承制官宣／制曰「／皇帝又問、爾使者遠来勤労」、使者答畢、賛礼唱「俯伏、興、拝、興、拝、興、平身」、使者及衆使者皆俯伏、興、楽作、拝、興、拝、興、平身、楽止、承制官自西階陞、西門入、回奏訖、復侍立位、賛礼唱「鞠躬、拝、興、拝、興、拝、興、拝、興、平身」、使者及衆使者皆鞠躬、楽作、拝、興、拝、興、拝、興、拝、興、平身、楽止、礼部官収／表及方物、引使者出、侍儀奏礼畢、／上位駕回、楽作、還宮、楽止、引班引文武百官及使者、以次出、

（／は平出。前史料承前）

奉表の後には、皇帝からの慰労が続く。まず承制官が、皇帝の御言葉（制）を承け、奉天殿の殿中から丹墀に降り、使者の前にて「有制（制《みことのり》が有る）」と告げ、賛礼が「跪（跪け）」と言う。使者一行が跪くなか、承制官が「皇帝制問、使者来時、想爾某国君安好（帝のたまわく、使者がやって来る時、お前の国の主は息災だったか）」と伝える。使者はこれに答える。賛礼が「俯伏、興、拝、興、拝、興、平身」と唱すと、楽が鳴るなか、使者一行は俯伏二拝礼を行う。また承制官が「有後制（もう一つ制《みことのり》が有る）」と告げると、賛礼が「跪」と言い、使者一行がまた跪く。そして承制官が「皇帝又問、爾使者遠来勤労（帝のたまわく、お前たち使者は遠路はるばる大儀である）」と伝える。使者がこれに答える。賛礼がまた俯伏二拝礼をするよう唱し、楽が鳴るなか、使者一行がこれを行う。承制官が殿中に戻って皇帝に回奏す。賛礼が「鞠躬、拝、興、拝、興、拝、興、拝、興、平身」と唱すと、使者たちは楽が鳴るなか鞠躬四拝礼を再び行う。礼部が表文と方物を回収する。使者が退場する。皇帝が楽とともに退御し、文武百官が退出する。

以上が『大明集礼』に規定された奉表儀礼の概要であるが、全般的な印象として感じることは、皇帝と使者の距離

が非常に大きいことである。表文や方物を玉座の前の案に運ぶのは、明の官吏であり、使者が奉天殿の中に昇り入ることはない。奉天殿から遠く離れた前庭の拝位からは、皇帝の竜顔を拝することはおろか、玉座の影すら見ることもままならなかったであろう。なお、右にあげた洪武二年（一三六九）制定の引見儀注は、洪武十八年（一三八五）に、以下のように改定された。

皇帝常服出、楽作、陞座、楽止、鳴鞭訖、文武官入班叩頭、礼畢、分東西侍立、引礼引蕃使就丹墀拝位、賛「四拝」、典儀唱「進表」、序班挙表案、由東門入、至於殿中、内賛賛「宣表」、外賛令蕃使跪、宣表宣方物状訖、蕃使俯伏、興、四拝、礼畢、

駕興、楽作、還宮、楽止、百官及蕃使、以次出、（『万暦大明会典』[12]巻五八「蕃使朝貢」）

右はやや節略気味の儀注であるが、使者の所作は、前回とおおむね同様である。しかし皇帝の服が朝服（皮弁冠服）から常服に代わり、また、拝礼後の皇帝の労いの言葉が無くなっている点が目を引く。ともあれ、建文年間から永楽七年（一四〇九）以前に渡明した日本の遣明使[13]は、おおよそ右の儀礼をもって、南京紫禁城で行礼したのであろう。

（2）景泰年代の引見儀礼

明の中頃、北京に定都してからの遣明使の粛拝も、基本的には南京時代と同様の引見儀礼が踏襲されたものと思われるが、新たに加わった要素も見られる。それは景泰帝時代の北京紫禁城で行礼した宝徳遣明使団員・笑雲瑞訢『笑雲入明記』[14]の景泰四年（一四五三）九月二十八日条にて、明らかにすることができる。

廿八日、朝参、長安街、玉河東隄・玉河西隄、長安門、承天之門、端門、有二象、午門・左掖門・右掖門、奉天門見

皇帝、官人唱、鞠躬拝、起叩頭、起平身、跪叩頭、快走闕左門、賜宴、々罷、又趨端門、跪叩頭而出、謁礼部院、

（『笑雲入明記』景泰四年九月二十八日条）

右は、宝徳遣明使が入京後はじめて紫禁城に朝参した時の記述である。この時の引見の場所は、午門【図2】から金水橋を渡った先にある奉天門【図3】の前庭であった。そこで一行は、官人の唱に合わせて、「鞠躬―（四拝？）―叩頭―身を起こす（平身）―跪―叩頭」の拝礼を行っているが、先の『大明集礼』に見える鞠躬四拝礼と比べると、「叩頭」の要素が加えられている。このことは、十月二日の表文奉呈の朝参においても同様に見られる。

二日、朝参、正使入奉天門捧表文、綱司以下立午門、聞大鐘鳴、自左掖門入奉天門、跪拝、起叩頭、起自右掖門

【図2】 北京紫禁城の午門（著者撮影）

【図3】 北京紫禁城の奉天門
（現、太和門。須田牧子氏撮影提供）

【図4】　北京紫禁城の奉天殿と丹墀
（現、太和殿。著者撮影）

出、賜宴于闕左門、

（『笑雲入明記』景泰四年十月二日条）

　このように、跪礼と叩頭を行ったことを記している。鞠躬四拝礼も併せて行ったものと思われるが、書かれていない。なおこの表文奉呈儀礼も奉天門の前で行われた。奉天門での謁見は、使者の拝位と玉座の距離が、奉天殿や午門のそれと比べて相対的に近かったようで、嘉靖十三年（一五三四）に同所で嘉靖帝に謁見した蘇世譲は、皇帝が黒衣を着していたことを目撃している。[15]笑雲もまた、景泰帝の姿をぼんやりと見たのかもしれない。

　奉天殿【図4】で行われた遣明使の行礼は、冬至や元旦の国家行事にて、明の文武諸官と交じって随班したものがあげられる。十一月十四日の冬至儀礼では、居並ぶ文武官たちが万歳を三唱して天地を揺るがす有様を、使節一行は目の当たりにした。翌年元旦にもまた、同様の光景が、奉天殿にて以下のように繰り広げられた。

　大明景泰五年甲戌春王《ママ》正月一日、五更朝参、

　皇帝御奉天殿、千官排班、「班斉」、鞠躬拝、興四拝、平身、班首行礼祝寿、礼畢、就班、拝、興四拝、三舞導〔踏〕、拝、興四拝、就跪、三呼万歳々々々々、幷三呼万々歳、拝、興四拝、平身、礼畢、自鳳皇池出左掖門、入于闕左門、賜光禄宴、日本・頼麻・高麗・回回・韃旦・達々・女真・雲南・四川・琉球等諸蕃皆預焉、

（『笑雲入明記』景泰五年一月一日条）

右のように、景泰帝が奉天殿の玉座に着座し、文武千官が所定の位置につくと、一同が鞠躬四拝礼を行っている。

ついで「（鞠躬）拝、四拝、三舞踏、（鞠躬）拝、四拝、跪、『万歳』三呼、『万々歳』三呼、（鞠躬）拝、四拝、平身」という様な、複雑な行礼をなしている。このうち三舞踏は、聖節（皇帝誕生日）・正旦・冬至の儀礼にて行う特別な所作である。[16] 遣明使はまた、儀礼後に闕左門で開かれた光禄宴に、チベット・高麗・回回・モンゴル・女真・琉球諸国の使節たちや、四川・雲南の土官たちとともに、出席している。

（3）嘉靖年代の引見儀礼

宝徳遣明使は、北京滞在中、実に二十六回の朝参を行い、内、九回は景泰帝の出御があり、六回は奉天門【図3】で、三回は奉天殿【図4】にて引見儀礼がなされた。ところが村井章介が近年指摘したように、そうした皇帝の出御引見は、時代が下って嘉靖帝の時代になると、全く無くなってしまう。[17] 天文第一遣明使の北京における行礼の有様は、策彦周良『初渡集』[18] 嘉靖十九年（一五四〇）三月七日条に、以下のように記されている。

中央有門、々口三、竪掲「午門」二大字、於此門前有拝、最初除中路、立班于東脇、正使及予、相並而立、其后両居座・従僧以下曁従人次第立、少焉官員唱以「上来」、諸列班于中路、唱以「鞠躬《キヨコウ》」、各深揖低頭、又唱以「拝」者四《五》、又唱「興《シン》」起来之義也、各消拝者五度、拝徹未起、唱以「扣頭」、各頓首者三、又唱以「平《ヒン》身、礼畢《リンピ》」、各開了、左方有門、入此門、少許而設座及案茶飯、二大通事前導、各就座面于西、酒三行而徹矣、又到前路、立于左畔、又唱以「上来」、各班于中路、唱以「跪了」、各刷衣而跪、唱以「扣頭」、各頓首者三而退、有象六蹄、灰色非白象、立于東西、各三疋、

策彦一行の初めての朝参は、紫禁城の入口である午門【図2】の前庭で行われた。中央やや東側に設けられた拝位に、正使の湖心碩鼎と副使の策彦周良が並び立ち、その背後に二人の居座や従僧たちが列座するなか、官員が「上来」

と唱すと、一行は中路に移動する。そこで官員が「鞠躬《キョコウ》」と中国音で唱すると、一行は両手を合わせて上下に大きく振りつつ、頭を垂れる。ついで官員が「拝」と「興《シン》」を五回繰り返して唱すと、一行は五回拝礼を行う。ついで官員が「叩頭」と唱すと、一行は三回頓首する。そして官員が「平身《ヒン》、礼畢《リンピ》」と唱すと、拝礼儀式は終了となる。後は闕左門にて「茶飯」すなわち賜宴が開かれ、酒三行を振る舞われた後、再び午門の前に至って、跪礼と三叩頭を行って退去した。

策彦は、午門の前に据えられた六頭の灰色象については記述しているが、午門の玉座に嘉靖帝がいたのか否かは記していない。実はこの前年の嘉靖十八年（一五三九）から、嘉靖帝は紫禁城西苑の万寿宮に引きこもって全く政務を放棄しており、この年に来朝した朝鮮使節の日記にも「免朝（帝の出御無し）」との記載がずらりと並んでいる。(19) 結局、策彦一行は、皇帝がいないまま以後の「朝参」を行い続け、回詔すらも太監（宦官）から奉天門前方の左順門にて渡される処遇に甘んじることとなった（嘉靖十九年五月七日条）。

ところで午門外の拝礼の記述を見て分かるように、鞠躬後の拝礼の数が、宝徳遣明使の時は四拝礼であったのが、五拝礼になっている。これは三月十九日に再び行われた午門外の拝礼においても「鞠躬而消拝者五、扣頭者三、深揖而平身」したとあり、五月七日の午門外の拝礼においても「於午門消拝者五、扣頭者三而止」とあり、鞠躬四拝礼から鞠躬五拝三叩頭礼に変化していることが分かる。一方、三月七日の初朝参の後で行われた礼部への拝礼は、「各四拝」とあり、三月十八日の会同館宴席においても、太監と礼部に対する拝礼は、「即拝者四」とある。恐らく、皇帝（の玉座）への拝礼数は五拝、礼部や太監に対しては四拝という等級が、この時の日本遣明使に対して設定されたものと思われる。策彦が再度渡明した天文第二遣明使においても、その日記『再渡集』(20) 嘉靖二十八年（一五四九）四月二十四日条において、午門外の拝礼は「各鞠躬而消拝者五」であったと記しており、鞠躬五拝礼が引き続き実施されていることが確認できる。[21]

（4）小　括

以上、明朝における日本使節の外交儀礼を概観した上で、いくつかの特徴を挙げておこう。その第一は、皇帝の引見場所が、奉天殿・奉天門・午門いずれの場所であっても、使者は屋内に招き入れられることはなく、全てその前庭の上で行礼していることである。使者が屋内に入ることが許されるのは、儀礼終了後に闕左門や礼部で開かれる宴席などに限られる。第二は、行礼の内容は、明代初頭の『大明集礼』の儀注では、鞠躬四拝礼や俯伏礼を中心に構成されていたが、景泰年代の遣明使の行礼には、叩頭が鞠躬四拝礼の中に組み込まれるようになり、嘉靖年代には鞠躬五拝礼に変化していることである。儀礼の内容は、固定的ではなく、年代を追って加除改定がなされているのである。だからこそ、皇帝引見儀礼の前に、使者は鴻臚寺の集礼亭に集められて、拝礼所作のリハーサルを行う必要があったのであろう。第三は、正月元旦や冬至などの日に、遣明使が召喚される場合は、奉天殿で開催される朝賀儀礼に、明の文武百官や諸外国使節などとともに、行礼や賜宴に参加していたことである。そして紫禁城の内部という広い閉鎖空間の中で、彼らとともに唱する万歳三呼の声を耳にし、目には微かな皇帝陛下を遥拝しつつ、天子を中心に動くところの「中華秩序」を、遣明使たちは文字通り体感したのであろう。

【図５】　景福宮の勤政門と勤政殿（奥。著者撮影）

二　朝鮮での粛拝儀礼

（1）　書契奉呈儀礼

朝鮮へ渡海した日本使節の数は、明へのそれに比べて遙かに多い。日本や琉球の国王使が、書契奉呈の際に行う儀礼については、『世宗実録』巻一三三「五礼」（一四五四年）や、『国朝五礼儀』（一四七四年）に収録された「受隣国書幣儀」に詳しい。しかし『朝鮮王朝実録』には、使節到来ごとに定めた粛拝儀注が多数掲載されているので、ここではまず、世宗七年（一四二五）来朝の日本国王使（中兌・梵齢）の粛拝儀注を取り上げたい。

> 礼曹啓、倭使粛拝節次、各司序立後、奉礼郎及通事、引倭使入、班於西班三品之上序位、通賛唱「班斉」、中禁伝厳、通賛唱「鞠躬」、殿下陞殿、百官及倭使、一時行礼如常儀、訖、通賛唱「礼畢」、通事引倭使升殿、進見後、引降復位、通賛唱「鞠躬」、殿下入内、通事引倭使就宴次、百官以次出、
> （『世宗実録』巻二八、七年四月己酉条）

右はかなり節略された儀注であるため、補って解釈すれば、まず第一に、王宮（景福宮勤政殿【図５】）の庭下に、朝鮮側の官吏が居並ぶなか、使者が奉礼郎や通事によって導かれ、西班正三品の拝位に着く。通賛が「班斉」ついで「鞠躬」と唱すと、国王が殿舎の玉座に出御し、文武百官とともに、使者が通常の拝礼（すなわち鞠躬四拝礼）を行う。行礼が終わり、通賛が「礼畢」と唱すと、使者は通事の誘導によって殿舎の中に昇り、国王に進見する。事後、庭下の拝位に戻ると、通賛が「鞠躬」と唱し、（これに従い行礼す）。国王が内宮へ行くと、通事は使者を宴席の場に導き、

文武百官も順々に退去す、等である。ここで注目したいのは、第一に、使者が殿庭の西班正三品の拝位に着いていること、第二に、朝鮮側の文武百官とともに庭下で行礼していること、第三に、殿舎に昇って国王の引見を受けていることであろう。特に昇殿進見は、明での儀礼には見られない特徴である。

次に世宗三十年（一四四八）来朝の日本国王使（文渓正祐）に対して定めた粛拝儀注を見てみよう。当年、国王世宗は老齢を理由に使者の引見を省き、替わりに王世子の引見を別所に設けることを決めていたため(22)、通例と比べやや変則的な要素が加わっている。まずこの儀注は、粛拝前日、景福宮勤政殿にて用意すべき舞台設定から、詳述する。

　礼曹啓、定日本国使粛拝儀、前期一日、攸司設典儀位於勤政殿月台上東辺、通賛及奉礼郎位於殿庭西辺、東向北上、使臣位於殿庭道西、北向東上、異位重行、又設使・副位於月台上当中、北向東上、設案於勤政殿前楹外当中又設使臣歇所於弘礼門外西辺直房設案於、北壁才、函

（『世宗実録』巻一二〇、三十年六月癸酉条）

右にある通り、使者の拝位は、勤政殿の殿庭【図6】（中国での「丹墀」に相当）東側と、月台【図7】（「丹階」に相当）真中の両所に据えられ、書契を安置する案が、勤政殿の軒下（楹外）に設けられる。また使者の休息所が弘礼門（現、興礼門）西の直房に設けられ、そこの北壁にも書契を安置する案が据えられた。

　其日前一刻、兵曹勒所部、屯門列仗、使臣至歇所、置国書於案上、時至、奉礼郎引使臣、由西俠門、就殿庭位使至勤政門、捧書以入、自、歇所至門、侍奉賫持前行立定、奉礼郎引使・副、升自西階、詣月台上奉礼郎至階而、止、別通事引升、通賛賛「跪」凡賛謁及司謁伝、旨、通事伝言、使・副跪進国書船主以、下皆跪、承旨跪伝、捧置于案上、通賛賛「俯伏興平身」、使臣皆俯伏興平身、引降復位、少頃、司謁伝旨、通賛賛「跪」、使臣皆跪、通賛賛「俯伏、興、四拝、興平身」、使臣皆俯伏、興、四拝、興平身、奉礼郎、引使者以出、

（『世宗実録』巻一二〇、三十年六月癸酉条）

儀礼当日、使者は弘礼門の休息所に至り、書契を案上に奉安する。いよいよ儀礼が始まると、書契を奉じる使節の

【図６】　景福宮勤政殿と殿庭（著者撮影）

【図７】　景福宮勤政殿の月台（手前。著者撮影）

侍奉を前に歩かせつつ、正使は休息所から勤政門へ行き、奉礼郎の誘導により、西俠門から殿庭の拝位について立つ。ついで正使と副使は、西の階段を上って月台の上に至る。そこで通賛が「跪」と唱すると、通事が日本語でその旨を伝え[23]、正使と副使は跪いて書契を進呈する。それを承旨が跪いて受け取って、月台上の案に奉安する。通賛が「俯伏興平身」と唱すると、使者一行は俯伏礼を行う。そして殿庭のもとの拝位に戻る。しばらくして通賛が「跪」と唱すれば、使臣一行は跪き、「俯伏、興、四拝、興平身」と唱せば、使者一行は俯伏四拝礼を行う。終了後、使者一行は奉礼郎の誘導で退出する、等々である。この一連の儀礼の流れからも分かるように、正使と副使は、書契を月台の案に奉じるため、殿庭から階段を昇っていることで、こうした動きは明における日本使節の行礼には見られない。なお一四二五年の国王使のように、使者が勤政殿の殿内にまで至っていないのは、前述した通り、国王世宗の出御が省略され、空位の玉座に対する拝礼形式となったためと思われる。その替わり継照堂にて東宮（王世子）の引見儀礼が行われた。その儀注[24]によれば、景福宮の場合と同じく、継照堂の前庭に使者の拝位が設けられ、朝参官とともに粛拝を行った。事後、正使と副使は西階より堂内に入り、船主は軒下（楹外）に至り、押物以下の団員は庭下にて、俯伏礼と跪礼を、王世子に対して行ったのである。もしこの時、世宗が勤政殿に出御していれば、粛拝儀礼は『世宗実録』「五礼」の「受隣国書幣儀」に記すところの、左記のような行礼がなされていたのであろう。

奉礼郎引使者以下、由西偏門入就位、通賛唱「鞠躬四拝興平身」、使者以下鞠躬通事伝賛、楽作、四拝興平身、楽止、承旨出取入啓承教、以伝事《ママ》通引使・副、由西偏階升、入詣前楹間、跪俯伏、在庭伴従皆跪、殿下問国主、又労使者、訖、副使俯伏興出門、伴従俯伏興平身、通事引使・副降出、伴従随出、判通礼升自西偏階、進当座前、俯伏跪、啓礼畢、俯伏興、降復位、協律郎跪俯伏挙興、工鼓柷軒架、作隆安之楽、殿下降座乗輿、繖扇侍衛如来儀、還思政殿、協律郎跪偃麾俯伏興、工戛敔、楽止、奉礼郎分引侍臣出若諸島倭及諸衛野人酋長、親朝献幣、与使人献書幣、則随百官朝見如常、

（『世宗実録』巻一三三、五礼、賓礼儀式）

ここで特に注目したいことは、使者が「鞠躬四拝興平身」する際、「鞠躬」後に楽が奏で始め、「平身」すると楽が止むところである。行礼とともに奏楽開始となる点は、明における日本使節の粛拝も同様で、そのタイミングまで同じである。しかし行礼後、正使と副使が勤政殿に昇殿し、「前楹間」の位置において、国王から慰労の言葉を掛けられている点は大きく異なる。すなわち朝鮮の引見儀礼は、国王により近づける儀礼なのである。

【図８】　景福宮の慶会楼（著者撮影）

（２）　宴席儀礼

書契奉呈儀礼が終わった後、使節は様々な宴席に招かれるが、そこでも粛拝儀礼が伴った。宴席(25)もまた、政治行為の色合いを帯びていたのである。その行礼の実相は、世祖七年（一四六一）来朝の琉球使節（普須古・蔡璟）に対して勤政殿で開かれた飲福宴(26)と、世祖十三年（一四六七）来朝の琉球使節（同照・東渾）に対して催された慶会楼宴の二例が詳細に分かる。ここでは、儀注が実録に収録されている後者の事例を題材に取り上げたい。

世祖の出御のもと、景福宮慶会楼【図８】で開かれたこの宴席には、王世子（後の睿宗）を始め、宗親や重臣たちが十二人参加した。また琉球使節が持参した天竺酒(27)をめぐって、世祖と使節との間で興味深い問答がなされている。そして左記のような儀礼がなされた。

其儀曰、平明、有司設　御座設楽、設　王世子・侍宴官位、時至、　王世子及侍宴官、以時服皆就門外位、使臣亦就門外位、朝啓庁前庭、楽作、　上乗輿以出陞座、楽止、皷角訖、奉礼引　王世子、引儀分引侍宴官、通事引使臣就庭中、分東西異位重行、使臣就東班二品之末上・副官人為一行、近北設席、船主・押物・侍奉為一行、伴従人為一行、近南、毎行通事率入、楽作、引儀唱「鞠躬四拝興平身」、　王世子及侍宴官・使臣、鞠躬四拝興平身、楽止、司饔院提調進酒器、楽作、進訖、楽止、進卓、楽作、引儀唱「跪」初楽作、唱、跪、下倣比、　王世子及侍宴官・使臣、跪進訖、楽止、承旨進花、楽作、進訖、楽止、引儀唱「俯伏興平身」、　王世子及侍宴官・使臣、俯伏興平身、司饔院提調、進盤児、楽作、引儀唱「跪」、　王世子及侍宴官・使臣、跪進訖、楽止（凡進膳、楽作、進訖、楽止）、引儀唱「俯伏興平身」、王世子及侍宴官・使臣、俯伏興平身、引儀引正使、詣酒亭東（引儀止、階下）、楽作、引儀唱「跪」、王世子及侍宴官・副使以下、皆跪、正使進爵、用天竺酒、挙訖、楽止、引儀唱「俯伏興平身」、王世子及侍宴官・副使以下、俯伏興平身、正使還酒亭東、俯伏興、降復位、引儀唱「鞠躬四拝興平身」、楽作、王世子及侍宴官・使臣、鞠躬四拝興平身、楽止、引儀唱「就座」、奉礼引王世子、引儀引侍宴官、通事引使臣、就座（奉礼・引儀、止階下）、輔徳供王世子花、執事官（忠賛衛・別侍衛）、散侍宴官・使臣花、司饔院提調進膳、楽作、進訖、楽止（司饔院引副提調、進王世子饌湯、執事官、分賜侍宴官以下饌湯）、司饔院提調進爵、楽作、進訖、楽止（凡進爵、王世子及侍宴官・使臣、分就中階上東西、跪挙訖、俯伏興就座、司饔院副提調、進王世子酒、執事官、分賜侍宴官以下酒、用各呈杯、離座、俯伏興、跪飲訖、俯伏興、還座、凡有別賜、就御座前楹外、扣頭還出）、酒行十四遍訖、王世子及侍宴官・使臣、降就殿庭位、楽作、引儀唱「鞠躬四拝興《ママ》平身」、王世子及侍宴官・使臣、鞠躬四拝興平身、楽止、奉礼引王世子、引儀引侍宴官、通事引使臣出、上還内、

（『世祖実録』巻四三、十三年七月庚辰条）

まず、王世子・侍宴官（宗親や重臣十二人）・琉球使節が、秋の服を着して門外で待機していると、前庭が開き、奏楽とともに、世祖が輿に乗って登場し玉座に陞る。楽が止み、角笛が吹き終わると、王世子・侍宴官・使者が各々庭中に導かれて、位に応じて整列する。使者の拝位は東班の二品の末で、正使・副使で一行、船主・押物・侍奉で一行、伴従人で一行をなし、各行に通事が配される。やがて奏楽とともに、引儀が「鞠躬四拝興平身」と唱し、王世子・侍宴官・使者が鞠躬四拝礼を行う。司饔院提調が酒器や卓を捧げると、各々その所作に応じて楽がなされる。また奏楽が始まると、引儀が「跪」と唱し、王世子・侍宴官・使者が跪いて酒器を捧げる。奏楽とともに承旨が花を捧げる。引儀が「俯伏興平身」と唱すと、王世子・侍宴官・使者は俯伏礼を行う。司饔院提調が盤児を捧げると、奏楽とともに引儀が「跪」と唱し、王世子・侍宴官・使者は跪いて盤児を捧げる。また引儀が「俯伏興平身」と唱すと、王世子・侍宴官・使者は俯伏礼を行う。引儀が正使を酒亭の東に誘導すると、奏楽が始まり、引儀が唱する「跪」の声に従っ

て、王世子・侍宴官・副使以下の琉球使者が跪く。正使は天竺酒を満たした爵を捧げる。世祖がこれを飲む。楽が止む。引儀が「俯伏興平身」と唱すと、王世子・侍宴官・副使たちは俯伏礼を行う。正使は酒亭の東に還り、俯伏して元の拝位に戻る。引儀が「鞠躬四拝興平身」と唱すと、奏楽が始まり、王世子・侍宴官・使者は鞠躬四拝礼する。引儀が「就座」と唱すると、王世子・侍宴官・使者が各々導かれて着座す。奏楽とともに司饔院提調が膳を捧げる。また楽が始まり、司饔院提調が爵を捧げ、侍宴官と使者のために散花す。輔徳が王世子に花を供し、忠賛衛と別侍衛が、侍宴官と使者のために散花す。酒のやりとりを十四回おこなう。王世子・侍宴官・使者は殿庭の拝位に戻る。楽が始まり、引儀が「鞠躬四拝興平身」と唱すると、王世子・侍宴官・使者は行礼する。終了後、王世子・侍宴官・使者は各々誘導され退出する。世祖が内宮に還る、等々である。

以上の儀注は、場面設定の説明などから判断するに、本来は勤政殿で行われる会宴マニュアルである可能性がある。[28]それを留保した上で感想を述べれば、第一に、鞠躬四拝礼・俯伏礼、跪礼を組み合わせた複雑な行礼の構成と、それに伴う奏楽の反覆である。第二に、酒器・卓・盤児・爵・膳などの、宴席特有の器具が登場し、酒亭[29]なる大型器材が据えられていることである。また、琉球使節が世祖に進上するため持参した天竺酒を、早速用いて爵に満たし進上しているのが興味深い。第三には、酒を奉呈する行為以外に、花を散らすといった艶やかな行為が見られることも、注目に値しよう。

そして最大の注目点は、琉球使節の班位が二品の末（従二品）に定められていることと、陪席者の面々であろう。一般に、日本と琉球の使節の班位は、世宗の時代以降、理念上は従二品と設定されてはいたが、実際には正三品の班位に据え置かれていた。[30]前回の琉球国王使（一四六一年）の宴席においても、その班位は従二品に設定されていることから、琉球使節に対する世祖の優遇振りが見てとれよう。そして宴席の陪席者に、王世子（後の睿宗）がいる点が、最も重要である。前回の一四六一年の宴席においては、宗親や重臣たちの出席はあるも、王世子は加わっていない。今回、王世子が出宴し、宗親・重臣そして外国使節たちとともに、世祖の面前で行礼を繰り返して見せていることは、あるいは後継者としての地位を内外に認知せしめんがための、非常に政治的な意図がその背後に込められていたのであろうか。外国使節の会宴は、国内政治の秩序固めにも用いられる側面があった可能性を、ここで指摘しておきたい。

（3）弔慰儀礼

粛拝を伴う儀礼としては、ほかに、薨去した国王や王妃を弔慰するため行われる儀礼がある。なかでも世宗三十年（一四四八）来朝の日本国王使（文渓正祐）による世宗妃への進香儀礼と、文宗即位年（一四五〇）来朝の日本国王使（景楞）による世宗殯殿に対する弔慰儀礼[31]は、儀注が実録に収録されており、詳細が分かる。特に前者は、正使の文渓が長大な祭文を用意して朝鮮側に弔慰を要請した結果、行われたものであり、黒麻布長衫・白苧布長衫・青紗僧冠などの服喪装を支給された[32]文渓たちは、王妃を祭る輝徳殿にて弔祭儀礼を行った。すなわち輝徳殿の位牌（神位）の前に、香炉・香合・燭のほか、祭器や饌具が予め排列され、朝鮮側の祭祀関係者が四拝礼を行った後、次のような儀礼が始まった。

賛引引使臣、入就位、賛者賛「鞠躬四拝興平身」、使臣鞠躬四拝興平身、内侍一人、詣尊所、楽作殿上楽、執尊者酌酒、執事者以盞受酒、内侍入詣神位前、北向跪、賛者賛「跪」、使臣皆跪、執事者一人捧香合、一人捧香炉、内侍三上香、執事者以盞授内侍、内侍執盞、代奠于神位前乃退、楽止、大祝読祭文如儀、訖、楽作、賛者賛「俯伏興平身」、使臣俯伏興平身、楽止、有頃、内侍復詣尊所立定、楽作殿庭楽、執尊者酌酒、執事者以盞受酒、内侍入詣神位前、北向跪、賛者賛「跪」、使臣皆跪、執事者以盞授内侍、内侍執盞代奠如上儀、賛者賛「俯伏興平身」、使臣皆俯伏興平身、楽止、終献如亜献儀、贊者贊「鞠躬四拜興平身」、使臣皆鞠躬四拜興平身、贊引引使臣以出、典祀官以下、倶復拜位立定、贊者贊「鞠躬四拜興平身」、典祀官以下、鞠躬四拜興平身、贊引引出、典楽率工人出、内侍納神主如儀、贊者・贊引、就拜位、四拜而出、典祀官・殿司、撤礼饌、大祝捧祭文瘞於坎、

（『世宗実録』巻一二一、三十年六月己卯条）

まず、①使者が殿庭の拝位に導かれて着す。②賛者の声に合わせて、使者が鞠躬四拝礼を行う。③殿上の楽が始まり、執尊者が酒を酌み、執事者が盞で酒を受け、内侍が神位の前に跪く。④賛者の声に合わせて使者が跪く。⑤執事者の一人が香合を、もう一人が香炉を捧げ、内侍が三度焼香（三上香）する。⑥執事者から盞を授けられた内侍が、神位の前で代奠し、退く。ここで殿上楽が止む。⑦大祝が、文渓起草の祭文を読む。⑧楽が始まり、賛者の声に合わせて、使者が俯伏礼を行う。楽が止む。⑨内侍がまた尊所に至って立つと、殿庭の楽が始まる。執尊者が酒を酌み、執事者が盞で酒を受け、内侍が神位の前に跪く。⑩賛者の声に合わせて使者が跪く。⑪執事者から盞を授けられた内侍が、神位の前で代奠す。⑫賛者の声に合わせて、使者が俯伏礼を行う。ここで殿庭楽が止む。⑬賛者の声に合わせて、使者が鞠躬四拝礼を行う。⑭賛引に導かれて使者が退出する。典祀官以下も、元の拝位に戻り、立つ。⑮賛者の声に合わせて、典祀官以下が鞠躬四拝礼を行う。⑯賛引の声により、典楽が工人を率いて退出し、内侍が神主を元の如く収納す。賛者と賛引は拝位について四拝して退去す。⑰典祀官と殿司が、礼饌（供え物）を片付ける。⑱大祝が祭文を坎《かん》で捧焼する、以上である。

ところでこの日本国王使の当初の使命は、南禅寺へ奉納する大蔵経の求請であったが、使節の博多滞在中、世宗妃の薨去を知り、急遽、その弔祭を使命に加えたと言う。伊藤幸司は、当使節について、文渓正祐と博多商人の宗金である背景に、博多で使船が水増しされ、国書が改竄されたものであるとし、橋本雄は、その黒幕を博多商人の癒着を

と推定している。[33] こうした弔問を使命に掲げた使節は、世宗妃が薨去した一四四六年の宗貞盛使以降、しばしば見ることができるが、[34] その意図するところは、弔問行為によって朝鮮側の歓心を買い、外交交渉を有利に導き、あわよくば貿易利権の拡大を図ったのであろう。そしてそうした「弔問外交」には、右のような四拝礼・俯伏礼・跪礼そして進香（三上香）が欠かせないものであったのである。

（4）小括

朝鮮前期における日本使節への国王の引見場所は、景福宮の勤政殿【図6】ないしは勤政門【図5】であった。世宗二十二年（一四四〇）八月戊午に、日本国王使以外の諸使に対する通常の引見は、勤政殿から勤政門へと変更する旨が出され、翌年二月戊寅以降、実施が確認できるが、[35] 国王使に関しては一貫して勤政殿が用いられた。これは国王使ですら午門【図2】や奉天門【図3】の外にて引見儀礼を行った明代後期の明の姿勢とは異なる。また、粛拝行為を行う場所については、朝鮮側は野外の殿庭こそが相応しいとの拘りを見せていたが（後述）、行礼終了後は、慰労のため使者の昇殿を許すことが通例となっており、これまた明の姿勢とは大きく異なる。すなわちこの慰労昇殿の場にて、日本使節は朝鮮国王に近付く機会を有したのである。また朝鮮の場合、使節入京後の謁見（「進上粛拝」）や、暇乞いの謁見（「下直粛拝」）以外にも、朝鮮側の文武諸官とともに、国家行事に随班するような機会が、明と比べて格段に多かったことも、特徴である。その国家行事とは、正朝（元日）・冬至・聖節（皇帝誕生日）・千秋節（皇太子誕生日）における望闕礼（朝鮮国王が王世子や文武百官を率いて、中国皇帝の居所を遙拝する儀礼）の後に開かれる朝賀礼と会礼宴を指す。この朝賀礼と会礼宴には、太祖の時代から倭人と野人（女真人）が参列しており、桑野栄治の弁を借りれば、「儀礼と外交が交差する空間」を形作っていた。[36] そしてその朝賀礼においては、鞠躬四拝礼はもとより、三叩頭や山呼（「千歳、千歳、千々歳」と三唱す）といった、濃密な君臣儀礼を、日本・琉球・女真の使節たちは朝鮮の文武諸官とともに行っていたのである。[37]

なお文禄・慶長の役（壬辰・丁酉倭乱。一五九二〜九八）以降、日本使節の漢城上京が途絶えた朝鮮後期においては、宣祖四十一年（一六〇八）十二月、釜山行礼をもって代替することが定められた。[38] これは釜山の客舎（後の草梁客舎）に、国王の象徴である殿牌を置き、日本使節（事実上は対馬使節）が庭下にて粛拝するものである。いわば景福宮での行礼のミニチュア版を、釜山客舎にて執り行ったのである。しかし殿牌に向かって庭下で四拝礼を行うことは、対馬側にとっては屈辱であったため、仁祖十五年（一六三七）に、正殿内部での殿上拝を要求した。しかし朝鮮側はこれを退け、前庭に板を敷いてその上で拝礼を行うことで、両者は妥協するに至った。[39]

おわりに――日本での粛拝儀礼――

最後に、日本にやって来た外国使節は、どのような行礼を実施していたのかについて、簡潔に述べたい。その行礼は、①使節が文書を奉じて日本側に拝礼を行う場合と、②使節が文書を授けて日本側がそれに拝礼する場合の二ケースに大別できる。

前者は、朝鮮国王使（通信使・回礼使などを総称）や琉球国王使による室町殿への謁見儀礼が該当する。橋本雄によれば、朝鮮国王使に対する室町殿の引見場所は、当初、主に洛外の寺院に設定されていたが、永享五年（一四三三）以降、室町第に落ち着いた。[40] そして永享十一年（一四三九）来日の使節（高得宗）は、「於南面欄中（殿舎南側の欄干の内）」にて三拝し、朝鮮国王書契を足利義教に奉呈したという。[41] つづく嘉吉三年（一四四三）来日の通信使卞孝文の復命書[42]によれば、その室町殿引見は、①国王（足利義勝）が殿上に坐すなか、②卞孝文は朝鮮国王書契を奉じて楹外で跪き、③一人の僧が跪いて書契を受けて、王の前の案に置き、④正使たち上級使者（正官）は楹外に立って四拝礼を行い、⑤軍官ら下級使者は庭下に四拝礼を行った、という。また右の行礼の際には、日本側の群臣数百名が庭中に入り、みな「蹲坐」していたという。ここで注目すべきは、少なくとも義教・義勝の引見の時には、朝鮮国王使の上級使者は、殿舎に昇って楹外で四拝礼を行っていることと、殿舎前の庭に、「新王を賀す」ため、群臣が数百人も集まって蹲踞していたことである（ただし後者については復命書の潤色の可能性が高い[43]）。なお幕府は、朝鮮国王使に対しては殿上の楹外拝を適用したが、琉球国王使に対しては、その待遇を一段階落とした。文正元年（一四六六）来日の使節（芥隠承琥）は、殿舎の庭に敷かれた席《むしろ》の上で、いわゆる庭下拝をもって足利義政に向けて三拝したという[44]。

つぎに使節が文書を授けて拝書される場合は、まず、朝鮮国王使が日本の諸大名に礼曹書契を渡す場合と、敬差官などの朝鮮官使が礼曹書契を対馬宗氏に渡す場合が挙げられる。前者については、嘉吉三年（一四四三）来日使節（卞孝文）が、対馬の宗貞盛・山口の大内教弘・京の畠山持国と斯波千代徳丸（義健）・壱岐の佐志源次郎に、礼曹書契を各々授与した時の事例が詳細に分かる。すなわち、①宗貞盛は賜物を受ける時、焼香して四拝礼を行い、使節と東西に相坐して揖礼を行った。②大内教弘は、山口から赤崎浦まで出向いて使節を迎接し、翌日、賓館と思しき長徳寺の庭下にて、鞠躬して使節を迎え、堂に昇って賜物を跪いて受け、叩頭した後、使節と東西に相坐して揖礼した。③管領の畠山持国は、（室町第にて）賜物と書契を受領した後、使節と東西に相坐して揖礼した。④斯波千代徳は病と称して（室町第に）来なかったので、通事をもって賜物・書契を斯波氏の屋敷に送った。⑤佐志氏は壱岐に不在だったので、賜物を伝送した、等々である[45]。このうち宗氏の四拝礼実施と、大内氏の鞠躬・跪受・叩頭の行礼が特に目を惹く。なお大内氏のこの行礼に関しては、「跪受して四拝すべし」との使節側の提案に対して、「我が国俗に本《もと》より礼拝無し」と大内氏側から反論され、代案として出された「跪受して叩頭」の作法を、大内氏が受け入れたものである[46]。
ここからも分かるように、四拝礼は、当時の日本人にとって自国に馴染んだ礼法ではなく、外国の作法であった。その礼法をまがりなりにも受容しているのは、右からも分かるように、対馬宗氏なのであるが、それすら紆余曲折が見られる。すなわち、

【A】一四四三年の通信使（卞孝文）来島時、宗貞盛は賜物に対し焼香四拝す（前述）。

【B】一四四七年の敬差官（曹彙）来島時、宗貞盛は、書契が置かれた卓に北向きに跪し、立った状態の敬差官から書契を受け、これを案に置き、焼香・三拝・叩頭す。

【C】一四六八年の敬差官（金好仁）来島時、宗成職は、敬差官を階下で祗迎し、殿舎北側に置かれた書契に対し、（北向して）四拝す。

【D】一四七六年の宣慰使（金自貞）来島時、宗貞国は、宣慰使を庭下で鞠躬祗迎し、殿舎軒下に昇って四拝す。ついで書契の置かれた卓の前に北向きに跪し、宣慰使から書契を授かり、これを執事人に渡した後、俯伏礼をし、もとの拝位に戻って四拝す[47]。

以上のように、礼曹書契に対する対馬島主の拝礼方法が、三拝と四拝の間を揺れ動いていることが分かる。そうした葛藤は、これ以降、左記のごとくよりはっきりと表面化した。

【E】一四七九年の通信使（李亨元）来島時、宗貞国は、頒教の際にしぶしぶ四拝して折り目正しい態度を表さず、賜物に対しても拝礼しようとしなかったため、使節が人を遣わして諭したところ、ようやく三拝した。しかしその態度は不恭であった[48]。

【F】一四八七年の敬差官（鄭誠謹）来島時、宗貞国は、賜物を受ける時、「前例が無い」と称して祗迎すること

を欲さず、鄭誠謹が強いて祇迎させた。四拝して書契を受けた後、また四拝礼を行うことを渋ったため、通事を遣わして説得し、四拝させた。賜酒の礼も受けたがらなかったが、説得したところ、貞国は跪いて賜酒を飲んだ(49)。すなわち四拝礼を始め、祇迎・跪受といった行為を、宗貞国が忌避し始めていることが分かる。【F】の敬差官は、渋る貞国に対し、「賜物及書契皆君命、不可不祇迎」「若然是棄君命也、不可不受」と称し、「君命」を強調して行礼させている。そして【G】一四九四年の敬差官（権柱）が来島すると、宗貞国の病が重く、子息の宗貞秀（材盛）が代理で行礼すべきか否かの交渉がなされた。その結果、貞秀が、①島主館にて代理で四拝し、②書契を跪受し、③貞国の病所に書契を届け、④また島主館に戻り、もとの拝位で四拝礼し、⑤島主返書を渡して拝跪する、という段取りで双方妥結したところ、宗貞秀が「前例が無いので書契を跪受したくない」と言い始めたのである。敬差官側は、「父も跪受したのだから、子も跪受すべし」と説得した結果、貞秀は「前例は無いが、貴殿を尊重して強いて行う」と回答し、ようやく受託するに至った(50)。「前例が無い」という【F】の貞国や【G】の貞秀の抗弁は、実際には前例があるので成立しない言い訳に過ぎないのであるが、この動向を朝鮮側は深刻に受け止めたらしい。一四九六年に致奠官（金律）と致慰官（張珽）が対馬に派遣される直前、この両人は、「『（国王）殿下の書ならともかく、どうして礼曹の書契を拝さねばならないのか？』という対馬島人の発言は、一理あります。夷狄とて侮るべきではありません」と発言しているからである(51)。

それではそもそも日本では、何をもって敬意を表す礼法にふさわしいと考えていたかというと、それは三拝礼であった可能性が高い。これまで見たように、一四四三年の朝鮮国王使（高得宗）や、一四六六年の琉球国王使（芥隠承琥）の室町第での拝礼方法は、三拝礼が用いられているし、【B】の三拝礼や、【E】にて賜物への拝礼を、四拝礼ではなく、三拝礼で済ませようとした宗貞国の態度に、そのことが窺える。

そして近年の橋本雄の論考でも示されたように、応永九年（一四〇二）に、明使がもたらした建文帝の詔書に対する足利義満の拝礼方法が、まさに三拝礼であり、それが仏や法皇に対する拝礼方式と同一であったことである。[52] 義満の礼法が、恐らくは仏式の礼拝法に依拠していたことは、三拝の前に焼香し、跪礼をもって詔書を拝しているところからも推察できる。[53] なお右の礼法は過重にすぎるとの判断から、永享六年（一四三四）の接詔儀礼においては、足利義教は明の勅書に対して焼香二拝し、立ったままこれを披見する方法に改められた。[54] このように三拝礼ですら過重と考えられていたのに、四拝礼をせよと要求された場合は抵抗感がより増したのであろう。一四四三年に大内氏が四拝礼を求められた際、これを拒んで叩頭礼を代用した前述事例を想起すれば、当時の日本人にとって、四拝礼の方が叩頭礼よりもむしろ重いものと考えられていたのではあるまいか。

儒教に基づく儀礼体系を共有した明と朝鮮から見れば、中世日本の外交儀礼は、様々な面で異質であった。例えば朝鮮側にとって、日本側が採用する使者の昇殿拝礼（楹外拝）こそ、過重なものと違和感を感じたようである。成宗十年（一四七九）に、通信使の派遣が計画された時、礼曹は、一四四三年に卞孝文たちが楹外拝を行ったことについて、「君臣の礼とはいえない」と評し、「今回もし昇殿して楹外の行礼を許された場合は、本来は非礼をもって辞退すべきだが、強いて請われた時は昇殿すべし」と述べている。[55] 朝鮮側にとって、使臣が取るべき拝礼方法は、あくまで庭下での四拝礼であった。

しかし儀礼をめぐる齟齬の最たるものは、明使に対する接見儀礼であろう。明側が定めた「蕃国接詔儀注」は、日本ではまるで意味をなさない。儀注では庭下に北面して詔勅を拝すはずの足利義満は、楹外の曲彔に座り、詔書と左右の明使二名に南面して接し、[56] 足利義教もまた同様の形式を踏襲した可能性が高い。そして一五九六年の豊臣秀吉の接見儀礼こそ、日明双方の懸隔の大きさを露呈したものはなかろう。ルイス・フロイスの得た情報によれば、秀吉と冊封使は畳の間に座り、日本式に、対等の形で行われたという。あるいはその現実に堪えられなかったのか、冊封使両名は、秀吉が「北京を遙拝して五拝三叩頭し、万歳三呼した」との復命書を提出している。(57) 中世の東アジア三国の人間は、儀礼をめぐる作法や感覚の上で、かくも非対称的な別空間のなかに、各々が住んでいたのである。

註

（1）『成宗実録』巻一〇三、成宗十年四月戊午条、礼曹啓。

（2）「粛拝」は、狭義においては、『周礼』「春官」大祝でいう九拝の一つを指し、鄭玄が注するところの「ただ俯いて手を下ろす」拝礼に該当するが、本稿では鞠躬四拝礼を指す言葉として用いる。その具体的な所作は、註（9）を参照のこと。

（3）高橋公明「外交儀礼よりみた室町幕府の日朝関係」（『史学雑誌』九一―八。一九八二年）、閔徳基『前近代東アジアのなかの韓日関係』第一章・第二章（早稲田大学出版部、一九九四年）。なお朝鮮の対明・対日外交を論じた最近の論考としては、木村拓「朝鮮王朝世宗による事大・交隣両立の企図」（『朝鮮学報』二二一、二〇一一年）が重要である。

（4）桑野栄治①「朝鮮初期の対明遙拝儀礼」（『久留米大学比較文化年報』一〇、二〇〇一年）、②「朝鮮世祖代の儀礼と王権」（『久留米大学文学部紀要　国際文化学科編』一九、二〇〇二年）、③「朝鮮成宗代の儀礼と外交」（『右同』二〇、二〇〇三年）。なお朝鮮王朝が外国使接待において催した男楽・女楽を論考した國原美佐子「日本通交者に対する朝鮮王朝主宰の儀式と楽」（北島万次・孫承喆・橋本雄・村井章介編『日朝交流と相克の歴史』校倉書房、二〇〇九年）も重要である。

（5）石田実洋・橋本雄「壬生家旧蔵本『宋朝僧捧返牒記』の基礎的考察」（『古文書研究』六九、二〇一〇年）、橋本雄『中華幻想』第一章・第七章（勉誠出版、二〇一一年）。なお琉球は、明の冊封儀礼の規定を基本的に受容していたが、その具体的な儀礼の所作を論じたものとして、真栄平房昭「琉球国王の冊封儀礼について」（窪徳忠先生沖縄調査二十年記念論文集刊行委員会編『沖縄の宗教と民俗』第一書房、一九八八年）が詳しい。

（6）筧敏生の遺稿「東アジアにおける跪礼の伝統と忌避意識」（『日本歴史』六四〇号、二〇〇一年）は、日本・朝鮮・中国における立礼と跪礼の相関関係を、古代から中世を通じて概観した優れた論考である。本稿は、右論文の影響を強く蒙ったことを銘記する。

(7) 本稿では、早稲田大学古典籍室架蔵の嘉靖九年序文本（ワ04-6288）を底本とした。

(8)『正徳大明会典』（汲古書院、一九八九年）巻五五に、「洪武二年定」と注記された「蕃使朝貢」の項があり、この儀注とほぼ同文のものが収録されている。

(9)「鞠躬」は立った状態で身を屈め、「拝」は拱手した後に膝を屈めて跪き、「興」は身を起こして立ち、「平身」は直立の姿勢に戻すことを意味する。右の「拝」の動作については、ジョアン・ロドリーゲス『日本教会史』（岩波書店、一九六七年）上巻第二二章四七二頁の「第一はツォイェ〔作揖〕といい、……第二は……両膝を敷物か茣蓙か地面かの上につく」までの一連の動作が「拝」に相当する。また「拝」が、膝を屈して跪く動作を必ず伴うことについては、張鼎思『琅邪代酔編』巻三七「粛拝」、尚秉和『中国社会風俗史』（秋田成明編訳、平凡社東洋文庫117、一九六九年）第二六章「敬法」を参照されたい。

(10)「跪」は、膝を地に着け、上体を直立させ尻を宙に浮かせた状態を言う。註（6）筧論文二頁。この後、拱手してこれを上下すれば、跪拝（跪礼）となるのだろう。

(11)「俯伏」は、うつむき伏して頭を垂れることを言い、「俛伏」とも言う。

(12)『万暦大明会典』は、台湾の東南書報社の影印版を底本とした。

(13) 永楽帝は、永楽七年（一四〇九）三月から八年十月、十一年四月から十四年九月、十五年五月から十八年十二月に北京巡幸を行い、十九年元旦に北京紫禁城にて遷都宣言を行った（新宮学『北京遷都の研究』汲古書院、二〇〇四年、一八三頁）。よって南京で行礼した最後の遣明使は、永楽六年十二月中旬頃に明に到来した足利義持の使節である。

(14) 村井章介・須田牧子編『笑雲入明記』（平凡社、東洋文庫798、二〇一〇年）。

(15)『陽谷赴京日記』嘉靖十三年閏二月二十七日条（『青丘学叢』一、一九三〇年）。なおこの時の蘇世譲の使行と北京での琉球使節の交流に関しては、松浦章『近世東アジア海域の文化交渉』（思文閣出版、二〇一〇年）第一章に詳しい。

（16）『正徳大明会典』巻四二「正旦冬至朝賀儀」「万寿聖節百官朝賀儀」。
（17）村井章介「雪舟等楊と笑雲瑞訢」（『東洋文化研究所紀要』一六〇、二〇一一年）。
（18）天龍寺妙智院所蔵。牧田諦亮『策彦入明記の研究』（仏教文化研究所、一九五五年）。
（19）権橃『冲斎集』巻六「朝天録」（『韓国文集叢刊』一九、民族文化推進会）の嘉靖十八年十月二十一日条から十二月十六日条まで、連日「免朝」の文字が連なっている。なお嘉靖帝の引き籠もりについては、桑野栄治「朝鮮中宗三〇年代における対明交渉」（『久留米大学文学部紀要　国際文化学科編』二六、二〇〇九年）六八頁を参照。
（20）天龍寺妙智院所蔵。註（18）牧田書所収。
（21）なお註（15）同条、註（19）嘉靖十八年十月二十一日条、許篈『荷谷先生朝天録』万暦二年（一五七四）八月九日条（『燕行録選集』上）、趙憲『重峰集』巻一一「朝天日記」同年同月同日条（『韓国文集叢刊』五四）、鄭崑寿『栢谷集』巻三「赴京日記」万暦二十年九月二十日条（『同』四八）、閔仁伯『苔泉集』巻三「朝天録」万暦二十三年八月十一日条（『同』五九）など、十六世紀の朝鮮の朝貢使日記には、皇帝引見の際、「五拝」「五拝三叩頭」した旨が記されている。この「五拝」の意味が、「鞠躬＋四拝礼」なのか、「（鞠躬）五拝礼」を指すのか、については今後の検討を要する。
（22）『世宗実録』巻一二〇、三十年六月丙寅条。
（23）近世、釜山の草梁客舎で対馬の送使が四拝礼を行う際には、朝鮮側の倭学訳官が、「オハイ」「オタチ」と日本語で唱している。
（24）『世宗実録』巻一二〇、三十年六月癸酉条。
（25）宴席における奏楽の意義については註（4）國原論文を、また明使・清使に対する朝鮮の茶礼については、篠原啓方「朝鮮王朝の茶礼」（『東アジアの茶飲文化と茶業』関西大学文化交渉学教育研究拠点。二〇一一年）を参照のこと。
（26）『世祖実録』巻二六、七年十二月戊午条。
（27）東恩納寛惇はこの天竺酒を椰子酒であろうとしている。『黎明期の海外交通史』（琉球新報社、初版一九四一年）九三頁、一一三～五頁。

(28) 池に囲まれた慶会楼にも前庭【図9】はあるが、行礼を行うにはやや狭いように思われ、かつ月台の階段の上り下りを想定した箇所があるためである。
(29) 大小の酒亭の絵は、『世宗実録』巻一三二「五礼」嘉礼に図像がある。
(30) この問題については、註（3）木村論文、五六頁を参照のこと。
(31) 『文宗実録』巻一、即位年三月戊午条。
(32) 『世祖実録』巻一二〇、三十年六月乙亥条。
(33) 伊藤幸司「日朝関係における偽使の時代」（『日韓歴史共同研究報告書　第二分科篇』、二〇〇五年）一一八～一二三頁、橋本雄「室町政権と東アジア」（『日本史研究』五三六、二〇〇七年）二九頁。
(34) 『世宗実録』巻一一四、二十八年十二月己未条。註（33）伊藤論文、一二三頁。
(35) 勤政門での引見は、世宗二十三年（一四四一）二月戊午から二十五年庚申まで二十回、世祖元年（一四五五）八月戊辰から五年四月丙子まで七回ほど確認できる。
(36) 註（4）桑野①論文、一〇二頁。②論文、九〇頁。③論文、八四頁。
(37) 註（3）閔書、六一頁。
(38) 『接待事目録抄』万暦三十六年十二月条（東京大学史料編纂所謄写本）。
(39) 『増正交隣志』巻三「倭使粛拝式」（亜細亜文化社影印本、一九七四年）。
(40) 註（5）橋本書、二四四頁。
(41) 『蔭凉軒日録』永享十一年十二月二十六日条（『増補続史料大成』、臨川書店）。
(42) 『世宗実録』巻一〇二、二十五年十月甲午条。

【図9】　景福宮慶会楼と前庭（著者撮影）

(43) 卞孝文は、室町殿の引見儀礼を、漢城での国王引見儀礼と重ね合わせて描写している向きがある。室町殿に対する四拝礼も、実際には三拝礼であった可能性がある（後述）。

(44) 『斎藤親基日記』文正元年七月二十八日条（『増補続史料大成』、臨川書店）。註（5）橋本書、二四六頁。なおここでいう席の上での拝礼とは【図10】のようなものか。

(45) 註（42）卞孝文復命書。『成宗実録』巻一〇三、十年四月丁亥条、礼曹啓。

(46) 大内氏が他氏と比べ鄭重な対応を取った理由は、通信使が故大内持世への致祭を申し出たためであろう。その致祭の儀注は『世宗実録』巻九九、二五年二月乙巳条にある。

(47) 【A】～【D】は『成宗実録』巻一〇三、十年四月丁亥条、礼曹啓。【B】は『世宗実録』巻一一六、二十九年五月丙申条。【C】は『世祖実録』巻四七、十四年七月丁亥条。【D】は『成宗実録』巻六八、七年七月丁卯条に、各々関係史料が所収。

(48) 『成宗実録』巻一〇六、十年七月己巳条。

(49) 『成宗実録』巻二〇四、十八年六月戊寅条。

(50) 『成宗実録』巻二九二、二十五年七月辛卯条。

(51) 『燕山君日記』巻一三、二年三月乙巳条。

(52) 註（5）石田・橋本論文、二八頁。

(53) 跪礼と仏教の密接な関係については、註（6）筧論文、一三頁を参照のこと。

(54) 『満済准后日記』永享六年六月三日条・五日条（『続群書類従補遺』一、八木書店）。

(55) 註（1）史料。

(56) 註（5）石田・橋本論文、二七頁。

(57) 豊臣秀吉の冊封をめぐる問題については、別稿を用意している。

【図10】　席を敷いた上での拝礼（著者撮影）

〔補註1〕　註（5）石田・橋本論文や橋本書では、一四〇二年の明使節を冊封使とみなした上で行論しているが、右使節が詔命や印章などの下賜品を持参していないことから、冊封使とは見なし難いとの批判が、近年、檀上寛「明代朝貢体制下の冊封の意味――日本国王源道義と琉球国中山王察度の場合――」（『史窓』六八、二〇一一年）になされていることに、脱稿後気づいた。また、右使節が冊封使ではなく招諭使に過ぎないとの指摘は、すでに豊見山和行『琉球王国の外交と王権』（吉川弘文館、二〇〇四年）五八頁にてなされていた。右の論点の詳細は、本書の橋本雄論文「《中華幻想》補説」を御参照されたい。

〔後記〕

本稿作成にあたっては、本書の執筆者の一人である橋本雄氏より、史料・論文等につき多大な御助言を頂いた。また伊藤幸司氏・須田牧子氏からは貴重な写真を提供して頂いた。ここに御三方に対し、深く感謝の意を表する。また本稿校正中に伊藤幸司「大内教弘・政弘と東アジア」（『九州史学』一六一、二〇一二年）を得た。註（46）の内容と関連するため、あわせて御参照されたい。

第三部　史料研究

博多承天寺入寺疏

西尾賢隆

はじめに

のちに東福寺の開山となる円爾《えんに》（一二〇二—八〇）は、径山の無準師範《ぶしゅんしばん》の下での修行を終え、淳祐元年（一二四一、仁治二）五月一日に明州定海県（慶元府、浙江省寧波市鎮海区）を船出した。ところが、同に寧波を出た三船のうち風波に揉まれ二船まで沈没し、円爾の乗った船も沈没しそうなこと数回で、女人の姿となった八幡大菩薩が俄に船上に現れ守護される。六月晦に高麗国耽没羅阿私山の下に着岸し、漸くの事で七月博多に達したといわれる。[1] 綱首《ごうしゅ》達は来迎院に円爾を迎え、普説法語を願い求めている。その一人とおもわれる張四綱が円爾の肖像画、頂相《ちんそう》を作り自賛を

求めると、

　久能門下　久能の門下《えんに》、

　無法與人　法の人に与うる無し。

　握篦據坐　篦《しっぺい》を握り坐に拠る、

　近前便礩　近前すれば便ち礩《けんご》。

と、賛をした（『聖一国師年譜』仁治二年の条）。仁治三年秋には、綱首の謝国明は博多の東偏に承《じょう》天寺を開創し、寺が出来上がると、円爾を拝請して第一世とし、円爾は開堂説法することになる。残念なことに、この時の説法は残っていない。

謝国明には後のものではあるが肖像画がある（『チャイナタウン展／もうひとつの日本史――博多・那覇・長崎・横浜・神戸――』福岡市博物館、二〇〇三年、24号）。

承天寺開基檀那謝国明像

按聖一国師年譜曰天福元年師将入
宋域到于筑前州博多津憩于円覚寺
于時博多綱首謝太郎国明帰仰于師
懇遇最渥明年嘉禎元年師入宋歴七
寒暑帰朝博多諸綱首請師舘于来迎院
明年秋謝国明於博多東偏刱《ママ》承天寺
請師為第一世同年宋国径山有災師

329　博多承天寺入寺疏

勧謝国明化千板贈于径山宝治二年
承天有灾于時師住東福聞此事赴筑
州謝国明喜師至而一日之中刱殿堂
十八宇云々兹元禄八年之春承天会裏
運堂上坐《ママ》来于洛使画工図謝氏像欲
置承天祠堂而請讃盖謝氏事業予雖
未得其詳而於年譜班ゝ見之有功我
祖偉也仍摘其語為序添以一偈
冷泉津上鉅禅叢挿草繁興檀越
功憶昔謝家生玉樹芳声長振
万松風

見東福南宗祖辰　「宗南」「辰祖」

承天寺開基檀那謝国明の像／按ずるに聖一国師年譜に曰う、天福元年（一二三三）、師将に宋域に入らんとし、筑前州博多津に到り、円覚寺に憩う。時に博多綱首謝太郎国明は、師に帰仰し、懇ろに遇《もてな》し最も渥《あつ》し。明年嘉禎元年（一二三五）、師　宋に入り七寒暑を歴て帰朝す。博多の諸もろの綱首は師を請し、来迎院に館《やど》す。明年秋、謝国明　博多の東偏に、承天寺を刱め、師を請じて第一世と為す。同年宋国径山に災有り、師は謝国明に勧めて千板を化し、径山に贈る。宝治二年（一二四八）、承天に災有り。時に師は東福に住するも、此の事を聞き筑州に赴く。謝国明は師の至るを喜びて、一日の中、殿堂十八字を刱む、云々と。玆に元禄八年の春、承天会裏の運堂上座は洛に来たり、画工をして謝氏の像を図か使め、承天の祠堂に置かんと欲して、讃を請う。盖し謝氏の事業は、予は未だ其の詳を得ずと雖も、而も年譜に於て、班々と之を見、我が祖に功有るの偉なり。仍りて其の語を摘し序と為し、添うるに一偈を以てす。

冷泉津上鉅禅叢　　冷泉津の上《ほとり》 鉅《おお》いなる禅叢、(2)
挿草繁興檀越功　　挿草繁興するは檀越の功なり。
憶昔謝家生玉樹　　憶えらく昔 謝家 玉樹を生ずと、
芳声長振万松風　　芳声 長《とこしえ》に振う万松の風。

見《げん》東福南宗祖辰　南宗　祖辰

元禄八年（一六九五）に円爾の年譜を下に書かれたものとはいえ、謝国明の開基檀越として円爾、そして承天寺との結び付きを再確認している。この肖像画の主は左を向いているので、画賛は左から書き出されているが、右の書き出しに直して賛を掲げることにする。

覚了仏心深信根
万松欝々給孤園
英檀曾捨黄金地
輝古騰今慧日尊
万松山承天禅寺捨地檀越

安養院殿太《ママ》宰少弐都督
司馬少卿覚仏禅門像
元禄八年春三月承天会中
運堂上坐《ママ》使画工図之請讃
　見東福南宗祖辰書　［南宗］［祖辰］

覚了仏心深信根　　仏心を覚了し信根深し、
万松鬱鬱給孤園　　万松は鬱々たる給孤の園。
英檀曾捨黄金地　　英檀　曾て捨す黄金の地、
輝古騰今慧日尊　　古に輝き今に騰《つた》う慧日の尊。

万松山承天寺禅寺捨地檀越、安養院殿大宰少弐・都督司馬少卿・覚仏禅門の像は、元禄八年春三月、承天会中の運堂上座、画工をして之を図か使め讃を請う。／見《げん》東福南宗祖辰書す。［印］［印］

この像主は少弐資頼とされる。[3] これも国明の肖像画と共に東福寺二四二世堂頭《ちょう》である南宗が著賛したものである。元禄八年ごろ二人の忌日に供養のため必要とされ作製されたものといえる。承天寺では資頼を捨地檀越として処遇している。筑前守護でもある資頼が土地を寄進したことになるが、川添昭二氏は、資頼では年代が合わなく、子の資能だろうとする（広渡正利編『博多承天寺史』補遺、文献出版、一九九〇年、「承天寺の開創と博多綱首謝国明」十八頁）。

承天寺は、鎮西奉行で筑前の守護を兼ねる少弐資頼（もしくは資能）が土地を寄進し、博多綱首である謝国明が資金を出して建立された寺とみてよさそうである。それに他の綱首の援助もあったとみてよく、綱首達を代表するのが国明であったと言い得る。円爾は弘安三年（一二八〇）の東福寺條々事の一条に、「承天寺者、我法房、一期以後、暁（白雲慧暁）首座可伝領寺務矣（承天寺は、我が法房なり。一期以後、暁首座寺務を伝領す可し）」（『東福寺文書』一、22号、円爾東福寺規式）とする。応永十九年（一四一二）承天寺住持職規式には、「承天寺住持職事、自門徒中可相斗之由、被仰出處、……（承天寺住持職の事、門徒中自《よ》り相い計《はか》る可きの由、仰せ出さ被《ら》るの処……）」（『東福寺文書』一、56号）とあって、円爾の門派から、住持が任命されるよう定めている。承天寺歴代のうち五十世までの世代の法系を調べて見ると（白石虎月『東福寺誌』思文閣出版、一九七九年）、廿一世の天心士肇、廿九世の太湖□奕、卅四世の天南、卅六世の一如□鶚、卅八世の松隠士逸、四十世の中和通文、卅四世の誠中、卅八世の雲荘生会は、『慧日山宗派図』や玉村竹二『五山禅林宗派図』で確認できなかった。確かめられないからといって円爾の聖一派でないともいえない。承天寺の住持職規式が守られ、円爾の門流が代々堂頭になったとみて大過ないであろう。江戸の享保十二年（一七二七）付けの『東福寺文書』覚（『東福寺誌』九五六頁）に、

一、承天寺者、吾祖開山国師、仁治二年辛丑帰朝、於博多東偏、挿草之古刹、而寛元元年癸卯、後嵯峨帝敕陞官寺也、国師之法脉、四百年的々相承、殊御当代降公帖、住持其寺之例、所牽《ママ》于世、不可混他之寺院、尤歴代補住職之規範、素有応永・永享之僉署焉、由是御当代自前僧禄司仏慈普済禅師之條、令併記之、所以為後世之典意、
仍如件、

享保十二龍集丁未正月日

前住東堂師諄（判）
東堂龍菖（判）
住山天衣守倫（判）

承天寺　東福寺

一、承天寺は、吾が祖開山国師、仁治二年（一二四一）辛丑、帰朝し、博多東偏に於て、挿草の古刹にして、寛元元年（一二四三）癸卯、後嵯峨帝勅し官寺に陞す。国師の法脈、四百年的々相承す。殊に御当代、公帖を降し、其の寺に住持せしむの例、世に罕なる所、他の寺院に混す可からず。尤も歴代、住職に補するの規範、素より応永・永享の僉署有り。是れ由り御当代、前僧禄司仏慈普済禅師《剛室崇寛》自りの条、併せ之を記さ令む。後世の典意と為す所以なり。仍って件の如し。

円爾、聖一国師の法系が四百年来、承天寺に受け継がれているとする。公帖が出されて新命和尚が入寺するということは、承天寺が諸山、のちには十刹の寺格になっていたことを現している。諸山・十刹・五山という官寺の住持は、もともと十方住持制の筈だが、円爾につらなる寺々は、甲乙制、すなわち徒弟院《つちえん》制のところが殆どである。入院に当っては、入寺疏が五山派の寺では発行されることになる。ところが、墨蹟文書としての入寺疏は、残念ながら現存しない。次善のことになるものの、広渡正利氏が『博多承天寺史』それに補遺でもって、『五山文学全集』（上村観光編）・『五山文学新集』（玉村竹二編）・『東福寺誌』（白石虎月編）から抽出されているので、そのデータを用いた。本論では、入寺疏を四六文として、句読をはっきりさせることと、読み下しを付けることを目的とした。

入寺疏のうち、まず新命和尚を拝請するところのその寺からの文書である山門疏から読むことにする。

一　山門疏

1　雪舟猷住承天山門疏

雪舟嘉猷が廿四世として承天寺に入寺した際の山門疏を四六文として分ち書きして示す。

雪舟猷住承天山門疏

筑州千（万）松山承天禅寺、山門敦請前住長福雪舟和尚、為国開堂演法、祝延聖寿万安者。

伏以、

寺九州之上遊○、地霊人傑●、
師其〔衍カ〕一代之耆宿●、月白風高○。

名実既相当○、
公議宜勤請●。

恭惟、

新命堂上大禅師

炎天○片雲○、
苦海●孤舟○。　八字称

単提栗棘逢○、禅林万衲争撥草●、
取覩曇留須○、是秋山暫時岐路●。

且従衆望●、承莬〔天〕法席　繁興○、

更待時宜、恵日祥光当烜燦。
克昌法運、
仰祝皇齢。
謹疏。

延文元年十一月十七日疏

雪舟猷　承天に住する山門疏／筑州万松山承天禅寺、山門敦く前住長福雪舟和尚を請じ、国の為に堂を開き法を演べ、聖寿万安を祝延せしむる者なり。／伏して以《おもん》みるに、寺は九州の上遊、地霊《すぐ》れ人傑《すぐ》れ、師は一代の耆宿、月白く風高し。名実既に相当し、公議宜しく勤めて請うべし。／恭しく惟みるに、新命《しんめい》堂上大禅師は、炎天の片雲、苦海の孤舟なり。／栗棘蓬を単提するに、禅林の万衲争いて撥草し、曇留須を取覩するに、是れ秋山暫時の岐路。／且つ衆望に従い、承天の法席　繁興に□し、更に時宜を待って、恵日の祥光　烜燦に当る。克《よ》く法運を昌《さか》んにし、仰ぎて皇齢を祝《いの》る。／謹んで疏す。／延文元年十一月十七日疏。

この山門疏は撰者は不明で、『東福寺誌』延文元年の条による。八字称の単対一句目の雲は仄声の字にする必要がある。八字称の次の隔対の平仄は、逢の字を生かすと、須を仄声の字に、路を平声にしなくてはならない。二つ目の隔対の二句目、法席のあとに字を入れる必要があり、四句目の燦の字は調べがつかなく、墨蹟から字を起す際に起し損なったのであろうが、仄声の字がくるはずである。雪舟は諸山の長門長福寺（現在は曹洞宗、功山寺。下関市長府）から転住しているので、延文元年（一三五六）以前には承天寺は十刹であったことになる。(4) 長福寺は、聖一の孫弟子になる虚庵寂空が開山である。(5) 雪舟は円爾の曾孫の弟子に当る。

2　傑在山住筑之承天山門疏

次に承天寺卅二世の在山僧傑の山門疏を読むことにする。分ち書きして示す。

傑在山住筑之承天山門疏

九州禅刹●、独標万松称名藍○、
一代国師○、遠自双径伝宗派●。
故開爐鞴●、運鍜仏錬祖鉗鎚○、
克紹箕裘○、施跨釜衝楼作署●。
某人　妙光○真子●、
仏照●的孫○。
三十年坐恵峰堂○、不喫恵峰飯●、
一両載飲鄞江水●、無混鄞江流○。
法華山中開発人天○、
興祥寺裏呵罵仏祖●。
未容目視霄漢●、須打鉄船下滄溟○、
正好舌轟風雷○、高坐石城傾法雨●。
瓣香三祝●、
天子万年○。

傑 在山 筑の承天に住する山門疏／九州の禅刹、独り万松《承天寺》を標して名藍と称し、一代の国師《円爾》、遠く双径《径山》自り宗派を伝う。故に爐鞴を開き、仏を鍛え祖を錬る鉗鎚を運らし、克く箕裘を紹ぎ、釜を跨《また》ぎ楼を衝《つ》く作略を施す。／某人は、妙光の真子、仏照《白雲慧暁》の的孫なり。／三十年 恵峰堂に坐し、恵峰の飯を喫さず、一両載 鄞江の水を飲み、鄞江の流に混ざる無し。法華山中 人天を開発し、興祥寺裏 仏祖を呵罵す。／未だ容《まさ》に霄漢を目視すべからず、須らく鉄船を打し滄溟に下すべし、正に風雷を舌轟するに好く、高く石城に坐し法雨を傾く。瓣香三祝、天子万年。

これは『友山録』中（五山文学新集、第二巻）に所収する。在山僧傑は、円爾の曾孫の弟子、雪舟の兄弟《ひんでい》である。在山は東福寺にあって修行し、一両年明州鄞江近辺の寺にあった。法華山中で人天を悟らせ、興祥寺で仏を呵《しか》り祖を罵《ののし》るということは、興祥寺に出世し、十刹の承天寺に拝請されたことになる。興祥寺は諸山の寺格になる筈だがはっきりしない。

3　磻渓書記住承天山門疏

承天寺世代は、五十五世から九十九世まで世代を確定できなく、この間に磻渓も入寺したのであろう。この山門疏は、夢巌祖応（?～一三七四）『旱霖集』（五山文学全集、第一巻）に入っているので、夢巌が応安七年（一三七四）に亡くなるまでには作文されたことになる。分ち書きして読むことにする。

磻渓書記住承天山門疏

（船圧水中天、棹穿波底月●、莫怕修塗○、
楼看滄海日、門聴浙江潮○、如臨異域●。）

国師既纂一国師之緒●、
書記宜振南書記之綱○。

時節相逢○、
機縁自契●。

某

僧群紫叱撥●、
法席訂座梨○。

索居乍甘○、
盛世独苦●。

分芋魁於十年宰相●、
投毛穎於万里封侯○。

已能似鏡当台○、胡来胡現、漢来漢現●、
何不如水行地●、東決東流、西決西流○。

有麝自然香○、
美酒無深巷●。

監国霊山授記●、
斯須勿諼檀越●。

謝家風流○、
于今尚在●。

惟賢豈可折東《ママ》而召也●、故衆以礼羅而致之○、
願言三轉十二行法轉●、祝延一人万寿睿筭●。

皤渓書記　承天に住する山門疏／船　水中の天を圧え、棹　波底の月を穿ち、倏塗を怕るる莫く、楼　滄海の日を看、門　浙江の潮を聴き、異域に臨むが如し。国師既に一《聖一》国師の緒《すじ》を纂《つ》ぎ、書記宜しく南書記の綱を振うべし。時節相い逢い、機縁自《おのずか》ら契う。／某、僧群の紫叱撥、法席の釘座梨。／索居乍ち甘く、盛世独り苦《にが》し。芋魁《おやいも》を十年の宰相に分ち、毛穎を万里の封侯に投ず。／已に能く鏡の台に当り、胡来れば胡現じ、漢来れば漢現ずるが似く、何ぞ水の地を行くこと、東に決すれば東流し、西に決すれば西流するに如かざる。麝の自然の香有り、美酒に深巷無し。／監国霊山の授記、斯に須らく檀越を誒《いつわ》ること勿かるべし。謝家の風流、今に尚お在り。／惟だ賢のみ豈に折東して召く可けんや、故に衆は礼を以て羅《あみ》して之を致し、三転十二行の法輪を言うを願い、一人万寿睿算を祝延す。

八字称に当るところは、十字ある。最後の方の監国……、謝家……と二つの単対として読んだものの平仄は記●越●流○在●となり、越のところに平声の字を配する必要がある。続群書類従十二輯所収の句読だと、

監国霊山○、授記斯須勿誒●、
檀越謝家○、風流于今尚在●。

監国の霊山、授記　斯に須らく誒ること勿かるべく、檀越の謝家、風流　今に尚お在り。

と、隔対となり、左右の字の配置がよくなるとはいえ、山○誒●家○在●となり、平仄仄平とする必要がある。

皤渓は書記の役位で秉払をとげ、承天寺に出世開堂していて、諸山に住することなく、十刹に住したことになる。

夢巖の卒年からすると、承天寺が諸山であった時に住持となった、とするのも無理がある。なお、疏からすると、播渓が住持したころ謝家は、家の格式を保っていたことになる。

4　嵩嶽仲住承天山門疏

承天寺四十六世の嵩嶽明仲は、諸山の法雲寺に出世し、豊後の十刹、万寿寺から承天寺に転じたことになる。山門疏は『汝霖佐禅師疏』（五山文学新集、別巻二）に見える。以下に読むことにする（この疏は分ち書きされている）。

嵩岳中住承天山門疏

豊城宝剣●、出必定不平之時○、
徂徠喬松○、用必成大厦之棟●。
蓋神物有所待●、
而天理合自然○。
（蒙頭）

某
口吐●珠璣○、
腸堆○錦繡●。
（八字称）

金雞啼上扶桑樹●、亀山高哉○、
白日夢升兜率天○、鹿門邈尓●。
允惟徳高厥位●、
奚翅智過於師○。
（過句）

恵日麗天○、以掲開于光明蔵●、

法雲降雨●、以蓄育于薝蔔林○。
領袖緇徒○、
權衡法社●。　襲句
猗歟皇祖●、孫生子々生孫○、
瞻彼故丘○、水連天々連天〔水カ〕●。
莫辭吾必在汶上●、
式微胡為乎泥中○。
傾誠法音○、
願聽慈誨●。　結句

嵩岳中　承天に住する山門疏／豊城の宝剣、出でては必ず不平の時を定め、徂徠の喬松、用いては必ず大厦の棟と成る。蓋し神物に待つ所有り、而も天理　自然に合す。／某、口　珠璣を吐き、腸　錦繡を堆《うずたか》し。／金雞啼《な》き扶桑樹に上り、亀山高きかな、白日の夢　兜率天に升り、鹿門邈《はる》かのみ。允に惟だ徳　厥の位に高く、奚ぞ翅《た》だに智　師より過ぐるのみならんや。／恵日　天を麗しくし、以て光明蔵を掲開し、法雲　雨を降らし、以て薝蔔林を蓄育す。緇徒に領袖、法社に権衡す。／猗歟《ああ》皇祖、孫　子を生み子　孫を生み、彼の故丘を瞻《み》るに、水は天に連なり天は水に連なる。辞する莫かれ吾れ必ず汶の上《ほとり》に在らんと、式《そ》れ微《おとろ》う胡《なん》ぞ泥中に為さんや。誠を法音に傾け、慈誨を聴かんことを願う。

この山門疏は、蒲室疏法にかない、四六文として整っている。嵩嶽は大道一以（一二九二―一三七〇）の法を嗣いだ。

遠く入元し、多くの尊宿に参謁し、元叟行端（一二五五—一三四一）にも参じ、入室を許された、と、『延宝伝灯録』巻十三、嵩岳明中章にあるものの（中・仲は音通）、嵩嶽は応永二十七年（一四二〇）に亡くなっていることからすると、全くあり得ないとは言えないが、元叟に参じた可能性は低い。山門疏の撰者、汝霖妙佐が洪武十一年（一三七八）明から帰り、至徳三年（一三八六）宝幢寺に住するまでにこの疏を作文したことになり（王村竹二『五山禅僧伝記集成』思文閣出版、二〇〇三年、三〇五頁）、したがって、嵩嶽の承天寺入寺も、この間のことと言い得る。

5　駿岳住承天山門疏

駿岳は諱を元甫というが、碩甫ともいう。承天寺への初住は、足利義植の公帖（『博多承天寺史』口絵13号）が残る。

　承天寺住持職事
任先例可被執務之状如件
　　永正十二年十一月廿八日権大納言（花押）
　　　元甫西堂

　承天寺住持職の事
先例に任せて執務せ被る可きの状　件の如し
　　永正十二年十一月廿八日権大納言（花押）
　　　元甫西堂

再住の疏は、山門疏と同門疏と二通残るが、同門疏は『東福寺誌』永正十四年の条、『大日本史料』九編之六、永正十四年六月一日の条、ともに疏の部分を省略する。ここでは省略の無い山門疏を取り上げ分ち書きして示す。

　駿岳住承天山門疏
筑之前州万松山承天禅寺、山門欽奉大檀越征夷大将軍鈞命、敦請前広厳駿岳禅師、住持本寺、為国開堂演法、
　祝延皇図万安者。
右恭以、

343　博多承天寺入寺疏

慕駿者求之馬○、一石粟誰尽其材○、
見角便知是牛○、五竺鉄又鋳此錯●。
蓋雖孫以祖顕●、
只要名与実当○。
共惟、
新命堂頭和尚大禅師
春風○肺肝○、
夜雨●動業●。
元亨乾徳常楽仏徳●、昔述円覚於南山○、
日月天標草木地標○　今仰和尚於西嶺●。
匆謂早匆〔衍カ〕年住院●、
攸貴故　国開堂○。
一夜香度海雲○、賦紅梅而移北野●、
十里声出澗壑●、倚青松以憶東坡○。
足称冷泉百日主人○、
豈比承天小寺長老●。
庶
慰鶴望○、
警鯨●瘠。

鼓吹三蔵、●
粃糠九流。○
側耳正法、●
塤箎万民。○
金玉百度、●
致誠皇図。○
謹疏。

今月　日疏。

知事比丘
頭首比丘
勤旧比丘
西堂比丘

駿岳　承天に住する山門疏／筑の前州万松山承天禅寺、山門欽んで大檀越征夷大将軍の鈞命を奉じて、敦く前広厳の駿岳禅師を請じ、本寺に住持し、国の為に堂を開き法を演べ、皇図万安を祝延せしむる者なり。／右恭しく以みるに、駿を慕う者　之が馬を求め、一石の粟誰か其の材を尽し、角を見て便ち是れ牛なるを知り、五竺の鉄又た此の錯《めつき》を鋳る。蓋し孫　祖を以て顕すと雖も、只だ名　実と当らんと要す。／共《うやうや》しく惟みるに、新命堂頭《どうちょう》和尚大禅師、春風の肺肝、夜雨の勲業。／元亨　乾の徳　常楽　仏の徳、昔し円覚を南山に述べ、日月　天の標　草

木　地の標、今ま和尚を西嶺に仰ぐ。謂うこと勿かれ早年　院に住すと、貴ぶ攸　故国　堂を開くを。／一夜の香海雲を度り、紅梅を賦して北野に移り、十里の声　澗壑を出で、青松に倚って東坡を憶う。冷泉百日の主人と称するに足り、豈に承天小寺の長老に比せんや。／庶はくは、鶴望を慰し、鯨瘠を警む(6)。三蔵を鼓吹し、九流を粃糠とす。／耳を正法に側《かたむ》け、万民を塤篪《けんち》す。百度を金玉し、誠を皇図に致す。／謹んで疏す。／今月　日疏す。
／知事比丘、頭首比丘、勤旧比丘、西堂比丘。

八字称の風は仄声に、雨は平声にするとよい。結句に当る所は、隔対・単対と文を整えるとよい。駿岳は承天寺百世に相当する。諸山の摂津広厳寺から十刹の承天に転じたことになる。

二　諸山疏

1　前住大聖剛門和尚住承天諸山疏

諸山疏は、同じ筑州内の諸寺が入寺を促す文書である。剛門祥義は、山城の大聖寺が前住で、承天寺廿三世に当る。乾峰士曇の『乾峰録』二（五山文学新集、別巻一）に収む。四六文として分ち書きして示す。

前住大聖剛門和尚住承天諸山疏

海東法窟、多被妄庸所拠、
関西文老、肇立真浄法幢。

為是爾祖二株之桂昌昌乎、
為復臨済万株之松欝欝也。

当観因縁時節●、
休将靖退安眠○。

恭惟、

某

双峯国師室中○、高跨竈門諳塔様●、
聖一国師堦下●、撞破烟楼著鉄鞭○。

屈恵日大聖尊○、
睹金剛正法眼●。

博学多聞○、阿難弟合掌●、
破顔微笑●、迦葉兄擎拳○。

為憐百万大衆惘然○、都府楼前拋擲敲門瓦子●、
試下只尺隣近注脚●、観音寺裡発越撞月鐘声○。

謹疏。

前住大聖剛門和尚 承天に住する諸山疏／海東の法窟、多く妄庸の拠る所を被り、関西の文老、肇めて真浄の法幢を立つ。為是《は》た爾祖二株の桂 昌昌たるか、為復《は》た臨済万株の松 鬱鬱たるか。当に因縁時節を観ずべく、靖退安眠を将《おこな》う休《な》かれ。／恭しく惟みるに、某は、双峰国師の室中、高く竈門に跨《よ》り塔様を諳《そら》んじ、聖一国師の堦下、烟楼を撞破し鉄鞭を著《もち》う。恵日の大聖尊を屈し、金剛の正法眼を睹す。／博学多聞、阿難弟 掌を合せ、破顔微笑、迦葉兄 拳を擎《ささ》ぐ。／百万大衆の惘然を憐れむが為に、都府楼前 敲門の瓦子を拋擲し、試みに只尺隣近

の注脚を下し、観音寺裡　撞月の鐘声を発越す。／謹んで疏す。

この諸山疏の撰者乾峰士曇（一二八五―一三六一）は、博多の出身で、承天寺住持であった南山士雲について出家している。剛門の承天寺入寺に当り、大宰府の都府楼、観世音寺を疏中に触れるのは、筑前の諸山ということによるのであろう。この諸山疏には、八字称がなく、隔対が二つ連なるというように、まだ蒲室疏法が受容されていない。八字称に当るところに、双峰国師の室中とあるように筑前の人　双峰宗源（一二六三―一三三五）の法嗣の一人である。乾峰と双峰からすると、剛門は南北朝期の人といえる。

2　方田圭首座住承天寺諸山疏

方田玄圭は入元僧の一人である平田慈均（？―一三六四）の法を嗣いで、承天寺卅五世となる。首座とあるのは、諸山に住持しないで十刹に住したことを表している。諸山疏は惟肖得巌（一三六〇―一四三七）が撰述している（五山文学新集、第二巻『惟肖巌禅師疏』）。

方田圭首座住承天寺諸山疏

挿茎草扁万松、有謝氏風流遺愛、
慕中華於一葦、復国師経歴所繇。　（蒙頭）

新覩丹穴鳳雛、
莫吟烏衣燕子。

某
百錬透指、
三嘆遺音。　（八字称）

説葛藤禅○、傍取副墨洛誦●、
展霹靂手●、前無睦州雲門○。
既升果達芸之高科○、
宜踵祖父兄之故武●。
幾乎天授●、
従者雲興○。
作冷泉主不羨令公○、想見勝絶●、
買沃州山欲依深老●、如何阻脩○。
歌明月兮相望○、
訴飛廉以寄問●。

方田圭首座　承天寺に住する諸山疏／茎草を挿し万松と扁し、謝氏風流の遺愛有り、中華を一葦に慕い、復た国師の繇《よ》る所を経歴す。新たに丹穴の鳳雛を覩、烏衣の燕子を吟ずること莫かれ。／某、百たび遶指を錬り、三たび遺音を嘆ず。／葛藤禅を説き、傍ら副墨・洛誦を取り、霹靂手を展べ、前に睦州・雲門無し。既に果を達芸の高科に升せ、宜しく祖を父兄の故武に踵《つ》ぐべし。天授に幾《ちか》く、従う者雲のごとく興る。／冷泉主と作り令公を羨まず、勝絶を想見し、沃州山を買い深老に依らんと欲し、阻脩を如何せん。明月を歌って相望み、飛廉を訴えて問を寄す。

方田への諸山疏を撰述した惟肖得巌は、絶海中津より四六文を学んだといわれるが、この疏の対句の左右のバランスが好いとはいえず、また八字称も二四不同でなく、隔対・単対のセットがもう一組あった方がよい。蒙頭からすると、聖一国師や大明国師（無関玄悟）のように江南の地を遍歴している。それは兄弟《ひんでい》一源会統（一三一九—九九）や師の平田の年代からすると、元末の事としてよいであろう。

3　檀薫堂住筑之前州承天諸山疏

薫堂為檀は、承天寺卅九世として入寺する。東沼周嚴（一三九一—一四六二）『流水集』二（五山文学新集、第三巻）に薫堂への疏を載せ、分ち書きして示す。

檀薫堂住筑之前州承天諸山疏

顧冷泉百日之主●、坡老有言○、
聳青松十里之声○、涪翁攸賦●。
睠名刹於遐壤●、
与大方而抗衡○。
某　才智●優長○、
威儀○厳毅●。
鳳凰山下問道●、針芥相投○、
獅子窟中脱身○、機鋒難触●。
克紹父祖之業●、
荐沐上相之恩○。

吾徒嚮風○、衆星皆拱于北●、
其化覃遠●、初月起明于西○。
速応嘉招○、
快震玄弁●。
輷々焉鳴鐘撃鼓●、
欝々乎沛雨油雲○。
禹四載而別九州○、度生為急●、
楚一言而定三国●、同盟勿渝○。

檀　薫堂　筑の前州承天に住する諸山疏／冷泉のために百日の主を願うは、坡老《蘇軾》に言有り、青松十里の声を聞くは、涪翁《黄庭堅》の賦する攸。名刹を遐壊に睠《かえり》み、大方《五山》と抗衡す。／某、才智優長にして、威儀厳毅なり。／鳳凰山《東隆寺》下道を問い、針芥相い投じ、獅子窟中 身を脱し、機鋒 触れ難し。克《よ》く父祖の業を紹ぎ、荐《しき》りに上相の恩に沐す。／吾が徒 風に嚮《む》かい、衆星皆な北を拱《とりま》き、其の化 遠に覃《およ》び、初月起き西に明らかなり。速やかに嘉招に応じ、快《はや》く玄弁を震え。輷《こう》輷と鐘を鳴らし鼓を撃ち、鬱鬱と沛雨油雲す。／禹四載にして九州に別ち、度生を急と為し、楚一言にして三国を定め、同盟 渝《たが》うこと勿《な》し。

薫堂は、起山師振（一三一八―八六）の法を嗣ぐ。疏からすると、厚東《ことう》の東隆寺に道を尋ねている。東隆寺は大覚派の南嶺子越を開山とする。

4　智門住承天諸山疏

承天寺四十一世の智門一祚は、『汝霖佐禅師疏』（五山文学新集、別巻二）にその諸山疏を所収する。分ち書きしてあるので、それに平仄を加えて示すことにする。

智門住承天諸山疏

圭璧金璋不鬻於市●、故其為物也尊○、
楩楠杞《杞》梓　多《不多》於林○、故其為材也美●。
宜乎間世之士●、
允必傾城以皈○。

某

叢林○典刑○、
学者●模範●。
蓮華出水●、智門之話何盛哉○、
宗鏡当台○、永明之道已東矣●。
瑚璉器久識禹功之質●、
瑠璃瓶欻驚文紀之名○。
禅源滔々○、翻波瀾於舌海●、
恵日杲々●、駁陰霾於心天○。
非惟愜衆之素心○、
抑亦承天之明命●。

胥然矣胥倣矣。兄弟孔懐、
丕顕哉丕承哉、祖考在上。
瞻故家而認喬木、
就熟路而駕軽車。
力整宗綱、
来修隣好。

智門　承天に住する諸山疏／圭璧金璋　市に鬻《ひさ》がず、故に其の物為るや尊く、梗楠杞梓　林に多からず、故に其の材為るや美し。宜なるかな間世の士、允に必ず傾城以て帰さん。／某、叢林の典刑、学者の模範。／蓮華　水を出す、智門の話　何ぞ盛んならんや、宗鏡　台に当り、永明の道　已に東す。瑚璉の器　久しく禹功の質を識り、瑠璃の瓶　欻《たちま》ち文紀の名に驚く。／禅源滔々、波瀾を舌海に翻し、恵日杲々、陰霾を心天に駁《ただ》す。惟だに衆の素心に愜《かな》うのみに非ず、抑そも亦た天の明命を承くるなり。／胥《あ》い然り胥い倣う、兄弟孔《はなは》だ懐う、丕《おお》いに顕るるかな丕いに承くるかな、祖考　上に在り。故家を瞻て喬木を認め、熟路に就いて軽車に駕る。力めて宗綱を整え、来って隣好を修めよ。

智門は固山一鞏（一二八四―一三六〇）の法を嗣ぎ、永明《ようめい》門派に属する。このことは疏中、永明延寿を機縁として明らかにする。師の固山、諸山疏の作者　汝霖からすると、智門は南北朝期の人と見てよい。

三　江湖疏

1　東白住筑之承天江湖疏

全国の知音が入寺を促す江湖疏は、かつて、南嶺子越が厚東の諸山東隆寺から博多の十刹聖福寺に入寺した延文四年（一三五九）のものを読んだことがある（『中世禅僧の墨蹟と日中交流』吉川弘文館、二〇一一年、一五八頁、南嶺住筑州聖福江湖疏）。

承天寺四十二世東白長旭の入院の際に読まれたものは、蘭坡景茝『雪樵独唱集』疏（御茶の水図書館本、五山文学新集、第五巻、四二〇頁）に所収の疏は分ち書きされており、三（大東急記念文庫本、一八六頁）の疏は序と四六文とを句切るのみである。例のごとく、平仄を入れて示すことにする。

東白住筑之承天江湖有序

大檀越左相府、起前崇祥東白禅師於湖之旧隠、董万松山承天禅寺。凢我伝緑簑之業者、胥議曰、文正丙戌之穐、君臣失道、中原騒然。〻不一戦而神器以安。盖天道与善之謂歟。師今当茲時、而有茲命。則不亦悦乎。然咸惜其遠去、写繾綣云。

割土地而賄秦○、六籍灰冷●、
擲乾坤而賭楚●、三章道行○。
所任非軽○、
其弊頓熄●。

蒙頭

某

脇無○霑床○、
胸有●貯巻●。
　　八字称

卓尓孤標○、劉安世如鉄壁●、
温乎大雅●、嵇（嵆康）叔夜似玉山○。
此郎出処無恒○、
吾輩施設皆是●。
　　過句

移屋入湖山深処●、和春衣而宿花○、
観瀾到滄海尽頭○、乗夜舩而帰月●。
久待瑞世之優跋●、
宜回恵日於尼乾○。
　　襲句

鴉翻夕陽○、行見新霜染楓葉●、
鷺横秋浦●、坐訝晩風落梨花○。
聊修社盟、
高唱江調●。
　　結句

東白　筑の承天に住する江湖序有り／大檀越左相府《足利義政》、前崇祥の東白禅師を湖の旧隠より起て、万松山承天禅寺を董さしむ。凡そ我が緑蓑の業を伝うる者、胥《あ》い議して曰く、文正丙戌《一四六六　元》の秋、君臣 道を失い、中原騒然たり。然れども一戦せずして、神器以て安んず。蓋し天道は善に与《くみ》するの謂いか。師今ま茲の時に当りて、茲の命有り。

則ち亦た悦ばしからずや。然れども咸な其の遠く去《ゆ》くを惜み、繾綣を写《の》ぶると云う。／土地を割きて秦に賄い、六籍 灰冷たく、乾坤を擲ちて楚に賭け、三章 道行わる。任ずる所 軽きに非ず、其の弊頓《にわ》かに熄む。／某、脇床を霑《うるお》す無く、胸に巻を貯う有り。／卓尓として孤標、劉安世の鉄壁の如く、温乎として大雅、嵆《嵇康》叔夜の玉山の似《ごと》し。此の郎の出処 恒無く、吾が輩の施設皆な是なり。／屋を移して湖山の深処に入り、春衣に和して花に宿り、瀾を観て滄海の尽頭に到り、夜船に乗じて月に帰る。久しく瑞世の優跋を待ち、宜しく恵日を尼乾に回らすべし。／鴉 夕陽に翻《と》び、行きて新霜の楓葉を染むるを見、鷺 秋浦に横たわり、坐って晩風の梨花を落とすを訝《むか》う。聊か社盟を修め、高く江調を唱う。

八字称を二四不同にし、襲句の単対を左右のバランスの取れた文にするとよい。序から文正元年（一四六六）秋の入院であったことがわかる。前住は豊後崇祥寺であり、当然に諸山の寺格であり、聖一派の無涯禅海が開山の寺である。東白は荘厳門派の瑞峰士麟の法を嗣ぐ。

2　松寿山住承天江湖疏

承天寺四十五世の寿山□松は、五山文学全集、第三巻に江湖疏を収め、撰者は仲方円伊（『懶室漫稿』）である。序と四六文からなり、分ち書きして示す。

松寿山住承天江湖疏有序

切謂、筑之承天、乃恵山附庸、而聖一国師、最初行道之地也。故欠其主、則恵山必挙一門之選、以住持焉。比年以来、斯挙稍廃、借竊蜂起、寺以不振。歳乙丑、適復旧例、呈上尊書、欲請宿徳、以掩暗封之汙。二月二日、恵山大叶群議以掄焉。前第一座寿山松公禅師、裒然為挙首、而猶不屑就也、猶豫及秋。議者僉曰、禅師関亞英産也。剏茲山、乃翁芝岩禅師曾莅之席、今此行、雖徧地長袖、而可忘本乎。労於謙譲、甚無謂也。仍奉承准三宮左相府鈞帖、挽以就路。於是乎鷗社之旧、不勝抃躍、製疏慶其発軫者。

昔仏果住昭覚●、不忘千里省親之心○、
惟円照拒承天○、乃有三年借師之約●。

道既見用彼大方者●、
徳独不被吾故里乎○。

某人

前脩○規摸○、
後進●標準●。

将謂驢唇馬舌●、
亦乃麟角鳳毛○。

金王老有絶交書○、君公難抗其富●、
木上人了行脚債●、仏祖莫測其機○。

語脱重玄○、
理探秘窟●。

固知瑞芝奕葉●、
又見枯木開花○。

冷泉亭前○、題破秋水連天之色●、
石頭城畔●、聴取寒潮送月之声○。

唱款〔欸カ〕乃歌、○
写慇懃意●。

松　寿山　承天に住する江湖疏序有り／切に謂《おもん》みるに、筑の承天は、乃ち恵山《東福寺》の附庸にして、聖一国師、最初に道を行うの地なり。故に其の主を欠けば、則ち恵山必ず一門の選を挙げ、以て焉に住持せしむ。比《きん》年以来《このか》た、斯の挙稍《や》や廃れ、僣竊蜂起し、寺以て振わず。歳《至徳二年》乙丑、適たま旧例に復し、上尊の書を呈し、宿徳を請じて、以て暗封の汙を掩《や》めんと欲す。二月二日、恵山大いに群議に叶い以て焉を掄《えら》ぶ。前第一座寿山松公禅師、裒然　挙首と為すも、而も猶お就くを屑《いさぎよ》しとせず、猶豫　秋に及ぶ。議する者僉《み》な曰く、禅師は関亜の英産なり。矧んや茲の山、乃《なんじ》が翁芝《し》《啓瑞》岩禅師曾て莅む席、今ま此の行は、褊地長袖と雖も、而も本を忘る可けんや。謙譲を労するは、甚だ謂《いわ》れ無きなり。仍って准三宮《足利義満》左相府の鈞帖《公帖》を承け奉り、挽きて以て路に就かしむ。是に於てか鷗社の旧、抃躍に勝えず、疏を製し其の軫《くるま》を発するを慶ぶ者なり。／昔し仏果《克勤》　昭覚に住し、千里　親を省するの心を忘れず、惟れ円照《宗本》　承天を拒《まも》るに、乃ち三年　師を借るの約有り。道既に彼の大方に用い見《ら》る者、徳独り吾が故里に被らざるのみか。／某人、前に規模を脩め、後に標準を進む。／驢唇馬舌と将謂《おも》いしに、亦た乃ち麟角鳳毛なり。／金王老に絶交書有り、君公　其の富に抗し難く、木上人　行脚の債を了え、仏祖　其の機を測る莫し。語は重玄を脱し、理は秘窟を探る。固より瑞芝　葉を奕《おお》きくするを知り、又た枯木　花を開くを見る。／冷泉亭の前、秋水　天に連なるの色を題破《み》、石頭城の畔、寒潮　月に送るの声を聴取《き》く。欸乃《ろをこぐ》の歌を唱い、慇懃の意を写《の》ぶ。

寿山□松が義満の公帖を授かり、承天に入寺したのは至徳二年（一三八五）のことであり、師匠は芝巖啓瑞であり、芝巖も承天に入院していて、蒙頭からすると、寿山は筑前の出身と見てよいであろう。

3　雲荘会首座住万松山承天寺江湖疏

承天四十八世の雲荘生会の江湖疏は、『東海瓊華集』乾、江湖（東京大学史料編纂所所蔵、五山文学新集、第二巻、惟肖得巖集拾遺）に所収する。分ち書きして示す。

雲荘会首座住万松山承天寺江湖疏

日月中而物無邪陰○、甄才明揚之下●、
川沢上而天有沛渥●、展用久畜之余○。

自非可人○、
曷応茲選●。

寛弘多可●、
謹畏自将○。

某

摛絺繪黼黻宗猷○、任内記外記之清要●、
揮雲煙縦横筆勢●、有大王小王之称呼○。

矧既系衆岩瞻○、
宜哉承天景命●。

風瓢泊渚●、悽断獠倡蛮謳○、
水鏡涵空○、看尽鵬蜚鯤化●。

方丈吹四華之雨●、

釣天涌万松之風○。
羞崑崙薄蓬萊○、宛弭節於紫府●、
歌窈窕誦明月●、悵皷枻於滄浪○。
爰整宗綱○、式存友社●。

雲荘会首座　万松山承天寺に住する江湖疏／日月中たりて物に邪陰無く、才を明揚の下に甄《あき》らかにし、川沢の上《ほとり》にして天に沛渥有り、用を久畜の余に展ぶ。自《も》し可人に非ざれば、曷《なん》ぞ茲の選に応ぜざる。／某、寛弘多く可とし、謹畏自らを将《やしな》う。／絺繪黼黻の宗猷を摛《の》べ、内記外記の清要に任じ、雲煙縦横の筆勢を揮《ふる》い、大王小王の称呼有り。矧んや既に衆の岩瞻を系《う》く、宜《むべ》なるかな天の景命を承くるをや。／風瓢　渚に泊り、獠倡い蛮謳うを悽断し、水鏡　空を涵《うつ》し、鵬蜚《と》び鯤化《ば》けるを看尽す。方丈　四華の雨を吹き、釣天　万松の風に涌く。／崑崙に羞《すす》み蓬萊に薄《せま》り、宛も節を紫府に弭《と》め、窈窕を歌い明月を誦し、悵《いた》み枻《かい》を滄浪に皷《こ》ぐ。爰《ここ》に宗綱を整え、式《もっ》て友社を存す。

この江湖疏の撰者惟肖（一三六〇―一四三七）は、学芸上の師は絶海なので、蒲室疏法に適ったものになっている。この疏からは雲荘の法系を探り得ないので、聖一派のどの門派の法を嗣いだのか明らかにし得ない。惟肖の卒年からすると雲荘は、室町前期から中期の人としか言い得ない。

四　同門疏

新命和尚の同門が入寺を賀する疏が、仲方円伊『懶室漫稿』（五山文学全集、第三巻）にある。それは雲荘生会が承天に入寺する際の同門のものである。

会雲荘住承天同門疏

渾々長河、群波帰而細流赴、
欝々大樹、洪柯交而衆條羅。
沿其流可以知其源、
尋其條可以観其本。
所貴恭々祖業、
克基言々吾門。
京兆之杜大原之王、茂盛徳於五世、
子張居陳淡台居楚、伝斯道於一方。
惟公之有興、
同党以足懈。
播宗風於西裔、
賓恵日於東隅。

某人　錦腸繡心、
　　　釘觜鉄舌。

久試大方清要、無媿魏公八面之才、
忽被上相鈞陶、豈比趙王一見之礼、

綰柳條而歌離思、
折梅花以寄駅音。

会 雲荘 承天に住する同門疏／渾々たる長河、群波帰《あつ》まりて細流赴き、鬱々たる大樹、洪柯《おおえだ》交わりて衆条《おおきえだ》羅《つら》ぬ。其の流に沿い其の源を知る可《べ》く、其の条を尋ね其の本を観る可《べ》し。貴ぶ所恭しく祖業を恭《うやま》い、基を克《よ》くし言《やわら》ぎ吾が門を言《うやま》う。／京兆の杜・大原の王、盛徳を五世に茂《つと》め、子張 陳に居り、淡台楚に居り、斯の道を一方に伝う。惟公の興有り、同党以て慰むに足る。宗風を西裔に播き、恵日を東隅に賓とす。／某人、錦腸 繡心にして、釘觜 鉄舌なり。／久しく大方の清要に試し、魏公八面の才に媿づる無く、忽ち上相の鈞陶を被り、豈に趙王一見の礼に比せんや。柳条を綰《つな》ぎて離思を歌い、梅花を折りて駅音を寄す。

この同門疏は、蒲室疏法からは程遠いものである。ただ雲荘の江湖疏では法系を詳らかにし得なかったが、ここでは諱の系字「生」を手掛りとして『慧日山宗派図』（禅文化研究所蔵）を見ると、宝渚下に琴渓生音・月堂生明が見え、疏の単対に、「惟公之有興、同党以足慰」とある惟公が惟充守廓ではないかと思われる。とすると、惟充を師として琴渓とは兄弟ということになる。隔対の「京兆……，茂盛徳於五世；子張……，伝斯……」二句目の五世は、円爾―奇山円然―雲章一慶―惟充守廓―雲荘生会、となる。しかし、号諱の四字を略称する時に、普通は、諱の二字目で代表させ廓公となる。そうなると、手掛りが無くなってしまう。江湖疏の襲句の隔対一句目に、「風瓢泊渚」とある「渚」は、雲章の宝渚庵を指すかと思ったりもして、雲荘を惟充の法嗣とする説も捨てがたい。円爾から五世とすると、承天寺歴代門派の世代の中では、雲荘の四十八世は無理がないといえる。

おわりに

室町後期末の承天寺境内図が今に残る。絵図の作者は狩野松栄（一五一九―九二）であり、賛は策彦周良（一五〇一―七九）のものである。(7)その賛の釈文は、次のようである。

題松庵
髯叟菴主眼澄青
常愛柸風夜不扃
誰料永嘉真覚後
復聞東土大乗経
冷泉九白座元廼
前承天駿岳大禅仏
克家令嗣也京国
観光之次携此軸子
来而見需賛小詩於

其上予與座元有
累年之素以故不獲
峻拒迅筆塞責云
元亀初元林鐘初吉
亀陰謙斎
老衲周良印印

題松庵
髯叟菴主眼澄青
常愛枩風夜不扃
誰料永嘉真覚後
復聞東土大乗経

松庵に題す
髯叟庵主　眼澄み青く、
常に松風を愛し夜　扃《とざ》さず。
誰か料る永嘉真覚《玄覚》の後、
復た聞く東土の大乗経。

冷泉の九白座元は、廼ち前承天駿岳大禅仏の家を克《よ》くする令嗣なり。京国観光の次《と》き、此の軸子を携え来りて、見《われ》に小詩を其の上に贅《つら》ぬるを需《もと》む。予は座元と、累年の素有り。故を以て峻拒するを獲ず。筆を迅めて責を塞ぐと云う。／元亀初元《一五七〇》林鐘《元年六月朔日》初吉／亀陰《天龍寺》謙斎《策彦》／老衲周良印印

九白は号、諱は元菊であり、承天百世の駿岳の法嗣である。[8]『慧日山宗派図』によると、大幢下に属し、九白は百三世として承天に住持する。この九白から策彦周良が松庵つまり承天寺の絵図に七絶の賛を求められたもので、それは九白と策彦の旧交による。策彦が遺明副使として博多の龍華院に居て、乗船を待っていた際に、承天にも行き閑談

したり、駿岳が主翁の天徳の聯筵に赴いたり、入法寺の三菴西堂が承天入寺のための山門疏を作製したり（『策彦和尚入明記初渡集』）、という風に結び付きがあり、そこには九白の名は見えないけれども、交流があったと考えられる。

入寺疏からは、字面上日明の交流を伺い得ないものの、機縁の語を探り当てたならば、研究を深め得るかもしれない。今のところは、四六文として分ち書きし、読み下すところで善しとするところに留まる。

註

（1）『聖一国師年譜』仁治二年の条。

（2）冷泉津は、承天寺十境の一つ（『東福寺誌』延宝五年、仁治三年の条）。他の九つは、七重灘・十里松・宝満山・慈視閣（三門）、覚皇殿（仏殿）・獅子窟（禅堂）・円通楼（鐘堂）・吹耳閣（観音堂）・梅花廟（鎮守）である。

（3）『東福寺誌』元禄八年の条。

（4）『金山　功山禅寺』（功山寺、一九八五年）に、56号、長福寺文書・足利直冬判物（写）がある。

長門国長福禅寺

右当伽藍建立竭力兮専勤

正法崇敬異他兮既退邪徒

然早為諸山之同列可祈

四海之康泰之状如件

観応二年七月一日　左兵衛佐

在判

傑山和尚

長門国長福禅寺／右　伽藍建立に当り力を竭し、専ら正法を勤め、崇敬　他に異り、既に邪徒を退く。然して早く諸山の

同列と為して、四海の康泰を祈る可きの状 件の如し。観応二年（一三五一）七月一日　左兵衛佐／在判／傑山和尚

この文書により、長福寺が観応二年に諸山に列せられたといえる（釈文は、前田博司氏のものを参看した）。

（5）『慧日山宗派図』大慈門派。註（4）の傑山は、傑山寂雄であり、虚庵と兄弟である。系字を寂とする。

（6）『大日本史料』は、「謦鯨瘖（鯨瘖を謦む）」とするも、平仄から『東福寺誌』の瘠を採る。

（7）狩野博幸「福岡・個人蔵狩野松栄筆承天寺図」（『佛教藝術』一六六号、一九八六年）参看。

（8）以上に見えた承天寺に住持した禅僧を中心に法系図を示すと、次のようになる。

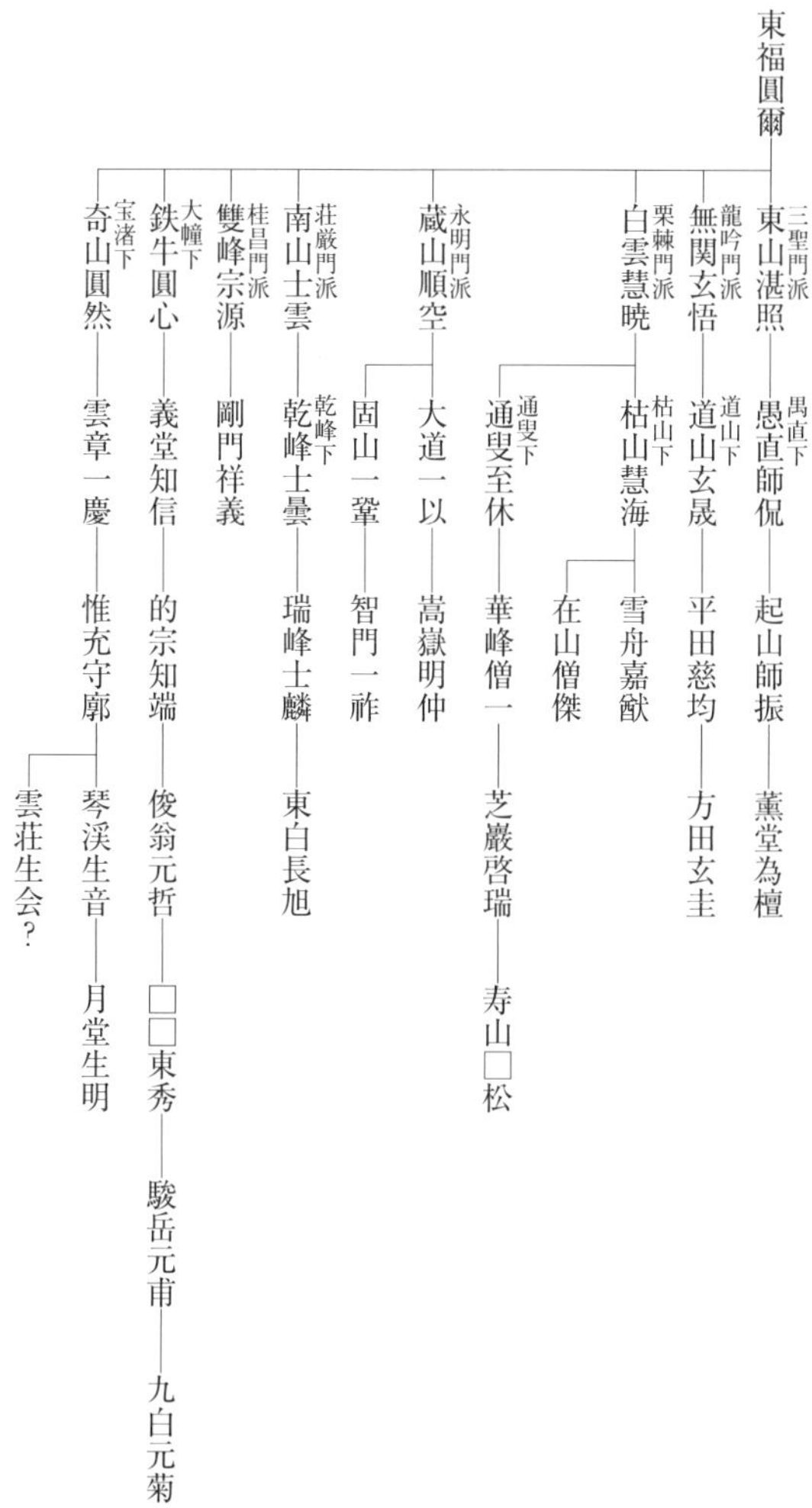

妙智院所蔵『初渡集』巻中・解説

須田牧子

一　妙智院所蔵「策彦和尚入明記録及送行書画類」のなかの『初渡集』

本稿は策彦周良の手になる天文八年度遣明船の入明記録『初渡集』全四冊（上・中・下・下之下）のうち、中巻部分を翻刻・紹介するものである。筆者の策彦周良は、文亀元年（一五〇一）生まれ、細川氏配下の井上氏の出身で、九歳にして心翁等安に入門した。心翁等安は竺雲等連の法嗣で、天龍寺妙智院第二世となった人物である。策彦も妙智院に住し（第三世）、天正七年（一五七九）妙智院で寂した。怡斎・謙斎とも号する。天文八年度遣明船において副使を、ついで天文十六年度船において正使をつとめたことで知られる。副使として初めて中国に渡った時の旅日記が『初渡集』であり、正使として二回目に渡った時の日記が『再渡集』である。

十五、十六世紀を通じて十数回を数える遣明船にかかる旅日記としては、この『初渡集』『再渡集』のほかには、十五世紀半ば宝徳度遣明船の記録である『笑雲入明記』が知られるのみである。この『笑雲入明記』が抄本と思われる写本しか伝来しないのに対し、(1)『初渡集』『再渡集』は、策彦自身の手になる原本が残り、日明関係の具体的なありようを今に伝える質量ともに第一級の記録となっている。さらに『再渡集』が、舟山から寧波を経て北京に到り、北京より寧波に戻る途中の山東省の南城水駅までで記録が途切れているのに対し、『初渡集』には博多での風待ちから、朝貢を終えて帰国し大内義隆に復命するに至るまでが克明に綴られており、遣明使節たちの全行程を詳細に追えるという意味でも貴重である。

この『初渡集』『再渡集』を含めた、策彦の二度の入明にかかる関係史料群は、妙智院に伝来し、現在「策彦入明記録及送行書画類三十一種」・「同十四種」という形で、京都国立博物館に寄託されている。後者は重要文化財に指定されている。その概略は表に示した通りであるが、大別、①策彦周良が遣明使節として中国に滞在中に書いたもの、またはそれをあとで抜き出したもの、②中国へ行くにあたってあるいは帰国後に日本で贈られたもの、中国滞在中に贈られたもの、または手に入れたもの、③遣明使節を務める業務上の必要から手に入れた資料類、④中国に携行した私物、⑤その他、に分けることができる。①としてはもちろん『初渡集』『再渡集』が挙げられるが、このほか『初渡集』『再渡集』の策彦自身の抜書である『入明略記』、策彦の詩作の中から遣明使節としての旅に関わるものだけを選び、初渡・再渡に関わらず行程順に排列した『謙斎南遊集』なども挙げられる。

一方、『衣錦栄帰図』『策彦帰朝図』『送朝天客詩並序』などは明側の官僚や文人達から送別に際して贈られたもの、

『謙斎記』は自分の号について中国の文人に由緒を執筆してもらったものであり、これは②にあたる。『戊子入明記』『壬申入明記』は、それぞれ策彦の使節行に先行する寛正度船（十五世紀後半）・永正度船（十六世紀初頭）に関わる記録である。前者は支出の内訳や使節団の構成、日本国内の道中における警固の担当状況などが書き上げられたものであり、後者は明の役人に日本側が出した書状類の抜書集である。いずれも実際に遣明使の正・副使を務める上での重要情報といえ、③に分類される。

④に分類される史料としては『円通懺摩』や『陳白小回向』『聚分韻略』などが挙げられる。前二つは日常の読経に関わるものであり、僧侶である彼にとっては当然の携行品であろう。『聚分韻略』とは、漢字を韻別に分類したもので、漢詩を作るには必須の参考書である。これが二冊あり、うち一冊には大量の書き込みがある。二冊とも携行したのかどうかはわからないが、うち一冊の外題は寧波の文人方梅崖の手になるものという。(2) ⑤に分類されるものとしては、『妙智院宛書状』が挙げられる。これは、遣明船派遣事業にからみ大内氏から送られた書状もあるが、晩年の策彦が、武田信玄や織田信長と交流のあったことを示すものもある。そのほか『謙斎雑稿』『謙斎詩集』は中国で策彦が作ったものも一部含んだ、策彦の生涯にわたる詩文集である。

このように『初渡集』が含まれる「策彦入明記録及送行書画類」は多種多様であり、策彦周良の姿をさまざまな角度から映し出してくれるだけでなく、遣明使そのものについて研究する上でも貴重な史料群である。なお妙智院現蔵の策彦関連史料としては、『策彦和尚行実』ほか数点が知られ、入明に関わる史料に限っても、寧波で描かせた頭巾をかぶった姿の肖像画が別に存在するので、この三十一種・十四種が、妙智院現蔵の策彦関係・日明関係史料のすべてではないことには注意が必要である。またここでは深く触れえないが、策彦が明で手に入れてきた文物は、策彦の存命中から贈与等に用いられ分散していった形跡がある。(3) 策彦に関わる日明関係史料群は、「策彦入明記録及送行書

「策彦入明記録並送行書画類」

史料名	写真帳冊番号＊1	編纂所の写本等作成状況＊2				翻刻状況＊3
		所蔵番号	形態	作成年	備考	
三一種						
四明梅崖筆怡斎号	1					
策彦周良筆偈	1					
策彦周良像・徳雲賛	1					
孔子家語(付：策彦和尚略伝)	1	2016-516	謄写本	1888	策彦和尚略伝のみ	
策彦周良筆漢詩・蓬莱樹	2					
策彦周良筆漢詩・試灯	2					
妙智院宛書状	2	3071.62-19-1	影写本	1887	妙智院文書乾のうち	
蘭亭記	2					
円通懺摩	3					牧田本
聚分韻略並双璧集	3					
陳白小回向	4					牧田本
沿途水駅	4	2045-54	謄写本	1885		牧田本
大明譜	4	2051.9-93	謄写本	1885		牧田本、仏教全書
下行価銀帳	4	2053-194	謄写本	1885		牧田本
松斎梅譜	5					
謙斎雑稿	6	2034-100	謄写本	(1888)		
大明別幅并両国勘合	6	2051.9-92	謄写本	1885		牧田本
戊子入明記	6	2051.9-115	謄写本	1885		牧田本、仏教全書、続史籍集覧1
壬申入明記	6	2045-34	謄写本	1885		牧田本
渡唐方進貢物諸色注文	6	2098-9	謄写本	1885		牧田本、仏教全書
策彦和尚初渡集下写	7					
謙斎詩集	8	2034-106	謄写本	1888		群書類従13下
謙斎南遊集	8	2034-101	謄写本	1888		牧田本
聚分韻略	9					
策彦和尚聯句	10					
夢想聯句	10					
贈策彦周良勅書	10	3071.62-19-2	影写本	1887	妙智院文書坤のうち	牧田・雑録

策彦和尚七渡坐具	10					
策彦和尚渡唐坐具	10					
策彦拝領銀並菊花	10	3071.62-19-1	影写本	1887	妙智院文書乾のうち	仏教全書
明国諸士送行	10	3071.62-19-2	影写本	1887	妙智院文書坤のうち	牧田・雑録（冒頭一通のみ）
一四種						
入明略記	11	3071.62-19-2	影写本	1887	妙智院文書坤のうち	牧田本、仏教全書、続史籍集覧 1
策彦和尚初渡集	11,12	3045-4-	影写本	1885		牧田本、仏教全書
策彦和尚再渡集	13	3045-5-	影写本	1885		牧田本、仏教全書
駅程録	13	2045-53	謄写本	1885		牧田本、続史籍集覧16
		2071.62-6	謄写本	(1887)	妙智院文書のうち	
晩過西湖詩	13	3071.62-19-2	影写本	1887	妙智院文書坤のうち	
		240-1280	台紙付写真	1907		
送別図	13	呂-259	模写	—		
誌別二字	13	呂-296	模写	—		
送別誌	13	呂-458	模写	1927		牧田・雑録、仏教全書
		波-178	模写	—		
衣錦栄帰図	13	以-206	模写	—		
策彦帰朝図	13	仁-113	模写	1927		牧田・補遺、仏教全書
		以-161	模写	—		
		240-1278,1279	台紙付写真	1907		
衣錦栄帰序並詩	13	3071.62-19-2	影写本	1887	妙智院文書坤のうち	牧田・雑録、仏教全書（いずれも序のみ）
謙斎記	13	3071.62-19-2	影写本	1887	妙智院文書坤のうち	牧田・雑録
送朝天客詩並序	13	2071.62-6	謄写本	(1887)	妙智院文書のうち	牧田・雑録
		3071.62-19-2	影写本	1887	妙智院文書坤のうち	
城西聯句	14	2039-3-	謄写本	1888	一部のみ	牧田・補遺（序のみ）

＊1 史料編纂所架蔵写真帳『妙智院所蔵史料』（6170.62-15-）の冊番号。
＊2 史料編纂所が作成したもののみ。写本の伝来状況を示すものではない。
＊3 牧田本：牧田諦亮『策彦入明記の研究』上、法蔵館、1955年。仏教全書：『大日本仏教全書　遊方伝叢書第 4 』、仏書刊行会、1922年。
牧田・雑録、牧田・補遺：牧田本に所収される翻刻のうち「雑録」または「補遺」に所収されていることを示す。

画類」を中心にかなりの広がりを持っているのではないかと予想される。

二　写本と翻刻の状況

先行する入明記である『笑雲入明記』に、近代以前（十九世紀半ば以前）にさかのぼりうる写本が四本確認されるのに対し[4]、『初渡集』の写本は、確実に近代以前にさかのぼるものとしては、現在、同じく妙智院に残る下巻一冊を確認しうるのみである。これはなかに挟まっている付箋から文政十一年（一八二八）までの成立と考えられる。ほかに成立年代未詳のものとして富岡鉄斎旧蔵、京都大学人文科学研究所現蔵のやはり下巻一冊がある[5]。これは、虫食い跡などが墨で表現されているが、虫食い跡として解読不能になっている箇所を原本と比較すると、原本では、虫食いではなく普通に解読できる場合がままあり、原本からの写本ではなく、先行する写本からの写であることが知られる。

東京大学史料編纂所（当初は修史館、ついで内閣臨時修史局、ついで帝国大学臨時編年史編纂掛）は、一八八五年から八八年にかけて、妙智院に出張し、「策彦入明記録及送行書画類」に含まれる多くの史料について影写本・謄写本を作成している。その概略は表に示した通りであるが、この事業の初期段階の明治十八年（一八八五）六月、『初渡集』の影写並びに校合を終えた旨が、影写本の奥書に見えている[6]。

史料編纂所にはこの影写本のほかに、二本の写本が所蔵されている。一つは上・中・下・下之下と、四冊揃っており、下之下を除く各冊の冒頭に「文学博士坪井九馬三・日下寛校訂」と記されている。史料編纂所の図書目録には「文科大学令写／明治三〇年（一八九七）頃」とあるが[7]、史料自体には、それを示す記述はない。いま一つは下之下を除く三冊で、中巻の奥に「明治卅年一月廿九日写了、曲淵啓次郎」、下巻の奥に「明治三十年四月写了、曲淵啓次郎」

と見える。両者ともに縦約二四・五センチ×横約一六センチ、青いマス目の原稿用紙に墨で楷書され、下之下を除いては朱の書き込みが見られる。両者を見比べていくと、後者において朱字で校訂された字は、前者では最初から墨で校訂後の字が書かれているという傾向が見て取れる。したがって前者は後者の清書ではないかと考えられ、あるいは当時刊行中であった文科大学叢書に入れるための、後者が下原稿、前者が本原稿であったのかもしれない(8)。とすれば、現在前者に分類されている、冒頭に坪井・日下の名がない下之下は、下原稿として作られた、本来後者に分類されるべきものであり、なんらかの事情で坪井・日下両氏によって下之下の校訂がなされなかったために清書が作られず、本原稿が未完であったために文科大学叢書としての出版も未遂に終わり、残った草稿類だけが入架されたものと推定される(9)。いわばこの二つは写本というより稿本である(10)。

このほか一橋大学にも写本全四冊が所蔵されているが、これは、史料編纂所の影写本をもとに写され、明治三十七年（一九〇四）ごろに東京高等商業学校図書館に入架されたものとみられる。すなわち中巻に影写本と同じ奥書が写され、下巻の冒頭には「修史局」朱方印が朱で写されている。字配りは影写本と同じで、影写本の朱批も朱で写されている。影写本の忠実な写ということができるだろう。上巻の所々には付箋が貼られ、「裡ニ非ス、理ナリ、理見は人名、集中所々ニ見」（七月末尾）などと、影写本の誤りの指摘がなされている。すべての冊に「東京高等商業学校図書館印」が捺され、下巻と下之下巻には「明治廿　年　月　日」という朱印が捺されたうえからそれぞれ「卅七」「二」「十五」と朱で書きこまれている。これは明治三十七年二月十五日の入架を示すものであろう。なお一橋大学には、『再渡集』の写本もあるが、同様に史料編纂所の影写本の写である。

以上の通り、現在確認できる写本の大半は十九世紀の末から二十世紀初頭に作成されたものである。『初渡集』『再渡集』の抄録である『入明略記』が『策彦入唐記』と称され、十九世紀半ば以前より流通していたらしいこと、『謙斎南遊集』の江戸期の写本も存在することなどを考えると、妙智院に大量の日明関係史料が存在していることは知られていたのであろうが、現状知りうる限りでは、近代以前、『初渡集』の写本が多く作られ流通するという状況ではなかったように思われる。(11)

『初渡集』の翻刻はまず、大正期になって高楠順次郎氏らによって完遂され、『再渡集』『戊子入明記』等の関連史料ともども『大日本仏教全書遊方伝叢書』第四に収められた(12)（表参照）。この翻刻に基づき、久保田量遠氏による『初渡集』全文の読下しが行なわれ、『国訳一切経和漢撰述部史伝部』二五に収められた。(13)ただこの高楠氏らによる翻刻は、妙智院所蔵の策彦の自筆原本に拠るのではなく、史料編纂所の影写本に拠ってなされたものである。この点を憾みとして牧田諦亮氏は、マイクロ写真からの翻刻を試みられ、一九五五年に法蔵館から刊行された同氏著『策彦入明記の研究』には、『初渡集』をはじめとする関係史料群の多くの翻刻が所収された（表参照）。同書には併せて、各史料や策彦自身についての解説も収められており、日明関係史の基盤研究として古典的な地位を占めている。とりわけ翻刻は、写真を所蔵公開している公的機関がなかったことも相まって、史料引用の際の参照元として長く利用されてきた。(14)

しかしながら近年伊川健二氏により、同書に含まれる翻刻のうち、『戊子入明記』に脱落・乱丁があることなどが指摘され、(15)改めて妙智院所蔵の自筆原本によった読解作業の重要性が認識された。にんぷろ日明班では、伊川氏が撮影した『初渡集』のデジタル写真をもとに、大日本仏教全書と牧田氏による翻刻を参考にしつつ、原本からの読解作業に取り組んだ。本稿はその成果をまとめたものである。従前の翻刻では表現されなかった字句の抹消、朱字、あるいは文書の写の字配りなどの復元を可能な限り行なったこと、人名注をつけたこと、日記全体にわたって多く散見される中国の故事や詩の引用のもとあたりを行ない、また日記の主たる舞台である寧波を実際に現地踏査したうえで翻字していることなどが本稿の特徴である。これらは近年の史料データベース等（大正新脩大蔵経テキストデータベース・文淵閣四庫全書電子版・全国漢籍データベース・東京大学史料編纂所の各データベース等）の整備により可能になったものであり、先学の成果を着実に受け継ぎ、少しでも前進できていることを願うものである。なお、時間と量の制約から、本稿では、寧波滞在中の期間にあたる中巻のみを対象とした。

三　中巻の内容

（1）概　観

ついで本稿が対象とする中巻の内容について簡単に触れておきたい。

天文八年度遣明船の正使は筑前博多聖福寺の湖心碩鼎、策彦は副使である。大内義隆の独占経営になるが、博多商人ばかりでなく、堺の商人らの名も多く見える。天文七年（一五三八）に博多を発して五島に向かったが、風を得ることができず、引き返して博多で越冬した。『初渡集』は、五島の奈留から博多へ戻ってきた七月朔日から始まる。翌天文八年三月五日、再度博多を出発、同月晦日に五島奈留浦に到り、四月十九日、風をとらえて中国へ向けて大洋に乗り出した。順調にいけば五日ほどで舟山付近に到るはずの航路であるが、少し流されてしまったようで、五月二日になって舟山よりはるか南の温州の海上に到った。そこから北上し、八日、昌国衛に到って保護され、昌国衛の護送で、十六日、寧波の外港たる定海港に無事到着した。ここまでが上巻の内容である。

中巻は、嘉靖十八年（一五三九）五月二十二日、定海港を発して、甬江をさかのぼり寧波府城についたところから始まる。持参した武器類をリストアップしたうえで、すべて提出し倉庫に厳封するべきことを命じる明の文書が発せられ、それに対して策彦らが請書を提出するなどのやり取りの末、二十五日、上陸して宿舎である嘉賓堂に入った。嘉賓堂は寧波府城の東、霊橋門より三百メートルほど城内に入ったところにある。従来の宿所はもっと城内奥まったところにある安遠駅内であり、この異例に対しては通事を通じて早速、抗議をしているが、受け入れられなかった（五月二十四日条）。そもそも今次遣明船の直前の使節は、寧波の乱を起こした大永度船であり、乱後に断交した日明関係を再構築できるかどうかは流動的な情勢にあった。実際、通常は寧波到着後二か月ほどでもたらされるはずの上京許可はなかなか下らず、何度も担当官に書状を出しては嘆願・催促している。こうした明の官憲とのあいだで交わされた文書は丁寧に『初渡集』に写されており、明の文書行政を知る上でも貴重な史料となっている。

漸く北京から朗報が到ったのは八月十六日である。この年は閏七月があるから、実に四か月かかったことになる。ホッとした策彦たちであったが、現実には北上の出発日はなかなか決まらなかった。「早く出発しなければ来年夏の帰国の季節風を逃してしまう、そうなればあなた方にも負担になる、そもそも我々は郷里を出てから三年もたっている、一刻も早く北上し、来年の夏には帰国したい」と何度せっつくも、明の動きは鈍く、十月に入っても策彦たちは未だ寧波にとどまっていた。「前の遣明使は八月末には出発し、十二月初めにやっと北京に到ったというが、今既にそれから二か月も遅れている、このままでは運河が凍って路次難渋してしまうのではないか、北京行きが遅れれば来年の帰国の季節風を逃してしまう」と再度嘆願したのが十月四日。それに対して、即日、便に従い出発するから安心して待っているようにとの返信が来るも、さらに待つこと半月、最終的に北京にむけて旅立ったのは十月十九日のことであった。

中巻は十月六日を以て終わっており、具体的な上京準備から、北京への旅路、北京での朝貢儀礼、寧波への帰路の様子は下巻に移る。策彦たちの懸念通り、寒さのために旅は厳しいものとなり、十五世紀半ばの遣明使節笑雲瑞訢が二か月ほどでこなした道のりに四か月半を費やすことになった。結局、寧波に戻ってきたのは翌嘉靖十九年（一五四〇）の九月である。当然夏の季節風には間に合わず、風待ちのため寧波で数か月を過ごすこととなった。下巻はこの寧波滞在中の十二月五日で終わり、下之下巻は改めて十二月朔日から開始し、翌嘉靖二十年六月、季節風に乗じて帰国し、八月安芸に出陣中であった大内義隆に復命、九月末、山口に帰り着いたところで終わっている（記事は十月二十六日まで）。

（2）寧波での交遊

中巻に綴られるのは以上の通り、じりじりしながら北上の許可と出発を待つ日々であったが、すでに多くの研究があるように、寧波在住の文人と精力的に交流を持ち、詩文をやり取りし、また書物や絵画・その他器物を購入する日々でもあった。寧波府城に到着して最初の一か月ほどは明との交渉に忙殺されていたようだが、六月の終わりころから謝国経や趙一夔・趙一元兄弟、あるいは范南岡といった人々との交流が見え始め、七月四日には謝から『聴雨紀談』一冊を贈られ、彼から『医林集』を買っている。書籍の収集については、同八日に『読杜愚得』全八冊、同九日には『鶴林玉露』全四冊を得た記事がある。『読杜愚得』は明初に作られた杜甫の詩の注釈本、『鶴林玉露』は南宋の随筆である。また親しくなった文人范南岡・范葵園に『三場文選』『皇朝類苑』『東坡志林』『山谷刀筆』などの入手を依頼している（八月十一日・同十六日条）。『三場文選』は元代の科挙対策本、『皇朝類苑』は南宋の類書。『東坡志林』は蘇軾の、『山谷刀筆』は黄庭堅の詩文集で、どちらも成立は宋代である。

七月に入ると、秀才、すなわち府学や県学の学生たちとの交流も頻繁となる。とりわけ戴子望・張東津・銭竜泉の三人とはたびたび訪問し合っている。またのちに多くの書画をもらうことになる柯雨窓との付き合いが始まるのは閏七月の初めで、さっそく自身の号である「怡斎」に題を取った詩と図書（ハンコ）をもらった（閏七月二十八日条）。このうち図書は策彦の死後、甲斐の穴山梅雪の所持するところとなった[16]。同じころ、七月の終わりより交流していた方梅崖に、「怡斎」二字の大書、また策彦と江心承董とで編纂した連句集『城西聯句』の題字書きなども依頼している（閏七月二十五日条）。この「怡斎」字・『城西聯句』ともに「策彦入明記録及送行書画類」の一として現存している。

　これら趙一夔・范南岡・柯雨窓・方梅崖などの人々とは以後何度も詩をやり取りしているが、変わったところでは寧波の乱の際に焼失した境清寺の僧とも詩を詠み交わしている。八月四日、策彦たちは寧波府城の南、日湖の近くの南関禅寺に遊んだが、そこで出会った二人の僧はもと境清寺僧であった。寧波の乱で寺が焼失したのち、僧たちはそれぞれ他寺へ散って行ったという。境清寺を焼いたのは日本側であり、その境清寺の跡地は、まさにいま策彦たちが泊っている嘉賓堂であった。さすがにこうした経緯を持つ僧と付き合うのは気が重かったのか、「旧境清寺僧梅江（徳性）詩を作りて余に投ず、余やむを得ずこれに和す」と乗り気でない様子である（八月二十日条）。ちなみに寧波の乱については、折に触れて明側から査問され詰られている様子がうかがえるが（六月七日・九月十八日・同二十二日条）、細かな内容は記されない。他の交渉の詳細な記述に比べると、あえて書くのを避けているのではないかと思われるほどである。しかし土地柄、寧波の乱の影はしばしばみえ、八月十二日には、乱の際に大内方が連行してしまった明側の指揮官袁璡の婿、陸明徳が訪ねてきている。袁璡の送還については北京でも要求されているから（嘉靖十九年四月十四・同十六日条、下巻所収）、陸も様子を窺いに来たのだろうが、『初渡集』には貰った物品についてしか記されていない。なお策彦たち自身も閏七月十九日には「嘉靖二年入貢戦死群霊」のために、寧波府城内の延慶寺・寿昌寺の僧を招いて水陸会を催している。

　文人たちとやりとりした書状や詩はしばしば『初渡集』に写され、その内容を知ることができるが、一方で『初渡集』には写されなかったけれども、「策彦入明記録及送行書画類」のなかに原本が残っていることもある。たとえば、七月二十二日には「午刻、范南岡尺書を馳せ、塩菜・石耳二物を恵む」という記事が見られるが、その「尺書」にあたるであろう文書が『明国諸士送行』に収められている。『明国諸士送行』は八通の原文書を貼り継いで一巻に仕立てたもの。すべて明人から送られた書状で、初渡／再渡時にかかわりなく、ばらばらに貼り継がれている。この五通目に「昨蒙／枉顧、甚為簡慢、既辱／厚貺、兼領／佳句、何以克当、策彼此語言難弁、不能以尽衷、至負歉々、別具虀菜数株・石耳少許、悦不多、奉是、賜／鑑納、万々、／友生范南岡頓首拝上／怡斎尊使大人上刹／余素、」とある。(17)虀菜とは野菜などを醤で和えたもの。策彦は塩菜と称しているが、要するに塩味系の食べ物で、同じものを指していると考えられる。石耳は岩茸のことである。『初渡集』には続けて、「時に即休琳公・万英祝公来話す。予この嘉肴を得て、侑するに一盞を以てす」とあり、たまたまやってきた使節仲間とこれを肴に一杯やったことがわかる。のどかにみえる一コマであるが、「今日炎熱超常たり、起臥佳からず、郷思懐に萌ゆ」（同日条）という過酷な状況のなかでの、せめてもの気晴らしであったようである。

（3）　孤竹らの死

実際、博多から積算すれば約二か月半にも及ぶ船旅と、蒸し暑い寧波で嘉賓堂にとどめ置かれて自由に動き回ることもできないまま北京からの連絡を待つ日々は、使節たちの心身を相当に蝕んだものらしく、閏七月二日には、一号船居座雪窓等越の従者与次郎が死んだ。さらに同八日には従僧の孤竹珠宜、同九日には二号船居座の仙甫祥鶴が相次いで没した。文芸仲間でもあり碁敵でもあった孤竹の死はこたえたようで、同十三日には、この間しばしば行き来している戴子望・張東津・銭竜泉三秀才がやってきたので茶菓を出し、詩文の応酬をしたことを記したうえで、「このごろ東禅（仙甫祥鶴）・孤竹相続いで逝く。これゆえ胸中不如意、よく細語せず」と文人達の来訪によっても晴れない鬱屈した心情を書き記している。たびたび漂流・難破した遣唐船と違って、遣明船の場合は、漂流・沈没した船はなかったが（寧波の乱時を除く）、病気による死者はしばしばみられ、永享四年度・宝徳度の際には正使が途中で没している。今次遣明船の場合にも主だった者だけでも、このほかに従僧浦雲□精、二号船船頭河上杢左衛門の父利勝、三号船土官某、通事呉栄の子呉霖などが死去している。[18] 明側に提出した文書にはしばしば、我々は命がけで波濤を超えてきたのだ、という表現がみられるが、彼らにしてみれば誇張でもなんでもなかったのであろう。

そのような死と隣り合わせの状況ゆえか、無聊ゆえか、寧波滞在中には自分の先祖や家族、あるいは自身について、策彦に一文を求める者も多かった。たとえば三号船船頭の薩摩家信は、おそらくは寧波の工房に自分の姿を描かせ、策彦に賛を求めた（九月三日条）。浦雲□精の従者某は亡妻と亡子の姿を描かせ、これに賛を求めた（八月二十九日条）。妻は観音のごとく、子は善財童子のごとく描かれていたという。通事の銭宗詢は家譜の執筆を求めてきた。早速筆を執って書き記した内容が、九月十三日条に見える。すなわち、銭宗詢の祖父銭得保は定海県の人で、倭寇にさらわれて博多に連れてこられたのを、日本国王が京都に呼び寄せた、その子宗黄は通事として活躍した、宗黄の子である宗詢も正徳六年（一五一一）、永正度遣明船で入明を果たし、今回の遣明船にも通事としてやってきたのだという。前期倭寇の被虜人たちの実態や、遣明船通事の出自を知るうえで貴重な証言である。

策彦は、他人のものだけでなく、自身の半生についても、故郷を思い眠れぬ夜に書き綴った。八月十一日条には、九歳で心翁等安に入門してから、副使の任務を帯びて寧波に到着したところまでの略歴が細かに書き記されている。この部分は、抹消・書き直しが、他よりも多く、まさに草案として推敲していたことがうかがえる。妙智院には、元亀四年（一五七三）四月十六日付で、策彦が自らこの略歴を清書したものと、永正六年（一五〇九）十二月二十四日付で心翁等安が策彦に授けた安名、永禄庚申（一五六〇）八月初吉付で策彦周良が三章令彰にあたえた安名とを併せて一巻に仕立てたものが、「策彦和尚行実」と名付けられて残っている。[19] 安名とは、出家する者に対して法名を書いて渡したもの。三章令彰は妙智院主となる人物。おそらくはのちに心翁―策彦―三章の法系を明確にするために、三通をまとめて一巻としたものであろう。この元亀四年の清書では、『初渡集』には「鹿苑大宗主」とのみ書かれてあったものが「鹿苑大宗主宗山（宗貴）大和尚」と人名が明確化されていたり、「黎明到西山」の「黎明」や「太半自書」の「太半」が消されていたりという細かい修正が施されている。さらに子供の頃のエピソードとして「師驚嘆為天稟」と書いていたものを消したり、自分の出自について「殆与馬前卒為伍」としていたのを「殆違華冑之比」と直したりしている。晩年の策彦の自意識の揺れがうかがえるようで興味深い。

註

（1）村井章介・須田牧子編『笑雲入明記――日本僧の見た明代中国』（平凡社、二〇一〇年）。

（2）牧田諦亮『策彦入明記の研究』下（法蔵館、一九五五年）。

（3）その一端は『初渡集』嘉靖二十年七月二十一日条、また遠藤珠紀「穴山信君と策彦周良」（『日本歴史』七五四、二〇一一年三月）・西田友広「嘉靖二十六年六月五日寧波府諭の写本について」（『東京大学史料編纂所附属画像史料解析センター通信』五七、二〇一二年）など参照。

（4）前掲註（1）書。

（5）最終紙に「鉄斎」の朱丸印があり、富岡鉄斎旧蔵本と知られる。また見返しに「京大／８９４５６８／昭和26・6・27」の紫印が押され、一九五一年の入架と知られる。

（6）上巻奥書「二級写字生三栗中実写、／御用掛男沢抱一校、」中巻奥書「明治十八年五月廿八日京都府下天龍寺々中妙智院蔵書ヲ写ス、八等掌記田中重遠／明治十八年六月十二日八等掌記名倉信敦校、」下之上巻奥書「明治十八年六月十日京都府下天龍寺々中妙智院蔵書ヲ写ス、八等掌記田中重遠／明治十八年六月廿三日八等掌記名倉信敦校、」下之下巻奥書「明治十八年六月九日京都府下天龍寺々中妙智院蔵書ヲ写ス、二級写字生三栗中実／明治十八年六月廿三日守永宗模校、」

(7)『東京大学史料編纂所図書目録第二部和漢書写本編十』（東京大学出版会、一九七八年）。

(8) 尾上陽介氏の御教示による。記して感謝申し上げる。

(9) なお同じ形状で『再渡集』の写本もあるが、冒頭の坪井・日下の名、奥の曲淵の名はともに見られない。また朱はみられるが、原本の朱の復元である。あるいはこれも下原稿で、いずれ坪井・日下の校訂を経たうえで、本原稿の作成がなされる予定だったのかもしれない。

(10) なお底本になったのは、おそらく先に作成された影写本であろう。両者ともに下巻の最後に「策彦和尚前後渡唐日限／策彦老師渡唐」と題する初渡と再渡の日程のまとめが付されているが、これは影写本にはあるが、原本にはなく、妙智院蔵の写本・人文研所蔵の写本にも存在しないからである。ただ、この記述は影写本作成の際に、新たにまとめたものというわけではない。本記述は、寛政年間に妙智院所蔵の策彦関連文書を写した『策彦和尚往来雑記』（宮内庁書陵部蔵、池底叢書七十）所収の「策彦老師渡唐」と題される文書と同文であり、字配りもほぼ同じである。おそらく妙智院にこのようなメモが残されていたのであろう。なぜ『初渡集』下巻に写されることになったのかは不明である。

(11) なお国立公文書館旧内閣文庫所蔵本のなかには、「外務省」と入った罫紙に写された『戊子入明記』『再渡集』下の写本があり、うち『再渡集』の表紙には「策彦和尚再渡集下上闕本」と記される。「上闕本」というからには、妙智院所蔵の原本や編纂所所蔵の影写本ではなく、別の写本によったものと判断されるから、少なくとも『再渡集』下については現在知られていない写本があったことになる。なお策彦はしばしば冊子の冒頭と末尾の空白を雑多なメモで埋め尽くすが、この本では冒頭のメモ書きは写されているが末尾のメモ書きは略されている。

(12) 仏書刊行会、一九二二年。

(13)「策彦和尚入明記」の名で所収。大東出版社、一九三九年。なお一九八〇年の改訂版では牧田諦亮氏による校訂が加えられている。

(14) 二〇〇九年度以降は、東京大学史料編纂所に写真帳が入架され、マイクロ写真を閲覧できるようになった（『妙智院所蔵史料』一～一四。表参照）。

(15) 伊川健二「『戊子入明記』に描かれた遣明船」（『古文書研究』五三、二〇〇一年。のち同著『大航海時代の東アジア』吉川弘文館、二〇〇七年所収）。

(16) 前掲註（3）遠藤論文。

(17) 岡本真・須田牧子「史料紹介：『明国諸士送行』」（『東京大学史料編纂所紀要』二三、二〇一三年三月）。

(18) 浦雲については、『初渡集』嘉靖十九年八月十一日条に「浦雲逝」とある。利勝については、同十月二十一日条に「明日以籌利勝禅門卒哭忌之辰」と百日忌の記事がある。三号船士官については、正使湖心碩鼎の文集に「三号船之士官、去歳臘月十六日死了、予赴北京不知之、今月今日作偈追悼」（『頤賢録』坤、東京大学史料編纂所架蔵写真帳）と題する詩があり、呉霖についても同じく湖心の文集に「呉霖之下炬大明通事之子也、」「和副使悼呉霖詩二首」（同上）と題する詩が残る。なお遣明船に関わる死者については本書第二部の伊藤幸司論文も参照されたい。

(19) 現京都国立博物館寄託。東京大学史料編纂所架蔵写真帳『妙智院所蔵史料』一所収。

妙智院所蔵『初渡集』巻中・翻刻

伊藤幸司・岡本弘道・須田牧子・中島楽章
西尾賢隆・橋本　雄・山崎　岳・米谷　均

凡例
翻刻

凡例

・本稿は、妙智院所蔵『初渡集』巻中の翻刻である。全四十丁（後補の表紙1・2・同裏表紙1・2を除く）。うち一丁表裏と四十丁裏表は日記ではなく、雑多なメモで埋め尽くされている。
・文字はおおむね常用字体に改め、改行は適宜追い込みとした。傍書・挿入箇所も適宜本文中に追い込みとした。ただし文意により原文は改行していないが改行した箇所もある。
・本文には読点および並列点を適宜加えた。また看板の文字・詩句・文書・会話等の引用部分には「　」を付した。△などで引用であることが示されている場合も同様とした。

・朱筆は『　』で示した。なお一丁表には、大量の朱筆の書き込みがあるが、判読不能のため省略した。

・尊敬を表す擡頭・平出・闕字は適宜存した。

・余・予などの一人称につき謙譲を表す細字は省略した。

・欠損の箇所はおよその字数を計って□または［　］で示した。判読不能の文字は■で示した。抹消された文字は左傍にゝを付し、判読不能の塗抹文字は、およその字数を計って■または■■とし、左傍にゝを付した。

・強調点は、で示した。

・本文中で校訂により改められるべき文字や加えられるべき文字は〔　〕、人名・寺名など参考のためのものは（　）に入れ傍に記した。なお人名は各月の初出時に示した。

・その他、適宜●を付してゴシック体で注記を示した。

翻刻

●表紙1（後補）

亨

初渡集　中

●表紙2（後補）

嘉靖拾捌年亥伍月念二日始焉

（貼紙、異筆）「嘉靖十八五月廿二日より

十月六日まで」

策彦和尚初渡集　下《中》

●一丁表

鹿霜菜ノ名也、　南星天[redacted]ヲ如此トリテ載ソ、南木香北檀越ニツケテ可面白ソ、

復春丹・八仙丸已上菜銘ソ、　蟬菊散同上、[redacted]白菊花ノ入ル菜ソ、　愿《ツヽシム》

挹嵐　貯月　駐《員》春　妙智　怡斎　自彊　「非舟車足力所及、」列子

瑣細録　続瑣細録　百川《戦》奇法　百将伝

鶴林玉露　皇朝類苑　春渚紀聞　無文印　光明蔵

祝（周堯）英字説　城西聯句序跋　旋朝送行詩

「春蠶夏仮、」文錦　「黒牽牛白牽牛、」医林
三刻宋祁大本
漢書不足分　十九史不足分　馬上本揚氏法言　木通
老子経正義　漢雋　読杜愚得　史記索隠正義本　感謝至深、
賊風ト云ハ子イリテヒク風[redacted]
羅湖野録　叢林盛事　山谷刀筆　東坡志林　黄晋郷集
樊川集
五家為伍　西漢文鑑　△[redacted]見松[redacted]
三筆　簇錦一冊　正使(湖心碩鼎)御借用、　韻府抜一冊　惟徳(崇貽)借用、　△西下愁城鄽、
聴雨紀談一冊　天初(啓笁)借用、　七月廿日也、

●一丁裏

万々寛中、某啓、専人遠辱書、存詞加厚、感悚不已、此日、郡事余暇、
高義凛然、固出天資、△昨日、廷中望見、殊久慰得、人還布謝、艸々不宣、
連日会集、殊無少暇、不及詣謝、明日解維、豈勝愧負、
祖□和尚、一字三礼書、注記ニ、三千九百丹四字トカ、シマウタ、丹ノ字ヲ取梱シタレトモ、人ニ問タレハ、単ノ字
ソ以同句ソ、予、昔艸歳　老師心翁(等安)和上、臨川開山ノ三牌ヲ筆見時、何之単五歳トアソハシタソ、単ハ奇数ナレハ、
五ニアタリテ面白ソ、或曰、単ヲ但ノ字ニモカヨウテ書タソ、タ、ノ意ソ、又ハ旦ニモ略シタソ、
△「髪半白謂之二毛、昔潘安仁年三十二歳、髪已二毛、」百川学海
真西山偏(編)集
韓文正宗序　「韓如海、柳如泉、欧如瀾、蘇如潮」　陽半陰方　奇遇

「梧桐生矣、鳳皇鳴矣、」詩　「老楓化為羽人、朽麦化為胡蝶」云々、
「英華発焉、蠢動生焉、」文錦　「山蚯化為百合、」斉丘子
「東坡（蘇軾）胸中有百斛明珠、」山谷刀筆　「風松雪柏未為好品、」同上
△愿、説文　謹也、従心原声、書　愿而恭、注　愨謹良善之名、或乍原、荀子　原愨、注　原読作愿、論語　郷原徳之賊、
孟子　其惟郷原、句会　○温尋、山谷刀筆、タツネタツネンノ意也、
△源、説文　徐語也、従言原声、引孟子、源々而来、又元韻、同上
△「麟鳳来而頌声作也、」東漢文鑑　曹操　「睚眦之怨必讎、一餐之恵必報、」同
「屈平（屈原）悼楚受譖於椒・蘭、」子椒・子蘭、譏平於襄王、而放逐云々、同上　因此言也、
「斉侯不疑射鉤之虜、」管仲射桓公甲鉤、同　「夫立大操者、豈累細故哉、」同
△「東坡二丈、黄門三丈、」山谷刀筆　「墨海棠」国朝文類
△胭脂　犀角　編竹有為遮日之具、大上書「遮陽」二大字、　『麒麟楦《イカタ》』
●二丁表より　以下丁数を略す
嘉亥
五月廿二日、卯刻、発船出定海港、総兵大人・巡海侯以下、差軍船護送、
巳刻、候潮、泊船於中流、蓋定海与寧波之交也、当南有山之如臥竜者、予指点以問其名於通事周文衡、々々〔文衡〕則答以伏
竜山、未刻開船、酉刻、著寧波岸、即刻、知県差人致贈、
△「鄞県
今具
白米壱石　猪肉壱辺計弐拾斤　酒弐罈　筍壱百斤

柴弐百斤

嘉靖拾捌年伍月　　日具　」

廿三日、辰刻、巡視海道大人差周通事（文衡）、示両牌、々云、

「欽差巡視海道浙江等処提刑按察司副使盧、示仰通事周文衡、伝諭日本使臣併従商人等、今将進城、遵照

大明禁令・往年旧規、合将各船帯来防盗大小兵器、尽数盤出、簿記明白、固封貯庫、待後

貢畢回還之日、逐名照数査給、毋得違悞、　」

裏有「巡視海道」四字大字一押、

「欽差巡視海道浙江等処提刑按察司副使盧、示仰通事周文衡、伝諭日本国使臣、本道遵奉

朝天懐柔遠人之意、凡一応供給安挿事宜、倶照旧規、区処整備、仍厳禁本境奸貪之徒、不許勾引誆賺外、務要約

束通事・従商人等、各謹守

天朝法度、安静居住、聴候

鎮巡三司同至、験収方物、奏

請赴《ヲモムク》京、毋得軽信浮言、勿懐疑懼、毋得出外生事驚擾地方、往轍可鑑、爾宜知悉、

裏有「巡視海道」四字、又有「押」大字也、　」

「

日本国進

貢使臣碩鼎（湖心）等、抄蒙

欽差巡視海道老尊牌面二道、内開、防盗大小兵器、守

上国法度者也、使臣等造注簿記明白、帰国之日領回、随将牌内事理、諭従商人等、除

遵依知暁外、中間不致違悞、預行稟白、

嘉清〔靖〕十八年五月　日　　日本国正使碩鼎　押

副使周良（策彦）　押　」

廿四日、辰刻、以水乏、呈短札於提挙司《三老爹》、「船中水渇矣、伏冀、疾速差人役、頻々送来、吾日衆、久淹屈于海洋、水

若不清、心痛不好《ム旁、大明ノ世話也、》、俾井水給、則幸々甚々、謹覆、」「清《井》潔清水疾送、」裁答、

差通事呉栄、詣宮新構地之非旧規、△「為接吾輩、将営新構、即今所占之地、非其旧規、為此差通事呉栄、拝詣于

床側、仔細問著旧例、相攸於別処、則万幸々々、」無返書、

巳刻、又呈短簡於三老爹、告預運船具等事、△「明旦捧進　貢方物、且復生等上岸、紛冗不可言、伏冀、今日先俾船

具之大者、運般于岸畔、是所感也、謹告稟、蒙　教、俟稟　海道、再復、」

午刻、提挙司致帖云々、

「　湘《浙》江市舶提挙司、為進

貢事、照得嘉靖十八年五月二十二日、該定海等衛所官哨軍船、防送夷船三隻、到泊鄞県甬東江、次所拠来

貢夷使人等、合用稟給口粮等項、擬合就行、為此、帖仰本役、即将来夷、分別使臣若干、応該廩給若干、応該従

人若干、口粮若干、備査明白、逐一備細開報、以憑転行有司、応付施行、務要的確、毋得朦朧開報不便、須

至帖者、

右帖下通事周文衡、准此、

嘉靖（朱印影）印　十八年五月　廿四日

貢事帖印写　一押　　差吏楼潮関査

」

申刻、下舵錠及櫓於陸、又少焉、停脚船於彼岸、
△廿五日、天気快晴、巳刻登岸、岸畔駕橋、々畔掛牌、々上有「粛静」之二大字、詣海道老爹仮屋、各消拝者四、正使和上拝于中央、予班于左方、居座・土官・従僧以下次第列班而拝、々了、各就新構、逐一設曲彔、少焉、海道老差人拏茶来、且又贈杏子・枇杷等之果、又少焉、知県専人贈饅頭、刻后、拏煎茶者三四巡、午刻、捧表文箱、明人以錦繍作楼閣之形、俾箱置其中、裹以錦、伶人列于左右、而奏楽、々罷、正使及予以下官員、謁　知県仮屋、如前四拝、々了、又就三府、有恒礼、々了、点検日本諸官員貨物、検了、各就于嘉賓堂而憩息、正使及予黒漆轎子、居座以下竹轎子、酉刻、提挙司来賀、正使及予出迎礼、携以数件嘉殽、時方驟雨簸瓦、
△「鄞県

今具

鵞弐隻　肉壱腿計拾斤　魚捌尾　索麺壱盤計陸斤

杏子壱盤計拾斤　枇杷壱盤計拾斤

嘉靖拾捌年伍月　日具」

△「副使正鋪陳一副共一十一件

花単壱片　青布褥一条　紅綃褥一条　蓆一領

紅綃錦被壱条　紅綃夾被一件　夏単被一条　冬単被一条

紅紗帳一頂　紅綃帳一頂　涼枕一箇　燠枕一箇」

△廿六日、雨、早旦、両居座（大光梵琢・雪窓等越）・両土官（吉見正頼・矢田増重）并船頭（神屋運安）来賀、辰刻、下廩給、次下従人口粮、廩給支配、反旧例、以故寄短札於通事周文衡、「諸官員廩給、総計既開写于板、即今所支給、与板面胥壊矣、不知何義哉、重命有司、照依旧例、則珍々

重々、」
△「寧波府鄞県、為応付事、
　　計開、壱号船
　　　使臣共壱拾伍員、毎員毎日　米五升　肉捌両　油肆両　塩肆両　醤肆両　醋肆両　茶肆銭　酒参斤　笋参斤　羅蔔参斤　花椒肆銭　燭陸枝　柴参拾斤　炭陸斤
　　正使┃
　　　従人共壱百漆拾玖名、毎名毎日米弐升・肉弐両・羅蔔壱斤・柴伍斤、」
△廿七日、半雨半晴、辰刻、二号・三号諸官員登岸、向　海道老面前四拝、次謁　知県、又拝者四、拝了、各就仮屋、同時点検両船貨物、一号諸官員　正使和上及予・釣雲（雪窓等越、一号船居座）・吉治（吉見治部丞正頼、一号船土官）、為証明、出城外入仮屋、列于一号・二号諸役者之上、少焉、海道老差人贈酒及嘉果、初喫楊梅、其大并吾邦楊梅三四枚為一、且又贈饅頭・餻・白瓜・猫耳等、酒闌喫飯、
△城門榜「霊橋」〔面于南〕二大字、門傍掛牌、々上有「盤詰」之二字、嘉賓堂総門額榜「観国之光」四大字、第二門額「懐柔館」之三字、予出郊外之頃、偶見路傍人家、有帘銘、或書以「加味五香酒」之四〔五〕字、或書以「清香美酒」之四字、△申刻、以一束一本、与周通事、
△廿八日、雨、以故無点検、晩晴、
△廿九日、巳刻、鎮守老公々自杭州来本府、午刻、差周通事〔提挙司〕見示牌、々云、
「欽差鎮守浙江等処地方兼管市舶事務御馬監太監劉、今照本鎮按臨特遣提挙魏璜、帯領通事周文衡、前去嘉賓堂、
　　以諭夷使、爾等帰
貢来茲、賓服

上国、可忻可羨、奈因遠労跋跡、亦当懐慰、目下盤験方物、安置栖止、各宜安心、故諭、

牌図如恒、裏有「鎮府」二大字、下有押、」

△「　日本国進
貢使臣碩鼎等、抄蒙
欽差鎮守浙江等処地方兼管市舶事務御馬太監劉老尊公々牌面、内開、特遣提挙魏瓚帯領通事周文衡、前来嘉賓
堂内、諭衆、依蒙外、使臣等遠伝国命、重修
朝貢、
上国待遇隆盛、頓忘海洋労頓、未蒙盤験方物、先栖止于本堂、弗堪恐懼之至、必企拝謁、可罄謝忱、謹稟白、
嘉靖十八年五月　　日　　日本国正使碩鼎　押
副使周良　同」

△鈿鏤《テンロン》、アヲ貝ノ事ソ、
△茶飯《シヤハン》《サ》　△琥珀不生塵、虎白〔琥珀〕ノソハヘ塵ヲヨスレハ自ハラウテノクル也、
△表兄弟ト云ハイトコヲ云ソ、草トハワレ《ラ》ヲヲシ書シメ云ソ、予ヲモヘラク、草堂ト云ハワラフキ歟、
△査審・査了・査得、　△海道ノユワル、コトヲ、鈞語トカイタ牌カアルソ、
△能酒《チンテウ》ハジヤウゴヲ云、　不為《フウィ》酒ゲコ也、　亮深《リヤンチン》ジヤウゴ、　亮浅ゲコ也、　貴《クイ》了、
△百部根トハ天門冬ノ事也、大曰天門冬、少曰百部根、部字又作蔀、
△包ノ字ハ上ノ大ツヽミ也、裹ハ下ノ小ツヽミ也、
△食厨トハ食籠ノコトソ、又ハ菓合トモ云ソ、不妨《ハン》ト云ハ大事モナイト云意ソ、

△漆紗巾　△箱口《シヤンク》覆輪ノコト也、　沙魚皮サメノコト也、
△青皮《ジヤヒ》之類、緑斜皮・白斜皮・墨斜皮、
△黄銅チウジヤク　青白磁碗碟　碗碟　盆　盞　手下人《シユヤウジン》ウチノモノト云義ソ、タトヘハ日本ニ手子ト云程ノコトソ、
△砕《スイ》器トハクワンユウノコトソ、　恐多《キダ》々々、　謝語ソ、　原価トハモトノアタイ也、
△相打《シヤンタ》チヤウチヤクシヤウヲ云、　富貴人《フクイジン》　艱難人《キヤンナン》　大唐正是《チンズ》、日本中〳〵、
△嘉賓堂面于正南、榜門以「懐柔館」、出館則分路於東西、々門有「懐遠以徳」四字、東門有「観国之光」四字、堂内西有牌、書「投文」二大字、東有牌、書「放告」二大字、又有二牌、一牌面書「日謹火」三字、裏書「夜謹火」三字、一牌面書「夜防盗」三字、裏書「日防盗」三字、

六月朔、辰刻、正使（湖心碩鼎）及予・居座・土官以下諸官員詣大監（太監、下同ジ）、講賀朔礼、各消拝者四、拝了喫茶、々了退矣、次謁海道大人、総門額榜「澄清」二大字、第二門顔「按察司」之三大字、第三門掲「霜衡」二大字、各列堂前四拝如恒、喫茶、扁堂以「激揚」二大字、蓋解海道之義也、澄清門左又有一門、掲「飛霜」二大字、蓋御史台也、即今御史他適、以故不拝詣、次謁提挙司、総門榜「提挙司」三大字、各到堂前四拝如恒、有喫茶、堂裏顔「正心《保民》堂」之三大字、堂裏左方柱掛匙子、上貼牌有「大門匙鑰」四字、入門数歩、而有石牌、書「公生明」三大字、次謁　知府、総門掲「寧波府」三大字、堂顔「保民《正心》堂」三大字、礼如前、礼了喫茶、々了退矣、次謁知県、総門掲「鄞県」二大字、堂扁「武鎮堂」三大字、前有一額榜「脩政立事」四大字、礼如前、礼罷茶、々罷各帰嘉賓堂、時方半雨半晴、所歴過或五歩而一門、或十歩而一門、々々不知其数、粗記其大概、或掲懐遠以徳四大字有楼門、顔以「四明偉観」四大字、或有「宣化」二大字、或有「承流」二大字、又有石門、列于前后、一門掲「四明福地」四大字、一門掲「蓬莱真境」四大字、或顔以「桂林」、或榜以「三世進士」四大字、或掲以「彩鳳聯飛」、蓋及第門也、彩鳳聯飛、疑是兄弟同時登乎、道傍有売薬

人家、貼以「沈氏薬室」四字、牌以「杏林春意」、又有裁帽者、旗上書「涼帽」二字、又有帘銘、々以「清香老酒」四字、以「釣詩鉤」三字、或書「禹悪《ヲク》」二字、此類不足勝数、
△二日、雨、以故不要盤験検余方物、各受廩給、即休琳（即休周琳、三号船居座）上司来話、予卒倡云、「不賞過氷節、吾儕亦夏虫、」琳（即休周琳）酬云、「未帰[redacted]日、永自是秋鴻、」
三日、雨、午刻、大監煩使給美醞佳殽、
△「計

鮮猪一口　湯羊一羫　焼鵝二隻
焼鶏四隻　鮮魚六尾　枝一盤
円一盤　枇杷果一盤　李子一盤
明笋一盤　木耳一盤　麺觔一盤
各様菜四色　酒二罈　」

△四日、雨、以故無方物点検、午刻、即休（周琳）携一壺焼酒、
五日、雨、巳刻、仁叔恕（仁叔崇恕）公上司見恵帷子、
六日、雨、午刻、正使和上、見恵楊梅子数顆、予作禅詩謝之、
「嘉賓堂頭大和上、見投我以楊梅子、蓋嘖味外美、誇果中宗、何恵加焉、聊綴禅詩、以代謝牘、所愧非瓊瑤之報矣、
禅翁須我以楊梅、々子殫時下觜来、除却会闍梨栗棘、別無凡果当輿儓、」
△一老官来、示短書、「鄞県来査、国使卓・椅、前已奉上、不得一字回覆、乞天筆判報、感々、」
△「前日専人給卓・椅、以日迫曛黒、不克裁答、恐懼千曼、連日陰雨、太苦下湿、得此二物、漸安心了、欣謝々々、」

嚮是、生等上岸之日、路側有著項枷者、蓋本府犯法民也、経日不脱枷、太半得抵死、呈短書於　諸老爹、請宥其過、脱其枷、

「吾輩登岸以来、路傍有担枷頭者、不知犯何制禁、　上国法度、可則可懼、雖然、累日累夜、其労瀕九死、即今面前不忍見之、伏望、　諸老爹宥過以脱項枷、是亦仁恕之道也、恐々懼々、」

七日、晴、巳刻、海道老爹諭紙牌、詰留在貨物并素卿〔宋〕・中林等事、申時、提挙司伝大監命而来、

八日、晴、晩又雨、卯刻、正使及予以下諸官員、受　大監命、出城外、大監・海道・知府・知県等、就仮屋盤験、貢物并諸役者物件、二号・三号貢馬上岸、　大監将至之頃、其化儀太厳、撃鼓者数輩列于左右、又楽人奏楽、其次有捧二牌者、一書「粛静」二大字、一書「廻避」二大字、又有背鍮〔省諭〕牌者、有「総鎮府」三大字、又其次■持旗者十数輩、旗上書「令」一字、又軍官乗馬列于前者三輩、少焉、大監乗轎子而来、其衣裳繍龍、蓋類袞龍、持戟随后者多々、未検物件之先、　正使及予以下役者、詣　大監仮屋、有恒礼、其次詣海道、礼如前、

△「欽差鎮守浙江等処地方兼管市舶事務御馬監太監劉　諭、使臣碩〔湖心碩鼎〕等越海而来、効順

　上国、辛苦万状、言不可勝、足見忠誠、当以優待、連日雨作、弗克遂懐、等候天晴、盤験方物、自以礼柔、

　各宜安心舒暢中也、今遣提挙魏璜、専以存慰、」

九日、雨、

十日、雨、晩晴、今日買竹木構床座、蓋為避下湿也、片金扇二本、贈二大人、又粗扇二本、与外郎、

十一日、卯〔辰〕刻、一号船物件盤験了、二号・三号未矣、正使和上及予・両居座〔大光梵琢・雪窓等越〕・両士官〔吉見正頼・矢田増重〕出城外、蓋為証明也、各詣太監仮舎而有恒礼、次謁海道、次謁知府、次謁提挙司、次謁知県、午時、呈短書於諸老爹、愁訴船具等事、

△「物件盤験之后、要俾水夫護吾船、前日許諾以三十人、雖然、去歳風不順、淹滞吾国海島、是故、篷破了、索朽

了、其余船具亦損爛者多矣、人員若欠少、則難何以修補焉、不如随旧例、俾満船水夫就城外仮舎、且復吾国乏舵材、今次

貢船之舵、衆以為良材、凡舵之為物、或濺以潮水、或曝以朝暾、如此者毎日為課■〔ミ〕、否則中心腐爛而生蠹蝕、是吾邦保船之法也、伏冀、先日所収之舵、疾速還了、与吾水夫、臨来歳帰船之期、卒難弁装、故預告稟、」

△申刻、初喫桃実、々大、并合吾邦桃子三枚為一、

△十二日、卯刻、大監以下諸大人、盤験二号船物件、未刻、験了、於仮屋呈短書於大監・海道・都寺〔司〕・知府、△「日昨、物件盤験之頃、吾伴党、将薄紙一両枚、付与運搬人夫、蓋謝其労也、茲聞、有小人之言、無辜赴獄、甚可憐嗟、伏望、諸老爹以仁見恕則□〔幸〕」、

△未刻、又点検三号物件、予困屈、俾通事文衡（周）稟大監、々々許諾、即帰休于嘉賓堂、

十三日、申刻、差明・倭両通事、投薄贄於太監、

△「　日本国使臣（碩鼎）━━等、奉

上方紙・扇等物、開書於后、

計開、

薄楮三千七百張

粗扇二十四把、

嘉靖十八年六月　日　　日本国使臣（碩鼎）━━等拝」

「　日本国使臣（碩鼎）━━等拝、

敬

奉、
白米弐拾石　」贈太監幕臣、
「奉、
計、
鏡台壱个　団扇弐本　銚子弐具　火取弐个
硯弐面　白米壱佰伍拾石
原旧額、送
鎮守公々鎧甲一付、刀一把、今吾国禁厳、無賚前物、補価白米五十石、前後共白米二百石、
嘉靖十八年六月　日　日本国正使｜（碩鼎）
副使｜（周良）
居座｜（梵琢）
居座｜（等越）
士官｜（正頼）
士官｜（増重）
二号・三号諸官員、書其名於后、」

△浙江布政司、共十一府七十二県、
△日本カラ唐ヲ江南トサス事ヲ問タレハ、浙江ノ南方ヲ江南ト云也、
十四日、雨、申時、訪矢田備前守（増重、一号船士官）、于時一竿挽予袂而留、々打談移刻、侑酒、々罷、又扣三号居座即休琳公室、池永

新兵衛并宗巴（池永）・盛田新左衛門・片山与三左衛門以下、出迎、行酒発歌、過晡而帰、
十五日、快晴、辰刻、就嘉賓堂、祝聖、唱薬師如来宝号、回向了、各開堂、正使和上設粥、待予及居座以下諸役者、
午刻、正使和上并諸官員謁太監講礼、次海道、次知府、次提挙司、予以微恙不赴、呈短書於太監、
△「　日本国差来正使碩鼎等、謹
　呈今次進
貢物件、嚮蒙盤験、収在官庫、邇来積雨陰々、一日靡有快晴、是故、弗遑解包而曝焉、只恐蒸湿交加、外爛内
損、是可忍也、抑生等淹屈海洋久矣、頃者、雖偶処館裡、門吏緊厳、不許容易往還、終日惘然、頗似有病者、
不遊名区、不入勝境、何以忘羈旅之労、可不憐憫乎、且復生等上
京起身、未有期日、々待
朝廷寛恤之詔、瞻企之甚、如大旱望雲霓、若弁装遅延、則明年帰国、必失順風節、前来朝
貢使臣、或
詔除不降、或愁訴不決、徒費日月於
上国、如此之例、比々焉有之、生等今不累稟、噬臍何及、往昔以来、
鎮府之於日人等、猶如父母、々々豈無舐犢之愛乎、伏希、
老公々与列位共議、速蒙許諾、茲聞、
公々近日回帰橈於　杭州、然則他時異日、生等憑誰開告訴之口哉、故稟白、
嘉靖十八年六月　日　　正使碩鼎
副使周良

居座梵琢（大光）
居座等越（雪窓）
土官正頼（吉見）
土官増重（矢田）
通事呉栄
鎮守老公々　台前」

△申刻、池永宗巴恵泉酒及昆布・干瓢、
十六日、快晴、辰刻、曝所収東庫之貢物、正使・居座・土官以下赴之、蓋為証明也、予以微恙不赴、
今夕入浴、々罷就寢、■（栩）ゝ然、見祝英尊君（周堯）於夢寐之間、緑髪紅顔、倍于曩時、斯文（□盛）亦在側、款語移刻、少焉、覚矣、
十七日、快晴、申刻、初喫茄子、酉刻、呈短疏於太監・海道・知府、
△一「　日本国差来正使碩鼎等謹
呈、就館以来、一出一入、除官事外、弗蒙許諾、生等何以得安心寧処、
北京詔書若遅延、則積鬱之余、恐生疾病、迷惑之甚者也、前年進
貢使臣、著府不幾、見許以館外往来、弗必待
天朝詔命、蓋依旧例也、非在新事、生等一蒙慈許之后、縦雖頻々不出館門、自然可得気快体豁、是人情之常耳、
至若従人・水夫等嗜酒生事、遵
上国厳法、宜禁止焉、窃承
老公々回旋轅於　杭府、生等聞之、猶如小児失乳哺、自今而后、憑誰陳情素乎、伏希、憫生等遠来艱難、与

本府老爹相謀、速賜宥許、通行無累、謹稟白、

嘉靖十八年六月　日　正使（碩鼎）——

副使周良

鎮守老公公　台前

△憲府〔台〕老尊　台前　呈海道文章同前、」

△「　日本国差来正使（碩鼎）——等謹

呈、就館以来——遵　上国厳法、宜禁止焉、所希、

老爹大人憫生等遠来——、

嘉靖——

本府大老大人　上台　」

十八日、卯刻、正使及予・両居座・両土官以下諸官員送太監、行到迎恩楼下、蓋太監応北京詔命也、今晨所歴過略記焉、西門掲「望京」二字、蓋望北京之義也、出門則有石橋、々々左畔有小楼、々下有石穴門、舟過其下、過石橋五歩許而有一門、榜「保和国脈」之四大字、路之左右有無数人家、又行里許而有楼、面于南、掲「迎恩楼」三大字、楼前即江流如箭、太監内台官僚艤帰船而待、又楼右畔有一門、面于東、榜「騶馬街」三大字、海道・知府・知県・提挙・総兵、各送太監到楼下、吾邦諸官員列于太監前、三揖而礼、々罷、各駕轎子、次詣海道老人、澄清門前、各下轎子、先遣周通事啓、老人適有官冗、不出迎、各駕轎子而帰、々路過〔所〕経歴記其太概、澄清門右街、行里許而有門、大者掲「内台総憲」四大字、上又掲一額、以朱装之、以金貼「恩栄」二字、此街陌、蓋海道老管内也、其外門之在路中央者、不知其数、或有掲「解元」二大字者、或有掲「文憲」二大字者、「雲竜嘉会癸未科第一甲、」・「聚奎坊兄弟解元、父子進士、」・「甲午

賓興」・「奎壁交輝」・「進士坊」・「登瀛橋」之類、光彩溢目、蓋及第門也、或有　遺愛亭、或有　勅賜董孝子廟、繡衣街有掛「心鏡」二大字榜者、盲人所居也、売買人家各貼銘、「馬尾出売」・「蔵糟出売」・「綿花子出売」・「演易決疑」・「中山毛穎」蓋製筆者之家裡也、・「装印経書文籍」、如此之類不足勝数、又有酒屋、或帘上書「新酒出売」四字、或書「蓮花白酒」四字、又帘銘云、「過《行》客聞香下馬、行人知味停車」、又製扇者之家裡無数貼牌、々銘云、「自造時様、各色奇巧扇」・「各色泥金扇面」或灑金、・「発売諸般扇面」・「配換各色扇面」・「発売各色巧扇」、或書「遠播仁風」四字、或書「半輪明月随人去」之句、

午刻、訪大光（梵琢、一号船居座）・吉治（吉見正頼）、大光侑以盃、挙者三、蓋倭防州山口物也、次訪東禅微恙（仙甫祥鶴、二号船居座）、甫侍司（春叔禅甫）擎酒盃、予固辞、啜茶者三巡、次扣柏辰（柏心禅庭）茶店、又出盃、挙者三、于時天初（啓笇、二号船居座）・真乗（梅屋宗香）・李在座（河上李左衛門、二号船頭）、利勝（河上、李左衛門ノ父）聞之、携吾邦宇治茶而来、遂瀹茶者三中、次謁孤竹（珠宜）、々々方与藤田棊、予傍観消暑日、棊罷又侑酒、第二盞而止、及晡帰矣、酉刻入浴、々了喫飯、初喰大角豆、

十九日、熱甚、無別事、

△二十日、斎后、過孤竹家裡観棊、挙酒者両盞、釣雲（雪窓等越）設晩炊、予及大光・吉治・孤竹・矢備（矢田備前守増重）以下赴之、唯欠正使和上、

廿一日、辰刻、海道大人将他適、正使及予・両居座・両土官以下、詣激揚堂惜別、

廿二日、辰刻、為送海道老爹台州之行、正使及予・両居座・両土官以下出城外、南門榜「長春」二大字、海道老発船遅了、累刻候于江畔人家、主人出応、拏茶設果、以為祇待、未刻、海道乗船、知府・知県・提挙司以下諸大人送其行、将発船之頃、正使及予以下役者、列于江滸而有恒礼、蓋伸暫別之懐也、礼罷各帰堂、此日炎熱殊甚、有一秀才、携軽羅小扇来、予卒哦却句、々云、「羅扇雖《縦》消暑、恨無日本風、」正使和上有対、纔至六句而止、所歴過及第門多々、有「翔鳳」・「進士坊」・「三鳳街」之額、

廿三日、辰刻、謁都寺〔司〕呈短疏、△「謹呈、茲承　尊下近駐轅於本府、雖云可企拝謁、海道老爹将有台州之行、前日

詣門下、伸暫別繾綣之懐、昨日既送其行色、昧早出館、候于江之滸者良久矣、是故有志不果、果循〔因〕至今、非慢也、伏希、恕々察々、」正使及予以下諸役者直至堂前、揖者二、拝者四、喫茶了退矣、蓋以初見也、次謁知府於正心堂前、有恒礼、許日衆遊補陀寺、堂内左有二牌、書「青天白日、愛民如子、」之八字、右有両牌、書「高山大川、処事如家、」之八字、

廿四日、辰刻、釣雲旧知蕭一官〔観カ〕、俾〔价〕二通事恵以雲鞋一双・手帕一方・息香二袋、午后、三号船諸役者待正使和上、大光・天初・孤竹及従僧衆光伴、予亦赴之、釣雲・両土官以下不赴、蓋以別日祇待也、

廿五日、卯刻、謁城隍廟《シンワウメウ》、々裡塑北斗星君之像、々前有牌、書「寧波府城隍之神」七字、各献香資者壱緡、次詣補陀洛寺、々前有石橋、榜門以「天下名山」四字、仏殿掲「円通宝殿」四大字、又殿裡掲「真如法界」四字、寺僧十数輩出迎而礼、正使及予・両居座・両土官并二号・三号諸役者入堂、於観音像前、各消拝者三、献香資者拾緡、寺之称長老者、供香資并願文者再三、号同音唱大士宝号、唱了、投願文於炉中火却、堂后又有堂、堂中央安釈迦尊像、迦葉・阿難為左輔・右弼、又堂内左右有床、塑二八羅漢之像、寺僧設椅子及案、請正使以下諸官員就坐、々定、給胡桃・李実・干茘等果、挐茶来、三巡而止、帰路、通事周文衡仮坐於叔父家裡設茶果、

△補陀之為寺、蓋観音大士竪坐三摩地也、生等在海東之日、亦諳其為名藍、前月於大洋、風波蕩突、船不克進、淹滞中流、生等念彼大士、黙禱者良久、遂勠精進力、預推願轂、須臾風順波滑、得轍臻此、豈非大士霊験之所然乎、是故、今日造詣奉拝慈容之次、聊有焼香之資、開書于后、

「　計

孔方拾緡

嘉靖十八年六月　日

日本国　正使碩鼎

副使周良

居座梵琢

居座等越

土官正頼

土官増重

一号・三号諸役者亦書于后、」

廿六日、斎后、謝国経・趙一夔『号双谷』・舎弟趙元元携二童、来訪、余待以倭酒并昆布、酒闌、筆談、国経(謝)自袖出扇并汗巾恵予、一夔(趙)携漢雋二冊・宝墨一錠丸、弟元(趙)恵以金墨一錠丸・青帕一方、午后携三英(梵生)・宗桂扣国経之門、蓋謝先刻来訪也、報以扇一柄一指、陳嘉肴点佳茗、将侑酒、予固辞、陪侍外郎二人、予以扇各一柄付与、次過一夔弟元之家、以扇一柄一指報一夔、以扇子一指一柄・小刀一个、報元、又付童以粗扇一把、又報我以枕蓋一包、今夜夢有翔竜捧書、不知何兆、

廿七日、午時、堺衆待釣雲・吉治・阿備(阿野備後守頼秀、二号船土官)・矢備以下役者、△「水不揚波、風不折木、」拾遺記

廿八日、釣雲設斎、同三英赴之、

廿九日、巳刻、携三英・宗桂遊月湖、々々乃賀知章曾遊地也、有知章廟、々門榜「唐賀秘監之祠」六字、入門則廟堂森厳、中央塑秘監像、有石橋恃(跨)湖、掲「尚書橋」三大字、又詣孔子廟、々中央安牌、々上書「至聖先師孔子神位」八字、次過范南岡家裡、門掲「翔鳳」二字、携以倭扇一柄、范老(南岡)出迎一咲、恰如十年故、陳以嘉殽、酌以美醞、且復盛白雲子、峰白雲杯、初喫松花糕《スンハウカウ》、又盆裡有花之如鳳仙者、予指以請問其名、范老答以満塘紅《モウタウウン》、次詣延慶寺裡、寺乃天(智顗)台智者的裔所居也、寺僧出迎引入房、々一僧親切、把手説寺之事蹟、且進西瓜煎北茶、予投之以粗扇一柄、見報以画

鳥四幅、
七月
朔旦、卯刻、薬師如来、祝聖、辰刻、謁知府、講賀朔之礼、無四拜、々〔礼〕了、呈短疏、々云、
「日本国差来正使（碩鼎）等謹
呈、生等不俟轎馬、歩履遊玩等事、昨日忝蒙教諭、弗勝恐慄之至、雖然、生等在海東之日、聞
上国有名区勝境、瞻慕者久矣、今偶啣国命、得臻此間、是故各人要遂素志、前来朝
貢使臣不具威儀、間行徒歩而極目於風景者、其例惟夥、蓋以非官事也、且夫生等在外見聞、則従人・水夫等自然
不得放嗜酒生事、生等豈不遵守
上国法度乎、仰冀
老爹大人憫生等遠来情、枉賜恕宥、是寛仁之道也、誠惶々々、
嘉靖十八年七月　日　　日本国正使（碩鼎）等拜」
△又愁訴二号・三号床帳等事、
「呈、二号・三号諸官員、未有床帳等之具、前月既定約束、然而弗蒙支給、想是有司怠吝乎、往古以来入
貢幾船・奉使幾人、
上国遇待之盛、溢耳者尚矣、今次進
貢使臣等、縦雖謙黙忍不便、後度必有失旧例之誚乎、
老爹大人降厳命於有司、随例配施、則恵莫恵焉、是〔所以〕仁不異遠也、
（一字サカルヘシ）二号・三号之於吾船、猶如兄弟、若不代而陳、殆違悌愛之情、故奉稟、憐察、多々幸々、

嘉靖
本府老爹大人　上台　」
次謁提挙司講礼、有一門、掲「浙江市舶司」五大字、又常時出入門、顔「提挙司」三大字、堂内無別額、堂右辺貼紙
牌、書示「仰大小行人、不許擅入中公庁坐立喧嚷等事、」
二日、辰刻、龍華（博多聖福寺龍華庵）三正統（三正宗統）上司見恵細葛、午刻訪孤竹（珠宜）、々々嚮見和　竹所大人新作、責予拙和、々而呈醜、
「卒奉攀　竹所尊翁見寄吾友珠宜（孤竹）之高韻、　怡斎（策彦周良）散釈拝稽
未見清容意先足、風流文物久聞諸、呼為天下奇男子、况称世南行秘書、愧我旅程無一物、知君蚤歳惜三余、氷霜
志操可消夏、雲水生涯不愛廬、盟約若修同竹馬、帰期何必在蓴鱸、中華若木莫言遠、紅日朝々照碧虚、」
三日、知府俾通事周文衡、致従人出門之牌、蓋十人二牌充、午后、正使和上待予以豆粥、
四日、午時、就正使和上寓所有衆評、和上見侑以蓮花白酒、々罷、設豆粥、申刻、謝国経价于宗桂（吉田）、恵聴雨紀談一冊、
又売（買）医林集、一部十冊、晩入浴、
五日、仁叔恕（仁叔崇恕）公上司設小斎、余携三英（梵生）赴之、蓋以　千光（栄西）明庵国師年諱也、
六日、午時、正使和上待　守門石沢大人煎茶、且復侑倭酒、々罷、設葛粉麺子、予・釣雲（雪窓等越）陪従、未刻、会泉秀才携三
秀才而来、出示以余遊月湖詩之和章、々云、
「昨見詩章格更清、黄鍾雅律合雷鳴、陽春一曲慚無和、撚断吾鬚落数茎、」
七日、辰刻、於矢備（矢田増重）家裡施食、予及従僧衆赴之、正使和上不敢、桂侍者（吉田宗桂）恵小剔《チツ》紅香合子、堺吸江（吸江□延、三号船土官）延上司恵法輪味噌一
包、就貨物総目之事、与蕭（一観）先生書、代釣雲、
△「貨物数目、開書于別楮、以供貴覧、蓋以所択之吉辰也、一々査審、而係価於其下、示吾商従等則可也、窃聞、

傍有別個人、要議交易、密啓意旨、白糸・紅線等物、其価太賤、足下公道為本、不嗜其利、不高其価、則人々个々懐徳義、以吾日衆交易、必当出　足下一手、豈有他求乎、且夫諸般価直、過度貴於他、則誰又信親、余於　足下、有十余年前之旧好、先利后義、何敢飾言拘価之貴賤、若違前諾、足下与余恐取虚名於衆人、悔将無及、　足下如信余言、中心分暁、以宜方便汲引、所希　足下不帰杭已前、対榻細陳、不宣、　雪窓(等越)再拝、」

八日、午刻、即休琳(即休周琳)上司来話、又仁叔恕上司俾余観東坡(蘇軾)墨蹟、所憾非其真、申時、趙一夔价于宗桂、贈詩并葡萄子、又得小画二幅、蘆菔・茄子・茘子、其価各一銭、又買《得》小瓶一个、換隻金扇并小刀両个、又得読杜愚得、八冊全部、換粗扇二柄・小刀三个、

九日、巳刻、秀才数人来、余適在正使和上処、和上待以煎茶、陳以昆布、又少焉、秀才四員来、和上与余偶対談、不敢顧視、秀才請筆硯書云、「我輩倶学中人也、聞公有斯文之雅、特来拜、何不礼《行》礼也、」余即起、刷衣而伸礼、々了又書云、「曾聞、佳作有打篷風雨亦詩声之句、甚高、」定海坐雨詩也、予迅筆報曰、「不知拙作有何人漫伝、慚汗不少、雖然、他日　閣下賜尊和、則幸々甚々、」渠又書云、「門上人催急、不得細話、莫怪、」書罷疾速告帰、申刻、与蕭一観書、代釣雲、△「諸般貨物数目、前日既開帳呈示、不知　足下査得否、早逐一定価、供《塞》衆覧《請》、則可也、且又計開内　足下所不暁者、要面議之、茲聞、明日　鄞県老爹来馭、査審支給、然則生難得官暇、老爹若須臾畢事回帰、則専人必当報　足下、少待之、日云夕矣、不一々々、」

又得鶴林玉露四冊、全、其価二銭、

十日、斎后、即休琳公来話、又通事銭詢(銭宗詢)来扣、申刻、蕭翰(衍カ)一観入館、与釣雲議交易等事、余付渠以両金扇一柄・山口紙一束、蓋前日回礼也、今夜孤竹翁携藤田来、予囲棊三戦、共決勝、

十一日、巳刻、知府老爹俾三府送酒肴、今晩々炊于釣雲、生(三英梵生)・桂(吉田宗桂)亦相伴、

十二日、辰刻、正使及予・両居座(大光梵琢・雪窓等越)・両土官(吉見正頼・矢田増重)已下諸官員謁知府、蓋講前日贈礼也、今晨三英設小斎、

十三日、辰刻、以両金扇子一柄・山口楮子三百枚、贈知県提挙司、諸役者同前、釣雲設小斎、見待　正使和上、予亦陪従、午刻、正使和上為予調冷麺、々了、酒三行、

十四日、巳刻、知県俾三府贈嘉肴・美酒、

十五日、昧早、祝聖、薬師如来、卯刻、謁知府、有恒礼、無四拝、次謁提挙司、同、次謁鄞県、同、蓋謝昨日贈也、将入門、々東西陌、各有一門、東榜「施仁」二大字、西掲「布徳」二字、堂顔「保民堂」、々后又掲額、有「退省堂」三字、額前又掲横額、有「神明鑑察」四字、

就轎子不足、呈短書於知府、

△「　日本国差来正使┃┃等謹　上呈、往古以来、我国進
貢官員中、称従僧者、凡一十人、然而以前出外之頃、俾轎夫候門、靡有怠緩、蓋依旧例也、今次来
貢、従僧纔得六員、常時出無轎子、候無人夫、是故且望拝謁、毎々欠班行、非慢也、縦有償役、或狂馬馳驟者、
或轎子破損者、衆苦其危、且復弗便整威儀、為之如何、茲承
老爹大人有懐柔遠人之意、希命有司、如例施行、所謂六个僧、乃従生后者是也、故不獲黙止、代而陳言、憐察、
多々幸々、」

午時、就嘉賓堂施食、正使焼香、三英首唱、施食了、於堂后冷麺、酒三行、三艘諸役者会合、正使和上命随侍僧施行、大光（梵琢）・釣雲・船頭以下各出費、堺衆亦贈孔方一緡、有襯金、正使及予各黄麗、平僧一指、

△十六日、無別事、

十七日、午日、斎后、正使和上見催懺法一座、蓋為東禅二号居座（仙甫祥鶴）微恙祈祷也、

十八日、辰刻、釣雲見恵白沙乞生詩教三冊、申刻、張大人古岩价于三英、恵鎖子一个并線香五十炷、

十九日、巳刻、知府贈肴酒於諸官員、午時、呈拙作於趙一夔、蓋次前韻也、

△「前日忝賜　尊詩、再調三読、舒又巻、々又舒、何恵加焉、爾来官事紛紜、弗遑裁答、非慢也、聊綴蜂腰強続

貂尾、伏乞粲櫛、

聖代靡疎親、他郷忘主賓、灯前十年雨、門外九衢塵、挙酒因知己、参詩不祭神、探花何処是、有待洛陽春、趙

大人書楼下、」

晩景宗桂帰館、一夔(趙)又寄一詩、弟一元(趙)亦恵詩并朱墨一塊、今夜炎熱殊酷、客睡不熟、月色穿紙窓、時聞砌下蛩声、与吾邦蛩声無異、不克靡感于懐、聊作此詩、「万語千言幾日通、逢人道是不相逢、今宵喚起還郷夢、聞似旧声唯暗蛩、」

廿日、午刻、大医張古岩来訪、累刻筆談、々了喫茶、

廿一日、斎后、訪范大人(南岡)、々々出迎一咲、陳嘉肴酌美酒、又囲棊三戦、予献詩謝前日来訪、△「感君携酒慰煩襟、交義未深恩渥深、預恐明年忘帰興、他郷亦有故人心、」令子有秀才、即席代而和、々章別記焉、余又携隻金扇一柄・美濃紙一帖、告帰之頃、大人還恵以紅帕一方、次遊月湖、詣会泉大人、蓋謝前日来訪、且復和前韻、携以隻金扇一把、

△「鑑湖孰与月湖清、此者他時要紀行、為慕賀公(知章)終老地、幾回屈指算遊程、」又、「景自月湖晴后清、只題身任画中行、再遊眷々訪君処、類続佳篇慚旅程、」△印工鄭子桓价宗桂致「翰苑遺芳」印、

廿二日、午刻、范南岡馳尺書、恵塩菜・石耳二物、于時即休琳公・万英祝公来話、予得此嘉肴、侑以一盞、今日炎熱超常、起臥不佳、郷思萌于懐、

廿三日、卯刻、正使及予・両居座・両土官以下二号・三号役者、謁布政司兼海道、有四拝、々了有茶、辰刻、就于東禅家裡有百座楞厳呪、正使和上巳下赴之、施襯金、正使及予烟景、余一指、

廿四日、辰刻、余偶把東漢文鑑、遮眼得益者多、

△東漢文鑑一十、与曹操書論酒禁、孔融、「酒之為徳久矣、古先哲王、類帝禋宗、和神定人、以済万国、非酒莫以也、故天垂酒星之耀、地列酒泉之郡、人著旨酒之徳、堯不千鍾、無以建太平、孔非百斛、無以堪上聖、樊噲解厄鴻門、非豕肩鍾酒、無以奮其怒、趙之厮養、東迎其王、非引巵酒、無以激其気、高祖非酔斬白蛇、無以暢其霊、景帝非酔幸唐姫、無以開中興、袁盎非醇醪之力、無以脱其命、定(于)国不酣飲一斛、無以決其法、故酈(酈食其)生以高陽酒徒、著功於漢、屈原不哺醴歠醨、取困於楚、由是観之、酒何負於政哉、」全

□(廿)五日、申刻、送布政司兼海道巡視于他州、正使及予・両居座・両土官以下、出霊橋門外、今夕知府亦以事適紹興府、

廿六日、梅崖(方)来謁、自袖出詹仲和遺墨并自書「観物萃清」四大字各一幅、以恵予、々回報以隻金扇一柄、

廿七日、早旦、詣補陀寺、帰路訪張古岩、蓋謝前日来扣、携以山口紙三帖・隻金扇一柄、古岩(張)出迎莞爾、遂設嘉肴美酒、且又炊白雲飯、供白雲杯、恵余以李白集四冊全、又謁古岩賢兄、携以山口紙二帖・胡椒一包、渠又報予以文錦二冊・紫金丹一包、古岩有令子、頃喪其妻、正使和上贈偈一首・香一弁見悼、予亦依韻助哀、

△謹依　正使湖心(碩鼎)大禅師華偈之韻、追悼曹娘掩粧云、「二十余年四大床、無陰陽地渉陰陽、吾翁宣偈頒香后、粧鏡台成正覚場、海東散釈怡斎(策彦周良)合尖(掌カ)、」

廿八日、三英上司設小斎、初喫青豆、々后(斎)、宗桂以事過趙氏(趙一夔・一元)兄弟家、余和前韻二首贈焉、且又以美濃紙一貼付一元、蓋朱墨回礼、△「嚮賜累篇、宛如錦上添花、余雖駑鈍、倘黙止則厥罪多々、聊附韻尾者一絶、投机右以需改教云、生等日夜待　天詔之降、故末句及之、孤館蕭条無客来、使篇落手興悠哉、幾回北望　帝京立、不識詔書裁未裁、」又次一元韻、『一元号南滄、』

△「効顰者一篇、挑再和云、咲擲、

郷情猶未忘、夜々幾刀州、君有同風句、吾無明月投、芋羊難弁誤《錯》、蘭鮑豈堪儔、他日如相許、披襟共倚楼、」
□刻、戴子望・張東津・銭竜泉三秀才、价于豪忠寄書、
△廿九日、早旦、价于豪忠、寄詩於戴(子望)・張(東津)・銭(竜泉)三秀才、蓋謝前日書問也、
「未見清容先識心、昨来慰寂寄嘉《嘉》音、講交若入文章社、一諾只須軽百金、」
△張東津号桃江、戴子望号竹渓、銭竜泉号可山、
△晦日、午時、初喫藕根、代釣雲与蕭(蕭一覯)翰書、△「暫別既過旬余、操履何如、今領懇書、恰如対顔、欣慰々々、特賜諸色様子、吾商従群議而査得、白糸・紅線・北絹・摺絹・段子・薬品等所要者留之、不要者還之、猶且別開数目付与来使、区々宜分暁焉、遍地金総復回、蓋以不好也、公到蘇州之日、将其好者来、俾各人看可也、凡諸般価直、公之所定与他人平均、則当如前諾、倘与他異而貴了、衆議難服、公能方便調弁、何幸加焉、件々価銀、待公来本府、逐一可討議、非面難罄底蘊、乞問之、不宣、　蕭大人(一覯)　雪窓(等越)――」
酉刻、初喫橙膏、

△閏七月小

朔旦、祝聖、薬師如来、一・二・三号官員之外、講賀朔礼、来謁者不堪勝記焉、斎后、同釣雲(雪窓等越)于以回礼、巳刻、黄南原携一少年来、特投以詩、々云、「茫々万里発扶桑、秉志来観上国光、果是車書同四海、袈裟端染御炉香、」南原(黄)迺双谷趙一夔之友也、筆談移時、予将勧酒、固辞以亮浅、出昆布代酒、申刻、柯雨窓通書問、蓋于昨在范南岡家裡半面、余未記誰某、今和余寄南岡(范)詩之韻、以貽我、且復恵古文大全二冊・小画一方、
二日、斎后、訪戴(子望)・張(東津)・銭(竜泉)三秀才、豪忠前導、蓋謝前日書問也、三秀才和余心字韻、遂少留而対談、且又囲棊者三盤、局終之後、将告帰之頃、驟雨作、三秀才親挽袂而留、少焉設茶飯、酒闌、各乗興発歌、又有一秀才、問其姓名、則姓

李名養軒、問其歳、則二十歳、一見如故、筆談移時、約以后会、雨漸半晴、告別、次訪翰林修撰仲山(全)、蓋前日、余偶
出遊、仲山『全』挽余衣、延以燕寝、且又求詩、余就館未幾、有畏人黙之意、故払袖而帰矣、仲山乃風流儒雅君子也、於是
不克棄疎、綴小詩伸懐、△「前日邂逅于門下、実千載一遇也、其翌将企拝謁、申卑忱、然而　府命厳緊、除官事外、
不得容易出館、有志不果、因循而至今、恕々察々、」楮国有余地、詩以為后会起本云、「莫道江南隔海東、相親千里亦
同風、従今若許忘形友、語縦不通心可通、怡斎(策彦周良)散釈拝頓」
全仲山弟季山出迎一咲、遂以茶瓜為祇待、雨又作、仲山供雨具、告別、恵余以天地図各一幅、仲山父見処蘇州翰官云、
砌下有数个盆壺、々中貯榴樹、暁方開花者煒々、予指花問仲山曰、「吾国亦有此花、五・六月之交、可見其盛、今也、
上国閏七月初二、此花方盛、壺中別置驚人春色乎、奇哉、」仲山把筆答曰、「吾邦人多賞此花、年々開花、自五月至七
月、且又到十二月再著花、」云々、遂諾以恵此花、不知実不実、今夕知府自外《紹興》国帰府、釣雲従《僕》人与次郎有微恙、卒爾
死了、　正使(湖心碩鼎)和上有送津偈、余亦次韻寓哀、「百年亦与電光過、三十余齢一刹那、日没処辺不留跡、扶桑国裡念摩訶、」
本韻
△「三十年来一鳥過、朝離日本暮支那、木人高唱還郷曲、穿破尽閻浮薩訶、」余拙和
今宵風雨弥緊、檐声和木魚、不克著睡、見成都寺於仮寐之間、「胡蝶夢中家万里」之句、有感于懐、
三日、風々雨々、△出外之時、偶有編竹為遮日之具者、上書「遮暘」二大字、
四日、辰刻、謁知府老爹、蓋賀自外国帰府也、正使及予方轎而出、両居座(大光梵琢・雪窓等越)・両土官(吉見正頼・矢田増重)不例不赴、次謁提挙司、喫
茶、□□□□午時、王惟東号龍山携嫡姪王汝喬号虹川并王汝材而来訪、携以文皮并香帕一方・清香二束・蘇州針一
帖・徽墨一匣、余無祇対、唯煎茶一巡之外、出昆布、茶罷、就宗桂(吉田)家裡茶飯、孤竹(珠宜)亦偶来、筆談手談、頗攄鬱懐、未
刻、知県来臨、蓋来初十日之頃、有詔上京進官位、故告別之意也、正使及予出迎、遂見正使和上寓所、次過余寓所、

偶観予案上、有文錦・文鑑等之書、欣然有喜色、少焉、倚椅子、蕩（盪）茶盃者一巡、茶罷、出矣、
五日、初喫柿実、斎后、作詩寄柯雨窓、蓋謝前日嘉貺也、
△「嘉亥之夏、吾邦有修　貢之事、余亦贅諸官之列、而来観　上国之光、於是乎、駐錫於　寧波之府、六旬有余、
音容相接者、或有焉、或不焉、久聞
（柯）雨窓之名、不識雨窓之面、造次顚沛、仰慕惟深矣、新涼入郊之頃、適有蒼頭捧一緘来、披而視之、見和余投范
家詩之佳作也、蓋唐人句法、晋人楷法、出一年者者乎、且復副以新画一幅・古文両策、余獲此三絶十襲、而秘
何賜加焉、吁、未晤対之先、眷恵如此、何況一往一徠之后哉、古人以画・詩・書為三絶、今者画也、詩也、文
集也、其二同中有同、其一異中有同、不愧為他年故事、余蜂雀于詩、蚓蛇于書、口将吟而渋糊、手将臨而停綴、
雖然、倘黙而止、則何以償贈酬乎、強呈一絶索一咲云、
久稔才名未遇君、何当清話解塵紛、一朝恵我以三絶、新画新詩又古文、怡斎散釈拝頓
柯老（雨窓）大人　書楼下」
午刻、賡前韻、以俾館夫王鏜、呈陸亶、
△「聖朝久息兵、無処不昇平、進拝待　明詔、遠来抽赤誠、李円方外友、陸遠社中盟、君若許同志、何曾談利名、」
△酉刻、趙月川・全仲山和余東字韻、价于即休（周琳）、貽焉、
△凡シウト云時、強ノ字ハ、タトヘハ酒ヲ観（勧）ニ、今一ツト云程ノ意ソ、又誣ノ字ハ、サデモナイコトヲ、実ノヤウニ
云コトソ、不誣トカクハ、虚言テナイト云意ソ、
△王子年拾遺記ニ、燕昭王ノ伝ニ消暑招涼之珠トアルソ、消暑ノ字重宝ソ、
△東漢文鑑第二　光武朝　杜篤　論都賦

云々、「大漢開基、高祖有勳、斬白蛇、屯黒雲、聚五星於東井、提干将而呵暴秦、」云々、
△山谷刀筆ニ、新双井トシタハ、定テ新茶ナルヘシ、何慰加之、「三年一祫五年一禘、万里同俗千里同風、」礼
△「内設金馬石渠之署、外興楽府協律之事、」云々、班固両都付序　△肘後方医書
六日、斎后、大光（梵琢）来訪、酉刻、趙一夔専人馳書、且又恵桃果・荳菜二物、
七日、斎后、正使和上設詩会、以閏七夕為題、拙詩記之、
△「送七宵重迎七宵、女牛愁自閏余消、若天借一隻烏鵲、汝作人間再渡橋、」
又呈短疏於　本府老爹、事見于書中、
△「　日本国使臣――等、謹
　呈、前年進貢諸官員、遇寵頗隆盛、吾国人至今伝以為口実、今次朝
貢使臣等、就館之后、廩給支配、不失旧例者、纔一月許、邇来、支給遅延、件計亦不正、直饒施行、或米之紅
陳者、或酒之薄濁者、醋也醤也、混雑以水、経宿則其味太酸、而難下咽喉、是故、胸中不穏、有生疾者、
有抵死者、各人苦之、且復前月初七日已后、諸菜不洽、旅庖将空、是可忍也、旦夕雖督責通事、猶未克達、
想是通事等、与諸司相謀而行此事乎、凡廩給配分分、以五日為期限、是旧規也、生等、今不開告稟之口、
　恐遺患於后来
貢使乎、茲聞、
老爹大人有寛大之仁、豈不懐柔遠人乎、伏冀、査審（究）諸司支配（給）之明不明、而随例降令、則何幸加焉、憐々察々、
　本府老爹大人　上台　」
八日、釣雲設小斎、蓋以従僕与二郎追薦也、襯銀一銭、午后、王東津馳尺書、請予（招）、雖然以卑冗固辞、戌刻孤竹頓死、

寿四十九、
九日、寅刻、東禅仙甫祥鶴座元円寂、寿四十二、今夜、夢球叔琇(球叔周琇)公并家兄与三左(野口与三左衛門)、
十日、斎后、正使和上率従僧弔孤竹諷経、予亦赴之、前日正使有秉炬之偈、余于以弔之次、偶次其韻哀悼惜、△嘉靖
己亥閏七月初八、孤竹老人俄爾逝矣、正使大和上宣揚妙伽陀、為秉炬仏事、余亦与老人、有青眼之旧、不獲黙止、奉
樊手高韻以寓哀情云、「欲霜秋葉未辞枝、何事忽々去先時、月落前渓無覔処、虚空失却一彎眉、怡斎雛道人拝頓」
晩景、遣桂(吉田宗桂)也於東禅(仙甫祥鶴)・孤竹諸徒、贈香資者各木毬、又依正使和上之韻、悼東禅、
△奉読　正使大和上尊偈之韻、追悼仙甫座元(祥鶴)帰寂、以助諸徒哀情云、
蓋東禅諱曰鶴、
「蓬山有鳥絶羅籠、抹過大洋飛又冲、這没蹤由追不及、卌余年種電栽風、」
△東禅徒弟良(禅良)上司来、蓋謝各人赴葬所也、贈以襯銀一両、付宗桂・熊松者各三銭、矢田小三郎来、蓋謝赴孤竹葬也、
襯銀一両、
十一日、無別事、
十二日、午后、懺法、蓋為孤竹追薦也、李左衛門(河上)施行設晩炊、
十三日、孤竹中陰結場、有粥飯、襯銀三文目、午刻、戴・銭・張三秀才来訪、出示以余酬趙双谷(一夔)春字韻之再和、又李
志斉亦偕来、賦詩一絶、詩云、「久仰遐方有逸才、多君襟度自天来、追随旅邸談風迅、無数文章八座開、」余陳昆布・
梨実等相対、蕩茶者再巡、頃東禅・孤竹相続逝矣、是故胸中不如意、不克細語、
十四日、釣雲(雪窓等越)手下人又四郎、為孤竹設小斎、余命宗桂営弁焉、請惟孫(□貽)・仁書記・殊上司三个僧、
十五日、無祝聖、蓋従僧各在東禅中陰、故略之、吉凶不相交之謂也、正使及予将謁知府、講賀望之礼、早馳通事、辞
而不受、蓋以残暑酷也、申刻、驟雨簸瓦、到晡又晴、及深更又雨、余客睡不著、外面昏々、偶聞鶏鳴狗吠、知天明、

感嘆之余、聊綴小詩慰羈懐、「旅愁難忘『易』侯夢難成、細数檐間積雨声、臥内無人四隣暗、多情鶏犬報天明、」
十六日、昧早、小雨、午后、全〔禅〕良・全甫（春叔禅甫）二子、為東禅追薦設晩炊、々々了、懺法一座、
十七日、入八専、東禅中陰散筵、良・甫（春叔禅甫）二子、設煎点、々々了有斎、襯銀三銭、午刻、正使及予謁　知県、々々将上南京任郎中、故于以表賀且惜別、喫茶、今夜夢琇（球叔周琇）公首座・成公都寺、
十八日、午刻、小雨、
十九日、斎后、水陸供一会、蓋為嘉靖二年入貢戦死群霊進薦也、請延慶寺・寿昌寺僧衆者各十員、打襯毎僧胡椒二斤・山口紙二帖、今夜、余熱殊甚、不安枕、至暁小仮寐、偶夢月庭寛西堂、又夢江心（承董）座元、又夢梅樹大者、枝々交参、標格可見、未著花之形也、不知何兆、余卒綴野詩、献　小野聖君、
△「不待江南寿色加、夜来入夢小横斜、吾胸別有全梅在、百詠花中無此花、」
△余偶風雅集中「夢裏梅花夢我身」之句、有感于懐、
今夕、夢江心・安室（梵康）・文盛（周憲）、
廿日、斎罷、范南岡寄二詩、問岑寂、且又恵石耳一合、
廿一日、無別事、
廿二日、早旦、小雨、斎后、正使見恵白糖榴、今夜、夢家兄井上筑前守并成公都寺、
廿三日、斎中、通事藤左（田中）衛門貽糖焼餅十枚、午刻、於大光家裡、懺法一座、蓋為船祈禱、正使和上率従僧赴之、余以微恙不出、
廿四日、正使和上設小斎、々后、訪王惟東、偶于下郷不遇、姪汝（王）喬出応一咲、遂挽予袂、接於寝室、茶飯、初喫新米、帰程訪趙一夔、茶話累刻而帰矣、

廿五日、三英(梵生)設小斎、待正使和上、予亦侑伴、偶見東漢文翰、其中語少々記之、

△「駑蹇之乗、不騁千里之塗、燕雀之疇、不奮六翮之用、楶音節、梲之説反、之才、不荷棟梁之任、顔(師固)曰、楶、桁也、梲、梁上短柱也、斗筲之子、不秉帝王之重、」云々、

△「当食吐哺、納子房(張良)之策、抜足揮洗、揖酈生(酈食其)之説、」云々、「高四皓之名、割肌膚之愛、」云々、「英雄陳力、群策畢挙、」云々、

△表上銅馬式　馬援　「夫行天莫如竜、行地莫若馬、々兵甲兵之本、」云々、

△「卞和献宝、以離断趾、霊均(屈原)納忠、終於沈身、而和氏(卞和)之璧、千載垂光、屈子(屈原)之篇、万世帰善、」云々、

○両都賦序　班固　「或曰、賦者古詩之流也、昔成康(成王・康王)没而頌声寝《ヤム》、王沢竭而詩不作、大漢初、定日不暇給、至於武宣(武帝・宣帝)之世、乃崇礼官考文章、内設金馬石渠之署、外興楽府恊律之事、以興廃継絶、潤色鴻業、是以衆庶説予、福応尤盛、白麟赤雁・芝房宝鼎之歌、薦於郊廟、神雀五鳳・甘露黄竜之瑞、以為年紀、」云々、「三代同風、」云々、

△酉刻、銭竜泉价于豪忠、恵九華山志二冊・安息香二封・墨一丸・篦子一事、三英上司出外而帰、俾梅崖(方)書城西聯句外題・「西山草堂」四大字・「怡斎」二大字、蓋伝余意也、

廿六日、斎后、范南岡専人馳書、恵氷糖一塊、今夜、夢養花琛公首座、又夢理見、風雨蕭然、

廿七日、小雨、午后、船頭神屋(運安)加〔主〕計恵糖餅一合、

廿八日、巳刻、柯雨窓价于助太郎(井上)、貽怡斎賦并図書一个、

廿九日、遣赤書於柯雨窓、蓋昨日裁答也、△「日之昨、辱書存問、感佩不浅、特賜以　華篇(賦)、恵以図書、於是乎、始知怡之所以為怡、何恵加之、生久抱晋謁之志、然而官事冗々、靡有暇日、且又同列二員継踵逝矣、是故企而不果、非怠慢也、本月既迫、今明来月初、必当有意於詣謝、不知遂素願否、余非面難細陳、恐々、」

今夜、夢家兄井上筑前守、又暁来、夢　祝英尊君（周堯）、不知動止安佳否、

八月八月一日、天中節、赤口、白舌、随節滅、

朔旦、卯刻、祭本館土地之神、道士九員来、掛諸星君像於左右、九員之中、称長者、面南、称揚祝文、左右之列、吹笛敲鉦、祝罷、『○』《『願文於』》投炉中火却、正使（湖心碩鼎）及予書名於願文之尾、

辰刻、二号船頭河上杢左衛門来賀、携以唐扇一柄・線香二束、仁叔恕公（仁叔崇恕）上司恵一籠・一瓶、午刻、三正統（三止宗統）上司恵一籠・一瓶、一号船頭神屋（運安）加《主》計恵越之打曇・薄様各拾枚、

美濃紙一帖、遣神屋加《主》計、今旦返礼、唐墨一丁、与河上杢左（杢左衛門）、返礼、

盃一个、自三英（梵生）買得、銀子一銭八分三厘、蓋加前度盃盞代、

二日、小雨、午刻、晴、夜又雨、今夜、夢　防城府君（大内義隆）、又夢家兄井上筑前守、

三日、小雨、今旦、呉通事（栄）設小斎、正使及予・従僧衆赴之、午后、初見本邦蜜柑、未得霜青更青、余海東弊蘆庭下、有数株橘、蓋先師（心翁等安）遺愛甘棠也、余今見此果、切動遐想、古人感郷情於秋樹色者不誣矣、

四日、斎后、携助太郎（井上）、扣柯雨窓、蓋謝前日両度音問也、余出示聞蛩有感之詩、雨窓即席和者二篇、贈以胡椒二両・黒管筆壱対・濃紙一帖、次訪范南岡、叙人事、了茶飯、囲棊数盤、砌下有花之深紅浅紫者、余指以請問其名、南（范）岡答以「紫薇花」、余偶吟「紫薇花対紫薇郎」之句者数過、聊慰羈懐、次遊南関禅寺、南行南也、離人家者里許、絶四隣、左右唯有数畝田、門外柳樹・楝樹蔭映江水、門上榜「南関禅寺」之四字、仏殿安光世音像、顔「妙荘厳域」之四大字、別有一堂、蓋接厳之処、掲「脱俗」之二字、蓋朱晦翁（朱熹）墨蹟也、又貼「白雲深処」四大字、蓋先知府攸親書也、二僧出迎一咲、如十年之故、対榻細陳、遂設茶飯、一僧名万珍、号心泉、称柳亭院、年四十八歳、一僧名徳性号、梅江、四三十《二》九歳、蓋心泉徒弟也、原境清《キンシン》寺々僧、嘉靖二年嬰日人生事之災、寺已回禄、衆僧離群索居、吃飯之后、渉後園、

数菜色、柿樹・蜜柑・銀杏等交加■■就中有蓼之美者、其穂可見、又仏殿前庭中有鶏冠花・満塘紅、々々々蓋鳳仙花別名也、又初見冬青樹、其実青々、可食、二僧指曰、「食此実則明双眼、」云々、冬青樹則吾邦号鼠餅者是也、日将夕之頃、告帰、二僧預勅奴艤舟以待、余欣々然上舟、江上清風、吹披胸霧、実近来逸興耳、舟行数里而到延慶寺前登岸、徒歩而帰嘉賓堂、又雁来紅一本、予指請問其名、答以老少年、蓋別名也、

五日、斎后下雨、王惟東来訪、筆談累刻、約以明日謁見、今夜夢老〔亡〕親宗信(井上)、又夢両兄(井上筑前守・野口与三左衛門)、

六日、下雨、就　北詔遅延、呈短疏於　知府、

△「謹呈、自前月至本月、蒙慈許、欠拜謁者両度、恐々慄々、抑生等久淹滞于此、日夜待　北京明詔、暑往涼来、未聞一好語、人々个々如渇者思泉、不知何当得豁心胸、於是乎、館中欝屈、雖壮健者比々発病、々々則太半抵死、可不憫痛乎、自今而后　天詔下降、倘遅延歴一両月、則生等北上起身亦卒難弁装、然則明年帰船必失風候、以虚更裘葛於　本府、徒費賜給於　大邦乎、為之奈何、想是、老爹大人亦労尊眷、　詔書降不降之一挙、如有与聞、乞密示下、以慰生等渴望、是所感也、恐惶不宣、

嘉靖―八月　日」

七日、快晴、釣雲(雪窓等越)見設小斎、三英・宗桂(吉田)亦赴之、斎后、携三英・宗桂訪王惟東、送以山口紙一帖・胡椒二両・筆一対・小刀一个、惟(王)東設茶飯、帰頃過包大人家、広廈可容数百人、砌下做山水佳趣、逸勢可見、予把筆書云、「咫赤之間、有遠山遠江之趣、於是想見主人清高、」遂借舸、到霊橋門前、

八日、正使和上見設斎、大光(梵琢)・釣雲・吉治(吉見正頼)・阿備(阿野頼秀)已下官員赴招、予亦陪従、井上与三兵来恵水瓶一対、蓋日本酒也、

今夜夢成公都寺・琇公(球叔周琇)首座、又夢理見、

今午、投倭酒於　知府・提挙司、肴五種、船頭神屋「主」加計調弁焉、午后、知府・提挙司使捧牌来、牌云、

△「明旨未得即下、以逓北多水且値梓宮南来、計料当不遠矣、睽踪跡、寄寓異国、自多鬱抑、然華夷一統、天下為家、豈有界限、自能体諒、不必累繋、早晩有消息、当為汝等開示、浮言乱聴可一切捐棄、是慰、」

△「　浙江市舶提挙司為禁約事除外、示仰通事周文衡等、即便伝訳省諭日本国来使通事呉栄等、各要安心聴候明旨施行、毋軽信浮言、今後如有仍前偽造浮言者、許緝事民壮・把門官吏・通事人等、径自擒拏送司、以憑照例発遣、決不軽貸、

須示、　嘉靖拾捌年捌月　日給　」

九日、斎后、命中林孫六造紙帳、蓋北上弁装也、

十日、斎后、借三英手灸治、三陰交、蓋戊日吉也、柳亭僧梅江(徳性)来訪、砕器香炉一个・鎖子一个・小瓶一対収納、三英价媒、炉賈、銀五分、鎖賈、二分五厘、瓶賈、三銭六分、杭物、

十一日、小雨斑々、小食籠一个収納、銀四銭、撤砂扇一本、

夜来郷思曲折、耿不安枕、時将徹暁、余適哦老杜(杜甫)「秋天不肯明」句之頃、楽音琅々然、起自隣屋《外面》、頓有陽春冲融之気、使人忘《散》羈憂、凡中州之為州、千載之下、周孔(周公・孔子)行世、雖樵豎牧童之口、非聖道不談、及礼葉将秋、復有楽花回春、所憾、弗俾吾邦平生久要視此礼楽之美、感嘆無措、作詩遺懐云、

「樵豎牧童談孔姫(孔子・周公)、中州風物未曾喪、楽花叢裡春猶在、不逐山川揺落時、」

「談孔姫」之字、取諸老坡(蘇軾)「腐儒亦解愛声色、何用白首談孔姫、」之句、「中州風物」、借涪叟(黄庭堅)「揚州風物鬢成糸」之字勢、余未見「楽花叢」之憑拠、楽本無花、謂其盛美為花、叢字従花、叢乃聚之義也、取諸衆楽、「花叢裡」三字亦不虚設、叢林盛事、華蔵民(華蔵安民)禅師伝、有「百花叢裡現烏曇」之頌、「不逐山川揺落時」、雖贅「黄落山川知晩秋」之句、今也秋中、時節小違、故易「黄」之一字為揺、大率指秋殺之時耳、又谷(黄庭堅)句云、「白頭対紅葉、奈此揺落何、」「不逐時」

之三字、則借「能為万象主、不逐四時凋」之語、黄予章《黄庭堅》刀筆有言曰、「韓退之《韓愈》・杜子美《杜甫》作詩文、未曾有一字無来処、」余深銘肝肺、平日《素著述》、于絶句、于聯句、日煆月煉、且又胗古人語脈、不克一字容易《『布置』》用焉、猶恐有未徹処、今学者弗深其本根、要茂其枝葉、故字々愞弱、難《『去』》追配古人『遠矣』、試問著本拠、則或答焉、或不焉、退省其私、実不知不識、可惜許々々、余非方朔自誉之比、聊自往返徴詰、為后生座右銘云、

「余甫九齢冬杪、投　先師心翁《等安》和上籌室、師因住北阜鹿苑寺之時也、凡朝経夕梵、触耳輙諳、過目輙誦、師驚嘆為天稟、明年正月喧鶯之末、有門徒小単尺、以「年后梅花」為題、師命余書焉、怜子忘醜者乎、余不辞而迅筆写此題、師以比小徳暮《莫》鴉、人皆擬右軍《小王》《王献之》飛白、二月初、余手自謄三体詩、学而時習之、毎日以十首為課、翌之昧早、向師面前暗記誦、恰如屋上建瓴水、半字靡有停洪、十一歳之夏、北鹿不幸嬰賊火之災、寺僧従《在》師会下者十数輩、各自抱世事営弁之具、離群于此、索《散衆》屋于彼、余独懐三体一冊・取名一幅而出、遂従師且後従師之後、黎明到西山、則夜方未明、師隕涕而感曰、「此児異衆、真釈氏種草、必当興吾門、」師遂退休于丹之先廬性智禅院、余又随侍巾瓶、随侍之暇、論語・孝経・杜詩・蘇二《蘇轍》・黄詩・黄九二集等、太半自書、以誦唱矣、鄭氏箋・左氏伝・古文真宝・荘孟二子、粗渉半部、未終全部、且復即然後林際《臨済》録・正宗賛等、受師口業也、唯坡老詩不受師口業北寺火后此段其本也至今遺憾不少雖然侍一■翁講筵自濡而有染況又家有翰苑遺著足補短処十四歳、三月二十日、迺　仏国々師《高峰顕日》二百年諱也、台旆入山、余為之給侍、蓋此職在叢林為貴、其来尚矣、非良家之子難当其任、如余族譜、雖出細川氏幕下、殆与馬前碌々《卒為伍》漢耳、鹿苑大《宗山等貴》宗主近捨其族、遠取其才、登庸栄除、不亦寵乎、十八歳、至節蒙鈞許、薙染于天竜精舎、十九歳、蜡月、綴詢南英《南英宝詢》住備之井山《備中賀陽郡宝福寺》諸山疏、余袖之、出示東山《建仁寺》諸宿、雪嶺《永瑾》・月舟《寿桂》二大老、摛《駢》詞称美、二十一歳、結制令辰、拠虎丘位、秉亀毛払、答話的確、一衆服《許以》其英敏、冬十一月、法叔梅荘《等靖》禅師臨川入寺、復作同門疏、老師提頭、山中耆宿嘆賞云、「有此

父、有此子、」二十二歳、老師俄爾戢化于西山妙智院、爾来閑居瀟然、孤陋寡聞、如嬰児失乳、二十四歳、代 雪嶺和上、製有自禅師（瑞承）建仁入院道旧疏語、和上初致書、有「煩足下大手筆」之語、栄莫栄焉、有時参詩、而風品月評、有時聯句、而旬煆旭煉、借蛍光、惜駒陰、動廃〔忘〕寝食、勤則勤矣、不幾〔無〕年、已迫不惑、然而才不見称於人、学不見助於友、加之病懶相仍、百不記一、于朝于昏、忘蒂忘苕、只自嗟恨耳、古不云乎、「童而習之、白紛如也、」又不云乎、「人無〔靡〕不有初、鮮克有終、」此言不誣矣、猶且細大操履、不足枚挙、近年 管領桓公（細川高国）棄世、京師騒擾、鮮有治日、是故天文六祀春仲、依頼〔劉〕 防城府君（大内義隆）、々々命以入唐之事、余陋姿譾才、辞者一再、々命難拒、謬膺器使、越八年四月、解舟開洋、五月下浣、著寧波之府、寓懐柔之館、老師遷化、僂指既十有八年、未克夢髣髴、頃拝白毫光於黒甜郷者数夜、想夫憫余孤旅岑寂、而護此多病微軀乎、吁、吾師在泥丸三昧、猶不割老牛舐犢之愛、感戴々々〔嘆不已〕、聊自叙、以為后来師資亀鑑云、」

午刻、与范南岡書、

△「前日高軒屈臨、恐忻々々、孤旅不便、待無杯盤之珍、愧汗不已、仍先度与秀才所約之書籍、三場文海・皇朝類苑・東坡志林等、乞付吾館夫拿来、要因其好悪、定其価直、是所感也、余非面難細議、」云々、

范（南岡）大人有回字、且又恵以菱子一籠、

十二日、正使和上設斎、待従僧及堺衆、予亦赴之、斎后羊羹、初喫本邦栗子、

酉刻、四明陸明徳来謁、蓋前年覊留吾国袁指揮（璡）之婿也、家于月湖之西、恵以毛穎四〔弐〕対、京香四十炷、

十三日、午刻、在余館修懺摩者一座、蓋為日船祈禱也、正使和上携従僧来、一号・二号・三号居座亦来、先懺設酒肴、懺了喫粥、一号・二号土官侑座、両船頭亦在座尾、時方周通事（文衡）来告、北京文書在近当到之事、一衆皆称大慶、又懺法唱二香華之頃、柯雨窓携周蓮湖・盧月漁・范葵園而来、雨窓（柯）恵所諾之画一幅、蓮湖（周）恵以升庵詩藁一冊、月漁（盧）恵以綾

帖一方、
十四日、寅、天気清朗、食籠一个収納、宗桂价媒、賈銀七〔六〕銭八分、晩於釣雲館与藤田囲棊、予決勝、
十五日、祝聖、薬師如来、斎后、詣知府講礼、蓋以轎夫遅、礼亦遅了、喫茶礼如恒、時方桂香満堂、穿過俗鼻、次謁提挙司、偶不在、△代釣雲、与駱邦翰書、蓋昨日所遣之書也、
△「拝別以来、倏忽十有二年于茲矣、東西数万里、雖云割海洋、仰慕之意、一糸毫許靡有隔絶、今蒙手誨、果愜素情、欣慰無量、特不憚長途労頓、恵然来于本府、眷志勤懇、何以克謝、日云夕矣、明翌当枉高馭打細話、掃榻奉俟、
不備、」
午后、駱邦翰訪釣雲、説十二年前在紹興之事、告帰之頃、同釣雲扣余関、余把筆面談曰、「閣下与雪窓(等越)有十余〔二〕年前之素、今偶爾修旧好、幸之又幸也、生於釣雲、実為法門昆弟、自今而后、閣下如以余許忘年之友、其交雖有新旧之異、其情豈有浅深之分乎、」邦翰裁答曰、「人雖有新旧、其情則一也、」
酉刻、仁叔恕上司恵蒸栗一合、三〔正〕省統上司恵焼栗一合、
今夜月色清佳、正使和上誘予・釣雲・徳雲・万英(□祝)到嘉賓堂前、挙盃而見賞、各相謂云、「日本中秋当明夕、蓋以月序大小之異也、」
十六日、午刻、北京文書写本到来、各開歓顔、
与范南岡書、「前日回字勤懇、圭復無措、且又恵以菱子、啖之助禅味、忻々慰々、爾来、人事紛冗、不遑詣謝、先馳尺素、粗伸情素、果合還納、余付面稟、不宣、」
又与范葵園書、「先度携諸公光賁、頗荷不意〔遣〕之意、生旅寓弗便、茶供草酌、不足発雅興、愧々惻々、三場文選・山谷刀筆、乞即今付館夫拿来、要査本之好悪、議価之多少、勿違前諾、縷々非面難陳、」

与柯雨窓書、「前日屈高軒訪孤旅、特袖画詩而見恵、并二妙於一紙之中、何賜加焉、時方儀衆満座、在別館迎接、悤々
悩々、無由細陳、遺憾不少、周（蓮湖）・盧（月漁）両君子、初瞻其清容、累受其嘉貺、愧汗々々、借問華第何許、官事余暇、要企拝
謁致謝忱、閣下先為余、泄一語可也、誠惶不宣、
柯老大人書楼下　　怡斎子（策彦周良）拝奉」
与銭竜泉書、「先度屈高駕於旅館、々々不便、除茶話外、別無祇待、愧汗不已、其后特价于豪忠、以数件嘉貺、眷志
至厚、何以克当、爾来人事紛冗、不獲余暇、無由詣謝、因循度日、非徒違素約也、戴（子望）・張（東津）両君子無恙否、維時積雨霽
涼飆生、想夫灯窓事業、当得新功、艶羨不浅、聊馳尺牘、且表寸誠、恐懼不宣、」
△「文王道化所以行、而西周人材所由盛也、」三場文選、三冊アル本也、
△「手植檜賦」注、凡三林在孔氏家庭、先聖手所植者、○「緊孔庭之喬木兮、自夫子之文章、象三林以毓秀兮、開万葉以流芳、」
云々、「称后凋之松柏、」云々、「柏葉松身、」云々、「尼山之正色｜、泗波之余沢｜、訪故家而愛其木兮、当百倍
乎甘棠、」云々、某云、開万葉ノ語、日本ノ万葉集ノコトニモ可用ソ、三場文選ノ二巻、庚集ニアルソ、
△「古文論語亦出乎孔壁之間」云々、「鶴書爪跡貝葉虫蹄」云々、同上、
「昌黎之山斗、足横絶乎古今、」云々、「露虎豹之一班、借轍鮒之余波、」云々、同、
「井蛙不可以語海、小年実異於大年、始於商書、而極於洙泗、」同、
十七日、午刻、駱邦翰訪釣雲、々々設茶飯、余亦陪従、筆談累刻、駱恵扇二柄、一柄魚字、一柄撒金黒骨、午后呈尺
書於柯雨窓、
△「　日之昨、回字勤懇、誦味不已、抑来十八日、辱蒙　嘉招、眷志之厚、不知修謝、雖然同刻有議評之事、会于
別館、暇日重当奉　厳命、

北詔写本、々府老爹大人、密見示下、各人歓顔如春、従僧梵生(三英)無恙、余伝尊言、縷々細陳、頗荷不遺之意也、
余非拝面、難既底蘊、恕々察々、」

十八日、午、早旦、二号船頭河上杢(杢左衛門)待　正使和上及予・従僧以下、両居座(大光梵琢・雪窓等越)・一土官亦光伴、初献雑烹、二献布吸物、三献蔓草吸物、四献羊羹、五献点心、饅頭、点心了、修懺一座、蓋為三艘祈禱也、正使導師、三英香華、余自帰、懺了、小斎、酒三行而止、斎了施浴、蓋杢左(河上杢左衛門)新構風呂、々々了、設一瓶・一籠於浴室之傍、浴衆次第喫酒而退、正使於浴室作頌、韻脚、大倭春・悟水因・叫無塵、予即銜口而和、々云、「奴視揚州陰子春、当年忍垢是何因、祖園分得温湯水、離却人々脚下塵、」申刻、駱邦翰移帰橈於紹興府、釣雲于以送行、余亦价于三英贈黄麗・扇一柄・奈良墨一丁、

十九日、土官正頼(吉見)設斎、見待　正使、々々率従僧而赴之、予亦侑座、両居座・一土官矢田備前守(増重)并二号居座(天初啓竺)・土官(阿野頼秀)・三号居座(即休周琳・文伯徳忠)亦光伴、酒三行而徹矣、斎后、三英訪梅厓(方)、々々于時写墨竹一両茎、題小詩於其上以贈焉、其韻押英・明・清三字、余代三英裁和、々云、「多君筆力万人英、鉄画銀鉤冠大明、猶有鄭虔三絶在、添詩添画一般清、」又正使和上俾才千世、乞前来中秋之拙作、強録奉草案云、「秋已清時月更清、中宵何処不関情、両郷千里無私照、東満大倭西大明、」

△老杜(杜甫)句云、「臥向巴山落月時、両郷千里夢相思、」「無私照」之字、借用「大宝箴大明々々々(無私照)」之字、命梅厓書祝英・芝隠・揚清・大器・斯文・純紹等之号、今夜夢　祝英尊君、昨日十八日、乃銭塘候潮之辰也、日人不如幸到杭州遅了、故不克観之、

廿日、斎后、一竿来訪、携以妙香、蓋其色類二葉、余侑一盞、後又浦雲(□精)・即休(周琳)来、引盃移時、

△「謹呈、日衆所要鑞器、粗做様子、以与工相謀、雖然如直視不験其様之好悪、必有不愜衆心者、不如致鑞工於館

内査詳焉、蓋依旧例者也、

老爹大人蒙恕許、遂衆望則何幸加焉、伏乞昭亮、　日本―」

旧境清寺僧梅江（徳性）作詩投余、々不得已和之、「祇道水辺林下身、詩禅文熟本清真、才名千古以誰比、越徹杭標是此人、」又代三英、「可慚邂逅寄斯身、非啻蹤真語亦真、世上風塵渾不到、白雲深処属高人、」白雲深処、屋裡也、

午后、梅崖来、携以「怡斎」字并葡萄一画、蓋所自書也、又柯雨窓来臨、余出示中秋偶作、雨窓即席而和焉、

廿一日、釣雲設小斎、携三英赴之、与柯雨窓朶翰、

△「昨日屈臨、対榻細陳、何慰加之、抑今午諾以会晤、将企歩之頃、

本府老爹俾周通事告諭曰、今日　海道大人自隣邦来、諸官員并商従等之在館者、勿一人踰門限、是故思而止耳、非謾違前諾、聊馳赤牘、粗伸素情、生秋蛩偶作、重露醜拙、以　厳命難拒也、尊和亦乞清書而賜焉、拭目俟之、

文式両冊、付館夫借与、是所感也、時方人事悤々、臨紙惘然、昭察、」

知府俾通事諭曰、「海道大人明々日当到、」柯雨窓回字勤懇、堅請不已、遂携三英・宗桂・本安赴其請、余贈以画一方・墨一丁、前日所面周蓮湖、亦自外至、投余以二詩、少焉蓮（周）湖乞余赴其第、偕雨窓往、携以紙一帖・筆一対、設茶果、茶罷又赴雨窓書室、余偶俾趙月川的子問陋質、范南岡聞之、携果合及酒来賀、月川（趙）・雨窓作辞作詩、以祝以賀、然后雨窓設茶飯、初喫本邦榴実、砌下有花、予指問其名、主人答以日々紅、月川筆談云、「月季・長春・月々紅、亦其名（一般）也、」

廿二日、斎后、金南石来訪、携以文章軌範二冊・詩軸二幅、予在釣雲館方囲棊、是故不迎接、三英代余叙事、晩訪一竿、于時浦雲在座、挙杯者六七行、至夜半而帰至、

廿三日、船頭神屋（主）加計守設斎、々前糖餅、々了曇花、々了水蟾、々了止酒、懴法一座、蓋為一号船祈禱也、正使及予・

両居座・両土官・従僧衆・二号・三号役者赴之、斎后施浴、館夫陳昱恵榴花及水蓼、
東土先鋒・西天殿後ト達磨ノ賛ニ唐人申シタソ、
二十四日、無別事、△寄梅崖詩、「四明有先生号梅崖、蓋以書鳴中華者也、其為人和気温然、如春在花、可謂名下無
虚士矣、一日訪余於旅館之頃、需綴卑作、瀆美称、弗獲嶮拒、強塞請云、梅花標格点無塵、掩映江南野水浜、俗紫凡
紅望崖却、一枝別置四時春、海裔怡斎散釈拝稿」
△大恵〔大慧宗杲〕禅師発願文、「惟願沙門僧某、道心堅固、支体軽安、衆病悉除、昏散速消、無難無災、無魔無障、不向邪路、
直入正道、煩悩消滅、智慧増長、頓了大事、続仏恵命、度一切衆生、報仏祖恩、次冀某臨命終時、小病小悩、七日已
前、預知至死、安住正念、末后自在、棄此身了、速生仏土、面奉見諸仏、受正覚記、分身法界、普度衆生、摩訶般若
波ラ蜜、」
△中峰〔明本〕国師通下火、以火把子、打一円相云、「這个是本地風光、本来面目、你還会麽、若不会、我為你説破、諸行無
常、大用現前、不存軌則、是生滅法、居住自由、脱落自在、生滅々已、虎咬大虫、蛇呑鼈鼻、寂滅為楽、夜来依旧入
黄泉、咄、」擲下火把子云、「任他烈火堆中打球子、丙丁童子咲咍々、」
△呈知府短疏、々艸、「上国在々処々名区、吾日衆久稔其名者多矣、育王・天童、乃奇〔耆〕宿・碩衲所坐道場也、茲聞彼
二山幸接本府之地、今次朝
貢使臣、太半承達磨氏之貽厥、是故要身遊禅刹、伏望専人嚮導、以俾遂素志、各引領待之、」
二十五日、丑、斎后、俾画師蘆〔盧〕図余寿像、写罷、設茶飯、今晩新海道来、
二十六日、寅、早旦、謁新海道、門掲「飛霜」二字、蓋御史者也、御史以病遅留于紹興府、堂顔「鎮静」、正使及予・
両居座・一土官・二号三号役者并従僧、到前四拝、々了吃茶、茶罷退、即刻亦牌諭日人北上五十人等事、次謁知府、

講一礼、午刻訪矢田備前守、打談累刻、遂酌以倭酒、三行而止、次訪三号船両居座(即休周琳・文伯徳忠)、又設酒肴、泉南盛《森》田新左衛門、自携小瓶来、挙盃者十許、盞尽、酔而帰、余卒然哦却句、「把盃先賞節、匊可酌残秋、」忠(文伯徳忠)酬曰、「題句又依旧、楓寧拾得溝」、「御前山献状」即休、「老去雪蒙頭」予代延(吸江□延)句、「励業雖看鏡」休、「釣名悔擲鈎」良(即休周琳)、「清狂客与絮」々(良)、「多子什兼榴」休、「林際僧焼葉」休、「橘中叟闘楸」良、「猿鳴巴寺磬」延、「魚入孟津舟」忠、「詩戦君無敵」休、「文盟誰願侯」良、

二十七日、早旦、浦雲来訪、恵奇香二炷、又請以画像之賛、午刻、价于宗桂、呈尺書於包《霊山》大人之次、贈両金扇子、

二十八日、小雨、良(禅良)・甫(春叔禅甫)二子、設小斎、蓋東禅仙甫(仙甫祥鶴)鶴公座元七々辰也、正使和上及予・大光・従僧以下赴之、襯金・黄麗、即付宗桂、返弁藤田与河李(河上李左衛門)両个、午后、矢備(矢田増重)来訪、

二十九日、小雨、入土用、斎前、雇宗賢裁新衣、蓋白綾也、斎后、呈短書於　知府、訴訟北上遅了之事、

△「謹呈、前日拝謁于　海道老大人行旆下、特煩貴牌、新伝
明詔、生等北上已決矣、弗勝喜躍之至、此乃　老爹老《大》人先容之力也、感々荷々、雖然起程未定、俶装未弁、為
之奈何、仰望随例先甲俾吾商従等若干名、速到杭州、少焉、赴京之日、択五十人上途、則可也、想夫北地多寒、
河水早凍、然后起身、則舟車足力総難及、徒費日月於中路、
朝趨如遅延、明年帰船、失風候也必矣、凡帰吾邦之頃、待五月梅雨之晴、即解纜放洋、否則往々誤帰期、万一
過其節、漫離
上国、漂滞中流、雖悔無益、迷惑之甚者也、所希　老爹大人亐
海道老尊胥議、忝蒙許諾、不日艤北上之舟、謹稟白、」

代矢備与張習斎書簡并和詩、本韻、志願酬・識荊州・万戸侯、

「日之昨、累領芳酒并華篇、弗勝欣慰之至、官冗私冗、弗裁即答、怠々漫々、他時必当企造拝、罄謝詞、恐懼不宣、

張大人執事下」

「謹攀尊韻者一絶、泄卑臆云、交盟繾綣以詩酬、親則他州勝故州、遮莫西東語音異、良媒幸有管城侯、」

与柯雨窓書、「向蒙嘉招、特有珍肴奇醞之設、何慰加之、抑　海道老尊文旆云臨、且復生等北上俶装、紛々冗々、難得余暇、是故弗遑詣謝、非怠慢也、証怡斎之一篇、和蛩字之二篇、未領清書、造次顛沛、拭目而竢〔俟〕焉、乞、今付蒼頭、勿違素諾、并所供　尊覧之日人送行三詩稿、回復惟幸、閤下有近作否、伏願恵示、余期面既、」

与範（范南岡）〔范〕大人書、「向在柯先生書室会晤、特携果合及佳醞、見慰羈懐、感佩不浅、爾来官事私冗、無縁詣謝、怠々慢々、先馳赤牘、聊伸素情、不一、」

浦雲従伴有一士、図其亡妻・亡子之形於一幅、以需賛、披而視之、其母如〔類〕観音像、其子類善財像、蓋画師意匠也、母曰妙慶、廿八歳而亡、母子曰禅智、一歳而亡、△「阿母阿子、帰一図中、金沙之婦、烟水之台、齢加三数、廿五円通、彭殤如幻、水月惟同、黛痕柳緑、脚底蓮紅、廉夫哀痛、夕灯晨烘、咄、五彩黼黻太虚空、

雛道人怡斎漫賛」

雨窓先生回字勤懇、且又恵示怡斎号詩、并蛩字韻和・仲秋偶作之和、副以新画一方、

晦日、小雨、午刻、於　正使和上館内、懺摩一座、蓋為柏心（禅庭）微恙祈禱也、懺了、豆麺并小飯、

九月大

朔旦、祝聖、薬師如来、次謁　正使（湖心碩鼎）、講朔旦之礼、次礼于居座・土官以下諸官列、△呈短書於知府、△「謹呈、往古以来進貢使臣及商従等、挙群見許造進于杭府、毎　貢靡有欠少、今次朝　貢、除上京五十人外、弗蒙恕容、是何謂哉、生等倘不重開稟訴之口、匪啻犯新法、且又失旧例、不幸之甚者也、伏希、准前規、憫遠来、俾吾商従各人到杭州、并公庫留存銅銭等、発而還与、於是乎、生等快早出令、欲俾国王所要物預営弁焉、生等如至自北京下之頃、発還銅銭、

則彼此遅緩、明年必失順風、違帰程、而虚度光陰於
上国、徒費賜給於不時、悔得無及、眷夫　老爹大人、施以来遠悦近之仁、所頼、与
海道老尊相謀、稽例於古、制宜於今、然而日衆懐大邦之恵、以時来　朝、以時帰国、則豈独生等之福、又　老爹之福
也、照納惟望、」△今日裁白綾小袖、
知府并提挙司致牌、々云、
△「昨見　朝報、許五十人進京、汝等已是望外、今復呈請、添撥伴従、送至杭城、汝等不知　朝廷之尊、法度之厳、
有此望外之求、久絶　貢路、此是創見、何必嘵々査照旧規、瀆厭人聴哉、戒之々々、」
△「国家法度、素所厳明、今　朝廷成命、已令五十人進貢矣、誰敢多少一人哉、若添送至杭、択其去者、而回其余伴、
此不通法之論、勿詢往事、当守今日之法度、勿聴爾衆観杭之説、　玖月初一日　提挙司」
二日、快晴、収鍮銅小食籠、価銀二銭七分、
三日、薩摩船人家信図寿容求賛、々云、
△「秦氏華冑、被海之東、握大倭於小扇底、蔵大唐於小笠中、百八珠消磨煩々悩々、四大床坐破明々空々、叫有髪
僧好甘杜多、淡薄絶一点俗、久慕船子家風、攸祈福沢無限、混一雲夢寿山、不騫倍万岱崧、
薩之秦氏家信、俾画工肖儀容、就■余需為之賛、弗克嶮拒、題数語於其上、祝遐寿於無窮云、維時加清〔嘉靖〕己亥
季秋之吉、雛道人怡斎書于寧郡懐柔之館、」
午刻、就正使和上館、懺摩一座、船祈禱、
△「于昨、　永平和尚大禅師、蒙賜手教、披而視之、駢四儷六之文也、珠玉其詞、金石其義、雖宗門遷固、而不敢譲
焉、仍審道体益堅、良震万福、慶抃何以加焉、抑愚辱沐　今上（後奈良天皇）皇帝之聖恩、漫除都督而著朝衣朝冠、寔是麟閣之

獼猴也、愧生於中、顔変於分者、曲賜察焉、此頃邦域之内、有虚堂(智愚)流下之大禅仏、幸取檀越師資之約、雖染指於済水之流、愚生也魯、未敢弁淡鹹、豈如蘇内翰(軾)之師照覚(常総)・黄太夫(庭堅)之師晦堂(祖心)乎、慚赧惟夥矣、夫　和尚之為作用也、立五位君臣旨訣、示虚玄大道・無著真宗也、所恨夙縁終浅、未嘗一滴法味、雖爾、済水与洞水、若論涇渭、則吾済水一滴異常流、々入滄溟貫九州者、睨而視之、洞水派脈闊多少、洪波浩渺、白浪滔天而已、至其分水、味而飲者、当冷暖自知也、咦、時惟多寒矣、自愛保養、誠恐頓首、義隆(大内)再拝、『東明(□果)文也、』拝草、永平和尚――猊下」

四日、快晴、小食籠代八分、三英(梵生)へ渡之、収斑竹箱子、価銀一銭七分、蓋杭価一銭五分、

五日、亥、裁道服、又裁頭巾、

六日、初喫橘子、橘、吉也、

七日、早旦、就正使館施食、一会施主浦雲(□精)、襯一指、

八日、寅、池永宗巴設小斎、蓋亡親十三年諱也、日頭宗永一休書之、襯烟景、今夜夢　天用(真齋)和上・祝英(周堯)尊君・江心(承董)座元・璉公(大器□璉)侍者、即休琳(即休周琳)公恵白菊一枝、予偶以重陽前一日賞菊花、為題作詩、々云、「佳節未佳先見功、人心雖別菊花同、枝頭消息小元祐、秋属九分司馬公、」又、「吟衣衝露立籬辺、菊豈愧居重九前、明日菊花非敢后、一枝秋色祖生鞭、」又、「菊雖日浅使情深、節未佳先費苦吟、手把一盆為知足、九分秋色十分心、」

九日、早旦、謁正使和上、賀節物、次両居座(大光梵琢・雪窓等越)・両土官(吉見正頼・矢田増重)、次二号・三号諸役者、各亦来謁、順心(博多聖福寺順心庵)仁叔恕(仁叔崇恕)公上司恵以柿一盆・酒一瓶、龍華三正統(三正宗統)上司恵栗一盆・酒一瓶、船頭神屋(運安)加(主)計守恵赤飯一籠・昆布五枚・酒両瓶、二号船頭河上杢左(杢左衛門)恵紅柿一盆、浦雲精公恵栗柿一盆・酒水両瓶、薩摩又左衛門恵以饅頭一盆・蜜柑・栗子各一籠并酒朋瓶、河上源次郎恵白菊一枝・長春一枝、

十日、斎罷、就正使和上館議北上之事、両居座・両土官在座、群議了、酒三行、

十一日、斎后、知府致牌、々云、
「仰通事周文衡等、即将相応起送赴
京、除正・副使外、其余居座・土官及商従[伴]人等、務要選議的当人役随従、開具姓名呈繳、不許将先年失事水夫・
伴従人等隠名朦朧起送、具結回報、」
午刻、篙師兵衛左衛門・又三左衛門来、余被酒、
十二日、斎后、於正使館議北上之事、両土官・両居座来、
十三日、余設小斎、待統(三正宗統)・恕(仁叔崇恕)二上司、銭通事(宗詢)价于三英、需録家譜、聊迅筆塞請、
△「銭得保官人、原　上国定海県人也、百余年之先、吾国辺海賊船破定海関、驚擾群黎之頃、擒数个人而還、銭得亦其一也、遂僑居于弊邦冷泉之津、事達京師、吾　国王垂憫、遇待隆盛、貴異邦人物也、茲有岡部宝住者、謂人云、保官人雖云停囚、非其罪也、以其親族之子妻、無幾年産宗黄、官人棄世之后、国王俾宗黄通　支・倭両国之事、蓋以其便言語也、両観上国之光、勤為入貢之事、宗詢乃宗黄之令子也、正徳六年、吾邦修職貢、宗詢亦従専使入
上国、今復居通事之列而来、」
△今夕則吾邦名月之節也、両居座・両土官、督諸官員、各携一種一瓶、正使及予以下次第対椅子、於嘉賓堂前翫月、々色被為微雲掩、行盃之頃、雲已去、月鼎来、各人既酔忘愁、泉南人池永宗巴并(池永)新兵衛[主]為張設歌舞之具、所憾在不題一詩、不聴一句来于懐者、余与吾邦西山諸友、于花于月、口詩手酒而已、
△大内法泉寺殿(政弘)、八月十五日夜ノ発句、「老ノ秋ニ半ハウラヤム今夜哉、」矢田(増重)備前守夜話也、
十四日、于晩、池永宗巴来、余侑一盞、
十五日、早旦、祝聖、薬師如来、午刻、御史大人自杭州而来、

十六日、昧早、正使及予・両居座・両土官及二号・三号役者、謁于御史大人、々々仮於按察司華第迎接、武官列于左右、威厳如霜、各四拝、々了退、次詣布政司、堂掲「風紀」之二大字、堂内左右之柱、左掛「領文」二大字之牌、右掛「解審」二大字之牌、有四拝、々了喫茶、々了退、次詣都寺〔司〕、門有「儀門」之二大字、堂顔「武鎮堂」、三大字、又掲一額、有「脩政立事」之四大字、次謁知府、々々偶不在、府門之外有亭、掲「旌善亭」之三字、

十七日、真乗坊(梅屋宗香)恵餅子一盆、

十八日、斎后、就正使和上館、儭法一座、午刻、海道・布政司・都寺〔司〕・知府、於東庫裡胥議、正使及予・両居座・一土官赴之、海・布・都三大人迎接、詰以嘉靖二年進貢顚末并宋素卿等事、予及釣雲(雪窓等越)、一々答陳、三大人頷之、

十九日、晩、即休(周琳)・浦雲(□精)乗月而来、余勧以一盞、

二十日、寅、余裁唐衣裳者二領、又裁打眠被、

二十二日、斎后、謁御史大人於柏台、正使及予・両居座・両土官偕至、査審今次進貢顚末并宋素卿等事、午刻、呉通(栄)事来謁、

二十三日、天将雨、浦雲恵碎器盃一个、

二十四日、預卜今日将盤東庫　貢物、御史有微恙、是故遅延、知府致牌、々云、

△説知不必懸待験俟有定期再与察院今日未得盤

△「察院今日未得盤験、俟有定期、再与説知、不必懸待、」

二十五日、呈短疏於　知府、

△「謹呈、　貢物盤験、預卜以昨日、生等引領俟之、然而煩　尊牌、蒙示誨曰、不必懸待、謹奉　厳命矣、雖然、如前日累稟、今年上　京倘遅延、明春帰府亦遅延、当如此、則空過帰国之節、徒失順風之候、五月駿雨之后、快晴

之頃、必有西南好風、是乃還吾国之定期也、如殿此時、生等縦不暁事、雖云漫離　上国、豈能全節復命乎、迷惑之極、進退惟谷、顧夫、生等発弊邦京城以来、既垂三年、時不待人、老病相加、費許多日月於覊旅之中、人誰不思父母之郷乎、伏乞、　老爹大人、深蒙憐憫、与　諸大老大人胥議、俾生等不日　北上、是仁不異遠之道也、昭察、」

△与柯雨窓書簡、俾官夫陳昱遺之、回帖綿密、

「久不接奉、思仰不可言、前月之末、卒呈尺素、聊写中腸、回帖曲折、恰如対床、而聴繁露之談也、特恵以有声画、別以無声詩、奇逸勝絶、雖云王摩詰（王維）復出、恐不多譲、何賜〔贈〕加踰焉、頃者、海道・霜台二大人、接武云臨、且又生等北上起程在近、官云私云、事々如麻、是故、不遑書問、無由詣謝、恕察々々、姑置此事、重陽已過、小春将来、菊后梅前、豈可無佳作乎、乞示下以慰覊旅之懐、余非面難陳、不一、　怡斎子拝〻」

△外問、「此去　南北二京・蘇杭二州、才子之出群抜萃者、今有老人、仄聞、本府人豊解元（存叔）、詩也文也、為当世第一、近寓南京、是否、大凡以詩文鳴天下者、乞一々示諭、余縦雖不識其面、且識其名則足矣、」

又問、「詩之八句者、謂之川八、余未暁其意、或曰、八句之体、蓋始于蜀川、故曰川八、此義何如、公為余解之、」

二十六日、庚申、斎后、价于三英上司、借装書人之手、裁城西聯句表紙、

二十七日、早飯、正使和上及予・両居座・両土官并二号・三号諸役者・従僧以下、赴東庫裡、々々中央有待賓之堂、顔「秉忠」二大字、　海道・布政司・都寺（司）・御史等大官、屈臨盤験貢物、逐一収諸朱漆箱子、又就自進扇子之義、呈短疏於　列位大人、

△「日本——謹呈、前度朝貢差使臣等、各自将大刀拝進者若干把、是恒例也、今次進　貢、献扇子以為薄贄、蓋遵
　上国厳法、禁止兵器也、其件目開具于別楮、　列位大老大人、察生等遠来之誠、転奏　天朝、則何慶加焉、伏乞

昭納、」

△「　日本国使臣等自

進扇子件目、開書于后、

二十把　正使〻(碩鼎)　　二十把　副使〻(周良)　〻　〻

計共〻把、　」

又貢物之外、所収庫裡之鉄物、呈短書以乞回復焉、

△「貢物盤験之頃、凡以鉄造做者、或治氏之具、或梓匠之具、及剃刀・小刀等、共擬兵器、而収在庫裡、謹遵　上

国厳禁者也、雖然、倘無治氏・梓匠之具、何以補船之漏罅、倘無剃刀・小刀、使臣等何以弁細故、今日　列位

老爹大人、屈臨于此、重査検件々

貢物、伏冀、憫遠来、垂鴻慈、除兵器外、俾微纖鉄物復回、是旧例也、昭納、　」

両金扇一握・山口紙二帖、与通事周文衡、蓋餞北行、

今夜、夢　天用和上・祝英尊君・璉公侍者及同社諸彦、

二十八日、雨、斎后、於正使和上館、懺摩一座、蓋為満船祈禱也、午刻、柏辰(柏心禅庭)壻全四郎来謁、携以扇一握、両金、今

夜夢　惟正(細川高国)桓公大居士及亡父宗信(井上)、

即休来訪、話以古人詩、予記之、

△雨后春山、即席将弓一字、楽之、東福湖月(信鏡)和上法弟、

△「愛雨后(余)三十六嵩、袈裟独立倚春風、一年詩景此時好、秋夏冬山賊后弓、」

△与戴(子望)・張(東津)・銭(竜泉)三秀才書、价于豪忠、戴・銭不在、張東津回帖綿密、

△「両月之先、見枉高馭、時有不如意事、弗克細話、遺憾千曼、邇来音耗疎絶、鄙吝萌于懐者多々、余負諸公耶、
諸公負余耶、奈何々々、頃者、
海道・霜台二老爹相継云臨、生等北上亦不在遠、官事私事、悤々度日、是故、欠少参謝、非違素約、賜宥恕則
万幸、諸公有近作否、乞可寄来慰旅寓之愁、書不尽言、併付面叙、　怡斎子再拝
戴・銭・張三大人　書台下」

二十九日、甲子、三宝吉日、斎后、就東庫裡茶飯、正使和上及余・両居座・両土官・従僧・船頭并商従人・水夫等赴之、堂前横額書「礼賓宴」三大字新掲之、

前度進貢了庵(桂悟)和上正使之時、大監迎候相伴、今以大監不来、三府・提挙司代而迎接光伴、是以呈短疏於　三司・御史、詰非旧規、

△「謹呈、為日衆設筵宴之辰、　大監・三司諸大老大人、列于其座而光伴、是照依旧例者也、今次筵宴、殆欠此規則、
弊邦雖褊小、生等愁持使節来、豈忍辱吾王乎、不如随例、如法施行、謹呈、」

伶人奏楽、三府・提挙司出迎接揖、　正使及予・諸役者到堂之中央、三府　正使・予列于左右、三府先礼而后、捧酒盃於　正使、又退而一礼、次提挙司礼、而捧盃於予前、予即把盃而礼、又講一礼、於同列而喫之、次諸役者逐一如前有礼、喫了就座、杯引盃者七八行、伶人初奏九成曲、然后、或依軍官様、或学妓女態、歌舞于前者数隊、将徹之頃、
正使起座捧盃於三府、予亦起座勧盃於提挙司、然后各退、　三府・提挙司送而揖者再三、　正使・予及諸官列、膳前方丈、造做花様、案上有光輝、予会華膳之義、又欲徹之頃、給仕者或収器或拭盤、一座紛紜、予会盃盤狼藉之義、

晦日、斎后、謁謝于　御史・三司、予及両居座・両土官已下役者赴之、有四拝、正使以微恙不出、次詣知府、具吊喪礼、有四拝、且又呈短書、蓋近日老爹失二親、将用喪事謝府事也、△路傍酒家帘銘、或有「釣詩鉤」三字、或有「上々

焼酒」四字、

△「謹呈、前日通事周文衡等来告曰、方今、
　老爹大人慎喪事、休衙官去、生等聞之、憂動于中、容変于外、迷惑莫甚焉、顧夫、就館以来、鴻恩過父母撫育、
　自今而后、当如稚孩之失乳哺、伏冀、老爹大人、憫遠来之誠、施寛恕之仁、強駐　文旆於本府、一年則足矣、
　蓋小邦各人之心、乃闔府民人之心也、是河内借冠君之謂乎、然則天監地察、豈外孝道者乎、昭納惟望、」

△又呈短書於　御史・海道・布政司、

△「日本国┣━謹呈、伏聞、本府老爹《曹氏》近日用喪事謝府事者、純孝之心不可奪也、実可歎服矣、雖然、生等登岸以来、
　就館以后、蒙徳庇者不浅、可無仰慕之情乎、先是、嘉靖二年、本府偶闕衙官交代、於是乎、進　貢差使臣等作
　乱失事、今也、使臣等啣国王命、誠心修職貢事、豈不念后車之戒乎、
　諸大老大人、自非垂憫仮言、有誰停　老爹旋轅哉、然而俾生等安堵如故、則何恩如之、昭察惟幸、」

十月

朔旦、祝聖、薬師如来、正使(湖心碩鼎)以微恙懈怠、斎前、謁　御史講礼、揖者二、無拝、次詣海道、々々偶不在、
浦(□精)雲来謁、恵以盃外白内砕器、斎后、居座・土官・二号・三号諸役者、就予館有評議、予侑酒、午刻、海道遣両使、貽
以嘉貺、予及釣雲(雪窓等越)迎接、仍裁拝受折簡、

△「蒙賜重恵、如数収納、容謝不一、　加〔嘉〕靖┣━　日本┣━」

二日、雨、斎后、御史専人貽以重貺、件目録于后、

△「巡按察院
　白米肆石　白麵百斤　湯猪壱口　湯羊壱羫　生鵝肆隻　生鶏拾隻

羮参拾斤　円眼拾斤　茘枝拾斤　膠棗拾斤　核桃拾斤　金酒肆樽

細茶拾斤　塩参百斤　柴肆千斤　炭肆百斤

嘉靖十八年十月　日　」

即刻、予及一居座・一土官・二号居座(天初啓笠二)・従僧三両輩、詣　御史、述　贈之謝、以次呈短書、

△「日本┣━謹呈、今晨、煩　尊牌、蒙教諭曰、今后使人等、但有合用、倶開数目価銀送府、生等謹奉命矣、雖然日用細故之事、豈堪逐一稟白乎、幸有館夫、不如令渠買弁、大率売買交易、与守門軍民、靡有私交通、且又日衆出外等、荐禁錮焉、甚無謂也、北京明詔不降先、各人勉屈于館中、今也　明詔已降、何其厳禁之過度也、頗失旧例、迷惑之極、進退惟谷、伏乞、大老大人、稽例於古、制宜於今、何恩加之、昭納、」

次謁海道、々々不在、

三日、小雨、斎前、　御史老大人将帰杭州、予及居座・従僧二三枚、欲送到西門之外、　御史於澄清館中受礼見辞、　正使并土官以微恙不出、

余偶独哦却句、「昨今山雨暗、楓有日新功、」此句雖其意到、楓与功同韻、害在此、時偶春、則、「昨今春雨細、花有日新功、」形容如此、則佳也、

哺時入浴、蓋船頭神屋(運安)主加計守所施也、

四日、雨、早飯、詣海道、謝前日重恵、且又呈短書、訴　上京之事、海道於飛霜迎接、堂顔「鎮静」、次呈短疏於三府・提挙、

△「日本国┣━謹呈、生等淹滞于此而既及六七个月、然而　北上未有定期、不知何日発舟行哉、聞説、前来進　貢使臣等、八月之末、本府起身、臘月之初、漸達京師、今也殿其時者両月、想是北流凍渋、無路行舟、然則、生等縦

雖忍霜辛雪苦、恐労而無功乎、且又今年　北行如遅緩、明年帰国、違其時候、失其風便也必矣、彼此迷惑之極也、
諸大老大人、蒙鴻庇逞輿論、速定生等北上之期限、則無勝感戴之至矣、伏乞昭納、」

辰刻、海道致牌、報生等北上之事、

△「分巡道示諭夷使『｜―』等、今　都察院勘合已到、候
巡按察院案行到道、即便起送、各須安心在館、仍鈐来夷従人等、毋［上］得聴人哄誘、私擅出入、致生事端、故示、」

路側、有筆工之家、榜「精製妙筆」四字、又売薄人掲「精緻裏金」四字、

今夜、大風作雨、初寒重、余宵分擁紙帳而就寝、夢亡父宗信(井上)、又少焉夢阿兄井上筑前守并与与三(野口)左衛門、

五日、斎后、价于三英(梵生)呈尺書於柯雨牕(窓)、且又出聯句藁、需序於豊解元(存叔)、

△「前日回帖袞々、喜慰無涯、爾来卑冗相攻、不遑裁謝、非怠慢也、茲聞、
豊解元老大人、詩・文字・画、妙于天下、　公曾早受学業於其門、可仰羨矣、余与郷友所唱酬之聯句藁一冊、
即今録奉以露醜拙、伏冀、煩大手筆、序于顛、跋於末、非　公之紹价、難遂素願、生等北行之期、既在本月初
十日、要乗余暇叙別情、不知可果否、縷々付梵生(三英)、面陳不悉、」

△外問、「十翰林之説未詳、并翰林十人之才、為一人之義乎、翰林学士之列、実有十人乎、　公為余解之、」

六日、斎后、初喫山薯蕷、味佳、

△甲乙《キノヘ》、丙丁《ヒノヘ》、戊己《ツチノヘ》、庚辛《カノヘ》、壬癸《ミツノヘ》、
東々、南々、中々、西々、北々、

△班固東都賦曰、「四海之内、学校如林、」云々、文献通考

「苟尽更無擎雨蓋、菊残猶有傲霜枝、」

△座敷ヲカサルハ、色・声・香・味・触ト次第スルソ、

△消拝、消、用也、録ナトニ消得トアルハ、用得ノ義也、

△形山ハ四大五蘊ソ、

桃蔭（玄朔）和上寄竜安義天（玄承）和上頌、「韓愈傾心参大顛、晦堂（祖心）垂手接庭堅（黄）、飛楼湧殿曼陀雨、二十年前猥《ワイ》芋烟、」

△伝庵、伴梅菊ノ詩、代人、「一寒如此半籬雪、梅有綈袍恋々心、」

△疑団ト云ハ、マルイモノハ、マロビマワリテヲチツカヌモノナレハソ、

△回帖《ウイチウ》、返書ノコトナリ、回字ハチトヒキコトハソ、

△呈文《チンブン》紙《ツ》短書紙ノコトソ、

△大唐老酒日本フルサケ、

△辣蓼花《ラツレウハウ》タデノホヲ云ソ、

△「祖意教意、是同是別、鶏寒上木、鴨寒入水、」

△「前三々、后三々、山上鳥、海底高《魚》、高可射、深可釣、」

南天ノ葉ヲ煎シテノムハ、声ノ薬也云々、

柿漆トハカキシブヲ云ソ、

△鹿林即鹿苑也、

○聯句詩之跋、「為聯句詩、古人之所為也、予一日過凌雲精廬、主翁出迎、坐已定矣、於是駢辞、聯句者蓋一百句焉、主客皆是韓孟（韓愈・孟郊）、而一時佳話也、拙于其句、予一人耳、昔唐李習之（李翺）与韓孟聯句、宋劉貢父曰、習之（李翺）不能為聯句詩、今也貢父（劉）在、則必曰、鷗庵（梅屋宗香）亦是座上之李翺也矣、一咲、

南禅真乗梅屋（宗香）西堂頌之、」

茯兎丸医林　鬼糸子（茯苓）茯令ノ入ル薬也、

△冷泉津トハ、博多津ノコトソ、

「千金一瓠、万金一諾、」白沙先生被教、「得山莫杖、臨済莫喝、」同上

万巻書菊游心藁　賽西施菊同上

読書丸医林　竹葉湯同上

青蘆杖王子年、拾遺記　鹿角霜薬名〜丸ト云カアルソ、

『塞耳丹治耳聾、　鳥髭髪薬名』

「敗窓千百孔、呑却花風口、」

『勝金方方名　霜梅薬名』梅法師ノコトソ、

「麀鹿濯々、白鳥鶴々、麦秀蔪々、禾黍蠅々、」■■麦秀歌、

『皺面草薬名、　蚵蚵草ノコトソ、』

『鵬砂薬名　霊苑方医方ノ名ナリ、』

黄独　翠兄　素娥　黄妳、

『仏手膏目ノ薬也、』

『春雪膏医林、　目ノ薬也、』

「経林中花、史園中花、敬礼之本、和楽之本、」文錦

『岩電丸・錦鳩丸共医林、　菊晴丸同上　駐景丸同』

『江漢以濯之、秋陽以暴之、』

『一分七文　一銭七十　一両七百』

五香酒《ウシヤンチウ》

あとがき

伊藤幸司

本書の刊行をもって、ようやく寧波プロジェクトの研究班としてのノルマが完了する。このプロジェクトは、二〇〇五年度～二〇〇九年度の五年間にわたるものであったが、研究費が切れた後も、ここ三年間はさまざまな研究成果の刊行に追われてきた。二〇〇四年度に取得した準備科研から数えると、我々は足かけ十年近く寧波プロジェクトとともに歩んできたことになる。

序文にもあるように、本書は寧波プロジェクトの文化交流研究部門に所属した寧博関係班と日明関係班が合同で研究成果を世に問うものである。もともと二つの研究班は、計画当初、寧博関係班として合同で活動しようとしていたが、諸事情により、朝鮮半島関係を中心にあつかう中近世朝鮮班と、十四世紀後半から十六世紀の日中関係を中心にあつかう日明関係班が独立したという経緯がある。ゆえに、寧博関係班と日明関係班が合同で本書を刊行するのも自然な流れであったといえる。なお、中近世朝鮮班は独自に研究書を刊行する（森平雅彦編『中近世の朝鮮半島と海域交流』汲古書院、二〇一三年）。

以下、寧博関係班と日明関係班の構成員とおもな活動の軌跡を書き留めておきたい。

【寧博関係班】
研究課題「十一～十六世紀の東アジア海域と寧波―博多関係」
研究代表者　中島楽章
研究分担者　佐伯弘次
研究分担者　小畑弘己
研究分担者　山内晋次
研究分担者　杉山清彦（二〇〇七年度から）
研究協力者　榎本　渉
研究協力者　久芳　崇（二〇〇七年度から）

二〇〇六年一月　国際ワークショップ「火器技術からみた海域アジア史」（於九州大学）
二〇〇六年二月　熊本県玉名市・熊本市における対外関係現地踏査
二〇〇六年四月　大分県大分市・臼杵市・佐伯市における対外関係現地踏査
二〇〇六年八月　寧波市域および舟山群島における海域交流史跡調査
二〇〇六年十二月　研究会「日明関係史のなかの九州：薩摩・博多・寧波」（於九州大学）
二〇〇六年十二月　文化交流研究部門主催国際シンポジウム「寧波の美術から国際交流を考える」（於九州国立博物館）
二〇〇七年一月　第一回国際シンポジウム「前近代東アジア海域の文化交流：十一～十六世紀の寧波―博多関係を中心として」（於浙江工商大学）＊浙江工商大学日本文化研究所と共催

二〇〇七年七月　にんぷろワークショップ二〇〇七（於九州大学）

二〇〇七年八月　福建省・広東省沿海部における海域交流史跡調査

二〇〇七年十月　研究会「九州と明清中国：海港をむすぶ人と文化」（於鹿児島県歴史資料センター黎明館）

二〇〇七年十二月　福建省南部における海域交流史跡調査

二〇〇八年一月　第二回国際シンポジウム「宋元・明代の東アジア海域：貿易・外交・文化交流」（於大阪大学）

＊浙江工商大学日本文化研究所と共催

二〇〇八年五月　寧波市内における対外関係史跡調査

二〇〇八年十月　研究会「十七～十九世紀のアジア海域と華人通商網」（於門司港レトロ観光物産館）

二〇〇八年十一月　総括班主催シンポジウム「東アジア海域史研究の課題と新たな視角」（於広島県国民宿舎みやじま杜の宿）

二〇〇九年一月　第三回国際シンポジウム「浙江普陀と東アジア海域の文化交流」（於寧波大学）＊浙江工商大学日本文化研究所と共催

二〇〇九年一月　舟山列島・双嶼港の現地調査

二〇〇九年十一月　第三回国際シンポジウムの論文集として、郭万平・張捷主編『舟山普陀与東亜海域文化交流』（浙江大学出版社）を刊行

二〇一〇年九月　科研費成果報告書として、榎本渉編『日宋・日元間渡航僧伝記一覧（稿）』、中島楽章・沈玉慧・白井康太編『日明関係史研究文献目録（稿）』（ともに九州大学人文科学研究院）を刊行

【日明関係班】
研究課題「寧波地域における日明交流の総合的研究――遣明使の入明記の総合的分析を通して――」
研究代表者　伊藤幸司
研究分担者　橋本　雄
研究分担者　岡本弘道（二〇〇七年度から）
研究分担者　須田牧子（二〇〇七年度から）
連携研究者　西尾賢隆
研究協力者　米谷　均

二〇〇五年十一月　五島列島・小値賀島・平戸島・的山大島現地踏査
二〇〇五年十二月　第一回入明記輪読会（於九州大学）
二〇〇五年十二月　台南現地踏査・台北中央研究院史料調査
二〇〇六年一月　第二回入明記輪読会（於九州大学）
二〇〇六年五月　第三回入明記輪読会（於九州大学）
二〇〇六年六月　第四回入明記輪読会（於九州国立博物館）
二〇〇六年七月　第五回入明記輪読会（於九州大学）
二〇〇六年七月　海域分野研究班合同ワークショップ（於九州大学）
二〇〇六年七月　鹿児島県硫黄島現地踏査

二〇〇六年八月　寧波市域および舟山群島現地踏査
二〇〇六年十二月　文化交流研究部門主催国際シンポジウム「寧波の美術から歴史を考える」（於九州国立博物館）
二〇〇七年一月　第六回入明記輪読会（於九州大学）
二〇〇七年三月　第七回入明記輪読会（於九州大学）
二〇〇七年三月　第二十九回海域講演会「大内政弘における政治と文化」＊山口市教育委員会と共催
二〇〇七年五月　第八回入明記輪読会（於九州大学）
二〇〇七年七月　にんぷろワークショップ二〇〇七（於九州大学）
二〇〇七年八月　雲南省・南京市現地踏査
二〇〇七年八月　日明外交文書原本調査（於大阪歴史博物館）
二〇〇七年十月　第九回入明記輪読会（於九州大学）
二〇〇八年五月　寧波市内現地踏査
二〇〇八年五月　第十回入明記輪読会（於関西大学）
二〇〇八年八月　江蘇省大運河現地踏査
二〇〇八年十一月　総括班主催シンポジウム「東アジア海域史研究の課題と新たな視角」（於広島県国民宿舎みやじま杜の宿）
二〇〇九年三月　第十一回入明記輪読会（於東京大学）
二〇〇九年五月　第十二回入明輪読会（於北海道大学）
二〇〇九年七月　第十三回入明記輪読会（於東京大学）

二〇〇九年八月　　浙江省大運河・天台山・天目山現地踏査
二〇〇九年八月　　第十四回入明記輪読会（於東京大学）
二〇〇九年十一月　第十五回入明記輪読会（於九州大学）
二〇一〇年二月　　第十六回入明記輪読会（於九州国立博物館）

二つの研究班や班員の活動は、右記以外にも多々あったが、紙幅の都合上、ここでは班が主催したものを中心に記している。もちろん、班の構成員である個人レヴェルでは、ここに記されない数多くの国内外の学会や研究会で発表をしたり、寧波プロジェクトの他班が主催する調査に積極的に参加した。いずれにせよ、研究班としては、概して寧博関係班は、国内外の研究者や研究機関・研究会と積極的に討論の場を重ね、新知見の発掘や情報の交流を進める一方、日明関係班は、十六世紀の著名な入明僧である策彦周良の渡海日記『初渡集』巻中（寧波が主要な舞台となっている）を地道に読み進め、あわせて日本列島や中国大陸における遣明船ゆかりの地域の現地踏査をおこなったといえる。まさに、二つの研究班の活動は陰と陽の関係にあり、相互の研究活動がともにリンクし合いながら有意義に展開していたといえる。

寧波プロジェクトを契機として、寧博関係班と日明関係班の構成員が発表した研究成果は多岐にわたるため、この場で逐一紹介することはできないが、プロジェクトを通して我々がおこなった現地踏査と研究成果の関連について若干触れておきたい。なぜなら、寧波プロジェクトで我々がおこなった現地踏査は、参加したメンバーに大きなインパクトを与えただけでなく、その衝撃が具体的な研究成果として結びついているのが特徴としてあるからである。例えば、二〇〇六年二月におこなった熊本県玉名・伊倉の現地踏査では、高瀬津や伊倉丹倍津の遺構をめぐったが、ここには一六一九年に建てられた在日華人の墓（肥後四官郭公墓）があった。この墓との出会いがきっかけとなり、中島楽章「有明海の福建海商――肥後伊倉の明人墓をめぐって――」（『日本歴史』第七三六号、二〇〇九年）や同「十六世紀末の九州―東南アジア貿易――加藤清正のルソン貿易をめぐって――」（『史学雑誌』第一一八編第八号、二〇〇九年）などの成果が誕生している。二〇〇六年七月の鹿児島県硫黄島踏査には日明関係班のみならず寧博関係班をはじめとする多くのメンバーの参加があったが、今でも煙を吐き続け硫黄臭のする島で実感した衝撃が、山内晋次『日宋貿易と「硫黄の道」』（山川出版社、二〇〇九年）や伊藤幸司「硫黄使節考――日明貿易と硫黄――」（『アジア遊学』第一三二号、二〇一〇年）の研究成果につながった。二〇〇七年八月に雲南省の昆明や大理を踏査した時は、なぜ海域とは関係のない内陸へ行くのかという訝りの声もあったが、じつは海域世界は内陸世界とも密接に連動して歴史的に展開している。雲南は初期入明僧が活動した重要な地域であり、現在でもその足跡が残されている。その成果は、伊藤「日明交流と雲南――初期入明僧の雲南移送事件と流転する「虎丘十詠」――」（『仏教史学研究』第五二巻第一号、二〇〇九年）、村井章介「十年遊子は天涯に在り――明初雲南謫居日本僧の詩文――」（『アジア遊学』第一四二号、二〇一一年）、榎本渉「雲南の日本僧、その後」（『アジア遊学』第一四二号、二〇一一年）などで報告されている。南京市内を踏査した際は、初期日明関係に重要な場所である旧天界寺の跡地をつきとめた成果が、橋本雄「室町殿の《中華幻想》――足利義満・義持期を中心に――」（同著『中華幻想――唐物と外交の室町時代史――』勉誠出版、二〇一一年）の一部に活かされたほか、伊藤「南京天界寺の故地」（『市史研究ふくおか』第三号、二〇〇八年）も出た。そのほか、中国大陸における浙江省や江蘇省の数度の大運河踏査の成果は、村井章介・須田牧子編『笑雲入明記――日本僧の見た明代中国――』（平凡社〈東洋文庫〉、二〇一〇年）のなかの随所で活かされている。

また、寧博関係班・日明関係班の足跡で忘れてならないのは、プロジェクト三年目から開始された東アジア海域史研究会の活動である。詳細は、羽田正編『海から見た歴史』（東京大学出版会、二〇一三年）で触れられているため、ここで多くは語らないが、この研究会で寧博関係班や日明関係班のほとんどのメンバーが中核となって活動したことは間違いない。

ところで、近年における日本列島を中心とした東アジア海域をめぐる研究状況についていうと、二十世紀末以降、さまざまな研究成果の蓄積がなされてきている。とりわけ、九～十四世紀の日宋・日元関係については、一定程度の成果が着実に積み上げられてきたが、とりわけ寧波プロジェクト開始以降はそのスピードが増したように感じられる。一方、十五～十六世紀の東アジア海域についていうと、二十世紀末～二十一世紀初頭にかけては「偽使」などのトピックに沸いた日朝関係史の分野において次々と研究成果が蓄積されたが、日明関係史についてはやや停滞気味であった。しかし、この寧波プロジェクトが開始されて以降は、日明関係分野における研究が一気に進んだ感がある。これらの結果は、研究成果の公表が義務付けられる科研費という公金を使用するプロジェクトである以上、当然といえば当然であろうが、海域アジア史研究の歩みにおける寧波プロジェクトの意義の大きさを示すものともいえよう。

以上、本書に収載された論考の一つ一つも、東アジア海域をめぐる今後の研究のマイルストーンとなることを願いつつ擱筆する。

East Asian Maritime World Series Vol.11

Ningbo（寧波）*and Hakata*（博多）

NAKAJIMA Gakusho and ITO Koji ed.

Contents

Part III Historiographical Reserch

執筆者紹介（掲載順）

中島　楽章（なかじま　がくしょう）1964年生。九州大学大学院人文科学研究院准教授。博士（文学）。『明代郷村の紛争と秩序——徽州文書を史料として——』（汲古書院、2002年）、『徽州商人と明清中国』（山川出版社、2009年）、「16・17世紀の東アジア海域と華人知識層の移動」（『史学雑誌』113編12号、2004年）、「十六世紀末の九州—東南アジア貿易」（『史学雑誌』118編８号、2009年）など。

山内　晋次（やまうち　しんじ）1961年生。神戸女子大学文学部准教授。博士（文学）。『奈良平安期の日本とアジア』（吉川弘文館、2003年）、『日宋貿易と「硫黄の道」』（山川出版社、2009年）、『海域アジア史研究入門』（共編著、岩波書店、2008年）など。

小畑　弘己（おばた　ひろき）1959年生。熊本大学文学部教授。博士（文学）。「種実資料からみた北東アジアの農耕と食」（『アジア遊学107・北東アジアの中世考古学』勉誠出版、2008年）、「遊牧民族と農耕——古民族植物学からみた漠北——」（『チンギス・カンの戒め』同成社、2010年）、『東北アジア古民族植物学と縄文農耕』（同成社、2011年）など。

呂　晶淼（りょ　しょうみょう）1988年生。南京航空航天大学職員。修士（文学）。『扇から見た東アジアの多角的交流——宋元から十六世紀半ばまで——』（九州大学人文科学研究院修士論文、2011年）。

佐伯　弘次（さえき　こうじ）1955年生。九州大学大学院人文科学研究院教授。文学修士。『日本の中世９　モンゴル襲来の衝撃』（中央公論新社、2003年）、『壱岐・対馬と松浦半島』（編著、吉川弘文館、2006年）、『中世都市・博多を掘る』（共編著、2008年）など。

伊藤　幸司（いとう　こうじ）1970年生。山口県立大学国際文化学部准教授。博士（文学）。『中世日本の外交と禅宗』（吉川弘文館、2002年）、『寺内正毅ゆかりの図書館 桜圃寺内文庫の研究』（編著、勉誠出版、2013年）、「大内教弘・政弘と東アジア」（『九州史

学』161号、2012年）など。

橋本　雄（はしもと　ゆう）1972年生。北海道大学大学院文学研究科准教授。博士（文学）。『中世日本の国際関係――東アジア通交圏と偽使問題――』（吉川弘文館、2005年）、『偽りの外交使節――室町時代の日朝関係――』（吉川弘文館、2012年）など。

岡本　弘道（おかもと　ひろみち）1972年生。県立広島大学人間文化学部准教授。博士（文学）。『東アジア内海世界の交流史―周縁地域における社会制度の形成』（共著、人文書院、2008年）、『琉球王国海上交渉史研究』（榕樹書林、2010年）など。

米谷　均（よねたに　ひとし）1967年生。早稲田大学商学部非常勤講師。修士（文学）。「文書様式論から見た16世紀の日朝往復書契」（『九州史学』132号、2002年）、「朝鮮侵略後における被虜人の本国送還について」（鄭杜熙編『壬辰戦争』明石書店、2008年）など。

西尾　賢隆（にしお　けんりゅう）1942年生。花園大学名誉教授。博士（文学）。『中世の日中交流と禅宗』（吉川弘文館、1999年）、『中世禅僧の墨蹟と日中交流』（吉川弘文館、2011年）など。

須田　牧子（すだ　まきこ）1977年生。東京大学史料編纂所助教。博士（史学）。『笑雲入明記――日本僧の見た明代中国』（共編著、平凡社、2010年）、『中世日朝関係と大内氏』（東京大学出版会、2011年）など。

山崎　岳（やまざき　たけし）1975年生。京都大学人文科学研究所助教。博士（文学）。「朝貢と海禁の論理と現実――明代中期の「奸細」宋素卿を題材として――」（夫馬進編『中国東アジア外交交流史の研究』京都大学学術出版会、2007年）、「舶主王直功罪考――『海寇議』とその周辺――」（『東方学報』85号、2010年）など。

東アジア海域叢書11

寧波と博多

平成二十五年三月二十七日発行

監修 小島 毅
編者 中島楽章・伊藤幸司
発行者 石坂叡志
発行所 株式会社 汲古書院
〒102-0072東京都千代田区飯田橋二-五-四
電 話〇三-三二六五-九七六四
FAX〇三-三二二二-一八四五

富士リプロ㈱

ISBN978-4-7629-2951-9 C3320

東アジア海域叢書　監修のご挨拶

にんぷろ領域代表　小島　毅

この叢書は共同研究の成果を公刊したものである。文部科学省科学研究費補助金特定領域研究として、平成十七年（二〇〇五）から五年間、「東アジアの海域交流と日本伝統文化の形成——寧波を焦点とする学際的創生」と銘打ったプロジェクトが行われた。正式な略称は「東アジア海域交流」であったが、愛称「寧波プロジェクト」、さらに簡潔に「にんぷろ」の名で呼ばれたものである。

「東アジアの海域交流」とは、実は「日本伝統文化の形成」の謂いにほかならない。日本一国史観の桎梏から自由な立場に身を置いて、海を通じてつながる東アジア世界の姿を明らかにしていくことが目指された。

同様の共同研究は従来もいくつかなされてきたが、にんぷろの特徴は、その学際性と地域性にある。すなわち、東洋史・日本史はもとより、思想・文学・美術・芸能・科学等についての歴史的な研究や、建築学・造船学・植物学といった自然科学系の専門家もまじえて、総合的に交流の諸相を明らかにした。また、それを寧波という、歴史的に日本と深い関わりを持つ都市とその周辺地域に注目することで、「大陸と列島」という俯瞰図ではなく、点と点をつなぐ数多くの線を具体的に解明してきたのである。

「東アジア海域叢書」は、にんぷろの成果の一部として、それぞれの具体的な研究テーマを扱う諸論文を集めたものである。斯界の研究蓄積のうえに立って、さらに大きな一歩を進めたものであると自負している。この成果を活用して、より広くより深い研究の進展が望まれる。

東アジア海域叢書　全二十巻

○にんぷろ「東アジアの海域交流と日本伝統文化の形成――寧波を焦点とする学際的創生――」は、二〇〇五年度から〇九年度の五年間にわたり、さまざまな分野の研究者が三十四のテーマ別の研究班を組織し、成果を報告してきました。今回、その成果が更に広い分野に深く活用されることを願って、二十巻の専門的な論文群による叢書とし、世に送ります。

【題目一覧】

1　近世の海域世界と地方統治　山本英史 編　二〇一〇年十月　刊行
2　海域交流と政治権力の対応　井上徹 編　二〇一一年二月　刊行
3　小説・芸能から見た海域交流　勝山稔 編　二〇一〇年十二月　刊行
4　海域世界の環境と文化　吉尾寛 編　二〇一一年三月　刊行
5　江戸儒学の中庸注釈　市来津由彦・中村春作・田尻祐一郎・前田勉 編　二〇一二年二月　刊行
6　碑と地方志のアーカイブズを探る　須江隆 編　二〇一二年三月　刊行
7　外交史料から十～十四世紀を探る　平田茂樹・遠藤隆俊 編　二〇一三年七月　刊行予定
8　浙江の茶文化を学際的に探る　高橋忠彦 編
9　寧波の水利と人びとの生活　松田吉郎 編

10　寧波と宋風石造文化　山川　均編　二〇一二年五月　刊行
11　寧波と博多　中島楽章・伊藤幸司編　二〇一三年三月　刊行
12　蒼海に響きあう祈り　藤田明良編　二〇一三年九月　刊行予定
13　蒼海に交わされる詩文　堀川貴司・浅見洋二編　二〇一二年十月　刊行
14　中近世の朝鮮半島と海域交流　森平雅彦編　二〇一三年五月　刊行予定
15　中世日本の王権と禅・宋学　小島　毅編
16　平泉文化の国際性と地域性　藪　敏裕編　二〇一三年六月　刊行予定
17　儒仏道三教の交響と日本文化　横手　裕編
18　明清楽の伝来と受容　加藤　徹編
19　聖地寧波の仏教美術　井手誠之輔編
20　大宋諸山図・五山十刹図　注解　藤井恵介編

▼Ａ５判上製箱入り／平均３５０頁／予価各７３５０円／二〇一〇年十月より刊行中
※タイトルは変更になることがあります。二〇一三年三月現在の予定